피클 일주론
사주명리학의 꽃

일주만 알아도 인생이 보인다

피클 일주론 사주명리학의 꽃

일주만 알아도 인생이 보인다

초판 1쇄 발행일 2020년 2월 15일
초판 9쇄 발행일 2024년 11월 10일

지은이 조재렬
펴낸이 양옥매
디자인 임홍순 송다희
교   정 조준경

펴낸곳 도서출판 책과나무
출판등록 제2012-000376
주소 서울특별시 마포구 방울내로 79 이노빌딩 302호
대표전화 02.372.1537   **팩스** 02.372.1538
이메일 booknamu2007@naver.com
홈페이지 www.booknamu.com
ISBN 979-11-5776-932-2(03180)

사주명리학의 꽃

피클 일주론

일주만 알아도 인생이 보인다

조재렬 지음

책과나무

초보자들도 알기 쉽게
풀어내는 명리 공부

격물치지(格物致知)하여 명명덕(明明德)을 행하시는 선생님께 존경을 담아.

내가 평화로워지니 하루하루가 기적이라는 뜻의 피클(peace & miracle) 선생님의 유튜브 구독자 인연으로 선생님의 첫 명리서인 『일주론』에 존경과 감사를 전할 수 있어 정말 기쁩니다.

내 아이의 일주를 알고 싶어 보게 된 영상들 중에서 피클 선생님의 '행복한 명리'는 단순히 명리 콘텐츠뿐 아니라 풍수와 개운, 마음공부까지 가능한 많은 구독자들의 사랑을 받고 있는 최고의 명리 유튜브입니다.

세상을 바라보는 남다른 혜안과 훌륭한 인성, 촌철살인의 유머는 덤이고 친근한 인간적인 매력으로 '주는 것이 받는 것'이라며 아무조건 없이 아낌없이 베푸시는 선생님! 무엇보다 힘들어하는 사람들 속으로 들어가 절망을 이해하고 위로해 주시고 치유하시는 모습은 현실에서 보기 힘든 슈퍼 히어로의 모습이었습니다.

진심은 통한다고, 마음을 울리는 진정성 있는 선생님의 강의에 나와 같은 많은 구독자들은 존경과 감사를 댓글로 전했고 그 감동으로 행복해하시던 선생님! 따뜻한 이곳에서 일 년 동안 공부할 수 있었던 건 천우신조의 행운이라 생각됩니다.

드디어 세상 밖으로 나온 선생님의 『일주론』은 무림의 비기처럼 숨기며 결과론적인 공허한 충고가 아닌, 깊은 내공과 통찰력 12운성 포태법으로 60일주 하나하나 정확하게 해석하시고 통변의 근거와 논리까지 제시하여 명리 공부하는 도반들뿐 아니라 초보자들도 알기 쉽게 모두 풀어내 주시는 선생님의 배려가 가득 묻은 책입니다.

내 삶의 주인인 나의 일주부터 제대로 알 수 있고, 내 가족과 나와 인연이 된 사람들을 잘 이해할 수 있어 앞으로 독립할 내 아이와 소중한 사람들에게 꼭 전해 주고 싶습니다.

마치 계절이 바뀌듯 인생의 굴곡을 경험하고 찾게 될 명리에서 운 좋게 선생님의 영상과 이 책을 만난다면 세상의 이치를 깨닫고 세상을 바라보는 내 마음도 바꿀 수 있을 것입니다.

시련을 이겨 낸 곡선이 있는 휘어진 나무지만 세상 사람들의 마음속에 아름다운 꽃을 피워 낸 목화통명의 명(命)의 피클 선생님은 명리학자이자 인문학자로서의 힘찬 날갯짓을 시작하셨고, 그 선한 영향력으로 피클 명리의 황금률인 모두가 행복하게 잘 사는 세상이 되리라 믿습니다.

꽃피는 봄 서울에서
피클명리 구독자 김민경

명리학을 공부하는
후학들을 위한 큰 등불

태극이 분화되어 음양(陰陽)으로부터 오행(五行)이 서로를 생(生)하니 이(理)와 기(氣)가 있었다고 한다. 이때부터 생로병사와 길흉화복은 인간의 영원한 화두가 되었다. 어떻게 하면 무병장수하며 재복(財福)을 누리고 살 수 있을까? 끊임없는 고뇌와 갈등의 노정인 것이다.

주역이나 명리학은 결정적 운명론을 말하는 것이 아니라고 정의한다. 주역의 易은 바꿀 역, 노력하면 하늘도 돕는다는 자천우지(自天祐之)이다. 즉, 자연 순환의 이론이다.

정해져 있는 괘를 바탕으로 陽이 陰이 되고, 陰이 陽이 될 수 있는 변화를 이룰 수 있다. 그리고 모든 것은 영원히 미완성이며 끊임없이 진보한다고 여겼다. 삼라만상의 변화 양상을 미루어 짐작하는 것이 주역이라면, 명리학은 음양오행에 대한 이해가 깊어야만 한다. 이것이 복점(卜占)과 다른 점이다.

인간의 본성인 성(性)과 심(心)은 바로 理와 氣일진대, 이 상관관계를 사주에 근거하여 길흉화복을 풀어내는 것이 바로 사주학이다. 氣는 기질이다. 기질은 절대 변할 수 없는 본성이다. 어찌 보면 사주를 풀어 가는 근간이 곧 氣

라고 할 수 있다. 氣는 몸 안에서 일어나는 모든 작동의 총체이다.

청(淸)하고 탁(濁)하고 수(秀)하고 박(薄)한 품성도 氣다. 이 氣를 풀어 가려면 주역과 명리학에 통달해야만 가능하다. 사주학은 타고난 생년일시(年月日時)를 통해서 인간사를 판단해 내는 학문이다. 귀천과 흥망의 미지를 유추하는 것이다.

피클 조재렬 선생이 비로소 탈고를 하였다. 오랜 기간 각고의 노력과 경험을 토대로 역저(力著)가 나온 것이다. 선생의 냉철한 명리와 사상을 통해 터득하는 바 지대할 것이다. 그래서 추천의 변(辯)을 써야겠다고 생각했다.

같은 도반으로서 선생은 마땅히 공경해야 할 대상이다. 일말의 사족 없이 사주명리학에 절차탁마(切磋琢磨)했기 때문이다. 선생은 말한다. 아무리 나쁜 운명이라 해도 지혜와 마음을 모으면 변화할 수 있다고…. 궁즉변이면 변즉통이요, 통즉구라 하지 않았는가.

선생의 책에서 문득 금아(琴兒)의 시구가 연상되었다. "달밤에 들려오는 소리 / 노 젓는 소리 / 만나러 가는 배인가 / 만나고 오는 배인가 / 느린 노 젓는 소리 / 만나고 오는 배겠지."

선생의 혜안에서 사주명리학에 심혈을 기울이고 있는 후학에게는 한줄기 큰 등불이 되리라 감히 사료되는 바이다.

庚子 立春에
토우(土遇) 소무승(蘇楙塍)

60개의 일주마다
여러 가지 예로 알기 쉽게!

명리학은 사람이 태어난 때를 가지고 미래의 길·흉·화·복을 예견하는 미래예보학으로도 볼 수 있으나, 나의 삶을 다스리는 법을 배우는 것이 맞습니다.

命은 목숨 "명"이요, 理는 다스릴 "리"입니다. 직역하면 목숨을 다스린다는 뜻입니다. 더 쉽게 설명하면, 한 사람이 태어나서 죽을 때까지의 삶을 다스리는 법을 배우는 것입니다. 이 명리학의 유래는 약 5천 년 전 태호 복희씨 때 황하에서 용마가 짊어지고 나온 그림에서 유래되었다고 전해지고 있습니다.

사주팔자(四柱八字)가 체계화된 시기는 대략 당나라 말기 때라고 합니다. 년주(年柱) 위주로 통변을 한 이허중의 당사주가 시초이며, 일간(日干)을 주체로 통변(通辯)하는 방식은 AD.1100년경 송나라 때의 "서자평"이 저술한 『연해자평』이 나온 이후입니다.

일간을 사주의 중심으로 삼고, 십성과 육친과 격용을 대입하는 방법에 대해서는 많은 학파와 많은 저서들의 기세가 당당합니다. 하지만 많은 학파와 저서에서 설명하는 방법 역시 그 어떤(?) 감명 부분에는 문제점이 있습니다. 그러나 피클 선생님은 60개의 일주마다 여러 가지 예를 들어 가면서 공부하기 쉽게 잘 설명해 주셨습니다.

명리학은 60주론(柱論)이 전부라고 해도 과언이 아닙니다. 년주 · 월주 · 일주 · 시주다 다 주(柱)입니다. 각각의 공간을 차지한 주(柱)의 뜻만 다 알고 있으면, 그것이 학통이고 도통인 것입니다.

제가 존경하는 피클 선생님은 건록격이면서 월간 식신을 용으로 쓰는 명이라서, 많은 명리 학습자들에게 지극정성으로 명리 지식을 아낌없이 베푸는 삶을 살아가시는 분이기에, 제가 여러분들께 공부해 보시라 추천사를 올립니다.

경자년 기묘월
도올 신현기남

방대한 경험과 배움이 녹아든
지식의 집대성

사주 상담을 업으로 삼고 많은 사람들을 접하다 보니, 세상에는 참 다양한 사람들이 있다는 것을 알게 됩니다. 사람 사람의 다름에 놀라기도 하고, 감동 받기도 하며, 매일 많은 것들을 깨달아 갑니다.

그렇게 만나는 많은 사람들, 인간 군상의 파도 속에서도 특히나 만나면 가장 기분 좋은 사람들이 있습니다. 바로 이타적인 사람들입니다. 받는 것보다 주는 것에 더 행복을 느끼는 사람, 삶의 방향이 바깥을 향해 활짝 열려 있는 사람들을 우리는 이타적이라고 합니다.

피클님의 영상을 두 번이고 세 번이고 반복해서 보기도 하는 열혈팬의 입장에서 피클님은 저에게 그런 사람입니다. 아마 모두에게 그런 사람이기에 영상에는 항상 감사하는 마음의 댓글들이 보물처럼 차곡차곡 쌓여 가는 거겠죠.

'이타적인 사람'. 하지만 피클님은 단순히 이타적인 사람이라 표현하기에도 조금은 모자란 감이 있습니다. 나의 지식이나 재물을 내어 주는 것을 이타적인 사람이라고 한다면, 피클님이 내어 주시는 것은 단순한 지식 그 이상의 것들이기 때문입니다.

인간을 아끼고 사랑하는 선한마음에서 비롯된 풍부한 경험이 녹아든 값진 지혜들, 아주 사소하고 작은 것까지 놓치지 않고 들여다보시고 그것을 자신이 가지고 있는 생각에 녹여 내서 사람들에게 알려 주는 이야기들은 놀랄 만큼 숨김없고 진솔하며 감동적입니다.

명리학이라는 학문을 단순히 '이거 아니면 저거'라는 이분법적인 관점으로 보시는 게 아니라, 인간을 돕고자 하는 명리학이라는 학문의 본질을 이해하고 인간을 돕고자 명리를 보시는 분, 그런 분이 알려 주시는 지혜라서 글 하나, 말 하나하나가 참 따뜻하고 인간미가 넘쳐흐릅니다. 또한 사람의 다름을 존중하고 수용하는 모습에서, 그분이 가진 지식은 더 빛을 발합니다.

영상을 보면서 너무 많은 것들을 숨김없이 내어 주시는 모습에 때로는 깜짝 놀라기도 합니다. 사실 처음 접한 피클님의 화려한 임팩트나 효과음도 없는 영상은 유튜브의 수많은 영상들의 홍수 속에서 어찌 보면 조금 밋밋하고, 사실 초라한 감도 없지 않아 있었습니다. 느릿한 말투와, 단정하지만 작은 칠판도 사람의 이목을 끌어들이는 화려함과는 거리가 멀었죠.

처음엔 그냥 엉겁결에 틀어 놓은 영상이었는데, 어느새 영상 막바지엔 화면에서 눈을 떼지 못하고 집중하는 저를 발견하게 되었습니다. 한 번, 두 번, 영상을 보면 볼수록 그 이면에 숨겨진 피클님의 지혜와 혜안에 놀라고 감동하며 빠져들게 됩니다.

세상엔 많은 맛집들이 있지만, 피클님의 영상은 맛집이 아니라 꼭 집밥과도 같은 느낌이죠. 자극적이고 강렬하고 극단적인 맛으로 사람들을 자극하기만 하는 맛집이 아니라, 사람을 생각하며 몸에 좋은 것을 잘 다듬어 내어놓으니 투박하고 소소하지만 인간을 건강하게 합니다.

하여 제가 생각하는 명리학이라는 학문에 가장 잘 닿아 있는 분입니다. 인간을 돕는 학문, 인간의 목숨을 살리는 활인업을 진정으로 하시는 분. 그러니 이제는 삶의 중간중간, 결정의 갈림길에 놓여 있을 때면 '피클님이라면 어떤 결정을 하실까?'라는 생각을 하며 피클님을 인생의 멘토로 떠올리게 됩니다.

피클님의 명리학은 제가 접한 많은 분들의 지식 중에서 가장 다채롭고 인간을 향해 있으며 따뜻합니다. 그중에서도 일주론은 그야말로 방대한 경험과 배움들이 녹아들어 있는 지식의 집대성이라고 볼 수 있습니다.

음양오행의 특성은 물론이거니와, 물상으로 풀어내는 흥미진진한 이야기와 12운성을 여러 가지 방법으로 해석한 일주론은 나 자신은 물론, 나와 연결된 육친의 관계 그리고 다른 인간까지도 심도 있게 들여다보며 이해할 수 있는 색다른 시각을 수용하도록 만드는 힘을 머금고 있습니다.

피스와 미라클이 합쳐진 선생님의 이름처럼 이 책은 기적같이 신비롭고 잘 정제된 지식으로, 명리학을 공부하는 사람들에게 새로운 삶의 지평을 열어 주리라 확신합니다.

경자년 봄
유튜브 하나사주

_____ 피클 일주론 사주명리학의 꽃

甲子에서 癸亥까지
신나고 행복한 일주론 여행

강호의 수많은 명리 이론 중에서도 일주론은 독특한 위치를 차지하고 있습니다. 물론 전체 사주팔자와 대운과 세운을 함께 보아야 정확한 통변이 가능함은 당연한 이야기입니다. 그러나 제가 자신 있게 말씀드릴 수 있는 것은 일주론만으로도 70~80% 이상을 맞출 수 있다는 것입니다.

일주론에는 기세론(억부), 조후론, 격국론뿐만 아니라 12운성, 12신살, 물상론과 고법인 당사주까지 사주명리의 다양한 이론과 관법이 모두 녹아 있습니다. 그래서 어느 정도 명리의 기초를 충실히 닦은 명리학도라면 짧은 기간 동안 집약해서 다양한 고급 관법을 통달하여 익히다 보면, 어느새 고수의 반열에까지 오를 수 있게 되는 가장 쉽고 빠른 길이 바로 일주론입니다.

일주론을 통해 다양한 관법을 배우고 활용법을 익혀서 명리학의 묘미를 맛보신다면 그토록 어려웠던 명리 공부가 재미있게 다가오고 명리학 공부에 더욱 큰 발전이 있으실 것입니다.

이 책을 통해서 약간의 명리 기초를 닦은 분이시라면 누구나 쉽게 배우고 익힐 수 있도록 그동안 제가 알고 있는 일주론의 모든 실기와 비기들을 자세히 적으려 노력하였습니다.

보시다가 만일 이해가 안 되는 부분이 나온다면 일단은 그냥 넘어가도록 하십시오. 甲子부터 癸亥까지 60갑자는 십간십이지에 따라 계속 반복되기 때문에 처음에는 이해가 안 되는 부분도 나중에 가서는 저절로 이해될 것입니다.

사주는 년 · 월 · 일 · 시 네 개의 기둥으로 이루어져 있습니다.

시	일	월	년
자녀	나 · 배우자	부모 · 형제	조상

년주는 조상, 월주는 부모 형제, 일주는 나와 배우자, 시주는 자녀를 나타냅니다. 즉, '나'를 알기 위해서는 일주를 아는 것이 우선입니다.

넓게 확장하면 사주 전체가 '나'이지만, 축소하면 일주가 '나'가 됩니다. 그래서 일주 속에는 '나'에 대한 많은 정보가 담겨 있습니다. 내가 어떤 사람인지, 나의 성격은 어떠한지, 내가 잘하는 것과 체질은 어떤지, 나의 부모는 어떤 분들인지, 나와 형제, 자녀와의 관계는 어떠한지에 대한 정보들이 빼곡히 들어 있습니다.

그리고 무엇보다 중요한 나의 배우자는 어떤 사람일지, 나와 배우자와의 사이는 어떠할지를 알 수 있고 나의 직업과 건강 또한 알 수 있습니다. 이렇게 '나'에 대한 다양한 정보가 담겨 있는 일주만 알아도 나 자신에 대해서 8할 정도는 알 수 있게 됩니다.

이러한 일주론의 가장 근간이 되는 이론은 12운성입니다. 12운성을 모르면 일주론뿐만 아니라 사주 전체 통변의 깊이가 없게 됩니다. 12운성을 몰라도 된다고 하는 분들도 있지만, 그것은 눈 감고 자동차를 운전하겠다는 것과 같은 말입니다.

그렇다고 지금 12운성을 전혀 모른다고 해서 너무 걱정하실 필요는 없습니다. 왜냐하면 여러분이 이 책을 다 읽으실 때쯤이면 누구나 쉽게 12운성을 찾는 법을 터득하시게 될 것이니 말입니다. 이제 사주명리의 첫걸음을 떼시는 분들도 많으실 테니, 우선은 12운성 표를 보시면서 따라오시기 바랍니다.

12운성의 순서는 외우시는 것이 좋습니다. '절태양생욕대록왕쇠병사묘'까지 순서대로 외우시고 난 후, 그다음에는 삼합을 외우시면 12운성 적용법의 70% 정도는 다 배운 것이나 다름없습니다.

삼합으로는 寅午戌, 申子辰, 亥卯未, 巳酉丑 이렇게 네 가지가 있습니다. 이것을 12운성에 대입하면 다음과 같습니다.

예를 들어 甲에게 寅午戌은 寅(록) 午(사) 戌(양)의 합입니다. 이것을 '록사양의 합'이라고 부릅니다. 똑같은 원리로 甲에게 申子辰은 절욕쇠, 亥卯未는 생왕묘, 巳酉丑은 병태대가 됩니다. 이렇게 모든 삼합은 생왕묘, 병태대, 절욕쇠, 록사양의 합이 됩니다.

12운성을 활용하는 포태법을 빨리 배우기 위해서는 12운성의 네 가지 합을 외워야 합니다. 지금은 시작이니 12운성 도표를 보시거나 노트에 적어 놓고 보셔도 상관없습니다. 결국 이 책을 다 읽고 나면 저절로 외우게 될 테니 말입니다.

그 외에도 봉법, 좌법, 인종법, 거법이 있는데 이것은 일주론을 풀이하면서 저절로 배우시게 될 것입니다. 지금은 12운성 순서만 외우시면 됩니다. 저만 믿고 따라오시면 단 한 분의 낙오자도 없이 모두가 목적지에 도달하실 수 있으니 염려 마시고 즐겁게 공부하시기 바랍니다.

자, 이제 甲子에서 癸亥까지 신나고 행복한 일주론 여행을 떠나겠습니다. 출발~!

차 례

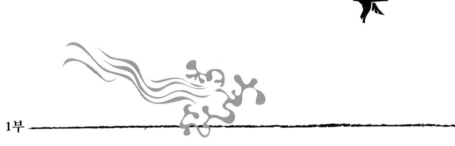

1부

갑자순 - 戌亥 공망

2부

갑술순 - 申酉 공망

12운성 통변법

일주론은 12운성으로 시작해 12운성으로 끝난다고 해도 과언이 아닐 정도로 12운성을 활용한 다양하고 심도 깊은 추명을 하게 됩니다.

甲丙戊庚壬 양간의 12운성을 '양포태'라 하고, 乙丁己辛癸 음간의 12운성을 '음포태'라 합니다. 양포태는 순행하고 음포태는 역행하는데, 이것은 인간과 자연의 생로병사 윤회와 음양의 이치로 한 치도 어긋남이 없는 우주의 원리입니다.

강호에는 12운성을 부정하거나 음포태를 인정하지 않는 술사들이 있지만, 저는 음양포태 모두를 인정하고 사용하며 당연히 일주론은 양포태 음포태를 모두 사용합니다.

12운성 추명술의 핵심이 봉법, 거법, 좌법, 인종법인데 일주론은 봉법을 제외한 거법, 좌법, 인종법을 활용하게 됩니다. 간단하게 설명하자면, 다음과 같이 정리할 수 있습니다.

- 봉 법   일간을 기준으로 년지, 월지, 일지, 시지의 12운성 관계를 보는 것
- 거 법   년간과 년지, 월간과 월지, 일간과 일지, 시간과 시지의 12운성 관계를 보는 것
- 좌 법   지지의 지장간과 지지 글자의 12운성 관계를 보는 것
- 인종법   지장간에 없는 글자를 끌어와 지지와 12운성 관계를 보는 관법으로, 주의해야 할 것은 인종하는 글자는 반드시 지지와 음양을 맞추어야 한다는 것입니다.

양포태				
甲	丙	戊	庚	壬
寅	戌	子	午	申
록	묘	태	욕	생

음포태				
乙	丁	己	辛	癸
丑	巳	卯	丑	未
쇠	왕	병	양	묘

봉법							
○	庚	○	○	○	癸	○	○
子	辰	酉	寅	未	巳	午	卯
사	양	왕	절	묘	태	절	생

거법							
壬	己	己	庚	庚	甲	辛	辛
申	酉	卯	子	午	寅	卯	丑
생	생	병	사	욕	록	절	양

좌법									
甲		庚	壬	戊	丁		丙	庚	戊
申	→(庚,壬,戊)→	申	申	申	巳	→(丙,庚,戊)→	巳	巳	巳
절		록	생	병	왕		록	생	록

인종법								
甲		丙	甲	丁		癸	乙
申	→(庚,壬,戊)→	申	申	巳	→(丙,庚,戊)→	巳	巳
절		병	절	왕		태	욕
壬		庚	壬	甲	癸		辛	丁
午	→(丁,己,丙)→	午	午	午	亥	→(壬,甲,戊)→	亥	亥
태		욕	태	사	왕		욕	태

12운성 조견표

12신살	겁	재	천	지	년	월	망신	장성	반안	역마	육해	화개
木 亥卯未	申	酉	戌	亥	子	丑	寅	卯	辰	巳	午	未
火 寅午戌	亥	子	丑	寅	卯	辰	巳	午	未	申	酉	戌
金 巳酉丑	寅	卯	辰	巳	午	未	申	酉	戌	亥	子	丑
水 申子辰	巳	午	未	申	酉	戌	亥	子	丑	寅	卯	辰

12운성	장생	목욕	관대	건록	제왕	쇠	병	사	묘	절	태	양
甲	亥	子	丑	寅	卯	辰	巳	午	未	申	酉	戌
乙	午	巳	辰	卯	寅	丑	子	亥	戌	酉	申	未
丙戊	寅	卯	辰	巳	午	未	申	酉	戌	亥	子	丑
丁己	酉	申	未	午	巳	辰	卯	寅	丑	子	亥	戌
庚	巳	午	未	申	酉	戌	亥	子	丑	寅	卯	辰
辛	子	亥	戌	酉	申	未	午	巳	辰	卯	寅	丑
壬	申	酉	戌	亥	子	丑	寅	卯	辰	巳	午	未
癸	卯	寅	丑	子	亥	戌	酉	申	未	午	巳	辰

	甲	乙	丙	丁	戊	己	庚	辛	壬	癸
천을	丑未	子申	亥酉	亥酉	丑未	子申	丑未	寅午	巳卯	巳卯
학당	亥	午	寅	酉	寅	酉	巳	子	申	卯
문창	巳	午	申	酉	申	酉	亥	子	寅	卯
목욕	甲子	乙巳	卯	申	卯	申	庚午	辛亥	酉	寅
홍염	午	午	寅	未	辰	辰	戌	酉	子	申
고란	甲寅	乙巳		丁巳	戊申			辛亥		
백호	甲辰	乙未	丙戌	丁丑	戊辰				壬戌	癸丑
괴강					戊戌		庚辰 庚戌		壬辰 壬戌	
夫墓		乙丑	丙辰			己未	庚戌			
財墓				丁丑	戊辰			辛未	壬戌	
양인	卯	辰	午	未	午	未	酉	戌	子	丑

▪ 탕화살 寅日生 – 寅巳申 / 午日生 – 午丑辰 / 丑日生 – 午戌未
▪ **自 刑** 辰辰, 亥亥, 午午, 酉酉

十干	甲	乙	丙	丁	戊	己	庚	辛	壬	癸
天文	우레	바람	태양	별	노을	구름	달	서리	가을이슬	봄비

장부	간	담	심장	소장	비장	위	폐	대장	신장	방광

동물	여우	담비	사슴	노루	표범	게	까마귀	꿩	제비	박쥐

	子	丑	寅	卯	辰	巳	午	未	申	酉	戌	亥
지리물상	墨池묵지	柳岸유안	廣谷광곡	璟林경림	草澤초택	大驛대역	烽堠봉후	花園화원	名都명도	寺鐘사종	燒原소원	懸河현하

절기	1 寅	2 卯	3 辰	4 巳	5 午	6 未	7 申	8 酉	9 戌	10 亥	11 子	12 丑
입절	입춘(2.4)	경칩(3.6)	청명(4.5)	입하(5.6)	망종(6.5)	소서(7.7)	입추(8.8)	백로(9.8)	한로(10.8)	입동(11.8)	대설(12.7)	소한(1.6)
중절	우수(2.19)	춘분(3.21)	곡우(4.20)	소만(5.21)	하지(6.21)	대서(7.23)	처서(8.23)	추분(9.23)	상강(10.24)	소설(11.22)	동지(12.22)	대한(1.20)

육십갑자, 공망표										공망
갑자	을축	병인	정묘	무진	기사	경오	신미	임신	계유	술,해
갑술	을해	병자	정축	무인	기묘	경진	신사	임오	계미	신,유
갑신	을유	병술	정해	무자	기축	경인	신묘	임진	계사	오,미
갑오	을미	병신	정유	무술	기해	경자	신축	임인	계묘	진,사
갑진	을사	병오	정미	무신	기유	경술	신해	임자	계축	인,묘
갑인	을묘	병진	정사	무오	기미	경신	신유	임술	계해	자,축

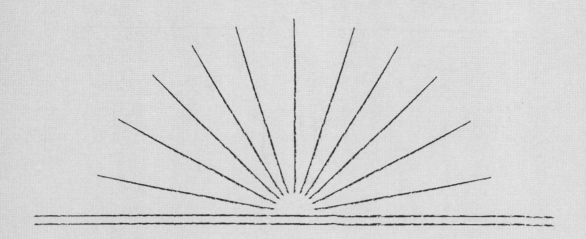

1부
갑자순 - 戌亥 공망

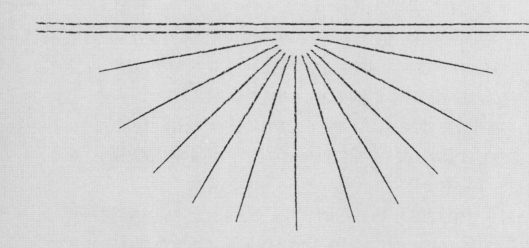

갑　　자

甲子

　　甲子는 60갑자의 첫 번째인 만큼 나서기를 좋아하고 우두머리 기질이 강하며 고집이 세고 자존심도 아주 강합니다. 갑목일간들이 대체적으로 비슷한 성향을 보이는데, 그중에서도 갑자 일주가 유독 그런 경향이 강한 것은 60갑자의 첫 번째이기 때문입니다.

　　조직에서 리더십을 발휘하고 능동적으로 활동하여 조직의 장이 되는 사람도 많습니다. 하지만 자신의 의견이 받아들여지지 않거나 타인과 마음이 맞지 않을 경우에는 참지 못하고 뛰쳐나가기도 잘합니다.

　　그래서 갑자 일주는 타고난 장점이 많음에도 불구하고 힘들게 사는 경우가 많은데, 그 이유는 고집과 자존심 때문에 조직 생활에 융화를 잘 못해서인 경우가 대부분입니다.

　　갑자 일주는 자존심 하나로 산다고 해도 과언이 아닐 정도로 자존심이 센데, 그것은 60갑자 중에 첫 번째에 해당하는 만큼 내가 잘났다는 마음이 큰 사람이기 때문입니다.

자존심과 고집은 때로는 장점이 되어서 고난과 역경에도 넘어지지 않고 이겨 내는 힘이 있고, 맨 앞에서 사람들을 이끄는 능력이 강해 조직의 장이나 간부가 되면 탁월한 능력을 발휘하기도 합니다.

선두에 서서 가는 만큼 남들보다 비바람을 많이 맞지만 그만큼 책임감도 강하고 불굴의 의지도 강한 사람들이 갑자 일주입니다. 갑자 일주는 유독 장남·장녀가 많고 장남·장녀가 아니더라도 본인이 장남·장녀 역할을 하게 됩니다.

甲

子　　　　**인성**

욕(浴)

甲子는 일지에 子 인성을 놓았습니다.

일지는 배우자궁인데, 배우자궁에 인성이 들어 어머니가 나의 남편이자 아내 자리에 있는 것이 됩니다. 이렇게 되면 어머니가 배우자의 역할을 한다는 의미가 되어 모친의 지극한 사랑을 받고 자란 사람인데, 오히려 모친의 사랑이 넘쳐 사사건건 모친이 관여하고 결혼 후에도 모친과 가깝게 지내게 됩니다.

겉으로는 성격이 강해 독립적이고 터프해 보이지만 알고 보면 마마보이가 많은 것도 일지 인성을 두었기 때문입니다. 남자라면 처궁에 어머니가 있으므로 결혼 후에도 어머니의 지나친 간섭으로 인한 아내와의 고부 갈등이 암시됩니다.

여자도 마찬가지로 남편궁에 친정어머니가 들어와 있으니, 결혼 후에도 친정어머니와 가깝게 지내고 왕래가 잦아서 지나치게 되면 시댁과 친정 사이에 갈등이 생기게 됩니다.

子는 갑목의 12운성으로 목욕에 놓입니다. 일지에 목욕을 놓으면 미남, 미녀가 많은데 이것을 나체도화라고 합니다. 나체도화에는 갑자, 을사, 경오, 신해 일주 등 네 일주가 해당됩니다.

일지에 도화를 깔면 두 가지 특성이 나타나는데, 하나는 이성의 인기가 높다는 것이고 두 번째는 프로정신이 있어 한 가지 일에 꽂히면 무섭게 파고들고 열심히 땀 흘리며 연습하고 노력한다는 의미가 있습니다. 그래서 자기가 좋아하는 분야에서 갈고닦고 파고들어 최고의 자리에 오르는 경우가 많으며, 목적이 분명하면 그 목적을 이루기 위해 참고 견디며 노력해 하루아침에 큰 성공을 거두게 됩니다.

일지 子는 여자에게 자식과 자궁의 의미도 있습니다. 더구나 갑자는 子가 도화에 놓여 있어 이성으로 인한 구설을 타기 쉬워 스스로 처신을 잘해야 하며 만약 갑자 일주 자녀가 있다면 어려서부터 관심을 가지고 공부에 집중하게 할 필요가 있습니다.

갑자는 일지 목욕이라 미남·미녀가 많으며 배우자 역시 그렇습니다. 子중 壬癸는 욕궁왕록으로 좌하여 똑똑하고 공부를 잘하지만, 인성이 혼잡하고 욕

궁에 들어 학교 공부보다는 취미 생활이나 좋아하는 한 과목에만 집중하는 특성이 있어 공부로 성공하기는 힘든 것이 일반적이나 전문 자격증을 따서 전문 분야에 재능을 보이는 경우가 많습니다.

인성 壬癸는 록왕으로 좌해 갑자 일주의 모친은 능력이 있거나 영향력이 강한 분으로 결혼 후에도 가깝게 지내게 되며, 이렇게 인성이 강하면 상대적으로 부친의 영향력은 약해지게 됩니다.

갑자 일주는 인성이 강하고 도화를 둔 일주라 공부를 시키면 얼마든지 상위권 성적으로 좋은 대학에 진학하고 사회에서도 출세할 수 있습니다. 갑자 일주는 첫째도 공부, 둘째도 공부이니 때를 놓치지 말고 어려선 학교 공부에 전념해야 하고 성인이 된 후 자격증 공부라도 하면 타고난 머리와 집념이 있어 노후에 자격증으로 성공할 수 있습니다.

갑자는 水가 많고 강해 갑목이 부목(腐木)이 되면 나무가 썩듯이 문란한 이성 관계나 술에 빠지기 쉬워 자기 관리를 잘해야 하는 사주입니다. 또 강한 인성으로 식상이 힘을 못 쓴다면 게을러지거나 그저 받기만 하고 베풀지 않는 이기적인 사람이 되기 쉬우니, 자기 자신을 돌아보며 주위에 베풀고 살아야 합니다.

갑자 일주의 子는 인수만으로 이루어져 있어 식재관비는 일지와 음양의 짝을 맞추어 인종하는 것이 원칙입니다. 식상(식신과 상관)을 인종하면 丙 또는

丁이 되는데, 子와 음양의 짝을 맞추면 丙 식신을 인종하게 됩니다. 즉, 60 갑자에 丙子는 있어도 丁子는 없듯이 子와 짝이 되는 것은 丁이 아니라 丙이 되는 것이 이치인 까닭입니다. 그래서 丙 식신이 인종되어 甲子 일주는 식신이 태로 인종됩니다.

甲子 욕궁에 丙子태로 욕궁태종했다고 합니다. 식신이 태지로 인종하여 갑자 일주는 표현력이 그다지 뛰어나지 못하며, 육체적인 활동이나 힘을 쓰는 일은 싫어하지만 강한 인성이 일간을 조력해 건강하고 매우 활동적입니다. 그리고 자기가 좋아하는 분야에는 푹 빠지지만 싫어하는 것은 금방 싫증을 내는 성향이 있는데, 모두 욕과 태의 영향 때문입니다.

갑자 일주 여자는 식상이 욕궁태로 들어 잘생기고 똑똑한 자녀를 두지만 유산이나 낙태를 할 수 있고, 자녀가 일찍 독립을 하거나 떨어져서 살게 되는데 자녀가 멀리 진학을 하거나 유학을 가는 경우가 많습니다.

12운성의 태는 절의 의미를 내포하고 있습니다. 그래서 태는 생겼다가 사라지는 것이 반복된다는 의미가 있으며, 태는 말 그대로 잉태이기 때문에 임신·섹스·시작·창조의 의미가 있고, 또한 태는 변태의 의미도 있어 기발한 아이디어나 창작력·중독·변화 등을 나타냅니다.

식상이 태로 인종되어 여자는 자식으로 인한 상처나 고민이 있을 수 있는데, 본인이 자식과 소원한 관계가 아니라면 남편이 자식과 소원한 경우가 많습니다.

식상은 말과 행동이니 화를 잘 내거나 감정의 변화가 잦고, 돌아서면 자신이 한 말과 행동을 언제 그랬냐는 듯이 잊어버려 좋게 말하면 뒤끝이 없는 것이고 반대로 말하면 욱하는 성격 때문에 사람들과 구설시비가 일어나기 쉽습니다.

식상이 욕궁태종이라 갑자 일주들은 예술 계통이나 창작력을 발휘하는 분야에서 두각을 나타내는 사람들이 많은데, 직장에서도 기획·연구·마케팅 분야에 종사하면 타고난 재능을 발휘하게 됩니다.

식상이 태에 놓이고 인성은 태왕해서 식상이 더욱 힘을 못 쓰게 되는데, 이렇게 되면 활동성이 떨어져 게으르거나 노력 없이 그저 얻으려고 하는 성향이 있게 되고 무엇보다 단명하기 쉽습니다. 그러니 갑자 일주가 사주에 식상이 미약하다면 적당히 운동을 하고 움직여야 하며, 늘 베풀고 살아야 본인의 일도 잘되고 수명도 연장되는 것임을 명심해야 합니다.

甲　　　　인종 →　　　　戊
子　　　　　　　　　　　子
욕(浴)　　　　　　　　　태(胎)

갑자 일주의 재성戊는 식상과 마찬가지로 욕궁에 태종하게 됩니다. 식신과 재성이 욕궁태에 놓여 유흥을 즐기고 음악·미술 같은 예술이나 스포츠를 좋아하고 영화나 드라마에 빠져들며 동화 속에 나오는 이상적인 사랑을 꿈꿉니다. 하지만 이상과 현실의 괴리가 심하다 보니 젊은 시절을 방황하는 경우가 많습니다.

갑자 일주는 식재의 욕궁태종으로 꿈과 이상을 좇다가 시간을 허비하게 되어서 경제적으로 어려움을 겪게 됩니다. 만약 자녀가 갑자 일주라면 부모가 사춘기 시절부터 관심을 가지고 바른 길로 갈 수 있도록 이끌어 줄 필요가 있는데, 식재가 욕궁태종이라 남녀 모두 일찍 이성에 눈을 뜨기 쉬우므로 한창 공부해야 할 시기에 이성 문제로 구설이나 사건에 휘말려 학업을 다 마치지 못할 수도 있기 때문입니다.

남자에게 재성은 아내가 되니 똑똑하고 예쁜 아내를 맞이하지만, 재성이 태로 들어 결혼 생활의 위기가 암시되어 있습니다. 이럴 때는 주말부부를 하거나 늦게 결혼하는 것이 도움이 되며, 나이 차이가 많은 연상의 아내를 맞이하는 것도 액땜이 되고 결혼 생활에 있어 성적 취향이 중요한 요인이 됩니다. 갑자 일주 남성은 바람둥이가 많은데, 도화에다 재성이 태로 들어 성적으로 왕성해 한 여자에게 만족하지 못하는 경우가 많기 때문입니다.

갑자 일주는 사업이나 장사보다는 직장 생활이 더 잘 맞습니다. 식재가 태로 놓여 사업을 하면 꾸준히 계속 이어 가지 못하고 자주 업을 바꾸거나 중단하게 됩니다. 일을 할 때 아이디어를 잘 내고 계획도 잘 짜고 시작도 잘하지만 태지에 놓여 끝까지 마무리 짓는 것이 부족하여 유시무종이 되기 쉬우니, 갑자 일주가 무슨 일을 한다면 끝까지 포기하지 말고 꾸준히 이어 가는 인내심이 필요합니다.

재성이 태에 놓이면 부자가 많은데, 반대로 궁핍한 사람도 많아 경제적으로 모 아니면 도가 됩니다. 태는 생(生)의 의미를 포함하니 재물이 생겨난다는 의미가 있는 동시에 절(絕)의 의미까지 함께 있어 끊어지고 사라진다는 해석이 가능하기에, 갑자 일주는 재물을 만들고 돈을 버는 능력은 있지만 반면 돈을 관리하는 능력이 부족해 힘들게 모은 돈을 한순간에 날리거나 새는 돈이 많아 재물이 남아나질 않습니다. 특히 갑자 일주 남자는 돈 관리를 못하면 궁핍하게 살게 되므로 아내에게 관리를 맡기거나 저축을 습관화해야 합니다.

갑자 일주는 남녀 모두 부친과는 인연이 박해 일찍 헤어지거나 떨어져 사는 경우가 많으며, 만약 부모님이 두 분 사이가 화목하다면 부친과도 오랫동안 가까이 지내게 되며 나중에 유산도 물려받게 됩니다.

甲　　　　　　　　　　庚
子　　인종　　　　　　子
욕(浴)　　──────→　　사(死)

갑자 일주는 庚금 편관이 사지로 인종되어 욕궁사종으로 놓이게 됩니다. 관이 사에 놓여 갑자 일주는 땀 흘리며 몸을 쓰는 일보다는 머리를 쓰는 일이 더 잘 맞습니다.

12운성의 욕(목욕)은 도화의 의미도 있지만, 열심히 땀 흘리며 노력한다는 의미도 있습니다. 관이 욕궁의 사로 놓인 갑자 일주는 직장에서 죽도록 열심히 노력하는 사람이 많아 인내하고 꾸준히 맡은 바 일을 하다 보면 최고의 자리에 오를 수 있습니다. 욕과 사의 조합은 생사(生死)와 관련된 일이 많아서 갑자 일주는 생사와 관련된 직업을 가지는 사람도 많습니다.

관은 여성에게는 남편이 되므로 남편이 욕궁의 사로 놓였다는 것은 사별이나 이별이 암시된 것이라 갑자 일주는 남녀 모두 배우자와의 불리함이 나타날 수 있습니다. 본인이나 배우자의 직업이 생사와 관련된 직업, 즉 의약 계통이나 종교, 활인, 군 · 검경 쪽에 종사한다면 업상대체되어 무사히 넘길 수 있습니다.

그렇지 않다면 주말부부를 하거나 이혼남이나 연하의 남자와 결혼하는 것도 좋은 방편입니다. 남편이 아플 수 있으니 보험은 필수이고, 만약 남편이 잔병치레를 자주 하거나 경제적인 활동이 미미한 경우라면 별 탈 없이 해로할 수 있습니다.

갑자 일주 여성이 배우자의 불리함을 개운하는 쉬운 방법은 욕사의 물상을 자주 경험하는 것입니다. 욕사의 물상이란 종교와 병원이니, 종교 생활을 열

甲子 ____

심히 하고 주위에 종교적인 베풂과 나눔을 해야 좋습니다.

만약 종교가 없다면 바람도 쐴 겸 가까운 사찰에 자주 들러서 삼배를 하거나 성당에 가서 성체조배를 하는 등 마음으로 진실한 기도를 하는 것도 괜찮습니다. 그리고 병원에서 주사를 맞거나 한의원에서 침이나 부황을 뜨는 것도 좋으며, 굳이 아픈 곳이 없다면 정기적으로 헌혈을 하여 미리 피를 보는 것도 아주 좋은 개운법입니다.

남자는 똑똑한 자녀를 두지만 자녀가 사에 놓여 있어 아프거나 유산 · 낙태한 자녀가 있다는 의미가 됩니다.

甲   인종   甲

子   ──────▶   子

욕(浴)   욕(浴)

갑자는 비견 甲이 나와 똑같은 욕으로 놓입니다. 욕궁욕으로 놓이니 갑자 일주의 형제는 나와 맞먹는 형제가 됩니다. 나처럼 고집 세고 자존심이 센 형제가 있다는 말입니다.

갑자 일주는 비견이 욕궁욕종이라 겉으로는 강한 듯 보이지만, 의외로 마음이 여리고 약하며 아기 같은 순수함이 있고 일찍이 이성에 눈을 뜨게 됩니다. 갑자는 술해(戌亥)가 공망이라 영감이 발달하고 꿈을 잘 꾸며 꿈이 잘 맞습니다.

여자에게 있어 子는 일간이 무엇이든 자식의 의미가 있습니다. 그래서 일지 子가 형충을 받으면 자식으로 인한 근심이 생기거나 子는 욕이기 때문에 이성 문제가 발생하기 쉽습니다.

물상으로 갑자는 갑목이 호수에 잠겨 있는 형상으로, 수국을 이루면 갑목이 썩기 쉽습니다. 이때는 寅으로 수기를 빼 주거나 戊로 수기를 막아 주거나 丙으로 말려 주어야 합니다.

甲은 우레이고 子는 묵지(墨池)로 검은 연못이니 산속 깊은 연못에 천둥번개가 치는 형상이 갑자입니다. 산속 작은 연못은 용이 사는 곳이고, 천둥번개가 칠 때 용이 승천한다고 했으니 갑자는 승천하는 용이 됩니다. 용은 작은 물고기에서 오랜 시간 동안 참고 기다린 끝에 마침내 용이 되어 승천하듯이 갑자 일주 역시 참고 인내하며 때가 오기를 기다린다면 마침내 용이 승천하듯이 큰 성취를 이루게 될 것입니다.

또한 연못에 천둥이 내리치는 것은 남녀가 애정을 나누는 모습도 되어, 갑자 일주는 잘못되면 음란하고 주색잡기에 빠지기 쉬우니 자기 관리를 철저히 해야 하는 일주입니다.

子묵지를 놓은 일주는 검은 연못이라 속이 깊으며 남모르는 비밀을 간직한 사람들이 많습니다.

甲子는 60갑자의 맨 앞에 서서 선구자와 같은 역할을 하기에 그만큼 풍파를 많이 맞게 되어 삶의 고난이 따르지만, 참고 인내하며 묵묵히 맡은 일을 하다 보면 결국 원하는 자리에 오르게 될 것입니다.

子는 당사주에서 귀성(貴星)으로 일지에 子를 놓은 사람은 귀함이 있어 기품이 있고 귀부인이나 신사 같은 매력이 있습니다.

을   축

乙丑

    을축 일주는 음간의 첫 번째 일주입니다. 60갑자는 갑자, 을축, 병인, 정묘, 무진… 이렇게 시작해서 신유, 임술, 계해로 끝납니다. 그래서 갑자는 60갑자의 첫 번째이자 양간의 첫 번째가 되고, 을축은 60갑자의 두 번째이자 음간의 첫 번째가 됩니다.

    갑자는 양(陽)을 대표하고 을축은 음(陰)을 대표합니다. 갑자 일주가 남성적이라면 을축 일주는 여성적 성향을 가지게 되어 갑자 일주 여자라 해도 남자 같은 성격이 강하고, 을축 일주 남자라 해도 여자 같은 성격이 나타나게 됩니다.

    갑자 일주가 나서길 좋아하고 성격이 급하다면, 을축 일주는 뒤에서 묵묵히 자기 일을 하는 인내심이 강한 노력형입니다. 을축과 갑자는 둘 다 음간, 양간의 맨 앞에 서 있는 일주이기 때문에 방파제와도 같은 역할을 합니다. 책임감이 있고 갖은 역경에도 분투하는 기개가 있는 만큼 대개 삶의 희로애락 기복이 심한 것도 운명이라 할 수 있겠습니다.

乙
丑　　　편재
쇠(衰)

12운성의 쇠(衰)는 왕(旺) 다음으로 결코 약한 기운이 아닙니다.

쇠는 12신살에서 반안살에 해당합니다. 반안살은 말안장이므로 요즘으로 말하면 고급 승용차에 해당해, 출세한다는 의미가 있습니다. 그래서 대개 쇠지를 놓은 일주는 고위직에 오르거나 경제적으로 부유한 사람이 많습니다.

쇠는 전성기가 지난 사회의 원로로 왕(旺)이 기업의 대표이사라면 쇠는 고문, 사외이사 정도에 해당합니다. 그래서 쇠를 놓은 사람들은 노숙하고 꾀가 많으며 속마음을 잘 드러내지 않는 성향이 있습니다.

을축 일주는 편재를 깔고 앉아 재성을 취하기에 유리해 보이지만, 속을 들여다보면 꼭 그렇지만은 않습니다. 일간 을목이 축토 재성을 취하려 하면 축토 속에 신금이 을목 화초를 잘라 버리기 때문에 을목 입장에서는 돈을 취하려다 오히려 내가 다칠 수 있는 모습입니다. 그래서 을축 일주의 재산은 쉽게 모은 재산이 아니라 갖은 고생 끝에 모은 재산이라는 의미입니다.

일지 재성은 남자에게는 아내가 되니, 을축 일주 남자는 처궁에 처가 있어 남 보기에는 괜찮은 아내를 얻었다고 부러움을 삽니다. 하지만 그 속을 들여다보면 아내 축토는 신금이라는 가시를 품고 있어 나긋나긋한 아내가 절대 아니며 오히려 아내와의 갈등으로 본인의 건강까지 나빠질 수도 있음이 암시되어 있습니다. 을축 일주 남자는 장미와 같은 아내를 얻지만 장미 가시에 손이

찔릴 수 있음을 알고 지혜롭게 부부 생활을 해 나가야 합니다.

여성은 남편궁에 시모가 들어앉아 고부 갈등이 없을 수 없는데, 쇠지에 놓여 시모가 재력이 있는 분입니다. 재생관으로 시모의 모든 재산은 결국 남편에게로 다 가게 되어 있으니 너무 시모를 미워 말고 지혜롭게 처신하여야 합니다.

축토는 금(金)의 고(庫)지입니다. 그래서 을축 일주 여자는 남편이 입고(入庫)된 모습이라 부부 생활에서 남편으로 인한 아픔이 있게 된다는 암시가 있습니다.

이렇듯 을축 일주는 남녀 모두 부부 생활에 어려움이 예상되지만, 자갈밭을 가는 소처럼 열심히 노력해서 결국에는 부자가 되고 성취를 이루는 대기만성형 일주입니다.

乙
丑 ⟶ 己재성, 辛편관, 癸편인
쇠(衰)

일지 축토 속에 재관인을 품은 을축 일주는 소고집처럼 고집이 세지만 재성을 깔고 있음에도 관고를 깔고 재생관을 하여 눈앞의 이익보단 법과 원칙을 중시하고, 돈보다 명예를 소중히 여기는 사람으로 고지식한 원칙주의자입니다.

고집이 세지만 알고 보면 유순하고 착한 심성이 대부분이며, 관인이 상생하는 구조를 보이니 공직에서 출세하는 사람이 많습니다. 또 문무를 겸비해 카리스마와 학식을 두루 갖추어 노년에 존경받는 사람이 많습니다.

재생관하고 관생인으로 서로 상생하는 구조여서 본인이 목표한 바를 이루고 성공하게 됩니다. 재생관하여 을축 일주는 경제적인 성공을 거두면 반드시 명예를 추구하게 되어 정치에 뜻을 두거나 친목회 회장이라도 맡으려고 합니다.

남자는 재생관으로 연애결혼이 대부분이고 혼전 임신을 하게 됩니다. 하지만 축토는 관의 묘지여서 자식으로 인한 남모르는 아픔이 있는데, 낙태나 유산을 하는 경우가 많습니다.

관살이 없다면 재성이 인성을 극해 명예가 바닥으로 떨어지게 되니 을축 일주에게 관살은 아주 중요합니다. 그러니 법과 원칙을 지켜야 하며, 욕심에 편법을 저지르거나 돈과 여자에 집착한다면 명예뿐만 아니라 명(命)도 훼손됩니다.

이렇게 정관이 아닌 편관 칠살이 재생살을 받고 살인상생하는 사람은 칠살의 권위가 빼어나 최고위직에 오르는 사람이 많고, 판단력과 안목이 예리하며, 많은 사람들을 이끄는 카리스마와 함께 인성으로 존경도 받게 됩니다.

을축은 일지 편재를 쇠궁으로 놓았습니다. 재성이 배우자궁에 들고 쇠지에 놓여 을축 일주는 결혼하면 차곡차곡 재물을 모으게 됩니다.

축중 기토는 묘에 좌해 쇠궁 묘좌하게 됩니다. 재성 기토가 묘에 좌하여 을축 일주는 한 번에 큰 목돈을 벌기보다는 알뜰히 저축하여 부자가 되며, 쇠궁에 들으니 결국 출세하여 성공을 거두는 사람임을 알 수 있습니다.

일지 배우자궁에 재성 쇠궁이라 을축 일주 남자의 아내는 능력이 있고 처갓집이 뼈대 있는 가문이라는 것을 알 수 있는데, 묘에 좌한 데다가 신(辛)을 품고 있어 아내와 깊은 속정을 나누기는 힘듭니다. 아내가 병약하거나 잠자리를 거부할 수 있어 을축 일주 남자는 이로 인한 남모르는 스트레스와 고민이 있습니다.

을축 일주 여자는 일지 배우자궁에 시어머니가 앉은 모습입니다. 결혼하면 시어머니를 부양하거나 시어머니의 영향력이 큰데, 시어머니가 능력이 있어 경제적인 도움을 받을 수 있습니다. 하지만 축토 속에 신(辛)의 영향으로, 겉으로는 가깝지만 속으로는 가깝기 힘든 사이입니다. 시어머니가 묘에 좌해 결혼할 때 이미 시어머니가 돌아가셨거나 아픈 경우가 많은데, 후자일 경우 남편이 장남이 아니더라도 아픈 시어머니를 봉양하는 건 을축 일주 본인의 몫이 됩니다.

기토 편재가 편관을 생하는 구조에서 만약 을축 일주가 일확천금을 노리고 투자를 하거나 대박을 노린다면, 오히려 본인의 명이 짧아지게 되니 을축 일주는 무리한 욕심은 금물입니다. 을목에게 재성 기토는 습토이자 자갈밭이라 열심히 노력해서 조금씩 재산을 불려 나가는 모습이라 한 방에 큰돈을 벌려다가 을목이 뿌리째 뽑혀 나갈 수 있음을 알아야 합니다.

乙   辛
丑　좌법→　丑
쇠(衰)   양(養)

을축의 축중 신금 편관은 쇠궁에 양으로 좌했습니다.

축토는 경금의 고지(묘지)가 되어 을축 일주는 관고를 둔 데다가 신금이 양(養)에 좌해 을축 일주 여자의 남편은 아프거나 생리사별할 수 있습니다. 이럴 때는 남편이 경제적으로 무력하거나 의약, 종교, 활인업에 종사하거나 본인이 그러한 업종에 종사할 경우에는 별 탈 없이 잘 지내게 됩니다.

그렇다고 해도 남편이 묘에 들고 양에 놓여 있어 부부의 운우지정(雲雨之精)을 나누기는 힘듭니다. 이렇게 을축 일주는 남녀 모두 배우자와의 잠자리에서 문제가 있게 되는데, 고부 갈등과 잠자리 문제로 결국 이별하는 경우가 많으며 바깥의 다른 이성을 사귀는 경우도 많습니다.

남자는 자식으로 인한 고민이 있게 되는데, 자식이 아프거나 유산·낙태한 자식이 있게 되고 자식을 키우면서 자녀와 갈등이 생기게 됩니다. 이것은 결국 아내와의 갈등으로 번질 수 있습니다. 따라서 기회가 된다면 자녀가 먼 곳으로 유학을 가거나 진학하는 것도 괜찮고, 본인이 주말부부를 해서 아내와 자녀와는 물리적으로 떨어져 사는 것도 좋습니다.

아내와 자녀는 가깝게 지내지만 나와는 거리가 있어 가정 안에서 외톨이가 될 수 있으니, 을축 일주 남자는 자녀가 어렸을 때부터 같이 놀아 주고 많은 시간을 함께 보내어 좋은 추억을 많이 만드는 것이 중요합니다. 본인이나 배우자가 의약업이나 활인업에 종사하는 경우가 많은데, 그럴 경우 배우자나 자녀로 인한 어려움이 많이 해소됩니다.

관이 양좌하여 을축 일주 여자는 남편과 전생의 업으로 만난 사이라는 것을 알 수 있는데, 관이 신(辛)으로 을(乙)을 자르는 모습이라 부부 인연이 선업보다는 악업으로 만날 가능성이 많습니다. 따라서 을축 일주 여자는 남편과의 관계에서 전생의 업을 닦는다는 생각으로 남편을 진심으로 존중하고 대하면, 자연적으로 업이 해소되어 모든 것이 순리대로 잘 흘러갈 것입니다.

을축 일주 남자 역시 자녀와의 관계가 이와 같음을 알고 자녀와의 갈등을 사랑과 폭넓은 이해로 지혜롭게 풀어 가야 합니다.

을축의 축중 계수는 관대에 놓여 쇠궁대좌합니다.

을축 일주는 인성이 대좌하여 종교나 초월적인 사상 분야에 관심이 있고 열심히 종교 생활을 하는 사람이 많습니다. 사주나 점술에도 관심이 많아 점 보러 다니기를 좋아하고 굿을 여러 번 한 사람도 흔합니다.

재생관, 관생인으로 흘러 공부로 출세할 수 있는 사람으로 인성이 관대에 놓여 시험운이 있습니다. 인성의 관대는 시험합격, 자격증을 의미하므로 공직자도 많고 전문직도 많습니다. 을축 일주는 열심히 공부하여 출세하는 사람이 많지만, 타고난 천재형이기보다는 꾀 안 부리고 성실히 노력하여 출세하는 개미형 수재들입니다.

관살이 양에 놓인 데다가 인성이 관대로 놓여 영락없이 종교, 의약, 활인의 물상이며, 을축 일주의 살인상생하는 모습은 고고한 선비의 모습이자 덕장의 모습이 되어 군검경, 세무, 보안, 보험등 살을 쓰는 직업에서 출세하는 사람이 많습니다.

을축 일주는 부친의 덕은 약하지만 상대적으로 모친의 덕이 있어 인자하고 지혜로운 어머니의 사랑을 받고 자라게 됩니다. 어려운 일이 있을 때마다 어머니의 도움을 받거나 어머니가 해결책을 제시해 주곤 하는데, 이는 인수 어머니가 신금의 살기를 살인상생으로 반전시켜 주기 때문입니다.

하지만 명조내에 화기로 조후가 되어 있지 않는다면, 겨울 동토에 찬비가 내리는 격이라 본인은 어머니의 도움조차 고맙게 느껴지지 않을 수도 있습니다. 어머니는 예의를 중시하고 기품이 있는 분으로 재력도 어느 정도 있으시고, 장사나 전문직에 종사하시는 분도 많습니다.

乙   인종   丁

丑 →————→ 丑

쇠(衰)   묘(墓)

을축 일주의 식신 정화는 쇠궁묘종하였습니다.

식신이 묘에 놓여 말이 적고 식성이 까다로운 사람이 많습니다. 병치레를 잘해 보험은 필수인데 살아가며 한번은 큰 사고나 질병으로 수술, 입원 치료를 받게 됩니다. 이때는 기도나 수행에 힘쓰고 땅을 가까이하는 것이 치료에 큰 도움이 됩니다. 열심히 일하는 것도 좋지만 을축 일주는 반드시 쉬어 주어야 하기에 자연을 찾거나 종교 시설을 찾아 휴식을 취하고 기도하는 것이 건강에 도움이 됩니다.

을축 일주 여성은 식신이 묘에 들어 자녀로 인한 남모르는 아픔이 있는데, 일찍 유산·낙태를 하게 되면 키우는 자녀는 건강하게 됩니다.

관성, 재성, 식신이 묘에 들어 을축 일주는 잘 산다 해도 가정사에 남모르는 아픔이 많습니다. 남편과 자녀가 묘에 들어 가슴에 눈물을 한가득 담고 살아가는데, 본인이나 가족 중 생사와 관련된 직업을 가지면 업상대체되어 별 탈이 없으며 평소에 종교 활동을 열심히 하거나 텃밭을 가꾸고 땅과 가까이하는 것이 가정과 건강에 큰 도움이 됩니다.

을축 일주의 을목 비견은 쇠궁쇠종하며 을축 일주는 본인과 형제 모두가 고집이 아주 세서 형제와의 갈등을 피하기 힘든데, 그 이유는 을목은 같은 을목을 꺼리기 때문입니다. 나보다 더 잘살거나 성공한 형제를 두게 되는 것은 비견이 쇠궁 쇠종, 즉 반안살을 겹쳐 놓았기 때문입니다.

을축 일주에 부동산 부자가 많은 것은 축토가 재성으로 쇠궁을 놓았기 때문입니다. 재성 기토는 묘를 놓아 한번 수중에 들어온 돈은 웬만해선 밖으로 나가지 않게 됩니다. 이것이 장점이 되면 알뜰히 근검절약하는 모습이 되나, 단점으로 작용하게 되면 구두쇠처럼 되어 사람들로부터 매정하고 인색하다는 소리를 들을 수 있습니다.

을축 일주는 돈을 모으는 것도 좋지만, 가끔은 주변 사람들을 돌아보며 베풀고 살아야 인심도 얻고 나중에 내가 어려울 때 도움도 받게 될 것입니다. 결국 재성은 칠살을 생하게 되니 너무 과한 욕심은 자기 발등을 찍어 건강과 가정생활에 많은 문제를 가져오게 됩니다.

재생관, 관생인으로 인성적인 해결을 해야 하니 항상 책을 가까이하고 주변 사람들에게 인성적인 마음으로 베푸는 삶을 살게 되면 건강도 좋아지고 하는 일도 잘되고 가정도 화목해질 것입니다.

축토는 탕화살로 오술미(午戌未)운이 오면 탕화가 발동하게 됩니다. 탕화살

운에는 석유, 전기, 가스, 폭발물 등 불 관련의 사건·사고가 있을 수 있습니다. 그러나 그것보다는 감정의 기복이 심해 스스로 감정 조절이 안 되어 분노, 우울 등 정신적인 병에 걸리기 쉽습니다. 그러니 평소에 여행을 가거나 마음공부를 잘해서 스트레스를 쌓아 두지 말고 바로바로 해소하면 좋습니다.

축토는 자갈밭이요 차가운 습토입니다. 을축은 을목이 자갈밭에 뿌리를 내린 야생화이며 한겨울 꽁꽁 언 땅에 자라는 인동초가 됩니다. 그래서 을축 일주는 살아가면서 남다른 삶의 애환을 겪게 되는데, 특히 눈물 없이 들을 수 없는 가정사를 간직한 사람이 많습니다. 하지만 아픈 상처와 어려움을 이겨 내고 결국 꽃을 피우게 되어 말년에는 행복을 누리게 되는 일주입니다.

축중의 신금은 십자가, 불상의 형상이라 하여 일지에 축토나 술토를 둔 사람은 종교 생활을 열심히 하고 무속에 관심이 많습니다. 더구나 을축 일주는 천문인 술해가 공망이 되니 활인업이 적성에 맞습니다.

신(辛)금은 편관이면서 일간 을목을 밑에서 위로 찌르고 있는 모습이라 두통과 신경통 환자가 많습니다. 특히 을축 일주 여자의 경우, 남자가 나를 찌르는 모습이 되니 남자로 인한 상처를 입게 되므로 사춘기 시절부터 이성 문제에 각별히 조심해야 합니다.

을목은 바람의 물상이라서 대부분의 을목일간은 역마살을 타고났고, 을축은 간지가 모두 곡각살로 이루어져 있어 관절이나 뼈, 신경통 환자가 많습니다. 축토는 액(厄)성으로 일지 축토를 놓은 사람은 살다가 한 번쯤은 병으로 큰 고비를 넘기게 되니 본인과 배우자 모두 보험은 필수이고 건강 관리에 신경을 써야 합니다.

을축 일주는 을목이라 여리고 약한 듯이 보이지만, 자갈밭에 뿌리 내린 야생화처럼 강하고 질긴 생명력으로 대기만성하는 사람입니다.

병인

丙寅

병인 일주는 태양이 나무를 비추며 나무를 성장시키는 모습입니다. 나무는 태양이 있어야 광합성을 하며 살아갈 수 있고, 태양은 나무를 키움으로써 존재의 의미가 있게 됩니다. 그래서 병인 일주는 태양의 공명정대함과 나무를 키우는 희생·봉사와 어머니 같은 사랑과 어진 덕이 있으며, 태양을 보고 자라는 나무처럼 생기가 돌고 진취적인 기상과 지혜가 있습니다.

이렇게 병인은 일간과 일지가 서로를 생해 주는 모습이기에 부부가 다정하고 서로를 아끼고 위하는 잉꼬부부가 많아 배우자 복이 있습니다.

일지 인목은 인성이니 모친의 덕도 있는데, 인목이 병화의 장생으로 병화를 도와주지만 병화 태양 역시 나무를 살리는 역할을 해 병인 일주는 모친의 덕이 있으면서 동시에 모친을 살리는 역할을 해 효자·효녀가 많습니다.

병오가 맹렬한 불로 가까이하기엔 위험한 불이라면, 병인은 장작을 태워 불을 지피는 모습으로 목화가 상생하는 불로 요리를 하거나 따뜻하게 방 안을

044   _____ 피클 일주론 사주명리학의 꽃

데우는 유익한 불이 됩니다. 그래서 병인 일주는 병화 일간으론 드물게 사람들과 융화를 잘하고 성격이 온순하고 착한 사람이 많습니다.

丙
寅　　편인
생(生)

병인 일주는 일지 배우자궁에 편인 장생을 두었습니다. 장생은 학당 귀인에 해당하고 편인은 문곡에 해당하여, 병인 일주는 장생 학당에 문곡을 두어 똑똑하고 공부를 잘하는 대표적인 일주로 늘 책을 가까이하고 나이가 들어서도 배우기를 즐기는 선비 같은 사람입니다.

일지에 장생을 둔 일주는 병인, 무인, 정유, 기유, 임신, 계묘 이렇게 여섯 개의 일주입니다. 이들은 장생을 깔고 있어 성격이 밝고 인상이 좋으며 인덕이 있어 어려운 일이 있을 때 귀인의 도움을 받으며 배우자 복이 있고 똑똑하여 공부를 잘해서 교육과 관련된 직업을 가지는 이가 많습니다.

문곡귀인을 둔 일주는 병인, 무인, 정묘, 기묘, 임신, 계유 이렇게 여섯 일주로서 이들은 책과 배움을 즐기는 사람들로 만학도가 많으며, 글씨가 예쁘고 똑똑하여 수재가 많고 영감이 뛰어나고 판단력이 아주 비상합니다.

병인 일주는 학당귀인에 문곡귀인, 이렇게 두 귀인을 동시에 지녀 학교 성적이 상위권이며 성격이 좋고 인물도 좋아 미남·미녀가 많은 대표적인 일주입니다.

일지에 장생을 두어 성격이 천진난만하고 생기발랄하며 부모 복이 있어 유산을 물려받게 되며 장수하게 되고, 살아가면서 어려운 일이 닥칠 때 귀인의 도움이 있게 됩니다.

이렇게 장생을 두면 유리한 점이 많아 천을귀인 못지않은 복받은 일주입니다.

丙

寅 ⟶ **甲편인, 丙비견, 戊식신**

생(生)

병인 일주는 지장간에 인비식이 순서대로 놓여 서로가 상생하는 구조로 짜여 있어, 성격이 원만하고 어려운 일도 지혜롭게 잘 풀어 나가며 대부분 경제적인 큰 어려움 없이 가정을 꾸리고 행복하게 살아갑니다.

인비식으로 짜여 공부도 잘하고 배운 것을 사회에서 아주 잘 쓰는 사람으로서 공부로 성공하여 교수, 교사가 많고 교육업으로 성공하게 됩니다. 또 식신이 좋으니 식복은 타고나 잘 먹고, 성격 좋고, 건강까지 타고난 사람입니다.

인성이 비견을 생하는데 비견이 다시 식신을 생해 부모 복, 형제 복이 있으며 비견이 귀인 역할을 해 사회에서 만나는 친구, 동료의 도움이 있습니다. 이렇게 비견, 겁재가 귀인 역할을 하면 큰 부자가 많고 높은 직위에 오르는 사람이 많습니다.

이처럼 간단히만 살펴봐도 병인 일주는 복이 많은 일주인 것은 분명해 보입니다. 낳아 주신 어머니께 감사하단 인사드리고 효도하기 바랍니다. 하지만 병인 일주들은 말 안 해도 대부분 효자·효녀들이라 부모님께 잘합니다.

병화에게 인목은 홍염살입니다. 병인 일주는 일지에 홍염을 깔아서 매력 덩어리입니다. 갑오, 병인, 정미, 무진, 경술, 신유, 임자 일주는 일지에 홍염살을 두어 개성이 넘치고 사람을 끄는 묘한 매력이 있습니다. 홍염을 둔 병인 일주는 눈웃음이 예쁘고 보조개가 들어가는 사람이 많습니다.

이렇게 병인 일주는 타고난 복이 넘치는 사람으로 60갑자 중에서도 복 많은 일주로 손꼽힙니다.

병인 일주는 인성갑목이 록에 좌하여 생궁록좌하였습니다.

병인 일주의 어머니는 경제적인 능력이 있으시고 똑똑하시고 미인입니다. 바깥 활동을 열심히 하시며 인기도 많으십니다. 살아가다 힘든 일이 있으면 모친이 해결사로서 다 해결해 주시게 되며, 건강이 안 좋거나 스트레스가 심할 때 어머니 집에서 하룻밤 자고 어머니께서 차려 주신 밥을 먹고 오면 건강도 한결 좋아지는 것을 느끼게 됩니다.

인성이 배우자궁에 들고 록에 좌해 병인 일주는 모친과 가깝게 지내고 결혼 이후에 모친을 모시고 살 수도 있습니다. 나무는 태양을 향해 자라므로 오히려 어머니가 정신적으로나 물리적으로 의지하는 모습이 되며, 그만큼 자식을 향한 집착으로 발전하기 쉽습니다.

모친의 지나친 애정이 화가 되어 병인 일주 남자는 처와 어머니 사이에 고부 갈등으로 번지게 되어 결국은 이로 인해 이혼의 사유가 되기도 합니다. 병인 일주 여자 역시 모친의 간섭과 지나친 사랑이 시댁과 갈등의 원인이 됩니다.

병인 일주는 인성이 생록을 얻어 아주 똑똑하고 야무지며 사리분별을 잘하고 지적인 사람입니다. 성적은 상위권이고 나무를 키우는 모습이라 교육 관련 종사자가 유독 많고, 말하며 가르치는 능력이 타고난 사람들입니다. 머리도 똑똑하고 열심히 노력하는 사람이므로 공부로 성공할 자질이 충분합니다.

병인 일주는 인목 속에 비견을 품고 있습니다. 비견이 생궁생좌하고 있어 병인 일주 형제 역시 똑똑하고 잘난 사람입니다.

일지 지장간 속에 인성과 비견이 함께 들어 있어 아무래도 병인 일주는 부모님 유산 문제에 있어서 형제에 비해 불리한 모습입니다. 결국 모친을 내가 모시더라도 유산은 형제가 더 많이 가져갈 수 있다는 말입니다. 록을 얻은 인성이 일간 병화인 나를 생하기도 하지만, 같은 궁에 든 비견 병화가 우선권을 가지기 때문입니다.

일지에 비견이 있는 병인 일주는 공평하게 나누는 것을 좋아하는 평등주의자인데, 불공평한 유산 문제로 인해 결국 형제에게 섭섭한 마음을 가지지만 결국 비견은 나의 식신을 생해 주는 귀인의 역할이 더 크게 되어 형제와는 좋은 관계로 유지하고 살게 됩니다.

일지 생궁을 놓고 비견 역시 생에 좌하니 병인 일주는 건강이 타고난 사람이며, 보이지 않는 귀인의 도움이 있어 어려운 일이 닥치더라도 주변의 도움으로 잘 헤쳐 나가게 됩니다.

인비가 생록을 얻어 병화의 불길이 활활 타올라 병인 일주는 성격이 급하고 다혈질이지만, 나무를 살리는 태양 같은 마음이 있어 이타적이고 정이 많고 베풀기도 잘하는 착한 사람이 대부분입니다.

비견을 품고 있어 자기 주관이 뚜렷한 사람이며 고집과 자존심도 셉니다. 비견이 다시 식신을 생하여 비견은 경쟁자가 아닌 귀인이 되어 친구 동료 덕이 있으며 비견의 공평한 마음과 평등주의자로 주위에 늘 사람이 모이고 인기를 얻게 됩니다.

병인 일주의 식신 무토는 생에 놓여 있어 생궁생좌합니다.

인성, 비견, 식신을 가지고 모두 생록을 얻어 병인 일주는 식복이 타고났으며 열심히 공부하여 공부한 것을 잘 활용하는 사람이고, 좋은 인성의 기운을 타고나 모친의 덕이 있음에도 자기 능력으로 자수성가하는 사람입니다.

병인 일주는 인비식의 상생구조로 성격이 밝고 근면 성실하며, 말도 잘하고 잘 먹고 놀기도 잘합니다. 홍염인 데다 식신이 생궁에 생으로 좌해 병인 일주는 미남·미녀가 많고 어리광을 잘 부리며 가끔 가다 엉뚱한 행동도 곧잘 합니다.

록을 얻은 강한 인성과 생을 받는 식신의 구조는 게으른 모습으로 나타나기도 하는데, 인성으로 그저 받기만 하고 생을 받는 식신으로 놀고먹기만 할 수 있습니다. 하지만 중간에 비견이 인성과 식신을 연결해 줘 병인 일주는 근면 성실하고 받으면 베풀 줄 아는 사람으로, 오히려 오지랖이 심해 다 퍼 줘서 문제가 됩니다.

병인 일주 여자는 자식에게 헌신하고 자식 보는 낙으로 산다고 해도 과언이 아닌 것이, 지장간의 기운이 식신으로 맺히기 때문입니다. 장생을 얻은 자식이라 병인 일주 모친 못지않게 복이 많은 자식으로 엄마 닮아 착하고 똑똑하며 잘생겨 미인·미남입니다.

丙　　　　　　인종　　　　　　**庚**

寅　━━━━━▶　**寅**

생(生)　　　　　　　　　　　절(絶)

병인 일주는 다 좋은데 한 가지 부족한 것이 재성입니다. 재성은 음양의 짝을 맞춰 경금을 인종하여 생궁절종하게 됩니다. 재성이 절에 놓인 사람은 대개 돈 관리를 잘 못합니다.

재성이 절에 놓였다고 해서 돈을 못 벌거나 여자를 만나지 못해 결혼을 못하는 것은 아닙니다. 돈은 벌지만 돈 관리를 못해 돈을 물 쓰듯 하거나, 수입보다 지출이 커서 돈을 모으지를 못하는 경우가 많습니다. 그래서 병인 일주는 돈이 생기면 항상 저축하는 습관을 들여야 하며, 특히 남자는 아내에게 돈 관리를 맡겨야 합니다.

재성은 절지인데 인성은 록을 얻어 병인 일주는 모친의 덕은 있어도 상대적으로 부친의 덕은 박하게 됩니다. 부친과 이별하거나 관계가 단절되는 경우가 많아 부친이 편찮으시거나 경제적으로 무력한 경우가 많습니다.

결국 병인 일주는 자수성가하는 팔자로, 사업보다는 직장 생활이 더 잘 맞습니다. 만일 사업을 하게 되면 돈 관리는 본인이 하기보다는 돈 관리하는 직원을 따로 두거나 아내에게 맡겨야 합니다.

재성은 절인데 인성이 록이라 병인 일주는 현금보다는 부동산으로 재산을 축적하는 사람이 많고, 부모님께 부동산을 유산으로 받게 됩니다.

　남자는 아내와의 인연이 박해 이별할 가능성이 높은데, 그나마 일지가 생궁이라 쉽게 이혼하지는 않고 기러기 부부처럼 떨어져 살거나 다툼이 잦게 됩니다. 싸우는 원인은 대부분 병인 일주 남자의 바람기 때문입니다.

　인비식의 좋은 기운을 가졌음에도 재성이 절에 놓여 있어 결국 용두사미, 유시무종의 결과를 가져오게 되니 열심히 노력하지만 내가 노력한 것에 비해 결과는 부족하게 됩니다. 이렇게 식신은 생인데 재성이 절에 놓일 때는, 평소에 기부를 하거나 베풀면 탈재의 기운을 액땜하여 재물이 새어 나가지 않고 모이게 됩니다.

　병인 일주의 관살은 임수를 인종해서 생궁병종합니다.

　재성은 절에 놓이고 관은 병에 놓여 자기 사업보다는 직장 생활이 더 잘 맞는다고 할 수 있는데, 병은 역마로 사무실에 가만히 앉아 있는 일보다는 동분서주하며 움직이고 지방으로 출장도 가는 일이 더 잘 맞습니다. 생과 병의 조합이라 아주 열심히 직장 생활을 하는 사람이며 직장 때문에 먼 곳으로 이사하게 됩니다.

　병인 일주 여자의 남편은 타향에서 만났거나 결혼하고 타향에서 살림을 차립니다. 역마에 놓인 남편이라 바쁘고 성실한 사람이며 출장을 자주 가거나 여행을 좋아하는데, 그렇지 않다면 남편이 아플 수 있고 그 이유는 역마인 동시에 병(病)이기 때문입니다. 남편이 아프다 해도 생궁을 놓아 죽을 정도의 큰 병은 아닙니다.

관이 생에 역마를 두어 남편의 역마끼는 생을 받고 더욱 거세지는데, 이렇게 역마끼가 너무 세지면 바람기로 변할 수 있어 주의를 요합니다.

병인 일주 남자는 똑똑한 자식을 두는데, 외국으로 유학을 가거나 먼 곳의 학교로 진학해 일찍 집을 떠나게 되고 또래에 비해 자립도 빠릅니다.

병인 일주는 인비가 강해 병화의 특성이 잘 나타나는데 성격이 급하고 다혈질이라 화를 잘 내지만 돌아서면 금방 잊어버리고, 병화 특유의 낙천적인 성격으로 인해 다 잘될 거라는 근거 없는 자신감의 소유자입니다. 하늘의 태양은 하나이듯이 유일무이한 자존심이 있어 소위 나 잘난 사람이 대부분입니다.

병인은 목화통명의 기운이라 명석하고 언변이 좋으며 나무에 꽃이 흐드러지게 핀 모습이라 외모가 수려하고 꽃향기처럼 몸에서 좋은 향이 나는 사람입니다. 하지만 꽃에는 벌과 나비가 모이듯이 홍염살의 기운으로 이성 문제의 구설이 있을 수 있으며, 음주가무로 아까운 시간과 돈을 탕진할 수 있습니다.

병인 일주는 자기 관리만 잘하면 생궁에 인비식으로 흐르는 구조가 좋아 부동산으로 큰 부자가 되거나 열심히 노력하여 안정적인 생활을 누릴 수 있습니다.

병인은 태양 아래 호랑이의 형상인데, 호랑이는 밤에 사냥을 하고 낮에 잠을 잡니다. 그래서 병인 일주는 성격이 낙천적이고 정이 많지만 강한 인성의 부작용이 있게 되면 주변으로부터 한량이라거나 게으르다는 소리를 듣기 쉽습니다.

운에서 寅 巳 申이 오면 형충과 탕화가 발동하여 감정의 변화가 심해져 사건 · 사고의 위험이 있으므로 특히 교통사고를 조심해야 합니다. 그리고 부부지간에 작은 언쟁이 큰 다툼으로 번져 돌이킬 수 없을 정도로 커지게 되니, 寅 巳 申운에는 항상 말조심, 운전 조심을 해야 합니다.

정 묘
丁卯

정묘 일주는 화초에 꽃이 핀 형상으로 미남·미녀가 많고 날씬한 체형이 많아 사람들에게 관심과 사랑을 받는 일주입니다. 하지만 화무십일홍이란 말도 있듯이 예쁜 꽃은 꺾이기 쉽고 자칫 주변의 지나친 관심과 사랑이 너무 과하면 복이 화로 변하기 쉬우니, 어려서부터 이성 문제에 주의가 필요하고 자기 관리에 신경 써야 하겠습니다.

정묘 일주는 나무에 불이 붙은 형상으로 목화통명의 기운이 강합니다. 그래서 아주 똑똑하니 공부를 잘해 우수한 성적으로 명문대학을 졸업하고 안정된 직장 생활을 하는 사람이 많아서 교사나 교수처럼 교육 관련업에 종사하는 사람이 많습니다.

불붙은 나무는 그 화기를 제어하지 못하면 결국 재로 사라지는 법이라 자칫하면 정신적인 문제가 발생하기 쉽습니다. 분노조절 장애, 우울증, 공황장애와 같은 정신적 질환에 노출되기 쉽고, 심하면 신내림을 받아 무속인이 되는 경우도 많습니다.

정묘 일주는 부모님이 어려서부터 공부에만 매진할 수 있도록 도움을 줘야하고, 특히 어린 나이에 이성 문제로 곤란한 일을 겪지 않도록 주의해야 합니다. 그렇게만 한다면 정묘 일주는 공부로 성공하여 아름다운 꽃처럼 부귀를 누리며 주변의 사랑과 인기를 받게 될 것입니다.

한마디로 정묘 일주는 잘되면 아름다운 꽃처럼 화려하게 살지만, 반대로 잘못되면 나무가 불타 재가 되는 것처럼 건강에 문제가 생기거나 경제적으로 힘든 삶을 사는 경우가 대부분입니다.

丁

卯 　 편인

병(病)

정화에게 묘목은 문곡귀인입니다. 공부와 관련된 대표적인 귀인이 문곡, 문창, 학당귀인 이렇게 셋인데 문곡은 편인이며 문창은 식신, 학당은 장생에 해당하니 각 귀인들을 외울 필요 없이 바로 사주의 십성과 12운성만 보면 알 수 있습니다.

정묘 일주는 일지에 편인 문곡귀인을 두어 책을 가까이하고 학문에 관심이 많습니다. 글씨를 잘 쓰고 언행에 기품이 있는데, 강한 편인의 영향으로 자존심이 아주 세고 제도권 안의 정통 학문보다는 사주 명리와 같은 비주류 학문에 관심을 가지게 되고 대체적으로 만학도가 많습니다.

병은 12신살에서 역마에 해당하여 병에 놓인 일주는 강한 역마성을 보이게됩니다. 정묘 일주는 일지에 병을 놓아 역마의 기운이 강해 한시도 가만히 못 있고 바깥 활동을 잘하고 여행을 좋아합니다. 타고난 역마로 인해 이사를 자주 다니게 되며 남들보다 일찍 부모님으로부터 자립하게 됩니다.

이렇게 강한 역마를 쓰는 사람이 집에만 틀어박혀 꼼짝을 않는다면 그땐 역마가 아닌 말 그대로 병(病)이 난 것이라 병원에 가서 치료를 받아야 합니다. 가벼운 병은 역마를 쓰면 치료가 되니 여행이나 육체적인 활동이 좋습니다.

편인이 병에 놓였기 때문에 먼 곳의 학교로 진학하여 기숙사나 하숙 생활을 하거나 멀리 외국으로 유학을 가는 경우도 많습니다. 이렇듯이 공부 때문에 부모님과 떨어져 살게 되는데, 정묘 일주는 늘 이성 문제가 따라다녀 자칫하면 이성에 빠져 공부를 못하게 될 수도 있으니 스스로가 자기 관리를 잘해야 합니다.

또한 배우자궁에 인성이 들면 결혼 후에도 어머니와 가깝게 지내게 되는데, 남자의 경우 어머니의 지나친 애정이 고부 갈등을 일으킬 수 있으니 주의해야 하며 여자도 친정어머니의 잦은 왕래나 간섭으로 시댁과 마찰이 생길 수 있습니다.

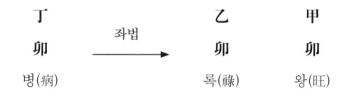

정묘 일주는 배우자궁에 편인 묘목을 병(病)으로 놓고 묘 속에 을목과 갑목이 록왕으로 좌해 인성의 기운이 아주 강합니다.

이렇게 인성의 기운이 강하면 공부로 나가는 것이 상책이며, 집 안에서 모친의 영향력이 강하다 보니 상대적으로 부친과의 인연이 박할 수 있고 남자의 경우는 마마보이가 많습니다. 인성이 배우자궁을 차지한 것도 모자라 정편을 다 두고 있어 결혼한 후에도 모친과 가깝게 지내며, 이래라 저래라 참견하는 등 모친의 간섭이 심할 수 있습니다.

남자는 당연히 아내와 모친 사이에 고부 갈등이 생기게 되며 이혼으로 이어지는 경우도 허다합니다. 일지에 병을 놓아 배우자가 아플 수 있으며 또한 역마이기도 하니 배우자가 떠난다는 의미도 있어 결혼 생활의 난관이 예상됩니다.

이렇게 정인과 편인이 함께 있는 것은 어머니가 둘이라는 의미도 있어 부모님이 이혼을 하셨거나 아버지가 바람기가 있어 어머니 속을 썩였다는 말이 됩니다. 또한 을목과 갑목이 함께 있으면 을목이 갑목을 타고 오르게 되는데, 편인 을목이 정인 갑목을 휘감고 오르니 친모가 계모로 인해 어려움에 처하게 되거나 계모와 살게 됨을 유추할 수 있습니다.

인성이 록왕으로 좌해 힘이 무척이나 강한데 여자의 경우 이렇게 인성이 강하면 식상이 약해져서 임신이 힘들 수 있고 유산이나 낙태의 위험이 있으며 자궁암, 유방암처럼 생식기에 질병이 생길 수 있으니 반드시 미리 보험을 들어 놓아야 합니다.

정묘 일주의 식신 기토는 병으로 인종되어 병궁병종합니다.

일지에 병을 놓고 식신까지 병에 놓여 정묘 일주는 한시도 가만있지 못하는 바쁜 사람입니다. 식신은 활동력인데 역마에 놓여 동분서주 하는 모습이며 근면 성실한 사람입니다.

병(病)은 역마이기도 하지만 말 그대로 병이기도 해 식신이 병에 들었으니 몸이 아프다는 말이 됩니다. 식신이 병궁병종하여 정묘 일주는 역마의 기운이 강해 동분서주하며 바쁘고, 건강이 타고난 사람이라 하더라도 살아가며 한번은 병치레를 겪는다는 의미가 있어 이렇게 식신이 왕하면서 병에 놓이면 갑자기 큰 병에 걸리거나 큰 사고를 겪게 됩니다. 그래서 정묘 일주는 건강하다 자만하지 말고 건강에 신경 써야 하며 반드시 보험을 들어 놓아야 합니다.

여자에게 식신은 자식이 되니 정묘 일주 여자의 자녀 역시 역마의 기운이 강하여 자녀가 먼 곳의 학교로 진학하거나 유학을 가서 떨어져 살 수 있습니다. 인성이 록왕으로 강하여 인극식이 일어나니 자녀와 마찰이 생기게 되고 때로는 자녀가 아플 수도 있습니다. 정묘 일주 여자는 대개 아이를 어렵게 가지거나 적게 낳게 되어 귀한 자녀가 되는데, 모자(녀)관계가 생각만큼 정이 넘치지는 않습니다. 이는 나의 강한 인성으로 식신을 극하기 때문입니다.

역마궁을 놓은 데다 식신까지 역마로 인종을 해 정묘 일주는 일할 땐 열심히 일하고 놀 때도 열심히 노는 사람입니다. 정묘 남자들이 한량이 많은 것도 역마가 강하기 때문인데, 이렇게 남자가 역마가 강하면서 식신 또한 역마를 쓰게 되면 자연히 바람기로 이어져 이성 문제로 구설에 자주 오르게 되며 가정생활에도 문제가 생기게 되므로 알아서 처신을 잘해야 합니다.

丁　　　　인종　　　　辛
卯　　 ──────→ 　　卯
병(病)　　　　　　　　　절(絶)

정묘 일주의 재성은 신금을 인종하여 병궁절종합니다.

정묘는 인성의 힘이 강한 반면에 식신과 재성의 힘은 약해 개인 사업이나 장사보다는 직장 생활이 잘 맞습니다. 강한 인성으로 열심히 공부해서 안정된 직장에 들어가거나 전문직으로 나가는 것이 상책입니다.

재성이 절에 인종하여 돈을 벌어도 수중에 남는 돈이 얼마 없으므로 돈 관리가 각별히 중요합니다. 이는 열심히 돈을 모아도 돈을 날려 버리기를 반복하는 이유가 재성이 절지에 놓여 있기 때문입니다.

이렇게 재성을 절에 놓으면 저축하는 습관을 들여야 하며 소비를 계획적으로 해야 하는데, 절의 특성상 계획 없이 즉흥적이고 충동적인 소비를 잘합니다. 주식이나 펀드와 같은 금융 투자보다는 부동산과 같이 돈을 땅에 묻어 두는 것이 상책인데, 특히 정묘 일주는 인성이 강하여 부동산 부자가 많고 부동산 관련업에 종사하는 사람도 많습니다.

정묘 일주는 재성이 절태에 인종해 현금을 가지고 있으면 남아나질 않습니다. 따라서 저축하는 습관을 들이지 않으면 아무리 돈을 벌어도 모으지 못한다는 것을 명심해야 합니다.

정묘 일주 남자는 재성이 절에 놓여 있어 부부 생활에 위기를 맞을 수밖에 없는데, 대부분이 아내의 문제이기보다는 본인이 처신을 잘못했기 때문입니다. 마마보이처럼 아내와 어머니 사이에서 갈팡질팡하여 고부 갈등을 더 키우기 때문입니다.

재성 절이라 사업이나 투자에 실패하여 경제적으로 어려움에 처하다 보니, 더 이상 가장 역할을 하기 힘든 경우가 많습니다. 따라서 정묘 일주의 남자는 무조건 아내에게 돈 관리를 맡기고 용돈을 받으며 생활하는 게 낫습니다.

또 정묘 남자는 강한 역마에 재성 절로 바람기가 있는데, 스스로 처신을 잘못해 결혼 생활에 문제가 됩니다. 그러므로 나중에 헤어지며 후회하지 말고 아내가 곁에 있을 때 고마운 줄 알아 아내만을 사랑하고 아껴 주어야 합니다.

여자는 시모와의 관계가 어려운데, 시집갈 때 시모가 안 계신 집안이거나 시모와 떨어져 살게 됩니다. 이렇게 재성이 절에 놓이는데 시모와 함께 살거나 시모와 가깝게 지내게 되면 고부 갈등을 겪게 되거나 나와 시모 둘 중 한 명은 아플 수 있습니다.

인성은 록왕을 얻고 재성은 절에 놓여 정묘 일주 여자는 시댁과는 거리를 두고 친정과는 가깝게 지내게 되는데, 이것이 더 고부 갈등을 심화시키는 원인이 되어 나중에 이로 인한 이혼의 사유가 되기도 합니다.

정묘 일주는 인성이 록왕이라 모친의 영향력은 강하고 재성이 절태에 놓여 있어 부친의 영향력이 약한 집안에서 자라게 되고, 부친이 일찍 돌아가시거나 헤어지는 경우도 많습니다. 이럴 때 부친이 병약하거나 경제적으로 능력이 무력하신 분이라면 모친과 오래도록 가정을 이루고 살게 됩니다.

정묘 일주의 관성은 임수가 아닌 편관 계수를 인종하여 병궁생종하게 되는데, 인종법은 일지와 음양의 짝을 맞춰야 하기 때문입니다.

정묘 일주는 직장에서 근면 성실하게 일하고 능력을 인정받는 사람입니다. 재성은 절에 놓이고 관은 생에 놓여 장사보다는 직장 생활이 잘 맞고, 인성은 록왕을 얻어 열심히 공부하여 안정된 직장 생활을 하는 것이 상책입니다. 관이 생에 종해 직장에서 상사나 동료의 덕이 있고 업무 능력이 탁월해 승진도 빠릅니다.

여자의 경우, 남편이 능력 있고 잘생기고 똑똑한데 병궁역마에 생을 놓아 외근이나 출장이 잦거나 주말부부를 할 수 있습니다. 직장 일을 열심히 하는 만큼 가정에는 소홀할 수 있으며, 직업과 관련된 일로 만난 여성과 구설을 탈 수 있고 심하면 외도로까지 발전할 수도 있습니다.

만약 사주 원국에 임(壬)수 정관이 투간해 있다면 임수는 사(死)로 인종되어 병궁사종하니 남편이 아프거나 이별할 수 있습니다.

남자의 경우 현달한 자식을 두어 똑똑하고 잘생긴 자녀를 두게 되는데, 만약 아들딸을 두면 양생음사로 둘 중 하나는 아플 수 있고 공부나 성격 면에서 둘이 정반대이게 됩니다.

정묘 일주의 비견 역시 병으로 인종되어 정묘 일주는 대개 형제와 멀리 떨어져 살게 되고, 형제나 나 둘 중 하나는 아픈데 둘 다 모두 아픈 경우도 많습니다. 형제도 같은 정묘라서 예쁘고 똑똑하며 자존심이 셉니다.

묘목은 파(破)성으로 일지 배우자궁에 묘를 둔 사람은 남녀를 불문하고 배우자와의 인연이 불리한데, 주말부부를 하거나 나이 차가 많이 나거나 연상 연하이거나 둘 중 한 명이라도 재혼인 경우는 액땜이 되어 개운이 됩니다.

일지 묘는 역마이므로 부부가 같이 여행을 자주 다니거나 같은 취미를 가진다면 이 역시 부부가 해로하는 데 큰 도움이 됩니다. 묘는 지리 물상으로 경림(環林), 즉 아름다운 숲이니 자연을 자주 접하고 텃밭을 가꾸거나 등산, 트래킹처럼 숲과 자연을 가까이하는 취미를 가진다면 부부 관계에 많은 도움이 될 것입니다.

정묘 일주는 부자가 많은데, 목생화가 잘되어 재성인 금을 잘 녹일 수 있기 때문입니다. 문제는 돈 관리를 잘 못해 아무리 돈을 벌어도 남아나질 못한다는 것입니다. 인성이 발달한 정묘 일주는 돈이 생기면 저축하고 목돈은 부동산에 묻어 두는 것이 제일입니다.

사주 원국에 경금이 투간했다면 묘중 을목과 암합을 하여 인성으로 돈을 버는 사람이라 열심히 공부해 공부로 출세하거나 전문 자격증을 따 전문직으로 성공할 수 있고 부동산으로 거부가 되는 사람도 많습니다. 또한 인수, 즉 어머니로부터 증여나 유산을 받기도 합니다. 이렇게 경금 재성을 암합으로 당겨 오고 정화의 열기로 경금을 녹이니 큰 부자가 될 수 있는 것입니다.

정화는 달이나 별처럼 어둠을 밝히는 빛이 되는데, 이때는 낮에 태어나는 것보다는 밤에 태어나야 제대로 빛을 밝히게 됩니다. 이렇게 정화가 빛으로 쓰이면 명예가 높은 사람이 되고 열기가 되어 쇠를 녹이면 부자가 됩니다.

결국 정묘 일주는 어려서부터 이성 문제나 건강 문제에 주의하고 열심히 공부한다면 아름다운 꽃을 피워 모두가 부러워하는 화려한 삶을 살게 됩니다.

무   진

戊辰

　무진은 지리산 같은 큰 산으로 辰토 속에는 癸수 계곡이 흐르고 乙목의 생명들이 살아가는 푸른 산입니다.

　무진과 비슷한 일주로 무술(戊戌)이 있는데, 둘은 이란성 쌍둥이처럼 닮은 듯하지만 다른 점이 많습니다. 무진과 무술을 비교해 볼 때 무진이 지리산과 같은 계곡에 맑은 물이 흐르고 숲이 우거진 큰 산이라면, 무술은 설악산의 울산바위나 북한산 인수봉처럼 건조하고 큰 바위가 솟아 있는 악산(岳山)에 비유됩니다.

　무진은 백호살이고 무술은 괴강살로 둘 다 강한 성정을 드러내지만 그나마 무진은 물이 흐르고 생명이 자라는 땅이라 융통성이 있고 물러설 줄 알지만, 무술은 그런 타협의 여지가 없이 '못 먹어도 고'를 외쳐 실제 성정은 무진 일주가 무술보단 훨씬 부드러워 사람들과 잘 어울리며 고집이나 자존심이 덜합니다.

　무술과 무진은 닮으면서도 달라 서로를 무척 싫어하는데, 두 일주의 글자가 만난다면 시한폭탄과 같아 언제 큰 사단이 날지 모르며 운에서 만난다면 각종 사건·사고로 인생의 큰 변화가 생기게 됩니다.

무진 일주는 백호대살 일주입니다. 백호살은 기문둔갑에서 나왔는데, 구궁(九宮)의 중앙에 위치한 중궁(中宮)에 놓이는 글자들로 총 9개의 글자가 있습니다. 백호살 일주로는 무진, 정축, 병술, 을미, 갑진, 계축, 임술 이렇게 일곱 일주가 백호살에 해당됩니다.

이렇듯 백호살을 살펴보면 모두가 지지에 진술축미를 깔고 있는데, 백호살과 비슷한 괴강살 역시 모두 진술을 가지고 있습니다. 지지의 토는 입묘의 기운이 있는 데다 백호, 괴강 같은 강한 살을 띠어 실제로 일지에 토를 놓은 일주들은 본인이든 가족이든 삶의 희로애락이 만만치 않습니다.

옛날에는 돈보다 명분이나 체면을 중시했지만, 현대 사회에 와서는 체면보다 돈이 우선이고 최고인 시대라서 백호나 괴강 같은 강한 살(殺)을 띤 사람들의 전성시대라고 볼 수 있습니다.

명리에서 재성은 일간이 극을 하는 글자인데, 극을 잘하려면 일간이 재성을 압도하는 힘이 있어야 합니다. 여기서 압도하는 힘이라는 것은 신강해야 한다는 의미도 되지만 신약하더라도 백호, 괴강처럼 일주의 기세가 강한 살(殺)을 띠는 것도 해당됩니다.

일주가 백호살인 사람은 '강한 살기'만큼 성격이 강하고 고집이 세지만 그만큼 책임감도 강한 반면에 정이 있으며, 어려움이 닥쳐도 굴하지 않고 헤쳐 나가는 힘이 있습니다.

성격이 강하여 고집이 세고 욱하는 성질까지 있어 감정적인 말과 행동으로 주변 사람들과 다툼이 잦고 실수가 많지만 똑똑해서 수완이 좋고, 카리스마와 리더십이 있어 사회에서 성공한 사람들이 무척 많습니다. 일반 회사원보다는 독립적으로 일하는 기술직이나 전문직이 더 괜찮고 자영업으로 성공하여 큰 부자가 되는 사람들도 많습니다.

일주가 백호살인 사람은 건강하다가도 갑자기 큰 병을 얻거나 예기치 못한 큰 사건·사고를 당하는 경우가 많으니 보험을 꼭 들어 놓아야 합니다.

戊

辰　　　**비견**

관대(冠帶)

무진은 재성의 창고를 두고 있어 큰 부자가 될 수 있는 일주이지만 흔히 말하는 재고귀인이 아닌 것은 비견을 일지에 두어 재성 계수가 비견 무토와 암합하기 때문입니다. 그래서 무진은 재고를 두었음에도 불구하고 다른 재고귀인에 비해 부자가 되는 경우가 드문데, 무진 일주는 아주 큰 부자이거나 그 반대이거나 둘 중 하나인 경우가 대부분입니다.

일지에 비견을 둔 간여지동에 관대를 놓으니 고집이 세고 주관이 확실한 사람입니다. 비견을 배우자궁에 두어 친구나 형제를 가까이하고 소중히 여기어 바깥에선 좋은 친구, 좋은 동료인데 집에서는 빵점 남편이 되기 쉽습니다.

비견 진토는 옥토라 무토에겐 도움이 되는 듯하지만 재성을 가져가 허울만 좋을 뿐입니다. 즉, 체면과 자존심 차리다가 실속은 못 챙기는 꼴이라 절대 동업이나 보증을 서면 안 되며 만일 돈을 빌려준다면 아예 못 받는다고 생각해야 됩니다.

관대궁을 놓아 공부를 열심히 해 공부로 성공해야 하는 사람으로, 만약 자녀가 무진 일주라면 무조건 공부시켜야 합니다. 관대를 놓고 있어 머리가 좋아 공부하면 됩니다. 공부 시기를 놓친 성인이라면 자격증을 따서 자격증과 관련된 일을 하는 것이 상책입니다.

戊

辰　　　　　—————▶　　戊비견, 癸재성, 乙관성

관대(帶)

　무진 일주의 진토 속에 비견 무토와 재성 계수가 암합을 하고 있어 일지에 진토를 둔 일주는 이로 인해 희비가 다양하게 교차하게 됩니다. 따라서 무진 일주는 소중한 나의 재성이 비견과 암합을 하여 나의 재물을 형제나 다른 이에게 빼앗기는 모습이 연출됩니다.

　이것을 좋게 보면 다른 사람과 나누는 것이 되어 무진 일주는 공평하게 나누는 인정이 많은 사람이 되는데, 경제적으로는 도움이 못 되니 재고를 두었음에도 비견으로 인해 재물이 빠져나가 밑 빠진 독에 물 붓기처럼 돈을 아무리 벌어도 채워지지 않는 모습이 됩니다.

　부모님 유산을 두고도 내 몫은 조금밖에 못 받거나 형제가 다 가져가게 되어 형제와 크게 싸우고 심하면 의절하게 되는 일도 흔합니다. 그러므로 무진 일주 자녀를 둔 부모라면 법대로 공평하게 유산을 물려주어야 자식들이 원수 사이가 되지 않습니다.

　무진 일주 남자는 의처증이 생기기 쉬운데, 나의 아내 재성이 일간이 아닌 비견과 합을 했기 때문입니다. 이것이 심해지면 아내에게 폭력을 휘두를 수도 있고 결국 가정이 깨지게 되니 무진 일주 남자는 자신의 성향을 잘 알아서 각별히 주의해야 합니다. 일간 무토 역시 일지 지장간 속 재성 계수와 암명합하여 아내에 대한 집착이 강하여 그런 의심에도 불구하고 여간해서는 아내와 쉽게 이혼하지는 않습니다.

戊　　　　좌법　　　　戊
辰　　　━━━━▶　　　辰
관대(帶)　　　　　　　관대(帶)

　무진 일주의 비견 무토는 대궁대좌합니다. 배우자궁에 비견이 있어 형제나 친구와 가깝게 지내는데, 특히 남자 같은 경우 가족보다 친구와의 우정을 더 우선적으로 생각하여 아내와 마찰이 생길 수도 있습니다. 형제나 친구 중에 사회에서 잘나가는 이가 있지만 실제로 나에게 별 도움은 되지 않습니다. 오히려 경쟁자나 나의 앞길을 가로막는 사람이 될 수 있는데, 이는 비견이 재성과 암합하기 때문입니다.

　비견이 재성과 함께 있어 무진은 재고를 둔 재복이 넘치는 일주임에도 재물을 모으기가 힘듭니다. 밑 빠진 독처럼 돈을 벌어도 새어 나가는 게 더 많아 돈이 모이지 않는 모습입니다. 따라서 돈 관리를 잘해야 하며, 이런 이유로 무진 일주는 장사나 사업보단 직장 생활이 더 낫습니다. 하지만 백호살에 간여지동에 재고를 둔 사람이라 돈 벌 욕심에 직장 생활을 오래하지 못하고 자기 사업을 하겠다고 뛰쳐나오게 됩니다.

　지장간 속 비견과 재성이 암합을 하고 남는 것은 관성입니다. 그래서 무진 일주는 재고를 둔 일주임에도 불구하고 돈보단 명예를 추구해야 하며 사업보단 직장 생활을 해야 하는 특이한 일주입니다. 이런 재성의 탈재를 막기 위해선 돈이 생기면 조금씩 베풀고 써야 합니다. 돈을 적절히 써야 액땜이 되어 돈이 나가질 않습니다. 악착같이 돈만 욕심내고 벌려고 하면 오히려 더 큰돈이 나가게 됩니다.

만약 돈이 나가지 않으면 내가 아프거나 사고를 당하게 되며 남자의 경우 아내가 아프거나 사고를 치게 됩니다. 따라서 무진 일주는 주변 가족이나 지인들에게 베풀고 쓰는 것이 내 건강도 지키고 가정도 지키고 돈도 모으는 상책입니다.

무진 일주의 재성 계수는 대궁양좌합니다.

진토는 재물 창고가 되어 부자가 되기 쉬운 유리한 구조이지만, 재성 계수는 지장간 속 비견 무토와 먼저 암합을 하고 그다음으로 일간 무토와 합을 하기 때문에 나의 돈을 남이 먼저 가져가는 모습이라 돈을 빌려주면 받지 못하고 사기도 잘 당하며 동업하면 반드시 망하게 됩니다. 그래서 무진 일주는 돈 거래나 동업을 해서는 절대로 안 됩니다.

재성이 양에 놓여 있어 부모님으로부터 증여나 상속을 받게 되는데, 이때 형제와 유산을 나누게 될 때 나보다 형제가 유산을 더 많이 받는 경우가 많습니다.

부친과는 숙명의 인연으로 엮여 있어 남다른 부자(부녀)관계를 보이는데, 전생의 질긴 업연으로 만난 사이이니 선업이든 악업이든 이번 생에 꼭 풀기를 바랍니다.

남자의 경우 처와 미묘한 관계를 보이게 되는데, 재성 계수는 비견과도 합하면서 동시에 일간과도 합을 하는 모습을 보입니다. 그래서 무진 일주의 아내는 남편보다는 친구나 사회에서 만나는 남자에게 더 잘해 주는 모습을 보이게 되는데, 이것 때문에 갈등이 심해지면 나아가 의처증이 될 수 있고 아내 입장에서는 남편이 나를 구속한다고 생각하게 되어 부부 싸움의 주된 원인이 됩니다.

하지만 그렇게 자주 다퉈도 이혼을 잘 하지 않는데 그 이유는 일간과 암명합하기 때문이며, 처가 양에 놓여 있어 전생의 질긴 인연으로 엮인 사이이기 때문입니다. 전생의 질긴 업연을 풀기 위해 부부 사이로 만났으니 이번 생에는 양보하고 사랑하고 정을 나누며 묵은 업을 풀고 다시 좋은 인연을 맺길 바랍니다.

재성이 입묘하고 양으로 좌해서 무진 일주의 아내는 아프거나 죽을 고비를 넘길 수 있는데, 그럴 때마다 지극정성으로 아내를 간호하고 보살펴서 두 사람 사이의 업을 잘 풀어 나가야 합니다.

무진 일주는 대궁 양이라 돈 복도 있고 능력도 있는데 비견이 암합한다는 것을 알면서 돈 관리를 잘해야 하며, 평소에 가족이나 주변 지인들에게 베풀면서 산다면 큰 탈은 없을 것입니다

일간 무토가 재성과 암명합하면 집착으로 나타나기 쉬운데, 이것이 돈에 대한 집착과 욕심이 되면 결국 비견의 암합으로 인해 탈재가 일어날 수 있음을 명심해야 합니다. 그리고 재성이 입묘하고 탈재되면 돈만 잃는 것이 아니라 자칫 건강이 나빠질 수 있으며, 남자는 아내에게 문제가 생길 수도 있음을 알고 과도한 욕심은 버려야 하겠습니다.

戊	좌법	乙
辰	→	辰
관대(帶)		관대(帶)

무진 일주의 관성 을목은 대궁대좌합니다.

제복을 입고 전문직이나 특수한 분야에서 활약하는 모습이 되고 백호살에 관대를 겹쳐 군·검경이나 의약업, 활인업이 잘 맞습니다. 재성이 관을 생하여 주면 좋으나 그렇지를 못하는데 재성은 관성보다는 비견과 합하는 데만 관심이 쏠려 있기 때문입니다.

무진 일주가 진중 을목 외에 사주에 관성이 없다면 관성이 갇힌 모습이 되어 백호살과 더불어 법을 가볍게 여기고 충동적인 행동을 잘하게 되어 관재수가 있거나 병원에서 치료를 받게 되는데, 만약 본인이 법과 관련된 직업을 가지거나 활인, 종교 활동을 열심히 하게 된다면 오히려 전화위복이 되어 더 잘 될 수 있습니다.

여자의 경우, 남편이 고지식하고 자존심이 아주 센 사람으로 전문직이나 공무원으로 잘나가는 사람이거나 아니면 반대로 노력은 하나 장애가 많아 결실 맺기가 힘든 모습이 됩니다. 이는 관대가 겹쳐 넘어야 할 장애물이 많다는 의미도 되기 때문입니다.

남자의 경우, 아직 군대를 안 갔다면 직업군인으로 진로를 정하는 것이 좋으며 적성에 딱 맞아 군 생활을 아주 잘할 것입니다.

무진 일주의 인성 병화는 관대에 인종되어 대궁대종합니다.

무진 일주는 똑똑하여 공부를 잘하게 되는데, 일찍 열심히 공부해서 전문직이나 공직으로 나가면 순탄한 삶을 살게 되지만 그렇지 않으면 힘들게 될 수 있어 인성 부모님의 역할이 아주 중요합니다. 진토 속에 무계합으로 화(火)기가 만들어져 인성의 명예가 있어 공부를 하면 출세할 수 있는 복이 있습니다.

이렇게 인성이 관대로 겹쳐지면 어려서부터 공부에 매진하도록 부모님이 조금은 엄하게 키워야 합니다. 왜냐하면 인성이 관대로 대궁대종한다는 것은 도서관, 학원에 틀어 박혀서 공부하는 모습이기 때문입니다.

무진 일주는 공부로 나가는 게 상책입니다. 엄격하게 매를 들어서라도 공부를 시키고, 혹시 공부시키기에 가정 형편이 어렵더라도 무리를 해서라도 공부를 시켜야 합니다.

무진 일주의 어머니는 도도하고 멋쟁이시며 경제적인 능력이 있으신 분입니다.

무진 일주의 식신 경금은 대궁양종합니다.

토일간은 가시가 돋힌 듯한 말을 나도 모르게 내뱉는 경향이 있는데, 그것은 식상이 庚, 辛으로 칼이기 때문입니다. 일지 비견의 도움으로 식상을 잘 쓰게 되어 부지런하고 재주가 많습니다.

식신이 양이라 인심이 좋아 남에게 잘 퍼 주거나 도움도 잘 주니 무진 일주는 욕심도 많은 반면, 친구들과 어울려 돈도 잘 쓰는 모습이 있습니다.

백호살에 식신이 경금 칼이라서 화가 나면 말이 거칠고 마음에 들지 않으면

_____ 피클 일주론 사주명리학의 꽃

판을 뒤엎어 버려 무례하다는 말을 들을 수 있으니 언행에 특히 조심해야 합니다.

무진은 홍염살이라서 일지에 홍염을 두어 은근히 매력을 풍기는 사람입니다. 무토는 노을이고 야수로서 멋을 알고 낭만과 풍류를 즐기며 야성미가 있는데, 홍염살과 어우러져 매력이 넘치는 사람으로 이성의 인기를 얻게 됩니다.

무진은 큰 산속에 숨어 있는 용의 모습입니다. 산속에 용이 숨어 있는 곳을 초택이라 하는데, 무진은 초택의 물상이 됩니다.

승천을 하기 위해 숨죽이고 때를 기다리는 용처럼 무진 일주는 꿈과 이상이 원대하고 스케일이 큽니다. 하지만 욕심이 앞서 준비 없이 일을 벌려 승천을 못하고 산속 계곡의 이무기가 될 수 있습니다.

열심히 갈고닦아 때를 기다리면 결국 승천하여 황룡이 되는 것처럼 무진 일주는 학창 시절 때 열심히 공부하여야 합니다. 만약 청년이 되어 이미 때를 놓쳤더라도 틈틈이 자격증 공부를 하거나 좋아하는 분야를 공부한다면 늦게라도 충분히 원하는 분야에서 성공할 수 있습니다.

^기 ^사
己巳

　기사 일주는 아주 강한 역마의 기운을 가집니다. 기토는 길, 구름의 물상이고 사화는 대역(大驛)으로 천간 지지가 모두 역마의 물상을 가지고 있어 기사 일주는 한시도 집 안에 가만히 있지를 못하는 성향이 특징입니다.

　己巳와 함께 乙巳, 乙未 이렇게 세 글자는 역마가 아주 강해 신병(身病)이라 부르는데, 이 글자들이 일이나 시에 있으면 한시도 가만히 못 있고 돌아다니거나 하도 열심히 일해 몸에 병이 난다는 글자들입니다.

　더구나 기사는 곡각의 글자들로 이루어져 있어 관절이나 뼈, 신경에 이상이 생기기 쉬우니 다치지 않도록 신경 써야 합니다. 이렇게 역마가 강하면 교통사고를 조심해야 하는데, 기사라는 글자가 뱀이 길을 건너가는 모습이라 달리는 차에 언제 치여 죽임을 당할지 모르기 때문입니다.

　그래서 기사 일주는 갑작스런 큰 사고나 큰 질병에 걸리게 되는데, 이런 것들은 돈으로 액땜이 되어 만약 재물 손실을 크게 보면 무탈하게 잘 살게 됩니다. 그래서 기사 일주는 보험을 필수로 들어야 합니다.

기사는 뱀 중에 능구렁이입니다. 己巳라는 자형은 구렁이처럼 큰 뱀이 똬리를 튼 모습입니다. 능구렁이처럼 능수능란하고 상황 대처를 잘하고 잇속을 잘 챙기며 자신의 속마음을 잘 드러내지 않습니다.

기사 일주는 사회에서 성공한 사람이 많은 대표적인 일주 중 하나입니다. 능구렁이는 독은 없지만 맹독을 가진 살모사도 능구렁이의 밥이 될 정도로 모든 뱀의 왕이 됩니다.

기사 일주가 구렁이 담 넘어가듯이 어물쩍거리고 뭔가 야무지지 못한 것 같지만, 사실은 대단한 집념과 자존심의 소유자이며 계산이 빠르고 상황 판단에 따라 빠르게 행동합니다. 따라서 기사 일주를 만만하다고 얕보면 큰코다칩니다. 기사 일주에게 덤비다간 본전은커녕 큰 손실을 맛보게 됩니다.

己

巳　　　　인성

왕(旺)

기사 일주를 처음 만나면 기토일간이라 사람이 부드러워 보이고 소심한 듯 보이지만, 조금 알고 지내다 보면 고집도 세고 성질도 대단하고 욕심도 많다는 것을 알 수 있습니다.

일지에 인성이 왕지로 놓여 모친의 영향력이 아주 강하며, 결혼 후에도 모친과 가까이 지내게 되고 심할 경우에는 마마보이 성향을 보이기도 합니다. 인성이 배우자궁을 차지해 남자는 아내와 어머니 사이에서 갈등할 수밖에 없으며 고부 갈등이 심해 때로는 이혼의 원인이 되기도 합니다.

기사 일주는 흡사 무오 일주와 비슷한 성향을 보이는데, 무오 일주가 대놓고 바람을 피운다면 기사 일주는 앞뒤 재면서 은밀하게 바람을 핍니다. 그래서 무오 일주는 바람을 피우면 금방 들키지만, 기사 일주는 잘 안 들킵니다.

넘치는 정력으로 동서남북을 휘젓고 다니며 팔도에 씨를 뿌리는 일주로, 양간에 무오가 있다면 음간에는 기사가 있습니다. 그만큼 건강하다는 뜻으로, 이런 힘과 정열을 일하는 데 쏟으면 무슨 일을 하든지 성공하게 됩니다.

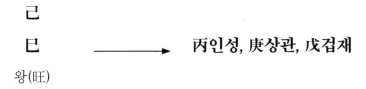

己
巳 ⟶ 丙인성, 庚상관, 戊겁재
왕(旺)

기사 일주는 왕궁을 놓고 그 속에 인성, 상관, 겁재를 두었는데 셋 모두 록, 생, 록으로 기세가 매우 강합니다.

기사 일주는 머리가 똑똑하고 재주도 많으며 욕심까지 아주 많아 성공할 확률이 높으며, 성격도 건강도 정력도 모두 강한 사람들입니다. 현대 사회에서 성공할 수 있는 능력과 야망을 지녔기에 부자로 잘사는 사람이 많습니다.

인성과 상관의 조합으로 상관패인이 되니 비상한 머리로 공부를 잘하고 말도 잘하며 부모 복이 있어 유복한 가정에서 자라니 무엇 하나 부족한 게 없는 듯 보이는 사람입니다. 하지만 겁재가 함께 있어 욕심이 많고 고집이 아주 셉니다.

인성이 겁재를 생하고 겁재가 다시 상관을 생하게 되면 상관으로 출세하게 되는데, 머리가 아주 비상한 데다 상관의 뛰어난 재주가 있으며 겁재로부터 생을 받아 근면 성실하기까지 해 사회에서 성공하는 것은 당연한 일입니다.

겁재가 상관을 생하여 아무리 일해도 지치지 않으며 일중독에 빠질 정도로 일에 몰입하여 성공하게 됩니다.

이런 장점이 있는 반면에 겁재와 상관의 조합이 잘못 쓰이면, 욕심에 눈이 멀어 돈과 성공을 위해 수단과 방법을 안 가리게 되어 편법이나 도박 같은 것에 손을 대기도 합니다. 그리고 자기 꾀에 자기가 넘어가 큰 손해를 보거나 송사나 관재가 발생하게 됩니다. 또한 조열한 땅이기에 물을 찾으니 더욱 돈과 여자에 집착하게 됩니다.

결국 기사 일주는 인성으로 상관을 쓰면 똑똑한 머리와 공부로 성공하게 되지만 만약 인성이 겁재를 쓰면, 즉 욕심으로 이기적인 마음을 내면 결국 자기 꾀에 자기가 속는 격이라 재물 손실과 송사, 시비가 발생하게 될 것입니다.

기사 일주는 인성 병화가 왕궁록좌하니 인성의 힘이 아주 셉니다.

일지에 寅, 午, 巳를 둔 사람들은 자존심이 세고 우월감에 빠진 사람이 많은데 그것은 병화 태양을 품으면 야망이 크고 낙천적이며 천상천하 유아독존인 사람이 많습니다. 기사 일주도 병화를 품고 왕궁록을 놓아 왕자병, 공주병이 많으며 자존심 빼면 시체인 사람들이 됩니다.

정인의 힘이 강해 모친의 영향력이 강하고 모친이 경제적인 능력이 상당한 분이시며 자식을 향한 사랑이 지나쳐 자녀를 마마보이로 만듭니다. 그리고 자녀가 결혼해서까지 자녀의 가정생활에 일일이 참견하려 하니, 갈등이 생길

己巳 ___

075

수밖에 없습니다. 이렇게 모친의 힘이 태왕하면 상대적으로 부친의 힘은 약해져 부친이 병약하거나 모친보다 일찍 돌아가시거나 이별하게 됩니다.

기사 일주는 왕궁을 두었음에도 겁재가 아닌 인성이 일지에 있어 성정이 강하고 자존심이 강하지만, 그래도 융통성이 있고 교양과 지성이 있습니다.

기사 일주의 상관 경금은 왕궁생좌하여 상관 역시 그 힘이 만만치 않습니다.

상관이 생에 놓여 비상한 두뇌의 소유자인데, 인성과 함께해서 본인만 열심히 노력한다면 얼마든지 좋은 머리로 좋은 대학, 좋은 직장에 들어가 편안한 삶을 살 수 있습니다. 상관패인이 되면 전공을 살려 성공하거나 교육·의료 관련 분야에 종사하는 사람이 많습니다.

기사는 인성과 상관의 기운이 워낙 좋아 무조건 공부해야 합니다. 기사 일주 자녀를 둔 부모라면 자녀에게 회초리를 대더라도 무조건 공부시켜야 합니다. 만일 공부를 하지 않는다고 한다면 타고난 인성과 상관이 너무 아깝습니다.

상관이 생을 받은 경금이라 말을 잘하지만 혀에 칼이 달려 있는 물상이라 상대방에게 상처 주는 말과 행동을 잘하여 인심을 잃고 사람들과 구설 시비를 자주 겪게 됩니다. 그리고 상관의 기질이 심하면 송사 문제, 관재구설로 발전되기도 하니 각별히 주의해야 합니다.

기사 일주는 인성과 비겁이 강한 데다 상관까지 강해 활동력이 대단하고 타고난 체력으로 매일 야근을 해도 지치지 않는 사람이며, 일할 때는 미친 듯이 노력해 결국은 성공하는 사람입니다. 상관의 힘이 강한 만큼 먹고 놀기도 좋아하며 욕심도 많지만, 한편으로 돈을 쓸 때는 시원하게 잘 쓰며 남의 일에 참견도 잘합니다.

남자의 경우, 처가로부터 경제적인 도움을 받는 경우가 많은데 상관인 장모가 생에 놓여 있기 때문입니다. 그만큼 처복이 있는 사람입니다.

여자는 잘생기고 똑똑한 자녀를 두게 되며 아이들이 친가보다는 외가와 가깝게 지내게 됩니다. 여자의 경우, 밖에서는 사람들에게 그렇게 잘하면서도 집에서는 밖에서 하는 만큼의 반의반도 남편에게 하지 않는 경우가 많습니다.

인성인 사화는 상관 경금의 생지이기도 하면서 화극금을 해서 상관의 힘을 빼앗기도 하는 상반된 힘을 동시에 가지고 있습니다. 만약 사주가 조열하다면 사화의 생의 기운은 미약해지고 화극금으로 흐르게 되니, 앞에 말한 상관의 좋은 기능들이 사라지게 되어 똑똑하긴 하지만 욕심 많고 이기적인 모습이 나타나게 되며 여자의 경우 자녀로 인한 갈등이나 아픔이 생기게 됩니다.

기사 일주의 겁재 무토가 록으로 놓여 왕궁록좌합니다.

기사 일주는 인성과 겁재가 강한 세력을 이루고 있어 고집 세고 욕심도 많은 반면에 웬만한 고난에도 넘어지지 않는 힘과 배짱이 있는 사람입니다.

여기에 상관이 더해져 직장 생활보다는 전문직이나 개인 사업으로 자수성가해야 하는 사람이므로 머리도 좋고 부모님의 도움이 있어 남들보다는 성공하기 유리한 조건을 갖추었습니다. 겁재가 상관을 생해 상관생재로 가면 자수성가하는 부자가 될 수 있으며, 겁재의 특징으로 횡재수나 갑자기 큰돈을 버는 행운과 능력이 있습니다.

다만 겁재, 상관의 조합은 무리한 욕심으로 편법적인 일에 손대거나 손쉽게 큰돈을 벌려는 마음이 생길 수 있어 투기나 도박에 빠지면 사기당하거나 애써 모은 재산을 순식간에 날려 버리는 위험도 내포되어 있습니다.

지지에 비겁을 품고 있으면 어릴 적에는 형제와 다정하게 지냈다 해도 나중에 부모님 유산을 두고 형제와 갈등을 빚게 되는데, 특히 기사 일주처럼 인성과 비겁이 함께 있는 경우에는 거의 확실합니다.

이렇게 일주가 비겁이 강한 기운으로 들어 있는데 사주 원국에도 비겁이 강하게 자리하고 있으면 대개 부친과의 연이 짧아 부친과 일찍 이별하는 경우가 대부분입니다. 특히 남자의 경우 여자 문제로 인해 삶의 우여곡절이 생기게 되는데, 원인은 상대가 아닌 본인에게 있음을 알고 아내에게 잘해야 합니다.

기사 일주의 재성은 계수를 인종하여 왕궁태종합니다.

태왕한 인성과 비겁에 비해 재성의 힘이 약해 부친의 영향력이 적어 부친과 일찍 떨어져 살게 되거나 이별할 수 있습니다.

남자의 경우, 아내 혹은 여자관계에 어려움이 예상됩니다. 왕궁 속에 태로 종하니 이는 결혼을 여러 번 하거나 많은 여자와의 만남이 있다는 의미입니다. 그래서 기사 일주 남자는 결혼 전 연애를 실컷 하고 결혼은 늦게 하는 것도 괜찮으며, 결혼할 상대와 마음도 잘 맞아야 하겠지만 무엇보다도 속궁합이 중요한데 왕성한 성욕이 해결되지 않으면 외도할 가능성이 높습니다.

기사 일주는 다른 일주보다 부자가 많은 일주로, 인성의 도움이 있어 부모로부터 거액의 유산을 물려받을 수 있고 상관패인으로 열심히 공부해 전문직으로 성공하고 인비식재의 흐름으로 자기 사업이나 장사로 성공하는 사람도 많습니다. 재성이 왕궁태이기 때문에 거부가 많은 반면, 사기나 보증을 잘못서서 한순간에 길바닥에 나앉기도 하는 것이 기사 일주입니다.

12운성의 태는 절의 의미도 같이 가지고 있는데, 생기고 사라지는 부침이 심하기도 합니다. 기사 일주는 사중 겁재 무토와 암합을 하고 있어 겁재가나 몰래 나의 돈을 가로채는 모습입니다. 이 때문에 기사 일주는 돈을 빌려주면 받기 힘들고, 보증을 서면 빚을 떠안게 되고, 동업하면 반드시 망하기쉽습니다.

겁재는 갑자기 닥치는 일이고 거액의 돈이니 벌 때는 짧은 기간에 큰돈을 벌지만, 잃을 때는 순식간에 다 날려 버립니다. 그래서 겁재는 식상을 통해재성을 벌어들이는 것이 순리이고 가장 좋은 모습이니, 일확천금을 바라지말고 투기나 편법적인 일에 손대지 말고 본인의 식상을 써서 부지런히 노력해야 합니다. 그렇다면 반드시 성공하여 큰 부자가 될 수 있는 능력과 운을 갖춘 것이 기사 일주입니다.

己
巳

인종 →

乙
巳

왕(旺)　　　　　　　　　　　　　　욕(浴)

기사 일주의 관살은 을목을 인종하여 왕궁욕종합니다.

기사 일주는 직장에서 나름 열심히 노력하지만, 직장보다는 취미 생활에 더 관심이 많고 항상 사직을 꿈꾸며 살게 됩니다.

기사 일주 여자는 잘생긴 남편을 만나 연애결혼을 하는데 사내 커플이 많습니다. 기사 일주 여자들은 대부분 남편을 꽉 잡고 사는데, 그것은 사중 경금 상관의 작용 때문입니다. 관살인 을목이 사중 경금과 합살하여 반갑지만 인성 화기가 강해 관살이 불타는데 합살까지 하여 뿌리까지 잘리는 모습이라 결국 나의 강한 성질로 인해 남편이 나를 떠나려는 모습이 연출됩니다.

기토라는 밭이 사화의 불로 인해 논바닥이 갈라지게 됩니다. 즉, 왕한 인성으로 인해 욕심이 많고 인색한 사람이 되어 인심을 잃고 외톨이가 되기 쉽습니다. 강한 겁재까지 있어 욕심에 잔머리를 굴리다 스스로 자기 발등을 찍어 가난하고 외롭게 노후를 마칠 수 있으니, 기사 일주는 반드시 상관을 써야 합니다.

잘나갈 때 상관을 써서 가족과 주변 지인들에게 베풀어야 더 잘되고 가정도 평화롭습니다. 특히 사생활 관리를 잘해 가정을 잘 지킨다면 끝까지 부를 지키면서 행복한 노후를 맞을 것입니다.

巳는 문성(文星)으로 일지에 사를 두게 되면 똑똑하고 책을 가까이하는 사람이 많은데, 기사는 인성에 놓인 사라 기사 일주가 똑똑하고 책을 가까이하는 것은 당연합니다. 그리고 욕심이 많고 강한 성격을 가졌다 해도 기본적인 인품과 지성을 가지고 있어 천박하지 않으며 품위가 있습니다.

_____ 피클 일주론 사주명리학의 꽃

^경 ^오
庚午

경오 일주는 쇳덩어리를 녹이는 용광로의 모습으로 새로운 것을 창조해 내고 기획하고 옛것을 활용해 새롭게 재생시키며 더 좋게 만드는 능력이 있습니다. 용광로에서 쇳물을 주조하여 철을 만드는 모습이라 부자가 많은 대표적인 일주 중 하나입니다.

경오 일주는 오화의 말을 타고 경금 칼을 휘두르는 장수의 모습입니다. 따라서 장수의 기질이 있어 리더십이 있고 카리스마가 있어 조직을 이끄는 리더가 많으며, 평소에는 조용하다가도 화가 나면 무섭게 돌변하는 모습을 보입니다.

오화의 열기에 칼이 제련되어 칼날이 번뜩이는 것은 칼로 출세하는 모습이라 군·검·경, 의약업에서 타고난 재능을 보이는 사람이 많습니다. 하지만 오화의 불길이 너무 세면 칼날이 녹아내리게 되어 쇳물로 바뀌어 버리니, 건강에 문제가 생기거나 정신적인 문제가 생기게 되며 무속과도 관련이 깊습니다.

오화의 불로 경금 칼을 잘 제련하면 용맹한 장수가 되어 명예가 높고 부자가 되지만, 오화의 불이 너무 거세어 경금이 녹아 버리면 그 불에 오히려 자신이 다칠 수도 있습니다.

경오는 펄펄 끓는 용광로에 쇳물이 가득 담긴 모습으로 이는 마치 뜨겁게 달아오른 남녀의 성기를 상징합니다. 뜨거운 용광로처럼 경오 일주는 욕정이 강하고 정력이 센 대표적인 일주로 그만큼 정열적이고 기운이 넘칩니다.

庚
午　　　정관
목욕(浴)

경오 일주는 목욕을 일지에 두어 미남·미녀가 많은 대표적인 일주입니다. 이렇게 일지에 목욕을 둔 것을 나체 도화라고 하는데 갑자, 을사, 경오, 신해 이렇게 네 일주가 해당됩니다.

나체도화 일주는 깨끗이 씻는 것을 좋아하여 피부가 좋고 청소를 자주 해 주변을 깨끗이 합니다. 도화를 둔 만큼 미남·미녀가 많으며 열정적이고 똑똑합니다. 만일 내가 미남·미녀가 아니라면 배우자가 미남·미녀인데, 부부가 다 잘생긴 경우도 많습니다. 이렇게 목욕궁을 놓으면 십중팔구는 연애결혼을 하게 되며 잘생기다 보니 어려서부터 이성의 인기가 높습니다. 멋을 부리고 일찍 이성에 눈을 뜨게 됩니다.

목욕은 말 그대로 깨끗이 씻는다는 의미가 있으니 우리가 매일 세수를 하고 손발을 씻는 것처럼 반복한다는 의미가 있고, 무엇인가에 몰입해서 노력할

　　　_ 피클 일주론 사주명리학의 꽃

때 땀으로 흠뻑 젖는 것처럼 열심히 노력하고 갈고닦는다는 긍정적인 의미도 있습니다. 그래서 목욕이 도화가 되어 이성 문제로 인해 구설에 오른다는 의미로 쓰일 때는 욕패(浴敗)가 되지만, 자신의 꿈을 이루기 위해 열심히 노력하고 훈련하는 등 땀 흘리는 모습을 보일 때의 긍정적인 목욕의 의미도 함께 있습니다.

학생이 열심히 공부하는 것도 목욕의 물상이며, 운동선수가 올림픽 메달을 따기 위해 열심히 훈련하는 것도 목욕의 물상이며, 남녀가 연애를 하는 것도 목욕의 한 모습입니다.

목욕은 어린 아기의 시기이기 때문에 천진난만하며, 부모의 사랑과 보호를 받아야 하는 시기라 일지 목욕을 놓은 사람은 이런 기질이 다분해 남자는 엄마처럼 포근하게 감싸 주는 여자에게 매력을 느끼고, 여자는 아빠처럼 나를 지켜 주고 기댈 수 있는 남자에게서 매력을 느낍니다.

경오 일주는 일지에 정관이 놓여 있어 목욕임에도 고지식한 면이 있는 원칙주의자인데, 대개 사회적으로는 정관의 기질을 나타냅니다. 그러나 내면은 목욕, 도화의 기질을 품고 있어 일탈을 꿈꾸고 원칙을 깨어 비밀이 많은 사람입니다.

이렇게 경오의 오화 정관은 일반적인 정관과는 다른 성향을 띠게 됩니다. 왜냐하면 목욕에 놓인 정관이며 오화 속에는 정관과 편관이 혼재되어 있어 관살 혼잡의 기운이 있기 때문입니다.

庚

午 ──────▶ 丁 정관, 己 인성, 丙 편관

목욕(浴)

경오 일주는 혼잡한 관살이 록왕을 얻어 기운이 아주 강한데 인성이 함께 있어 살인상생하게 되니, 열심히 공부해서 좋은 직장에 들어가 직장 생활을 하는 것이 상책입니다.

관살의 화기가 너무 맹렬해 경금 일간이 녹아 버릴 위기에 처해 있는데, 이 화기를 조절하고 관살의 살기를 생기로 바꾸는 역할을 하는 것이 기토 인성의 역할입니다.

그래서 경오 일주는 살인상생하여 구사일생으로 살아나는 묘한 기운이 있어 사회에서 크게 성공한 사람이 많은 일주로서 인성이 살길이니 모친과 공부에 답이 있습니다.

기토 인성은 습토이며 작은 흙이라 맹렬한 화기를 혼자 감당하기에는 벅찬 모습입니다. 맹렬한 화기로 인해 기토는 결국 말라 갈라진 땅이 되어 모친과 일찍 헤어지거나 모친이 아플 수 있습니다.

경오 일주는 맹렬한 관살의 화기를 어떻게 다스릴 것인지가 인생의 성패를 결정짓게 됩니다.

경오 일주는 관살이 욕궁록왕으로 좌하므로 관살의 기운이 아주 강해 자칫하면 경금이 녹아 버리게 되는데, 이럴 때는 정신적인 문제로 잘 나타납니다. 평소에는 건강하다가 어떤 힘든 일을 겪거나 체력이 약해질 때 공황이나 우울증 등이 찾아올 수 있고 심하면 정신이 불타게 되어 무병을 앓을 수도 있

____ 피클 일주론 사주명리학의 꽃

습니다.

관살이 록왕에 좌해 책임감이 있고 직장에서도 능력을 발휘해 일을 잘하고 승진도 잘합니다. 록왕인 것은 좋지만 혼잡하다 보니 직장에 다니면서도 다른 일을 알아보거나 투잡하는 경우가 많고, 한 직장에서 정년을 보내기보다는 대부분 이직을 하게 됩니다.

경오 일주 여자의 경우 능력 있는 남편을 만나지만 관살이 혼잡해 있어 이성 문제가 따르게 됩니다. 이는 욕궁 속에 관과 살이 있어 외정이 생기기 쉽고 남자가 둘이라는 의미이니 결혼을 두 번 한다는 의미가 됩니다.

이럴 경우, 경오 일주 여자는 직장 생활을 하면 관살을 직장으로 업상대체하여 원만한 결혼 생활을 할 수 있으며 특히 남자가 많은 직장이라면 더욱 잘하게 됩니다. 장사를 하더라도 남자와 관련된 일이거나 남성을 상대로 하는 일이라면 더 쉽게 성공하게 됩니다.

경오 일주 남자의 경우, 자녀에 해당되는 관살이 혼잡해 있다는 것은 자녀가 많다는 의미도 되며 배다른 자녀를 두게 된다는 의미도 됩니다. 현대 사회에서는 인공적으로 자녀의 수를 조절하고 다산을 하지 않는 문화이기에 자녀가 많다는 것은 옛날에는 통했지만 현대 사회에서는 맞지 않으며, 배다른 자녀를 두는 것도 외도를 하거나 다혼을 한다는 의미로 생각하면 되겠습니다.

이렇게 경오 일주는 남녀 모두 원만한 결혼 생활을 하기는 힘든 구조인데, 일지에 정관을 두어 바른 생활을 하는 신사·숙녀의 모습입니다. 하지만 욕궁 속에 암장된 관살의 작용으로 여자는 남모르게 일탈을 하는 비밀이 있고, 남자는 배우자궁의 왕한 관살로 처덕이 없어 공처가이거나 가정에 무관심한 남편일 수 있습니다.

결국 경오 일주 스스로 성찰해서 자기 사생활 관리를 잘하는 것이 행복한 가정을 만드는 지름길입니다.

庚	좌법	己
午	──────→	午
욕(浴)		록(祿)

경오 일주의 인성 기토는 욕궁록좌합니다. 인성이 록에 좌하여 왕한 관살을 설기시키며 일간으로 살인상생하는 희신 역할을 하니 똑똑하며 공부를 잘합니다.

하지만 맹렬한 화기를 기토 혼자 감당하기에는 역부족이라 기토 땅이 메말라 갈라진 땅이 되니 공부로 사회에서 큰 성공을 하기는 힘든 모습이며, 어머니 또한 능력이 있는 분이시지만 인연이 길지 못 할 수 있습니다.

그렇다 해도 경오에게는 인성이 생명줄이니 열심히 공부해서 전문자격증을 따거나 직장 생활을 하면 경제적인 안정을 누리고 부동산으로 재산을 늘려 큰 부자가 될 수 있습니다.

어머니 역시 병약하시거나 멀리 떨어져 산다 하더라도 진심으로 어머니께 효도한다면 나의 건강도 좋아지고 하는 일도 잘될 것입니다.

庚	인종	壬
午	──────→	午
욕(浴)		태(胎)

경오 일주의 식신 임수는 욕궁에 태로 인종합니다.

여성은 자녀가 절태로 놓여 유산이나 낙태를 할 가능성이 높으며 가슴에 묻

_____ 피클 일주론 사주명리학의 꽃

은 자녀가 있어 마음속에 남모르는 상처가 있습니다. 똑똑하고 예쁜 자녀를 두고 자녀가 무탈하게 잘 자란다면, 앞서 말한 그런 사연이 있다는 의미가 됩니다.

오화의 화기를 식혀 줄 식상이 필요한데 특히나 여름생이라면 열기를 잡는 식상이 희신이 되니 자식 덕이 있어 효자·효녀를 두게 됩니다. 하지만 관살과 식상이 강하면 극설이 심해 신경이 아주 예민하거나 건강상에 문제가 생길 수 있어 비겁이나 인성의 도움이 필요하게 됩니다.

식신이 절태에 놓이면 입맛이 까다롭고 남들 앞에 자신의 속마음을 잘 드러내지 않아 이것이 쌓이면 울화병이 생기기 쉽습니다. 또한 일을 할 때 끈기 있게 지속적으로 악착같이 해내는 힘은 부족하여 육체적인 노동보다는 정신적인 노동을 추구합니다.

여자는 유산·낙태의 위험이 있고 자궁이나 유방 같은 생식기 질환으로 수술할 수 있으니 미리 보험을 들어 놓아야 합니다.

경오 일주는 재성 갑목이 욕궁사종합니다.

사(死)는 음양이 바뀌면 생(生)이 되어 생과 사는 동전의 앞뒷면처럼 서로 하나임을 명심해야 합니다. 식상은 절태에 놓이고 재성은 사에 놓여 경오 일주는 열심히 노력해서 조금씩 저축하기보다는 한 번에 큰돈을 벌려는 성향이 강합니다. 하지만 욕과 사는 서로 충하는 기운이라 돈을 잘 벌기도 하지만 날리기도 잘해 돈으로 인한 기복이 심합니다.

　재성 갑목은 오중 기토와 합을 하고 재성 을목은 경금과 합을 해서 경오 일주는 재물에 대한 욕심이 많은데, 오중 기토 인성이 재성 갑목을 합해 오므로 인성과 관련된 일로 돈이 들어와 전문 자격증을 취득하거나 부동산으로 재산을 불려 나가게 됩니다.

　경오 일주 남자의 경우 아주 똑똑한 아내를 두는데, 아내와 욕사의 충으로 부부 싸움이 잦아 결국 이별하거나 아니면 두 사람의 잠자리가 잘 맞게 되면 싸우면서도 잘 지내게 됩니다. 결국 경오 일주 남자에게는 부부 사이에 잠자리 문제가 아주 중요하게 작용합니다.

　경오는 비견 庚이 나와 똑같은 욕으로 놓입니다. 욕궁욕종으로 놓이니 경오 일주의 형제는 나만큼 잘생기고 욕심도 많습니다. 경오 일주는 비견이 욕궁욕종이라 겉으로는 강한 듯 보이지만 의외로 마음이 여리고 약하며 아기 같은 순수함이 있고, 일찍 이성에 눈을 뜨게 됩니다.

　경오 일주는 술해 천라가 공망이라 영감이 발달되어 꿈을 잘 꾸며 촉이 아주 뛰어나고, 더구나 오화는 탕화살이라 감정의 기복이 심해 화를 못 참거나 반대로 우울증에 빠지기 쉬우며 심하면 신기가 있기도 합니다.

　경오는 백마이니 외모가 잘생기고 옷을 잘 입는 사람으로 이성의 관심과 사랑을 받게 되고 본인도 이것을 즐기면서 업무에 잘 이용하는 사람입니다. 천

리마라 하더라도 그에 걸맞는 주인을 잘 만나야 하듯이 경오 일주는 어떤 배우자를 만나느냐에 따라 인생이 바뀌게 됩니다.

경오 일주는 기토 인성이 메말라 생금을 잘 못해 부모덕을 바라기는 어려워 결국은 자수성가해야 합니다. 그러므로 싫든 좋든 왕한 관살의 힘으로 살게 되니, 관살이란 여자에게는 남편이 되고 남자에게는 직장이 됩니다.

경오는 말을 타고 칼을 휘두르는 장수의 모습이며 정관을 일지에 두어 공적인 업무에서는 공정하고 깔끔한 일처리로 인정받고 승진도 잘합니다. 하지만 한번 화를 내면 칼을 휘둘러 무섭게 돌변해서 평소에 쌓은 좋은 이미지를 실추시키고 그동안 준비해 온 일을 망치고 인간관계를 끊어 버리게 되니, 항상 자신의 감정을 잘 살피고 조절해야 합니다.

신 미

辛未

신미 일주는 재물 창고를 둔 재고귀인 일주입니다. 未는 木의 고(庫)지이고 木은 재성이니 재물 창고가 됩니다. 이렇게 재물 창고를 둔 일주들이 사회에서 성공하는 사람이 많은 반면에 재성은 부친이고 아내라서 가까운 가족에 대한 아픈 사연이 있게 됩니다. 이는 재고귀인이 아니더라도 진술축미를 일지에 놓은 일주들이 겪는 공통된 사항으로, 경제적인 부는 누리지만 육친으로 인한 아픔이 있게 됩니다.

신미 일주는 성격이 까칠한 사람이 많은데, 辛未라는 글자가 현침살로만 되어 있는 데다 물상으로 양의 뿔에 해당되어 고집이 아주 세고 고혈압에 한 성격하는 사람이 많습니다.

간지가 현침으로만 되면 영감이 발달합니다. 거기다 신미는 戌亥천라가 공망이라 촉이 매우 발달하여 거의 반무당에 가깝습니다.

未는 당사주에서 역마성에 해당하여 일지에 未를 두면 역마의 기운이 있게 되며 味와 통해서 요리를 잘하며 미식가입니다.

未는 누렇게 익기 전의 다 자란 벼의 모습이고 나무가 겹겹이 있는 숲이나 과수원의 모습으로 풍요를 상징합니다. 그래서 일지에 未를 둔 사람은 부지 런하고 무엇보다 먹는 것에 큰 의미를 두며 경제적인 여유를 가지고 살 확률이 높은데, 신미의 未는 재고에 해당하니 신미 일주는 바쁘게 열심히 일하고 잘 먹고 잘 살게 됩니다.

辛은 뾰족하고 단단한 쇠이며 未는 큰 나무의 모습으로 辛未는 철탑, 안테나의 모습이 됩니다. 그래서 정보 수집을 잘하고 상황 판단이 빠릅니다. 눈치가 빠르고 사람을 꿰뚫어보는 능력이 있어 신미 일주 앞에서 거짓말할 생각을 말아야 합니다.

未는 나무가 위로 자라는 모습에 辛은 단단하고 뾰족한 도구의 모습으로 辛未는 길고 솟구치는 단단한 것을 의미하다 보니, 발기된 남성의 성기 모습이 되기도 합니다. 그래서 신미 일주 남자는 변강쇠, 카사노바가 많은 일주이며 잘못하면 색탐으로 인생을 망치기도 합니다.

이런 기운을 자신의 재능을 펼치는 데 쓴다면 신미 일주는 근면 성실하여 무엇을 하든지 성공할 능력이 되며, 또 그렇게 해야만 본인도 건강하게 잘 살수 있습니다.

辛
未　　　편인
쇠(衰)

신미 일주는 일지 배우자궁에 편인을 두어 어머니의 영향력이 큽니다. 하지

만 未는 한여름의 뜨거운 흙이라 생금(生金)을 기대만큼 잘 못해 모친께서는 자식을 위해서 한다고 하지만 실질적인 도움이 안 되는 경우가 많습니다.

일지에 쇠궁을 두면 경제적으로 유리한 면이 있는데 재고귀인이라 더욱 유리하며 편인이기에 공부로 성공하여 부와 성공을 거두는 사람입니다.

신미 일주는 미토 편인이 재고이기 때문에 부동산 부자가 될 수 있는 사람으로, 돈이 모일 때 부동산에 투자하게 되면 웬만하면 실패하지 않는 일주가 됩니다.

辛

未　　　⟶　　**己편인, 乙재성, 丁편관**

쇠(衰)

신미 일주는 지장간에 재, 관, 인을 놓아 재성도 좋지만 재성이 관(살)인을 생해 주는 흐름으로 가야 하기 때문에 돈보다는 명예를 따라가야 하는 구조입니다.

신미는 재고귀인을 놓은 재성이 유리한 일주임에도 불구하고 아이러니하게 돈을 좇지 말고 명예를 좇아야만 하는 딜레마에 빠지는데, 이는 재성만을 좇다 보면 재성이 인성을 극하게 되어 살인상생을 못하게 되기 때문입니다.

다시 말해서 재성은 칠살을 생해 주어 살기(殺氣)만 강해지니, 돈은 벌지만 내가 다치게 되는 구조가 되는 것입니다. 너무 돈만을 위해서 살다 보면 돈이 쌓여 갈수록 나의 명이 점점 짧아져 가는 구조입니다. 재고를 깔고 있어 돈을 벌면 모으고 아끼며 돈 버는 재미로 사는 사람이라 잘 쓰질 못 합니다.

신미 일주는 돈을 버는 것도 좋지만 절대 인성을 다치게 해서는 안 되니 양심에 비추어 떳떳하게 돈을 벌어야 내가 다치지 않게 됩니다. 따라서 경매나 사채, 대부업과 같은 인성을 극하는 일을 해서는 안 되며 비록 조금 벌더라도 법을 지키고 다른 사람들에게 원망을 살 만한 일은 하지 않는 것이 본인의 명(命)을 지키고 장수하는 길입니다.

인성은 모친이니 모친께 효도하고 힘든 일이 있으면 어머니와 상의하면 해결책이 나옵니다. 그래서 피곤하고 건강이 안 좋을 땐 어머니 댁에서 며칠 쉬고 나면 몸이 한결 좋아집니다. 신미 일주의 운을 알려면 모친의 상태를 보면 대략 파악을 할 수 있습니다.

辛　　　　　己
未　　좌법→　未
쇠(衰)　　　　대(帶)

신미 일주의 인성 기토는 쇠궁대좌합니다. 일지에 인성이 쇠궁으로 놓이면 성정이 여유가 있고 통찰력이 있으며 예의와 체면을 중시하는 사람인데, 관대에 좌해 똑똑하고 공부도 잘하는 사람입니다. 이렇게 인성쇠궁을 깔고 관대에 좌하면 공부로 출세하는 것이 제일 상책이므로 비록 재고를 놓았다 해도 열심히 공부해서 공직이나 전문직으로 나가는 것이 최선이고 장사나 사업은 차선이 되겠습니다.

인성인 어머니의 역할이 큰데 어머니는 품위가 있으시고 멋쟁이시며 경제적인 능력도 있습니다. 인성쇠궁 속에 인성과 재성이 함께 있어 어머니와 아버지가 갈등하게 되어 신미 일주의 부모님은 부부 싸움이 잦거나 불화하게 되는데, 모친보다는 부친과 일찍 헤어지는 경우도 많습니다.

신미 일주 남자는 모친이 아내 자리를 차지하고 있어 고부 갈등의 소지가 됩니다. 더욱이 인성쇠궁 속에서 인성과 재성이 극을 하며 갈등하는 구조이기에 고부 갈등을 피하기는 힘들며, 재성은 입묘까지 되니 아내와의 갈등으로 불화하거나 인연이 길지 못합니다.

신미 일주 여자 역시 친정어머니와 시댁과의 불화를 겪게 됨으로써 이로 인해 부부 싸움의 원인이 됩니다.

辛　　　　　　　　　　乙
未　　　좌법 →　　　未
쇠(衰)　　　　　　　　양(養)

신미 일주의 재성 을목은 쇠궁양좌합니다. 未는 木의 고(묘)지이며 을목이 양(養)으로 좌해 재물에 관해서는 유리한 일주입니다. 부모님으로부터 유산을 받게 되고 돈을 알뜰히 모으고 아껴 쓰는 사람으로, 경제적인 어려움 없이 사는 사람이 많습니다.

未 속에 재성이 인성과 함께 있어 재물에 욕심을 내고 돈 버는 데 지나치게 집착하게 되면 재극인이 발생하게 됩니다. 따라서 돈 때문에 인성(人性)을 망치는 경우가 발생하니 돈은 벌겠지만, 주위에 사람이 떠나고 원망을 듣거나 재생살이 되어 돈은 불어나지만 건강이 안 좋아지게 됩니다.

그래서 신미 일주는 돈을 벌더라도 항상 책을 가까이해야 하며, 어머니께 효도를 하되 가정이 불화하지 않도록 중간에서 처신을 잘해야 합니다.

양(養)은 천살이라 전생의 업과 관련이 있으며 숙명적인 관계로 이번 생에 반드시 풀어야 할 숙제가 있는 사이로서 신미 일주는 부친이 그런 관계가 됨

_____ 피클 일주론 사주명리학의 꽃

니다. 부친과는 전생의 연으로 만난 사이임을 알고, 갚을 것은 갚고 풀 것은 풀어서 좋은 인연으로 만들어 가야 할 것입니다.

신미 일주 남자는 아내와 전생의 인연으로 만난 사이가 되는데, 대부분 좋은 인연이기보다는 악연으로 만난 사이가 많아 부부 관계가 불화하거나 아내가 아파 병원 신세를 지는 경우가 많습니다. 또한 아내와 잠자리에서 정을 나누지 못해 불만이 쌓이게 되며, 지나치게 아내의 사생활을 구속하거나 심하면 의처증으로도 발전할 수 있어 여러모로 아내와의 갈등의 소지가 많습니다.

이런 갈등을 겪을 때마다 이것이 이번 생의 숙명이요 과제임을 알고 지혜롭게 잘 처신하여, 악업을 선업으로 잘 마무리하여야 할 것입니다.

신미 일주 여자에게는 시모가 이런 인연에 해당하는데, 시어머니를 봉양하거나 시어머니가 아플 때 정성을 다해 간호하며 보살피게 되면 좋은 인연으로 마무리되어 그만큼 복을 받아 재물이 늘어나거나 나의 건강이 좋아질 것입니다.

辛　　　　　　　　　丁

未　<u>　좌법　→</u>　未

쇠(衰)　　　　　　　대(帶)

신미 일주의 편관 정화는 쇠궁대좌합니다.

신미 일주는 열심히 공부해서 전문직으로 나가거나 번듯한 직장 생활을 하게 되며 그것이 최선이 됩니다. 관살은 재성으로부터 생을 받아 힘이 있으니 직업의 운이 있게 되어 직장에서 두각을 나타내는데, 이때 인성까지 이어진다면 승진하여 고위직까지 오르게 됩니다.

만약 이렇게 재생살, 살생인으로 상생하는 구조가 되지 않고 재극인이 되어 살생인이 되지 못하고 재생살만 된다면, 돈과 권력은 있지만 명예는 없는 사람이 되어 돈만 아는 고압적이고 권위적인 사람이 되기 쉽고, 신약하거나 운이 나쁜 경우 몸이 아프거나 오히려 돈 때문에 큰 위기를 겪게 됩니다.

신미 일주 여자의 경우, 재생살을 하여 내가 돈을 벌면 남편을 도와주거나 자연스럽게 남편에게 흘러가게 되는데, 만약 재극인이 돼서 살인상생을 못하고 재생살만 한다면 내가 가장 역할을 하고 남편은 한량처럼 살 수 있습니다. 통상적인 경우, 재고 속에 관대를 둔 남편이니 멋쟁이에 똑똑한 남편으로 살인상생하여 선비 같고 능력 있는 남편이 됩니다.

재생살의 모습이 시모가 남편 곁에서 남편을 돌보는 모습이 될 수 있는데, 이럴 때는 시모의 영향력이 커져서 고부 갈등을 피하기는 힘듭니다.

신미 일주의 식신 계수는 쇠궁묘로 인종합니다.

인성의 힘이 강한 데다 식신이 묘로 들어 육체적인 노동보다는 정신적인 노동이 적성에 잘 맞으며, 재고를 둔 데다 식신까지 묘에 들어 알뜰히 모아서 저축하고 아껴 쓰는 사람입니다. 그러나 재생살이 되고 식신이 힘이 없어 건강에 문제가 생길 수 있으니 신미 일주에게 보험은 필수가 됩니다.

신미 일주 여자는 자녀를 유산·낙태하게 되며 그렇지 않으면 아픈 자녀를 두게 되는데, 왜냐하면 인성궁에 놓여 자녀와 떨어져 살거나 가슴에 묻어 둔 자녀가 있게 됩니다. 자궁이나 생식기에 질환으로 수술하기 쉬운 것도 일지 인성의 영향이며 생리가 일찍 끊어지는 경우가 흔합니다.

신미 일주 비견 역시 쇠로 종하여 잘난 형제를 두게 됩니다. 사회에서 성공한 형제를 두게 되며, 부모님 유산을 두고 한 명이 독차지 하지 않고 공평하게 나누게 됩니다.

신미 일주는 지지 반안 속에 재관인 삼자가 들어 있어 똑똑하고 체면을 중시하며 언행이 단정합니다. 종교·사상·철학에 관심이 많아 신앙생활에 열심이거나 철학관이나 점집을 자주 다니는 사람이며, 간지가 현침으로 되어 그만큼 촉이 좋고 사리분별이 뛰어나며 특히 여자는 꿈을 잘 꾸며 꿈이 잘 맞습니다. 신미는 현침이 워낙 강해 나도 모르게 남에게 상처 주는 말을 하거나 핵심을 짚어 내는 능력이 강하며, 남의 비밀도 감으로 잘 맞춥니다.

이렇게 현침이 강할 때는 말조심을 해야 합니다. 만약 남을 미워하거나 저주하는 말을 쏟아 내면 상대방이 그 말대로 사고를 당하거나 화를 당하게 되는데, 그럴 때는 나에게 그 곱절로 다시 돌아와 나와 내 가족에게 화가 미치게 됩니다. 그래서 마음씨를 잘 써야 하며, 말조심 등 언행에 각별히 조심해야 합니다.

신미는 양의 뿔이라 화가 나면 너 죽고 나 죽자는 식으로 절벽에서 떠밀어 버릴 듯한 무서운 성미가 있습니다. 그래서 마음의 큰 상처를 받으면 죽을 때까지 잊지 않고 반드시 보복을 하고야 맙니다.

신미 일주는 미토가 역마이기 때문에 이사를 자주 다닙니다. 반안살이기에 이사를 다닐수록 점점 더 좋은 집이나 환경으로 가게 됩니다. 그리고 일지 반안을 두면 결혼 이후에는 경제적인 여유가 생기게 됩니다.

신미 일주 여자의 경우, 생리가 일찍 끊어지는 경우가 많으며 더구나 신미는 인성 반안이라서 더욱 심하니 출산을 기다리는 경우에는 너무 늦지 않게 아이를 가져야 합니다.

신미는 밭을 쟁기질하는 물상으로 부지런하며 재복이 많은 사주입니다. 또 신미는 흰 양으로 착하고 아이같이 순수한 면이 있습니다. 흰 양은 제물로 쓰이는 동물이기에 종교나 무속과 관련이 깊으며, 몸이 아프거나 힘든 일을 겪을 때는 신앙에 기대어 기도하면 원하는 응답을 받는 등 효과를 보게 됩니다.

^임 ^신
壬申

　임신은 끊임없이 솟아나는 암반수로 맑고 깨끗한 물이며 아무리 가물어도 마르지 않는 물입니다. 맑은 물이 마르지 않는다는 것은 재물이 마르지 않는 것과 같아 재복이 있고, 생명이 마르지 않는 것과도 같아 건강하고, 사람이 마르지 않는 것과 같아 인복이 있어 귀인의 도움이 있으며, 부모 복이 있어 부모의 사랑을 받고 자라며 유산도 물려받습니다.

　또 물이 깨끗하다는 것은 미인·미남이며 똑똑하고 사람들의 인기를 받으며 성품이 밝고 착함을 뜻합니다.

　그리고 물이 끝없이 샘솟는 것은 성욕을 상징하기에 성욕이 왕성하여 60갑자 중 성욕이 왕성한 대표적인 일주 중 하나입니다. 그래서 결혼 생활 중 이 부분이 중요한 부분을 차지합니다. 둘의 마음이 통하는 것도 중요하지만 결혼 전에 미리 연애 시간을 가지며 서로 궁합을 맞추어 보는 것도 괜찮습니다. 부부간에 성생활이 잘 맞지 않으면 스트레스를 받게 돼서 외도로 이어지기 쉬운데, 반대로 잘 맞으면 아무리 치고 박고 싸운다 해도 잘 헤어지지 않습니다.

경발수원(庚發水原)하여 외모가 단정하고 호수같이 맑은 눈을 가져 사람을 빠져들게 하는 매력의 소유자로 수려한 외모를 가진 사람이 많습니다. 임수는 동물 중 제비의 물상이 되니 임수일간들이 옷을 잘 입는 멋쟁이가 많습니다.

처마에 둥지를 틀고 새끼에게 먹이를 나르는 어미 제비처럼 모성애가 유독 강하며, 큰 강이고 바다와 같은 임수는 도량이 넓고 이해심이 깊으며 배포가 큽니다. 하지만 사주에 水가 너무 많아서 물을 막지 못해 임수의 물이 홍수가 난다면 고집 세고 이기적으로 변해 내 자식만 소중히 여기고 남의 자식에는 비정한 모성애를 보이며 무례하고 포악해지기 쉬우니 주의가 필요합니다.

壬
申　　　　인성
장생(長生)

임신 일주는 인성의 장생을 깔아 복이 많은 대표적인 일주입니다. 장생을 두면 인복이 있어 난관에 처할 때마다 귀인이 나타나 도움을 주게 됩니다. 얼굴이 동안이고 잘생긴 사람이며 잘 웃고 인상이 좋고 성격도 좋습니다.

임신의 인성이 장생으로 앉아 있어 어머니 복이 있습니다. 부모 복이 있어 부모님의 사랑을 받고 커서는 경제적인 도움을 받으며 나아가 유산도 물려받게 됩니다.

남자의 경우 모친이 처궁을 차지하고 있어 마마보이이며, 모친의 사랑이 넘쳐 결혼한 후에도 가깝게 지내고 생활에 지나치게 관여하니 고부 갈등이 생기게 됩니다. 하지만 장생에 놓인 어머니이시라 현명하게 잘 처신하여 결혼 생활에 탈은 없습니다.

모친의 영향력이 너무 강하면 상대적으로 부친은 약해지게 되니, 부친이 편찮으시거나 일찍 헤어질 수 있습니다.

임신 일주는 복이 많은 대표적인 일주로 잘 먹고 잘 사는 대표적인 일주 중 하나입니다. 문곡귀인에 학당귀인까지 두어 아주 똑똑하며 나이가 들어도 배우기를 즐겨 하고, 책을 가까이하며 교육 관련 직업을 가지는 사람이 많습니다.

편인은 문곡귀인에 해당하며 장생은 학당귀인에 해당하는데, 일지 배우자궁이 장생에 문곡·학당귀인이라서 배우자가 예쁘고 똑똑한 사람이라는 뜻도 되어 임신 일주는 배우자 덕이 있습니다.

壬

申 ━━━━━▶ **庚편인, 壬비견, 戊편관**

생(生)

임신 일주는 생궁 속에 인성과 비견을 품고 있어 일주만으로도 신강한 기운을 보입니다. 고집이 세고 주관이 강하며 생기가 넘치고 활동적인 사람이며 칠살까지 함께 품고 있어 카리스마가 있어서 사람들을 이끄는 리더십도 있습니다.

인성과 비견이 함께 있으니 부모님 유산은 형제와 나누게 되는데, 나보다는 형제가 더 많이 받거나 우선해서 받게 되는 것은 비견이 인성과 함께 생궁 속에 있기 때문입니다.

살인상생이 되어 권위와 명예를 함께 누리는 사람으로, 칼을 찬 선비와 같다 하여 문무를 겸비한 사람입니다. 이렇게 살인상생하는 것은 좋지만 인성이 와서 비견을 생하여 까딱하면 나의 노력과 공적이 비견에게로 다 흘러갈 수 있습니다. 재주는 곰이 부리고 돈은 사람이 갖는다는 말처럼 기껏 고생해서 이룬 것을 동료나 형제가 차지하는 꼴입니다.

그런가 하면 비견이 살을 맞는 모습도 되어, 형제는 귀인이 되어 유산 문제로 다투지도 않고 공정하게 나누게 되며 좋은 관계를 유지하게 됩니다. 아프거나 궁핍한 형제가 있다면 나 몰라라 하지 말고 도와주고 베풀어야 합니다. 그 형제가 나 대신 살을 맞아 내가 건강하게 잘 먹고 잘 사는 것이기 때문입니다.

이렇게 비견은 두 가지 다른 모습을 보이는데, 요즘같이 자녀를 하나만 두는 가정에서 비견은 형제가 아닌 '나'가 됩니다.

임신 일주는 인성 장생을 둔 데다가 그 속에 비견을 품고 있어 어머니에게 많이 의지하게 됩니다. 힘들거나 마음이 아플 때 어머니 집에 찾아가 하룻밤 자고 나면 건강도 좋아지고 마음도 편안해집니다. 임신 일주는 어머니가 만병통치약이며 또 배우자궁이기 때문에 배우자가 어머니처럼 의지처가 됩니다.

임신 일주의 인성 경금은 생궁록에 좌합니다. 인성이 일지 생궁을 놓은 데다 록에 좌해 인성의 힘이 매우 강해 그만큼 모친의 영향력이 크다 할 것입니다.

강한 인성에다 비견까지 함께 있어 임신 일주는 일주만으로도 신강한 사주가 되어 주체성이 강하고 건강하며 고집과 자존심도 센 사람입니다. 인성의 기세가 강하고 칠살의 도움을 받으니 열심히 공부해 좋은 직장에 들어가는 것이 상책이며, 여자의 경우 이렇게 살인상생하면 학창 시절 사귄 남자와 결혼하게 되는 경우가 많습니다.

모친이 경제적인 능력이 있고 한 성격하는 분이기에 음으로 양으로 나에게 많은 도움을 주시는데, 상대적으로 부친은 병약하거나 일찍 헤어질 수 있습니다.

인성이 비견을 생하면 나중에 유산 문제로 형제와 갈등이 생기게 되기 쉬운데, 사이좋게 나누고 내가 조금만 양보해서 우애를 지키고 부모님께 효도해야 할 것입니다. 인성 생궁을 놓은 임신 일주는 부모님으로부터 많은 도움을 받게 되고 살아가면서 귀인의 도움을 많이 받게 되는 인덕이 있습니다.

임신 일주는 부동산과도 관련이 깊은데, 인성이 록으로 좌해 곧 인성이 돈이 되어 부동산 부자가 많으며 관살이 인성을 생해 부동산 관련 직업도 많습니다.

임신 일주는 잘생기고 똑똑하여 공부를 잘합니다. 칠살로부터 살인상생하여 공부로 출세하여 권위가 높고 명예 또한 높은 사람이 많습니다.

임신 일주의 비견 임수는 생궁생좌하니 나만큼 잘난 형제가 있거나 동료·친구가 늘 곁에 있습니다.

생좌한 비견을 품고 있어 임신 일주는 생기가 넘치는 사람으로, 임신 일주가 있으면 그가 모임의 중심이 되고 그로 인해 모임의 분위기가 밝아집니다.

임신 일주는 생기가 넘쳐흘러 본인이 가는 곳마다 밝은 에너지를 전달해 사람들을 즐겁게 하고 밝은 분위기를 만들어 자연히 사람들이 모여들고 인기를 얻는 매력의 소유자입니다.

생기가 넘치는 만큼 자기 주관도 확실한 사람이며, 고집이 세지만 인성궁에 비견생이라 사람들과 잘 어울리며 모임을 주도하고 화합시키는 사람입니다. 다만 앞서 말했듯이 관살과 인성의 기운이 비견에게로 다 쏠리는 것은 내가 애써 지어 놓은 밥을 내가 먹기도 전에 남이 먼저 먹어 치우는 것과 같으니, 겉보기에는 화려하지만 실속은 없어 속빈강정이 되기 일쑤입니다.

관살로 비견을 제압하면 비견의 탈재도 막고 신강한 사주를 설기도 시켜 일석이조가 되는데, 이런 사람은 사람들을 능수능란하게 잘 다루고 공사를 분명히 가려 다소 야박하다는 소리를 들을 정도로 끊고 맺는 게 분명합니다.

그리고 나 대신 형제나 동료가 살을 맞아 형제 중에 아프거나 힘든 사람이 있게 되지만 나는 오히려 건강하게 잘 살며 살인상생하여 사회에서는 성공가도를 달리게 됩니다.

임신 일주의 관살 무토는 생궁병좌합니다.

병은 역마에 해당하여 관이 생을 받는 역마라서 직업과 관련한 이동이 많고 동서남북 분주하게 다니는 바쁜 사람입니다. 자율적이고 출장·외근을 자주 하는 일이 적성에 잘 맞으며, 혼자 내버려 두면 알아서 잘하는 사람이지만 상

_____ 피클 일주론 사주명리학의 꽃

사의 참견이 심하거나 하루 종일 꼼짝 않고 한곳에서만 일한다면 좀이 쑤셔서 다른 직장으로 옮기거나 창업을 하게 됩니다.

살인상생하여 직장 생활도 잘하고 관이 비견을 제압하면 사업도 잘되지만, 다만 비견이 있으니 동업은 안 되며 공사를 분명히 하고 직장 생활에서 동료와 업무 분담을 확실히 하고 책임 소재를 분명히 해야만 나의 공로를 비견에게 빼앗기지 않습니다.

임신 일주 여자의 남편은 능력이 있으며 몹시 바쁘게 활동하는 사람으로서 직장 문제로 주말부부를 하는 경우가 많습니다. 관이 역마인지라 남편은 타향에서 온 사람이거나 결혼해서는 남편과 타향에서 생활하게 됩니다.

관이 병이라는 것은 말 그대로 남편이 아프다는 말로 남편이 병으로 수술을 받는다 해도 생궁에 들어 완치가 되니 너무 큰 걱정은 하지 않아도 됩니다.

임신 일주 남자는 건강하고 활달한 자녀를 두며, 그 자녀는 일찍 부모 곁을 떠나 자립하게 됩니다.

壬　　　　　　丙
申　　인종→　申
생(生)　　　　병(病)

임신 일주는 조후적으로 병화의 조력이 필요합니다. 바위에서 솟구치는 물이라 물이 깨끗한 1급수인 것은 좋은데, 차가워 조후의 문제가 있습니다. 그래서 임신 일주는 병화 재성을 반기니 재성이 조후용신으로 쓰여 큰 부자가 되는 사람이 많습니다.

남자에겐 처가 용신이 되니 처복이 있어 현모양처 아내를 얻고, 결혼하고부터 돈이 모이고 직장에서 승진을 하게 됩니다. 그러나 임신 일주 남자는 앞에서 말했듯이 워낙 성욕이 왕성하고 재성이 역마로 들어 자칫하면 넘치는 욕구를 주체 못해 염문을 뿌릴 수 있으니 본인 스스로 잘 처신해야 합니다.

임신 일주의 재성 병화 역시 관살처럼 생궁병종합니다. 관과 재성이 역마에 들어 임신 일주는 여러모로 참 바쁜 사람인데, 돈 번다고 동분서주 바쁘게 다니며 재산을 늘려 부자가 되는 경우가 많습니다. 재성이 역마로 들면 사업으로 거부가 되는 사람이 많으며, 임신 일주는 역마가 생을 받아 실제로 사업가가 많습니다.

하지만 남자에게 재성은 여자이기도 하니 외도나 문란한 이성 문제로 가정이 깨지는 경우도 많습니다. 임신 일주 자체가 성욕이 왕성한 데다 재성 역마로 사업상 전국을 다니며 정을 뿌리니, 가정에 불화가 생길 수밖에 없습니다. 따라서 임신 일주 남자는 사생활 관리를 깨끗이 잘해야 합니다. 임신 일주는 칠살을 품고 있어 자칫하면 재생살이 되어 여자 문제로 큰 낭패를 겪을 수 있음을 잘 알아서 스스로가 조심해야 합니다.

임신 일주 남자의 아내는 활동적이고 능력이 많은 사람입니다. 재관이 모두 역마에 들어 임신 일주는 남녀 모두 배우자와 여행을 자주 다니면 부부 사이가 한결 좋아집니다.

부친 역시 바쁜 분이며, 인성의 힘이 워낙 강하기에 어릴 적 집안의 주도권은 모친이 가지고 있습니다.

壬　　　　　　　　　　　　甲
申　　　인종 ───────▶　　申
생(生)　　　　　　　　　　절(絶)

임신 일주의 식신 갑목은 생궁절종합니다.

식신이 절에 놓여 건강한 체질임에도 불구하고 육체적인 노동은 잘 못합니다. 식신이 절에 놓여 갑자기 큰 병에 걸리거나 사고로 위기를 겪게 되지만 생궁을 놓아 기사회생하게 됩니다.

인비가 강한 반면 식신이 약해 설기를 잘 못시키니 스트레스나 근심을 해소시키지 못하고 속에 담아 두게 됨으로써 이것이 쌓여 울화병이 생기게 되고 건강도 잃게 됩니다.

살인상생으로 공직이나 사무직을 하는 것이 상책이지만 사업을 한다면 식신을 안 쓰고 재성을 벌어들이는 직업이나, 재관이 역마로 오니 무역 · 유통 · 운송업이나 인성을 활용한 전문자격증을 따는 것이 좋습니다.

임신 일주 여자는 유산 · 낙태를 경험하거나 자녀와 떨어져 살게 됩니다. 이렇게 식상이 절태에 들면 자녀가 유학을 가거나 일찍 독립하는 것이 서로에게 좋으며, 함께 붙어 있으면 오히려 서로에게 좋지 않은 영향을 줄 수 있습니다.

겉은 임(壬)수 물이고 속은 신(申)금 철이라 외유내강한 사람이며, 경발수원하여 생기가 넘치는 것은 좋으나 금수의 찬 기운에 식신까지 절에 들어 여자는 사주에 火의 조력이 없으면 아이 갖기가 힘들 수 있습니다. 그리고 인비가 강한데 식신이 약하므로 다소 자기중심적이고 베푸는 것에 인색할 수 있으니 주의해야 할 것입니다.

임신은 샘솟는 물로 일급수 깨끗한 물이니 자연히 목마른 사람들이 모여들게 되어 인기도 높고 귀인의 도움으로 성공할 가능성이 높습니다. 그러나 그만큼 사람으로 인한 구설과 풍파를 많이 겪게 됩니다.

계　유
癸酉

　계유 일주는 보석을 물에 씻는 모습이라 미남 · 미녀가 많지만 기운이 차가우니 표정이 차갑거나 우수에 젖은 모습이 많습니다. 보석을 물에 깨끗이 씻어 반짝반짝 빛이 나서 많은 사람들이 좋아하다 보니 잘못하면 이성 문제로 구설을 겪게도 되고 항상 깨끗이 씻는 것을 좋아해서 심하면 결벽증을 보이기도 합니다.

　계유는 검은 닭으로 오골계인 그만큼 귀한 대접을 받는 군계일학의 자질을 가진 사람으로 평범하지 않은 특출 난 재능을 보여 예체능뿐만 아니라 학문, 연구, 전문 분야에서 최고의 자리에 오르는 사람이 많습니다.

　계유는 유금 칼을 씻는 모습으로 칼을 갈고닦는 물상이 됩니다. 그만큼 한 분야에서 준비하고 노력하는 모습이라 때가 오면 노력이 빛을 발하게 되는 사람입니다. 칼을 간다는 것은 복수의 칼을 간다는 의미이기도 해, 한번 원한을 맺으면 반드시 갚고야 마는 성격으로 집념이 대단합니다.

108　　　　　　　　　　　　　_____ 피클 일주론 사주명리학의 꽃

계유 일주와 척을 지는 일을 해선 안 되며 잘못한 게 있으면 빨리 사과하는 것이 상책입니다. 이런 성격이 성공의 밑거름이 되어 무명 시절 받은 차별이나 실패가 자극제가 되어 이를 갈고닦아 노력하여 결국에는 성공하고야 마는 사람입니다.

癸와 酉를 합하면 酒가 됩니다. 그래서 계유 일주는 술을 좋아한다는 말이 있는데, 주로 남자에게 해당하는 말로 주색잡기를 통틀어 하는 말입니다. 특히 결혼하고 여자 문제로 가정이 흔들리는 경우가 많으니 주의해야 합니다.

계유는 바위 사이로 흘러내리는 맑은 계곡물과 같아 머리가 똑똑하고 성격이 시원시원합니다.

癸
酉　　　편인
병(病)

계유 일주는 일주에 편인 문곡귀인을 두어 똑똑하고 책을 가까이하고 배우기를 좋아하며 특히 글씨체가 예쁩니다. 명리에서 학문에 관한 대표적인 귀인이 문창, 문곡, 학당, 이렇게 셋인데 문창은 식신, 문곡은 편인, 학당은 장생으로 이해하면 쉽습니다. 편인, 문곡귀인을 깔고 병지에 놓여 계유 일주는 공부하러 먼 곳의 학교를 진학하거나 외국으로 유학을 가게 됩니다.

시중에 유금은 수를 생하지 못한다는 말이 있는데, 그것은 전혀 사실과 다른 말입니다. 유금은 편인으로 충분히 물을 깨끗이 하고 생해 줍니다. 물상으로도 유금은 자갈돌이라 계유는 자갈이 깔린 계곡물의 모습입니다. 그래서 유금 인성이 계수를 정화하여 물이 맑고 깨끗해지는 것처럼 계유 일주는 머리가 비상하여 공부를 잘하며 모친 또한 모성애가 넘치는 분입니다.

계유 일주의 유금은 보통의 편인보다 훨씬 더 편인의 성향이 강하지만, 酉는 오로지 金으로만 이루어져 있고 인(刃)성으로 날카롭고 살기를 품고 있기에 그만큼 집요하고 순수합니다. 그래서 계유 일주의 어머니는 자녀를 향한 애정이 유별나며 엄한 어머니이면서 자식을 위해 물불을 안 가리는 분입니다.

남자가 일지에 인성을 두면 마마보이가 많은데, 계유 일주 남자는 더 심하며 결혼하고 나서 아내와 어머니 사이에 고부 갈등이 있게 됩니다. 갈등이 심하게 되면 이혼까지 이어지는 경우도 흔한데, 이때 어머니가 둘 사이를 갈라놓는 경우가 많습니다.

병(病)은 역마로 계유 일주는 역마성이 강한 사람이라 여행을 좋아하고 이사를 자주 다니게 되는데, 이렇게 여행을 가고 이사를 다닐 때 오히려 건강해지고 하는 일도 잘되며 재산도 늘어나게 됩니다. 계유 일주가 여행도 안 다니고 집 안에만 있거나 집과 직장만 왔다 갔다 하면 역마가 아닌 말 그대로 병(病)이 되어 병이 나거나 사건·사고가 생겨 재산이 나갈 수 있으며, 가정이 흔들릴 수 있습니다.

계유 일주 남자 중에는 한량이 많습니다. 계수가 유금 역마를 둔 것은 마치 계곡 조약돌 사이로 계곡물이 흘러가는 것과도 같아 물이 맑고 깨끗한데 역마를 쓰지 않는 것은 흐르던 물이 고여 조약돌에 이끼가 끼고 물이 썩는 것과 마찬가지가 됩니다.

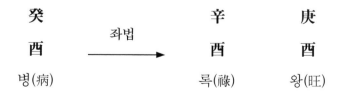

癸
酉
병(病)

→ 좌법

辛
酉
록(祿)

庚
酉
왕(旺)

_____ 피클 일주론 사주명리학의 꽃

계유 일주는 유금 병궁 속에 편인 정인이 록왕으로 들어 있어 인성의 힘이 아주 강합니다. 편인 문곡귀인을 두고 인성이 록왕을 얻었으니 똑똑한 것은 당연하며, 눈치도 빠르고 자신감이 넘쳐 공부로 성공하는 사람이 많습니다.

인성 혼잡으로 팔방미인이라서 이것저것 다양한 분야에 재능을 보이고 배울 수 있지만, 그렇게 되면 죽도 밥도 아니게 되므로 계유 일주는 한 분야만 집중해서 파고드는 것이 성공의 지름길이 됩니다.

인성이 록왕에 인성궁을 두어 어머니의 영향력이 대단한데, 이렇게 모친의 기세가 너무 강하면 부친은 상대적으로 약해질 수밖에 없습니다. 인성이 혼잡해서 모친이 여럿이라는 말도 되니 부모님이 재혼을 하셨거나 아버지가 과거에 어머니 속을 썩였다는 말도 됩니다.

인성이 혼잡하고 록왕에 들어 욕심이 많으며 받는 것은 잘하는데 주는 것은 잘 못하니 인색하다는 손가락질을 받을 수 있고, 역마살이 강해 자칫하면 그저 먹고 노는 한량이 될 수 있습니다.

계유 일주 여자는 인성이 강한 데다 유금이라 자식으로 인한 아픔이 있게 되는데 유산·낙태를 겪게 되며 어렵게 자녀를 두거나 자궁암, 유방암 같은 생식기 쪽에 수술을 하여 몸에 수술 자국이 남게 됩니다.

인성이 록왕이니 부동산과도 관련이 깊으며 전문자격증으로 역마를 써서 큰 부자가 되는 사람입니다.

癸
酉
병(病)

인종 →

癸
酉
병(病)

계유 일주는 비견이 병궁병종하여 형제와는 멀리 떨어져 살게 되고 가까이 살면 다투게 됩니다.

친구들과 어울려 여행을 가거나 모임을 가지는 것을 좋아하는데, 인간관계를 끊을 때는 냉정하게 끊어 버리고 한번 멀어진 관계는 다시 가까워지기 힘든 성격입니다.

계유 일주의 식신 을목은 절로 인종하여 병궁절종합니다.

계유 일주는 치명적인 단점이 식신이 절에 놓였다는 것으로, 인성이 강해 안 그래도 약한 식신은 더욱 입지가 좁아집니다. 식신이 끊어져 편인의 거저 먹으려는 마음이 강해지고 욕심은 많아 저축으로 알뜰살뜰 재산을 모으기보다는 한 방에 큰돈을 벌려고 하니 투자에 관심이 많고 심지어는 도박에까지 손을 대기도 합니다.

강한 인성에 비해 식신이 턱없이 약해 받는 것에 비해 주는 것이 부족해서 인색하게 되지만, 정작 본인은 그렇게 생각하지 않습니다. 땀 흘리며 일해서 돈을 벌기보다는 특별한 재능이나 지식을 활용해 돈을 벌려는 사람으로, 오히려 단기간에 큰돈을 벌기도 하고 반대로 돈을 날리기도 합니다. 내 돈을 지키는 방법은 저축과 베푸는 것임을 명심해야 할 것입니다.

계유 일주 여자의 경우 앞서 말했듯이 자녀로 인한 아픔이 있게 되는데 유산·낙태를 겪거나 자녀와 떨어져 살게 됩니다. 이렇게 절에 놓이면 서로 떨어져 사는 것이 서로에게 더 좋으니, 자녀가 성인이 되면 빨리 독립을 시키거나 먼 학교로 진학해 기숙사 생활을 하거나 자취를 시키는 것이 낫습니다.

이렇게 식신이 절에 놓이면 건강에도 문제가 생기는데, 식신 을목 화초가 유금 칼에 싹둑 잘리는 모습이라 살아가면서 한 번은 큰 수술을 하거나 경제적인 어려움으로 바닥을 치게 됩니다.

대개 건강을 지키면 돈을 잃고 돈을 지키면 건강을 잃게 되므로 가장 좋은 것은 적당히 베풀고 사는 것이며, 그렇게 할 때 돈도 건강도 모두 지킬 수 있습니다.

계유 일주 재성 정화는 생으로 인종해 병궁생종합니다.

재성을 생으로 인종해 계유 일주는 기본적으로 재복이 있는 사람으로 역마궁에 있어 돈에 대한 감각이 뛰어나고, 돈을 벌기 위해 동분서주하고 열심히 노력하는 모습입니다. 다만 식신이 절에 놓여 식신생재가 힘들다 보니 땀 흘리고 노력해서 조금씩 부를 쌓기보다는 투기적인 것에 관심이 가고 남들이 하지 않는 독창적인 것이나 단가가 높은 전문적인 일로 큰돈을 버는 사람이 많습니다.

역마를 써서 돈을 버는 일이라 부동산, 무역, 운송업과도 적성이 잘 맞습니다. 계유 일주는 인성이 록왕으로 강하고 재성까지 생을 놓아 인성을 이용해서 돈을 버는 사람이 많아 거부가 많습니다.

재성은 식신생재해서 열심히 땀 흘려 버는 돈이 가장 값진 돈이지만 인성을 이용해서 버는 돈만큼 크지는 않으며, 또 인성과 재성은 부모님이기 때문에 부모덕으로 잘 먹고 잘사는 사람도 많아 그만큼 고생을 덜하게 되는 반면 식신생재는 자수성가하므로 그만큼 고생을 많이 하게 됩니다.

인성 모친은 록왕으로 기세가 강하고 재성 부친 또한 생으로 인종해 약하지는 않지만 인성이 워낙 강한 데다 일지에 좌한 반면에 재성은 인성에 비해 약하고 인종한 글자라 영향력이 떨어지게 되며 또한 생으로 인종된 것은 음양이 바뀌면 사(死)로 바뀌게 되어 부친과 일찍 떨어질 수도 있습니다.

계유 일주 남자는 지적이고 예쁜 아내를 보게 되며 현모양처 아내를 만나고, 결혼 전보다 결혼 후가 여러모로 더 나아지게 되는 것도 처덕이 있기 때문입니다. 처 재성이 강한 인성을 제극시키는 긍정적인 역할을 하고 차가운 사주에 따뜻한 온기를 불어넣어 주는 역할을 해 결혼하면 마음도 안정되고 건강도 좋아집니다.

하지만 인성이 워낙 강하고 배우자궁을 독차지 하고 있어 고부 갈등은 필연이 되는데, 여기서 내가 처신을 잘 못하면 가정이 위태로워집니다.

계유 일주 남자는 역마로 돌아다니며 재성 여자를 만나기 때문에 바람둥이 기질이 있습니다. 그래서 자칫하면 이성으로 인한 구설에 오르기 쉽고 가정이 깨지게 될 수 있으므로 본인 스스로 알아서 처신을 잘해야 할 것입니다.

_____ 피클 일주론 사주명리학의 꽃

계유 일주의 관살 역시 병궁생종합니다. 왕한 인성을 살려 관인상생하여 열심히 공부해서 좋은 직장이나 전문직으로 나가는 것이 상책입니다. 酉금 칼을 깔고 관이 장생으로 인종해 칼을 쓰는 직업이나 군·검경과도 잘 맞으며 역마궁에 장생으로 재관이 들어 있어 역마를 쓰는 직업도 적성에 잘 맞습니다.

반면에 식신이 절에 놓이고 인성이 태왕해 한량이 될 수 있는데, 내가 마음에 들지 않는 일은 아예 시도도 하지 않으며 내가 좋아하는 것만 하려 해서 운이 나쁘면 그냥 놀고먹으며 세월을 보내게 되는 것도 태왕한 인성의 부작용 때문입니다.

관이 병궁생이라 병을 치료한다는 의미가 있어 병원에 근무하는 사람도 많습니다. 재관이 모두 장생으로 인종해 관운이 따르니, 본인이 인성을 써서 열심히 공부한다면 재관의 복을 누려 돈도 많고 권위까지 높은 사람이 될 것입니다.

계유 일주 여자는 똑똑한 남편을 두게 되며, 부부가 함께 여행을 다니는 것이 행복한 가정을 만드는 데 큰 도움이 될 것입니다. 남편 덕이 있어 사랑을 받지만 식신이 절에 놓여 있다 보니 자녀로 인한 남모르는 아픔이 있을 수 있습니다. 계수 일간 여자는 나이차가 많이 나는 남자를 만나는 경우가 많습니다.

계수는 봄비라서 생명을 살리는 힘이 있으며 식물을 잘 키우고 모성애가 지극한데, 계유 일주는 속에 유금을 품고 있어 유금은 숙살하는 기운이기에 계수일간이면서도 정반대의 두 기운을 가지고 살아가는 사람입니다. 계유 일주는 계수의 부드러움 속에 유금 칼을 품고 있어 연약한 듯 보이지만 심지가 강하고 독기가 있어 외유내강한 대표적인 일주입니다.

卯가 와서 충이 일어나면 酉금으로 찌르고 자르는 모습이라 수술을 하거나 기존의 것을 바꾸고 변화를 맞게 되는데, 미혼 남녀의 경우는 연애운이 됩니다.

계유는 문곡귀인에 금백수청(金白水淸)의 글자라 외모가 깨끗하고 잘생겼으며 기억력이 뛰어난 사람으로, 군계일학의 재능으로 출세하는 사람이 많습니다. 그런데 사주가 너무 차기 때문에 이때는 반드시 火의 조력을 받아야 합니다.

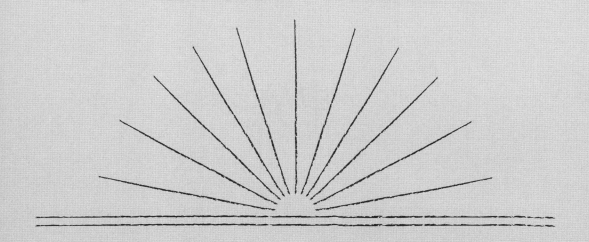

2부
갑술순 - 申酉 공망

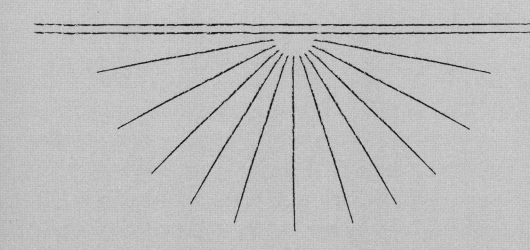

甲戌
갑   술

갑술 일주는 일지에 술토 재성을 두었습니다.

일지는 배우자 자리이니 일지에 재성을 둔 남자나 일지에 관성을 둔 여자는 대개 배우자 복이 있습니다. 갑술 일주는 일지 재성이라서 갑술 일주 남자들은 결혼하면 주변 사람들로부터 장가 잘 갔다는 소리를 듣게 됩니다. 그러나 배우자 복이 있다는 것과 결혼 생활이 행복한 것과는 다소 차이가 있는데, 남들 보기엔 시집이나 장가를 잘 간 것 같지만 정작 본인은 부부 관계에 불만이 많아 결혼을 후회하는 경우도 많습니다.

甲

戌   편재

양(養)

갑술은 12운성의 양(養)궁에 놓여 배우자와의 인연이 예사롭지 않음을 암시하고 있습니다. 양은 12신살에서 천살(天殺)에 해당하며 이것은 숙명, 업(業), 전생의 인연과 깊이 관련 있음을 나타내는 숨은 뜻이 있습니다. 그래서 일지에 양지를 둔 갑술, 을미, 경진, 신축 이렇게 네 일주는 배우자와 가족 관계에 있어서 남다른 무엇이 있습니다.

戌은 火와 土의 고(庫)지에 놓입니다. 고지의 또 다른 말은 묘(墓)지로 주로 육친과 관련된 의미로 쓰일 때는 묘로 표현하고, 재물과 관련된 의미로 쓰일 때는 고로 표현합니다. 이것은 명리학자에 따라 의견이 분분하니 각자가 배운 대로 묘와 고를 잘 선택해서 쓰시면 되겠습니다.

다시 말하면 戌은 화, 토의 고(묘)지로 갑목에게 화는 식상에 해당합니다. 그래서 갑술은 일지 재성이 양지에 놓였으며 또한 식상과 재성을 고지에 두어 재물복은 있지만 육친과 관련된 남모르는 사연과 아픔을 간직한 사람들입니다. 왜 그런지 하나씩 짚어 가며 알아보겠습니다.

甲

戌 $\longrightarrow$ 戊 재성, 丁 상관, 辛 정관

양(養)

戌중에는 지장간 戊 丁 辛이 들어 있습니다. 갑술 일주들이 사회에서 성공하고 경제적인 안정을 누리는 사람이 다른 일주에 비해 많은 것은 일지에 식재관을 품고 있기 때문입니다.

재성, 상관, 정관을 일지에 품고 있는 갑술 일주는 丁 상관이 중요한 역할을 하는 것을 알 수 있습니다. 丁 상관이 戊 재성을 생하여 상관생재한다면

경제적으로 여유 있는 삶을 살겠지만, 丁 상관이 辛 정관을 극하여 상관견관 한다면, 여자는 남편과의 관계가 원만치 않을 것이고 남녀 모두 직장 생활을 하는 데 있어 어려움이 있게 됩니다.

만약 상관생재하고 재생관한다면 가정도 평화롭고 재물도 풍요롭고 사회적인 직위도 겸비한 사람이 될 것입니다. 그래서 갑술 일주는 상관이 생재를 하듯이 땀 흘리고 열심히 일하되 정관을 해치지 않는 것, 즉 편법이나 과욕을 부리지 않는 것이 중요합니다. 갑술 일주는 천천히 한 계단씩 오르는 것이 가장 빠른 방법이며 결국 계단 꼭대기까지 오르게 됩니다.

이렇게 일지 배우자궁에 양을 놓게 되면 천성이 아기같이 순수한 면이 있고 교육자가 많으며, 부모님께 유산을 물려받게 되며 부동산 부자가 많습니다. 전생의 업을 풀고 못다 한 숙제를 하기 위해 태어난 사람으로, 종교와 인연이 있으며 기도를 하면 잘 이루어지고 본인의 건강과 가정에도 많은 도움이 됩니다.

甲		戊
戌	좌법 →	戌
양(養)		묘(墓)

우선 재성 戊를 보면 양궁에 묘에 들어 양궁묘좌하게 됩니다.

그래서 갑술은 중년 이후 경제적으로 성공한 사람들이 많은 재고귀인 못지 않은 일주이므로, 알뜰히 재산을 모아 노년에 부자가 되는 사람이 많고 재고 戊토에 돈이 모이니 부동산 부자가 많은 일주입니다.

돈을 절약하고 알뜰히 모으는 것은 좋으나 너무 지나쳐 구두쇠가 되어 인색하단 소리를 들을 수 있으니, 적당히 베풀며 살아야 주위 인심도 얻고 가정도 평화롭고 건강도 좋아지게 됩니다.

묘는 재물적인 측면에서는 유리하지만 육친의 관계에서는 반대로 불리할 수 있습니다. 재성은 부친(父親)이니 부친이 양궁묘좌하여 일찍 부친과 이별할 수 있거나 아니면 병석에 누워 계신 부친을 봉양하거나 모시고 살 수도 있으며 돌아가실 때 유산을 물려받게 됩니다. 만약에 부모님이 의약업이나 의료, 종교, 활인계통, 보험, 교육업에 종사하신다면 업상대체되어 오히려 부친이 건강하시고 유정한 관계가 됩니다.

재성은 남자에게 아내가 되니 갑술 일주 남자는 배우자로 인한 아픔이 있게 되는데 아내가 아프거나 심할 경우 이별수가 있습니다. 이 역시 마찬가지로 본인이나 아내가 의약업에 종사하거나 종교, 보험, 활인, 교육이나 생사와 관련된 일에 종사한다면 업상대체될 수 있고 그렇지 않다면 주말부부로 아내와 떨어져 사는 것이 좋습니다.

아내 재성을 살리는 것은 丁상관이니 상관은 장모님이 됩니다. 아내가 지치고 피곤해할 때 친정에 가서 푹 쉬고 오게 하면 컨디션도 좋아지고 활력이 생기는 것도 이 때문입니다. 따라서 아내가 아프다면 친정으로 보내거나 여의치 않으면 장모님을 모셔와 아내를 돌보게 하는 것도 좋은 방편이 됩니다. 이렇듯 갑술 일주 남자는 아내의 건강을 위해 아내와 처갓집에 자주 들르는 것이 좋습니다.

갑술 일주 남성은 배우자궁에 재성을 두어 남들이 보기엔 장가 잘 갔다는 소리를 듣지만, 본인은 아내에게 불만이 있게 되는데 특히 잠자리가 잘 맞지 않아 스트레스를 받게 됩니다. 아내가 묘에 들어 무덤 속 송장과 같아 아무런 감흥을 못 느끼게 되는데, 이것은 아내만의 문제라기보단 성적 취향이 달라 속궁합이 잘 맞지 않는 경우가 많습니다.

여성의 경우, 시모가 배우자궁에 들어 시모를 모시고 살거나 시모의 영향력이 큰 집안으로 시집을 가게 되어 고부 갈등은 있겠지만 시모로부터 경제적인 지원을 받고 나아가 유산도 물려받게 되니 정성껏 봉양하여야 합니다.

갑술 일주의 상관 丁는 양궁의 양지에 좌합니다. 이렇게 식상이 양(養)의 기운이 강하면 철학이나 종교와 관련이 많습니다. 그래서 갑술 일주는 유난히 종교인이 많으며 대부분 열심히 종교 생활을 하는 사람들입니다. 무속에도 관심이 많아 갑술 일주 치고 사주 한번 안 본 사람 없고, 점집에 가서 굿이나 부적을 쓰는 사람도 많습니다.

또 식상이 양에 들면 베푸는 것을 좋아하고 미식가들이 많으며, 특히 여성은 음식 솜씨가 뛰어나 요식업으로 성공하는 사람도 많습니다.

갑술은 식상 고(庫)를 놓고 상관이 양(養)으로 좌하기 때문에 여자는 전생의 업으로 연결된 자식을 두게 됩니다. 따라서 이번 생에는 업(業)을 풀기 위해 모자·모녀지간의 관계가 되었으니 전생의 빚을 갚는 마음으로 지극한 사랑으로 자녀를 돌보아야 합니다. 양에 놓여 자녀와의 관계가 남다르겠지만 부모 자식 사이로 만났다는 것은 둘 다 이번 생에 묵은 업은 풀고 좋은 인연을 맺기로 다짐한 용감한 영혼들입니다.

여성은 식상의 묘지를 두어 유산 낙태를 하거나 자식이 자라면서 병치레를 자주 하는데, 유산을 했다면 나중에 태어난 자식은 건강하게 잘 자라게 됩니다.

일지 속에 재성과 상관이 함께 있어 갑술 일주는 자수성가하는 사람이 많습니다. 상관생재하여 비상한 머리와 재주로 열심히 노력해서 성공하는 사람입니다. 재성과 식상의 고(庫)를 놓아 창고에 차곡차곡 저장하듯 돈을 벌면서 알뜰히 저축하는 사람이고, 戊 재성은 양궁묘좌하고 丁 상관은 양궁양좌해서 부동산으로 부자가 된다는 것을 알 수 있습니다.

갑술 일주의 관성 辛은 관대에 놓여 양궁대좌합니다.

양(養)은 기른다는 의미로서 요양한다는 의미도 있고, 관대는 특별한 옷을 입는다는 의미가 있어 환자복을 입고 병원에서 치료받는 모습이 됩니다. 아니면 가운을 입고 환자를 치료하는 의미도 되니 병원에서 근무하는 의료 · 의약 계통에서 근무하는 경우가 됩니다. 또한 제복을 입고 보호받거나 혹은 보호하는 모습이 되니, 교도소에 갇힌 죄수나 교도관 등 관련된 직업을 가진 사람도 됩니다.

만약 사주구조에서 관살이 지장간 속에 하나가 있으면서 그 관살이 진술축미 사고지 속에 있다면, 관이 갇혀 있는 모습이라 교도소 · 병원 · 군대 · 종교 시설 등과 관련이 있는 사람이 되는데 교도소나 병원, 종교시설, 군부대를 들락거리는 직업에 종사하는 사람이 아니라면 범죄자나 환자입니다.

갑술 일주는 관성이 관대이고 상관은 양, 재성은 묘에 놓여 있어 대부분 전문직 종사자가 많으며 종교나 교육, 군 · 검경이나 의료의약 보험 등 활인업이나 특수한 직업을 가진 사람이 많습니다. 만일 이런 업상대체를 하지 않는다면 건강에 이상이 생겨 아플 수 있습니다.

여자에게 관성은 남편이 됩니다. 관이 양궁대좌에 놓여 있어 남편이 똑똑하고 옷 잘 입는 멋쟁이로, 본인이 위에 말한 직업에 종사하거나 남편이 종사하게 될 것입니다. 그렇지 않다면 몸이 아파 치료받고 요양하는 환자일 수 있는데, 양궁에 들어 있어 기도나 종교 생활이 치료에 많은 도움이 되고 술土 땅과 가까이하는 것도 도움이 되어 결국 병을 완치하고 건강을 되찾게 됩니다.

지장간 속에 상관이 함께 있어 상관견관하는 모습이 되기 쉬우므로 남편과의 관계에 불화, 다툼 등 어려움이 예상됩니다. 하지만 상관생재하고 재생관으로(丁 → 戊 → 辛) 흐른다면 부부 관계의 파국은 막을 수 있습니다.

즉, 갑술 일주 여자는 상관생재하여 직업을 가지게 되면 부부 관계가 원만해질 수 있고 또한 재성은 시어머니가 되니 시어머니를 극진히 모시게 되면 자연적으로 남편과의 관계도 좋아질 수 있습니다. 하지만 지장간 속의 구조가 재성과 관성의 거리는 멀고 상관과 관성의 거리는 가까우니 재생관보다는 상관견관하기가 쉽습니다.

관성은 남자에게 자식이니 갑술 일주 남자는 똑똑한 자식을 두어 자녀가 공부를 잘해 공부로 성공하게 됩니다. 다만 자녀와의 관계는 상관견관으로 갈등이 생기거나 멀리 떨어져 지내게 되는데, 자녀가 일찍 유학을 가거나 먼 곳의 학교로 진학하는 경우가 많습니다.

부부 관계에서의 상관견관은 아내의 잔소리와 바가지로 나타나기 쉽고, 부자(父子)관계에서의 상관견관은 부친의 거친 언행이나 지나친 간섭과 기대로 인한 자식과의 갈등으로 나타나기 쉽습니다.

관을 상관견관한다는 것은 법질서를 위반하는 것을 말합니다. 따라서 戌중 辛이 유일한 관이라면 관재수로 형을 살게 되거나 아니면 형살과 관련된 직업을 갖게 됩니다.

甲 　　　인종　　　 壬

戌 　────────→ 戌

양(養) 　　　　　　관대(帶)

갑술은 인성과 비견을 각각 인종하게 됩니다. 갑술의 인성은 壬, 癸인데
戌과 음양의 짝을 맞춰 인종해야 하므로 壬수가 인종이 됩니다. 그래서 인성
壬수는 양궁대종하게 됩니다.

관대는 사모관대의 줄임말로서 과거에 급제하거나 결혼하는 의미가 있습니
다. 인성이 양궁의 관대로 놓여 있어 열심히 공부하여 출세하는 사람이 많습
니다. 시험에 합격한다는 의미도 있어 좋은 대학에 진학하고, 전문자격증을
따서 전문직이나 공직에 나갈 수 있습니다.

인성 어머니는 양궁대종에 있어 아플 수 있고 그렇지 않다면 의약, 의료,
교육, 연구직, 보험이나 종교와 관련된 일에 종사하실 수 있습니다.

甲 　　　인종　　　 甲

戌 　────────→ 戌

양(養) 　　　　　　양(養)

비견 甲은 양으로 인종되어 양궁양종하게 됩니다. 그래서 갑술 일주의 형제
는 전생의 인연으로 연결되어 있음을 알 수 있으며, 대개 형제들이 다 잘살거
나 아니면 모두 힘들게 사는 경우가 많습니다.

또한 일지에 양을 놓은 갑술 일주는 남녀 모두 배우자와 숙명의 인연으로

甲戌 ___

만난 사이입니다. 이렇듯이 갑술 일주는 이번 생에 전생 업을 풀기 위해 세상에 다시 나온 사람들입니다. 아무쪼록 악업은 풀고 선업은 계속 쌓아 좋은 인연을 이어 가시길 바라겠습니다.

갑술은 지장간 속에 식재관을 두어 육친의 아픔은 있어도 잘 먹고 잘 사는 사람이 많습니다. 일상 속에서 베풂을 하고 종교에 의탁하여 기도를 정성껏 드리면, 본인의 건강에도 좋고 가족과의 관계도 치유될 것입니다.

지장간 속에 식상과 관이 함께 놓여 있어 여자에게는 남편과 자식이 같이 있게 됩니다. 그리고 재성과 관이 함께 놓여 있어 남자에게는 아내와 자식이 같이 있는 모습이 됩니다. 따라서 갑술 일주는 남녀 모두 연애결혼이 많고 결혼 전에 혼전 임신을 하는 경우가 많습니다.

戌는 辛을 품고 있어 甲이 뿌리내리기가 쉽지 않습니다. 이는 남자에게 戌는 아내가 되고 辛은 자식이 되니 부부 사이가 자식을 낳고부터 갈등이 생길 수 있고, 재성을 취하는 데 있어 어려움이 있다는 의미이기도 합니다. 하지만 辛이 甲을 극하기에는 역부족이라 어려움은 있겠지만 결국 갑은 戌에 뿌리를 내려 성공을 거두게 됩니다. 이때 辛은 정관이라 명예가 되니 갑술 일주는 명예보다 재물을 추구하는 실리를 취하는 사람이라는 것을 알 수 있습니다.

재성은 여자에게 시어머니가 되니 일지 재성을 둔 여자들은 시어머니를 모시고 살거나 시어머니의 영향력이 크기 때문에 결혼 생활에 따른 고부 갈등이 암시되어 있습니다.

戌은 조토(燥土)라서 갑술은 수기가 없어 힘들 것 같지만, 갑술은 물상으로 나무가 자라는 산이므로 나무가 무성한 산에는 아무리 가물어도 계곡물이 마르지 않는 법입니다. 그래서 갑술 일주는 보이지 않는 물(水)의 도움이 있으니, 즉 조상이나 부모의 음덕이 있어서 어려움이 있더라도 끈기와 인내로 헤쳐 나가다 보면 결국은 결실을 보고야 마는 집념이 있습니다.

갑술 일주는 관성 공망에다가 상관견관하여 여자들은 여러모로 남편과의 관계와, 남자들은 자식이나 직장과의 관계에서 어려움이 예상됩니다.

辰이 와서 일지 戌을 충(沖)하면 산사태가 나게 되는데 이때 甲은 뿌리째 뽑혀져 쓰러지게 됩니다. 사건·사고로 인해 건강을 잃거나 여태까지 이뤄 왔던 업적이 한순간에 무너질 수 있으니 만사에 신중을 기해야 할 것입니다.

戌은 늦가을 추수가 끝난 들판의 물상입니다. 戌은 예성(藝星)이라 갑술 일주는 무척 낭만을 즐기고 멋을 아는 사람들입니다. 음악이나 미술 같은 예능 분야에 소질이 있거나 예술을 좋아하는 사람입니다.

갑술은 늦가을의 나무로 낙엽이 떨어진 나무가 됩니다. 그래서 갑술 일주는 외로움을 잘 타고 고독을 즐기는 사람들이 많습니다.

갑목일간은 대부분 나서길 좋아하고 자존심이 세며 성격이 급하지만 갑술 일주는 일지에 양을 놓아 다른 갑목 일주에 비해 비교적 성격이 부드럽고 차분하며 덜 나섭니다.

戌중 辛은 불상, 십자가의 형상이라서 갑술 일주는 종교와 관련이 깊습니다. 그래서 갑술 일주가 기도하게 되면 기도가 잘 이루어지며 戌은 재성으로 처가 독실한 종교인이거나 부친이나 친가 쪽에 열심히 기도하신 조상이 있다는 의미가 됩니다.

갑술 일주는 모든 육친들이 양(養), 묘(墓), 대(帶) 이렇게 세 개로만 놓여 있어 남다른 가족 관계를 갖고 태어난 사람들이며, 인생의 행로가 우여곡절이 많고 남들이 모르는 마음의 상처가 많은 사람들입니다. 비록 재물적 성취는 크나 가슴속에는 눈물이 서 말인 사람이 많습니다. 전생업연으로 맺어진 인연이니 이번 생에는 많이 베풀고 많이 기도하여서 좋은 인연으로 풀어 나가시길 바랍니다.

을   해

乙亥

풍수에서 을해명당이라고 하는 풍수명당이 있습니다. 산이 乙자 모양으로 좌우로 굽이쳐 흘러내리다 산의 맥이 끝나는 지점에 연못이나 강이 있어 산의 기가 흩어지지 않고 산 끝자락에 맺혀 있는 명당 중의 명당입니다.

을해 일주는 이런 대명당의 기운을 타고 태어난 사람처럼 어릴 적부터 신동 소리를 듣거나 특정 과목이나 분야에서 천재적인 재능을 보이는 사람이 많습니다. 하지만 어려서 병치레를 심하게 하거나 죽을 고비를 넘기기도 하는데, 심하면 타고난 재능을 꽃피우지도 못하고 뿌리가 뽑혀 버릴 수도 있습니다. 이것은 모두 일지 해수가 사(死)지에 놓여 있기 때문입니다.

을목은 작은 화초가 되고 해수는 큰물이 되니 을해는 물속에 핀 화초의 모습이라 연꽃의 물상이 됩니다. 연꽃처럼 진흙 속에서 꽃을 피우니 타고난 재능이 군계일학처럼 돋보이고 사람들의 관심과 기대를 받게 됩니다. 하지만 일찍 피는 꽃은 일찍 지는 것처럼 가족과 주변의 지나친 기대와 관심은 오히려 아이의 재능을 망칠 수 있으니 부담감을 주지 말아야 합니다.

물속에 핀 꽃이라 잘못되면 남자는 주색에 빠지게 되고 여자는 음란하거나 이성으로 인한 고통을 받게 될 수 있으니 을해 일주는 항상 자기 관리를 잘해야 합니다.

을목은 작은 화초가 자칫하면 해수라는 큰 강에 휩쓸려 갈 수 있어 을해 일주는 어려서 사건·사고로 죽을 고비를 넘기는 경우가 많으니 보험은 반드시 들어야 하며 건강 관리에 신경을 써야 합니다.

乙
亥   인성
사(死)

을해 일주는 마마보이가 많고 남녀 모두 결혼 후에도 어머니와 가깝게 지내게 되는 것은 일지 배우자궁에 인성이 들어와 있기 때문입니다. 이렇게 배우자 자리에 인성인 모친이 자리 잡고 있는 것은 배우자처럼 어머니와 가깝게 지낸다는 말이 됩니다.

남자는 결혼 후에도 어머니 영향력에서 벗어나지를 못해 마마보이 소리를 듣게 되고, 어머니의 지나친 간섭으로 아내와 어머니 사이에서 고부 갈등을 피하기는 힘들어 심하면 이혼 사유가 되기도 합니다. 여자의 경우도 마찬가지로 친정어머니와 가깝게 지내게 되는데, 이로 인해 시댁과 마찰을 빚게 됩니다.

남녀 모두 어머니의 지나친 간섭이 화근이 되니 어머니께 효도하는 것은 당연한 일이지만, 을해 일주는 결혼하게 되면 부부 사이의 일이나 가정 문제는 죽이 되든 밥이 되든 부부끼리 알아서 해결하는 것이 행복한 가정생활에 큰 도움이 될 것입니다.

을해 일주는 학교 성적이 뛰어난 수재들이 많습니다. 만약 을해 일주가 수재가 아니라면 그 반대의 경우가 되는데, 즉 학교 성적이 최상위권이거나 아니면 아래 하위권으로 둘 중 하나라는 것입니다. 이는 일지에 인성이 사(死)지에 놓여 있기 때문입니다.

사를 깔고 있어 영감이 아주 발달해 있고 현몽을 잘 꿉니다. 어려서부터 생각이 깊고 어른 같은 말과 행동을 잘하며 타고난 효자·효녀가 많습니다.

종교나 철학에 일찍 관심을 보이게 되며 커서 사주명리를 공부하는 사람도 많고, 오컬트나 무속에 관심을 보이게 됩니다.

乙
亥　　　━━━━━▶　壬인성, 甲겁재, 戊재성
사(死)

을해 일주는 겁재가 계륵과 같은 역할을 하게 되는데, 일간 을목의 뿌리 역할을 해 주는 고마운 존재이면서 동시에 나의 재성을 뺏어 가는 도둑 역할도 하게 됩니다. 그래서 동업이나 돈거래는 해선 안 되며 만약 하게 된다면 사전에 돈 분배를 명확하게 서류로 작성해 두어야 합니다.

오히려 신약한 사람에겐 겁재가 큰 도움이 되며, 을목은 특성상 갑목을 반겨 오히려 갑목 겁재를 이용해 큰 부자가 되거나 직장이나 조직에서 최고의 자리에 오르는 사람도 많습니다. 이렇게 겁재가 희신이 되고 탈재를 막으려면 평소에 형제·동료와 이익을 나누고 양보해 미리 겁재의 탈재를 액땜하는 것이 중요합니다. 즉, 착한 마음을 가져야 합니다.

을해는 인성, 겁재, 재성을 품고 있어 서로가 생하기도 하고 극하기도 해 살아가면서 희로애락의 우여곡절을 심하게 겪고 사람으로 인한 부침을 많이 겪게 됩니다.

인성과 겁재가 함께 있어 부모님의 사랑을 형제와 나눌 수밖에 없는데, 부모님의 유산을 두고 형제와 갈등이 일어날 수 있습니다. 겁재가 재성을 보고 있어 형제가 나보다 더 많이 가져가더라도 섭섭해하지 말아야 합니다. 앞서 얘기했듯이 형제와 사이좋게 나누고 양보하는 것이 무엇보다도 현명한 처신입니다.

명리에 등라반갑하고(藤蘿絆甲下固)라는 귀명이 있는데 을목이 무토를 취하기엔 힘이 벅차 갑목을 타고 올라 갑목의 힘을 빌려 무토 재성을 취하는 것입니다. 을해 일주는 갑목과 무토를 함께 두고 있어 '등라반갑하고'의 귀명에 해당합니다. 그래서 겁재 갑목이 오히려 귀인이 되어 귀인의 도움으로 성공하고 출세하여 최고 높은 자리까지 오르는 사람이 됩니다.

여기에 인성 水가 함께 있으면 공부로도 성공하게 되는데, 을해 일주가 여기에 해당합니다. 그래서 을해 일주는 탈재의 기운이 있음에도 불구하고 사회에서 큰 성공을 이루고 명성을 떨치는 사람이 많은 대표적인 일주 중 하나입니다.

을해 일주는 일지 배우자궁에 인성 사지를 두고 해중 임수는 록으로 좌하여 인성이 사궁록좌하였습니다. 록좌하여 머리가 영특하고 머리 회전이 빠른데 사궁에 놓여 있으니, 사고가 깊고 타고난 영감과 뛰어난 지능으로 천재·수재 소리를 듣게 되며 예술성과 창조성도 뛰어납니다.

인성이 사궁록이라는 것은 비상한 두뇌와 열심히 공부하는 노력까지 겸비했다는 뜻이니 을해 일주는 공부로 성공하게 되는데, 오히려 너무 뛰어난 머리와 재능을 믿고 오만하면 자기 발등을 찍을 수 있으니 을해 일주 자녀를 둔 부모님은 어려서부터 관심을 가지고 인성 교육을 시켜야 합니다.

너무 공부만 하다가 건강을 해쳐 오히려 공부를 하고 싶어도 못하게 되거나 단명하게 되는 수도 있는데, 그 이유는 임수는 록인 데 반해 궁은 사지에 놓여 그릇에 담긴 물건은 크고 강한 데 반해 그릇이 약하기 때문입니다.

을해 일주 어머니는 록좌하여 재력이 있으시고 자식에 대한 사랑이 대단한데, 넘치는 사랑이 오히려 화가 되어 자식을 망칠 수 있습니다. 그렇기 때문에 어려서부터 너무 오냐오냐하며 버릇없이 키워 자식의 인성을 망치거나 너무 혹독하게 공부를 시키거나 사생활을 심하게 구속하게 되면, 결국 자식의 건강이 나빠지거나 자식의 결혼 생활까지 망치게 됩니다. 을해 일주에서 을목은 너무 왕한 수(水)기로 부목(浮木)이 되어 물에 떠내려가 버리는 것처럼 너무 지나친 어머니의 사랑이 오히려 화가 되곤 합니다.

乙　　　　　　　　甲
　　　좌법
亥　　──────→　亥
사(死)　　　　　　생(生)

을해 일주는 겁재를 품고 있어 겉으로 표시는 내지 않지만 욕심이 많고 경쟁심도 있는데, 왕한 수기에 떠내려갈 뻔한 을목을 든든하게 잡아 주는 뿌리 역할을 겁재 갑목이 해 주어 을해 일주는 의지할 형제가 있으며 형제끼리 우애가 있습니다. 겁재 갑목은 사궁생좌하여 활기차고 생기발랄하여 을해 일주와 대조되는 모습을 보이고, 해수로부터 생을 받아 부모와 귀인의 도움이 있습니다.

을해 일주 본인은 해수 인성이 사지에 놓이는 데 반해 겁재 갑목은 장생을 놓게 되어 집안의 가업은 형제가 물려받게 됩니다. 부모님의 유산도 나보다는 형제가 우선권을 가지게 되는데, 무토 재성이 절에 놓여 있어 을해 일주가 형제와 부모님 유산을 두고 경쟁하게 된다면 불리한 건 어쩔 수 없습니다.

그래서 병약한 을해 일주에게 겁재 갑목은 의지처가 되어 우애가 있지만 결국 나중에 부모님 유산을 두고 나눌 때는 형제·자매와 다툼이 생겨 우애에 금이 가는 경우도 있습니다.

이렇게 일지 속에 인성과 겁재가 같이 있거나 겁재와 재성이 함께 있으면 유산을 두고 다툼이 생기게 되는데 을해 일주는 인성, 겁재, 재성이 다 들었으니 유산 다툼을 피하기는 힘듭니다. 따라서 만약 을해 일주 자녀를 둔 부모라면 나중에 자식들이 유산을 두고 우애가 상하지 않도록 공평하게 분배해 주어야겠습니다.

겁재가 사궁생좌로 극에서 극으로 기운이 오가는 것은 을해 일주의 기운이 양극단을 오고 감을 말합니다. 기분이 좋을 때는 날아갈 듯하지만 우울할 때는 극단적인 생각을 할 정도로 감정의 기복이 심하고 기분에 따라 완전 다른 사람이 됩니다. 그러므로 을해 일주는 육체적인 건강뿐 아니라 정신적인 건강에도 늘 신경 써야 합니다.

을목은 겁재 갑목을 타고 올라 등라계갑(藤蘿繫甲)하는 특성이 있어 오히려 겁재를 활용해 성공하고 최고의 자리에 오르는 반전이 있습니다. 이럴 때 갑목은 나를 밀어주고 도와주는 귀인으로 친구, 형제, 직장 상사가 많습니다.

을해의 해중 무토 재성은 사궁절좌합니다.

겁재가 장생을 얻고 재성은 절에 놓여 을해 일주는 재물 운이 불리합니다. 재물 운이 불리하다 하여 가난할 수밖에 없다는 말은 절대 아니라, 사업이나 장사 운이 불리하다는 말입니다. 즉, 을해 일주는 뛰어난 머리를 활용해 첫째도 공부, 둘째도 공부를 해야 합니다. 열심히 공부해서 전문직으로 나가거나 직장 생활을 하는 것이 유리합니다.

강한 겁재의 영향으로 동업은 절대 안 되며 보증을 서거나 투자를 해서 힘들게 모든 재산을 한 방에 날려 버리기 쉽고, 돈을 빌려주면 못 받고 떼이기 십상입니다. 겁재와 재성이 함께 들면 사기를 잘 당하고 다단계나 사행성 도박의 유혹에 빠지기 쉽습니다.

을해 일주는 부친의 덕이 박한데, 부친이 일찍 돌아가시거나 헤어지는 경우가 많고 부친이 편찮으시거나 경제적으로 무력한 경우가 대부분입니다. 멀리 있는 학교에 진학하거나 유학을 가서 부친과 떨어지게 되면 자동으로 절(絶)의 물상을 쓰는 것이 되어 부친과의 인연이 오래도록 이어지게 됩니다. 모친 인성이 록에 들어 강하면 상대적으로 부친의 덕은 부족한 것이 일반적입니다.

을해 일주 남자는 배우자와 해로하기 힘든데, 사궁 절에 놓인 처는 아프거나 생리사별할 수 있습니다. 이렇게 배우자가 절에 놓이게 되면 결혼을 안 하고 혼자 사는 경우가 많고, 결혼을 하더라도 인연이 오래가지 못하는 경우가 많아 주말부부를 하는 것이 도움이 됩니다.

여성의 경우, 재성은 시모가 되니 시어머니가 안 계신 집에 시집을 가거나 시모와 인연이 짧아 시어머니가 일찍 돌아가시거나 멀리 떨어져 살게 됩니다.

이렇게 재성이 절에 놓인 사람은 돈을 모으기가 힘든데, 그것은 돈을 못 벌어서가 아니라 돈 관리를 못하기 때문입니다. 돈을 아무리 많이 벌어도 관리를 못해 밑 빠진 독에 물 붓기 식으로 돈이 빠져나가 남는 돈이 없게 됩니다.

그러니 을해 일주는 돈이 생기면 저축하는 습관을 들이고 주식이나 펀드와 같은 금융 투자보다는 오랫동안 목돈을 묻어 두는 부동산이 낫습니다. 일지 속 겁재로 인해 결혼하고 나서부터 돈 관리가 안 되어 힘들게 번 돈을 탕진할 수 있게 되니, 적은 돈이라도 차곡차곡 저축하는 습관이 필요합니다.

을해 일주는 특이한 점이 등라반갑하고(藤蘿絆甲下固)라 하는 귀명의 물상이 된다는 점입니다. 그래서 귀인의 도움으로 출세하는 사람이 많습니다. 이렇게 탈재가 안 되고 오히려 출세하는 사주가 되려면 앞서 얘기했듯이 미리 나누고 베풀 줄 알아야 합니다. 그렇지 않으면 겁재는 언제든 나의 재물을 훔쳐 가는 도둑으로 돌변할 수 있음을 명심해야 합니다.

乙　　　　　인종 →　　　丁
亥　　　　　　　　　　　亥
사(死)　　　　　　　　　태(胎)

을해 일주의 식상은 인종을 하게 되는데 음양의 짝을 맞춰야 하니 병화가 아닌 정화 식신을 인종하게 됩니다. 식신 정화는 사궁태종하게 됩니다.

을해 일주는 몸 쓰는 일을 잘 못하며 어려서부터 병치레를 자주 하지만, 눈빛은 반짝이고 머리가 비상한 것도 식신이 사궁 태에 놓인 영향이 큽니다. 식신과 재성이 절태에 놓여 개인 사업이나 장사로 성공하기는 힘들지만, 예리한 판단력과 남들은 생각하지 못하는 기발한 아이디어와 빠른 머리 회전과 지능으로 결국 공부로서 성공하는 사람이며 창작력을 발휘하는 분야에서도 큰 성공을 거두는 사람이 많습니다.

을해 일주 여자는 유산이나 낙태의 경험이 있는데, 식신이 사궁 태에 놓였기 때문이며 자녀가 병약한 것도 이 때문입니다. 그래서 을해 일주 여자는 어렵게 자녀를 두게 되고 자녀가 병치레를 할 수 있지만, 자녀가 똑똑하여 공부를 잘해 결국 자식으로 인해 기쁨을 누리게 됩니다. 식신 정화는 해수에 천을귀인으로 놓이기 때문입니다. 자식이 귀인이라 을해 일주 여자는 효자·효녀를 두게 됩니다.

을해 일주의 관살은 경(庚)금이 아닌 신(辛)금을 인종하는 것 역시 음양의 짝을 맞추기 때문입니다. 편관 신금이 사궁욕종하여 열심히 공부하여 전문직을 가지는 경우가 많으며, 욕은 열심히 노력하는 모습이므로 사궁에 들었으니 결국 머리 쓰는 일을 하게 됩니다.

을해 일주 여자의 관이 욕에 있다는 것은 도화의 의미라서 잘생긴 남편이 되고 연애결혼을 하게 됩니다. 을해 일주 여자의 남편이 용모가 수려하고 똑똑하여 교육자나 전문직 연구직이 많은 것은 신(辛)금이 해(亥)수를 보아 금수 상관의 모습을 띠기 때문입니다. 하지만 아무래도 남편이 욕지 도화에 놓인 만큼 이성의 인기가 많아 다툼이 생길 여지가 있습니다.

사와 욕은 서로 충하는 기운이라 남편과 잦은 다툼이 있게 되고, 또한 사와 욕은 벌거벗고 죽은 듯 누워 있는 모습이니 반드시 보험에 들어야 합니다. 특히 교통사고를 조심하고 건강검진도 자주 받아 늘 건강을 챙겨야 합니다.

관이 욕에 놓이면 남편이 어린아이와 같이 생기발랄하고 순수하며 귀여운 면이 있습니다.

을해 일주 남자는 똑똑하고 귀여운 자녀를 두게 되는데, 역시 자녀가 갑작스런 사고나 병으로 고통을 받을 수 있으니 어려서부터 안전교육을 시키고 위험한 장소에서의 일을 못하게 해야 합니다.

을목은 바람이고 해수는 큰 강이라 을해 일주는 바람처럼 떠돌고 강물처럼 흘러가는 대단한 역마의 기운을 가졌습니다.

을해 일주 여자는 머릿결이 곱고 찰랑거리는 머리를 가진 날씬한 미녀가 많은데, 을해의 자(子)형이 길게 흘러내리는 물결의 모습이기 때문입니다.

을해는 물에 자라는 연꽃의 물상이라 미남·미녀에 마음씨가 착하고 정이 많습니다. 하지만 물 밖에서 바라본 연꽃은 아름다우나 물속에 잠겨 있기에 겉은 밝게 웃지만 내면에는 남모르는 수심이 있는 사람입니다.

병 자

丙子

　병자 일주는 호수 위에 태양이 떠 있는 강휘상영(江輝相映)의 물상으로, 외모가 수려하고 멋쟁이가 많으며 귀(貴)가 있어 고고하고 품위가 있습니다. 태양이 물에 반사되어 반짝거리는 모습이 아름다워서 귀를 이뤄 부귀를 누리지만, 자기 관리를 잘 못하면 이성으로 인한 구설시비가 따르게 됩니다.

　병화는 화(火)기라서 위로 오르는 성질이 있고, 자수는 수(水)기라서 아래로 흘러 내려가는 성질이 있어 일간과 일지가 서로 반대의 방향으로 나아가는 수화미제(水火未濟)가 되어 뜻은 있으나 이루지 못하고 시작은 있으나 마무리를 못하게 됩니다. 따라서 무슨 일을 하든 사전에 철저하게 계획을 세우고 인내심을 가지고 참고 견뎌야 결실을 볼 수 있습니다.

　그래서 병자 일주는 강휘상영의 귀(貴)와 화수미제의 불성(不成), 상반되는 두 성질을 동시에 지녀 성패의 변화가 심해 아주 잘되거나 아니면 아예 못되거나 둘 중 하나의 인생을 살게 됩니다. 그래서 병자 일주를 한마디로 요약하

　　　　　_____ 피클 일주론 사주명리학의 꽃

면 '모 아니면 도'라 할 수 있겠습니다.

병자 일주는 병화의 양기와 자수의 음기를 동시에 지녀 감정의 변화가 크며 인생의 업다운이 심합니다. 이렇게 감정의 변화가 크고 외모가 잘생긴 사람이 많아 연기자나 문화 · 예술 분야에서 활약하는 사람이 많습니다.

병화는 빛으로, 정화는 불로 쓰임이 많아 정화는 물에 잘 꺼지지만 병화는 오히려 더 빛나고 아름다워집니다. 자수는 병화를 더욱 빛나게 하는 조력자 역할을 하게 됩니다.

병자 일주가 배우자 덕이 있어 사회에서 잘나가고 안정적인 생활을 하는 데는 배우자의 보이지 않는 도움이 있지만, 대개는 배우자 덕보단 내가 잘났다는 생각을 가집니다. 병화일간이 대부분 그러하듯이 자존감이 높은 것은 좋으나, 나 잘난 사람이 많아 가까운 가족의 소중함을 모르고 살다 헤어지고 나서 후회하게 됩니다.

丙

子　　　　**관성**

태(胎)

병자 일주는 지지에 자수 정관 태(胎)를 놓았습니다. 일지 배우자궁에 태를 놓으면 일단 배우자운이 불리한데, 태는 생기고 사라지는 것을 반복한다는 의미가 있어 배우자궁에 태를 놓으면 만나고 헤어지는 것을 여러 번 경험하게 됩니다.

그래서 결혼하기 전 연애 경험이 많으면 액땜이 되어 오히려 결혼 생활은 행복할 수 있습니다. 그렇지 않으면 결혼을 늦게 하거나 나이 차이가 많이 나거나 여자 쪽이 연상인 경우도 괜찮습니다. 아니면 주말부부로 떨어져 사는 것도 액땜이 됩니다.

태는 그 자체로 성(性)의 의미가 있어 일지에 태를 둔 사람은 대개 일찍 성에 눈을 뜨고 관심이 많게 됩니다. 그래서 사춘기 시절부터 부모님이 관심을 가지고 지켜봐야 합니다. 태는 아이를 밴다는 뜻으로 임신을 의미하고 태아의 모습이며, 동시에 낙태 · 유산의 의미도 함께 내포하고 있습니다.

일지 子는 여자에게는 자궁을 의미하여 병자 일주 여자는 子가 태로 놓여 임신을 잘하지만, 그만큼 낙태 · 유산의 위험도 큽니다. 태를 놓은 여성은 대부분 낙태 · 유산을 경험하게 됩니다. 연애할 땐 원치 않는 임신으로 낙태하지 않도록 피임에 신경 써야 하고, 결혼하고 임신했을 땐 유산되지 않도록 몸가짐을 조심해야 합니다.

태는 성과 관련이 있어 남녀 모두 성을 즐기고 독특한 성적 취향을 가지는 사람이 많습니다. 그래서 결혼 생활에 부부간의 성적 취향이 중요한 부분을 차지해 이혼의 중요한 사유가 되며, 만약 잘 맞는다면 두 사람이 성격 차이 등으로 아무리 싸워도 절대 헤어지지 않습니다.

태는 엄마의 배 속에서 이제 막 생명이 잉태하는 단계로 아직은 핏덩이에 불과합니다. 그래서 시작하고 창조하는 능력이 뛰어납니다. 하지만 실천하고 오랫동안 꾸준히 이어 가는 힘은 부족하여 유시무종이 많습니다.

태는 언제 유산 · 낙태될지 몰라 신경이 예민하고 불안하며 불면증인 사람이 많으며, 나도 모르게 남의 눈치를 보게 되고 잘 놀랍니다. 그래서 정신적인 문제로 병원 치료를 받는 사람도 많습니다.

태는 변태의 의미가 있어 변화를 잘하고 남들과 다른 생각 · 행동을 잘하여 이것이 장점이 되면 기획 · 아이디어 · 창작에서 능력을 발휘해 유명한 화가, 음악가, 작가, 배우 등 문화 · 예술 분야에서 성공하게 됩니다. 일상에서도 독특한 생각과 아이디어로 자기 분야에서 재능을 떨치는 사람이 많습니다.

태를 놓으면 머리가 비상하여 공부를 잘합니다. 그런데 귀가 얇고 감정적이고 즉흥적이라 실수도 잘하고 잘 속아 사기도 잘 당합니다. 그리고 태는 부모님께 유산을 물려받게 되는데, 태의 속성상 유산을 지키지 못하고 날려 버리는 경우가 대부분입니다.

배우자궁에 관이 있어 남자는 어른스런 아내를 만나고, 여자는 남이 보기에 괜찮은 남편을 얻지만 태에 놓여 있기 때문에 결국 살얼음 위를 걷듯이 아슬아슬한 결혼 생활을 하게 됩니다. 태에 놓인 관이라 가깝지만 먼 사이입니다.

직업에서도 변동이 많은데, 독립적이고 자율적인 직업이 아니면 정년까지 다니기 힘듭니다.

丙　　　　　癸　　壬

子　　　　　子　　子

태(胎)　　　록(祿)　왕(旺)

좌법 →

병자 일주는 일지에 자수 태궁을 놓고 그 속에 관과 살(편관)을 록왕으로 좌했습니다. 관살이 록왕을 얻어 안정된 직장을 다니게 되지만 태궁 속에 들어있고 관살이 혼잡해 한 직장에 오래 다니지 못하고 이직을 하게 됩니다.

그래도 관이 록을 얻어 개인 사업보다는 직장 생활이 더 맞지만, 태궁이라 직장에서 동료와의 다툼이나 작은 어려움이 생길 적마다 사직할 마음을 먹게 됩니다. 새로운 일이나 창업을 꿈꾸고 계획하는 것이 태의 특성이라, 기회가 되면 새로운 일을 찾아 사표를 내고 회사를 나오는데 유시무종이라서 시작은 잘하지만 결과를 보기까지는 인내하며 일을 추진해 나갈 끈기가 부족합니다.

태와 록왕이라는 상반된 두 기운으로 병자 일주는 직장을 들어가고 나오기를 반복하고 여러 직업을 바꿔 갑니다. 관 속에 정관 편관이 함께 있어 투잡, 쓰리잡을 가지는 경우가 많을 만큼 다재다능한 사람입니다. 직장을 다니면서도 늘 다른 직종이나 취미 생활에 관심을 보입니다.

여자는 관이 록왕을 얻어 기본적으로 배우자 덕은 있지만 태궁에 들어 있어 붙었다 떨어지기를 반복하는 모습이라 싸우고 화해하기를 반복하게 됩니다. 관과 살이 함께 배우자궁에 있다는 것은 재혼의 가능성이 크다는 것이고, 경우에 따라선 남편 외에 또 다른 숨은 인연이 있을 수도 있다는 의미가됩니다.

그렇기에 병자 일주 여성은 결혼을 늦게 하는 것이 좋고, 결혼하기 전에 연애 경험을 많이 쌓는 것도 미리 액땜하는 효과를 가져와 결혼 생활에 유리하게 작용합니다. 또한 나이 차이가 많이 나거나 연하의 남편을 만나거나 돌싱인 남자와 결혼하는 것도 괜찮으며 결혼 생활 동안 주말부부로 사는 것도 좋은 방법입니다. 남편이 록왕으로 좌해 성실하고 능력 있는 남편을 만나게 됩니다.

남자는 子水이고 여자는 丙火라 음양이 바뀐 것이 되어 병자 일주 여성은 여성 같은 남편을 만나야 결혼 생활이 원만하며, 남편 역시 성격이 강하면 두 태양이 지존을 놓고 싸우는 것이라 조용할 날이 없습니다.

남자에게 관살은 자녀에 해당되니 병자 일주 남자는 착한 자식을 두는데 태궁 속에 관살이 혼잡하여 정, 편관이 함께하는 것은 공식적인 자식 외에 가슴에 묻어 둔 다른 자식이 있다는 의미가 됩니다. 따라서 일찍 유산하거나 낙태한 아이가 있든지 자녀들의 엄마가 다르다는 의미도 담고 있어, 병자 일

____ 피클 일주론 사주명리학의 꽃

주는 남녀 모두 배우자와 자식 문제에 있어 남모르는 아픔과 비밀이 숨어 있습니다.

병자 일주 식상은 기토가 아닌 무토가 인종되어 태궁태종하게 됩니다.

병자 일주는 외모는 화려해도 말솜씨는 그렇지 못한데, 태가 겹쳐 언변은 화려하지 못하지만 남들이 생각지도 못하는 기발하고 재치 있는 말을 잘하며 음담패설 같은 농담도 잘합니다. 아이디어를 내거나 창작·예술 분야에 소질이 있어 음악이나 미술 같은 예술 분야에서 뛰어난 재능을 발휘하는 사람이 많습니다.

여자는 가슴에 묻어 둔 자식이 있는데 항상 유산·낙태의 위험이 있기 때문에 임신하게 되면 몸조리에 특히 신경을 써야 합니다. 병자 일주 여자는 자녀가 귀하거나 다산을 하거나 둘 중 하나인데, 요즘사회는 아이를 적게 두는 추세인지라 대부분 똑똑하고 예쁜 아이 하나를 두거나 자녀가 없습니다. 태궁태라 자녀는 똑똑하여 공부를 잘하고 사랑을 받고 자라는데, 병약하여 아프거나 떨어져 살 수 있습니다.

병자 일주는 남녀 모두 땀 흘리는 육체적인 노동보다는 아이디어나 지식을 활용하는 일에 적성을 보이고, 기획하며 창작하는 데 재능을 보입니다.

식신이 태궁태로 놓인 병자 일주는 부부 관계에 성적인 취향이 맞지 않으면 스트레스를 받게 되고 결혼 생활에 문제가 될 수 있습니다.

丙　　　　　　　　　　庚

子　　　인종　　　　　子

태(胎)　　　　　　　　사(死)

　병자 일주는 경금 재성이 사(死)지로 인종되어 태궁사종합니다.

　병자 일주는 돈을 버는 것보다는 번 돈을 어떻게 지킬 것인가가 더 큰 숙제입니다. 양생음사의 원리로 경금은 사에 놓이지만 신(辛)은 생에 놓입니다. 그래서 병자 일주는 기본적으로 돈을 만들고 버는 능력이 있습니다.

　태궁을 놓은 사람들 중에 부자가 많은데, 그것은 태가 잉태를 잘 시키니 돈도 잉태되어 잘 생겨나는 것입니다. 계속 돈을 잉태시키니 돈은 잘 만들어 내지만 돈을 잘 지키지는 못하고 귀가 얇아 사기를 잘 당하며, 유흥이나 도박에 빠져 탕진하는 경우가 많습니다. 결국 병자 일주는 돈 관리만 잘하면 경제적인 어려움 없이 잘 살 수 있습니다.

　병자 일주 남자는 아내가 아프거나 각방을 쓰는 경우가 많지만, 오히려 재혼해서 행복하게 잘 사는 사람도 많습니다. 부부 사이에 다툼이 생기는 원인이 병자 일주 남자의 이성 문제나 음주 문제인 경우가 많고, 부부 생활에 성적인 문제가 중요한 부분을 차지합니다.

　태궁사종하는 아내는 머리 회전이 비상하고 영감이 발달해 꿈도 잘 꾸고 꿈도 잘 맞습니다.

　부친과는 일찍 헤어지거나 친부, 양부 두 분일 수가 있으며 사(死)는 음양이 바뀌면 생(生)이기 때문에 유산도 물려받게 됩니다.

丙　　　　　　　　　甲
子　　인종　→　　　子
태(胎)　　　　　　욕(浴)

　병자 일주의 인성은 갑목이 인종되어 태궁욕종합니다.

　욕(浴)은 도화에 해당되어 인성이 도화에 놓여 있다는 것은 공부보다는 자기가 좋아하는 것에 빠져 그것으로 성공하는 사람이 됩니다. 욕은 열심히 땀 흘리며 노력하고 연습하는 의미라서 노래든 운동이든 게임이든 자기가 좋아하는 것에 몰두하고 나아가 전문가로서 성공하게 됩니다.

　만약 본인의 꿈이 의사라면 의사가 되기 위해 공부를 열심히 할 것이고, 가수라면 노래 연습을 열심히 할 것입니다. 욕은 반복하는 의미이고 태는 시작을 의미하니 열심히 노력하고 도전하는 모습입니다.

　병자 일주의 모친은 미인이며 자식을 위해 헌신하고 아낌없이 다 내어 주는 분이며, 자식만 보고 산다고 해도 과언이 아닙니다. 그리고 자식에게 의지하려는 마음도 있어 결혼 후에도 모친과 가깝게 지내거나 모시고 살 수도 있습니다. 강한 관살의 수기를 관인상생, 살인상생시켜 어머니가 귀인이 됩니다.

　사주 원국에 인성이 투간되어 있다면 공부에 소질이 있어 공부를 잘하며 우수한 성적으로 졸업하고 공부로 성공하게 되어 남들이 알아주는 직장에 취직하거나 공무원이 많습니다. 이럴 때는 모친의 덕이 있지만 상대적으로 부친의 덕은 적어지게 되는데, 그것은 재성이 인성을 극하기 때문입니다.

丙　　　인종　　　　丙

子　　→　　　子

태(胎)　　　　　　태(胎)

　　병자 일주는 비견이 똑같이 태로 인종되어 태궁태종합니다.

　　병화일간은 태양이고 태양은 하나밖에 없으므로 같은 병화가 오는 것을 태생적으로 싫어하는 데다가 태에 놓여 형제의 덕은 부족하게 됩니다. 형제와는 떨어져 살거나 사이가 나빠 단절되는데, 만약 그렇지 않다면 유산이나 낙태된 형제가 있습니다.

　　병자 일주는 태양이라 이상과 목표가 커서 도도하고 자존심이 세지만, 맑은 호수에서 반짝이는 아름다움으로 사람들에게 인기도 얻게 됩니다. 하지만 불은 물에 잠기면 금방 꺼져 버리듯이 포기하고 중단되기 쉽습니다.

　　태양은 대지를 비춰 만물을 길러 내야 하는데, 병자는 땅이 아닌 물만 비추고 있어 엉뚱하고 황당한 일을 잘하고 자기만의 세상에 빠져 살면서 실속 없는 행동과 생각으로 아까운 시간과 재능을 낭비하기도 잘합니다.

　　병자 일주는 재주가 많고 능력이 있으나 일찍이 이성 문제로 아까운 시간과 기회를 놓치는 경우가 많으니, 병자 일주 자녀를 둔 부모님은 사춘기 때부터 조금은 엄하게 키워 자녀가 다른 길로 빠지지 않게 관심을 가져야 합니다.

　　일지에 정관을 둔 병자 일주는 법을 잘 지키고 고지식한 면이 있어 때로는 답답한 면도 있지만, 천성이 착하고 귀가 얇아 잘 속고 사기도 잘 당하고 마음이 여린 사람입니다.

　　일간은 태양이고 일지는 호수, 바다여서 병자 일주는 스케일이 크고 호탕하고 순수한 사람입니다. 이러한 병자 일주에게는 남모르는 근심이나 비밀이

_____ 피클 일주론 사주명리학의 꽃

하나씩은 있는데, 일간은 병화라서 겉은 밝게 웃지만 일지는 정반대의 기운인 자수가 있기 때문입니다.

불과 물의 정반대의 기운이 만난 병자 일주는 화가 나면 갑자기 돌변하는 등 감정의 기복이 심하며 정신적인 문제나 질병에 걸리기 쉬우니 조심하여야 하고, 언제나 이성 문제가 생길 수 있으니 자기 관리를 잘해야 합니다.

정　축

丁丑

　　정축의 축토는 한겨울의 동토이며 한밤 새벽이 오기 전 가장 어두울 때 정화의 따뜻한 불로 추위를 몰아내고 어둠 속에 불을 밝힌 형상입니다. 그래서 정축 일주는 부자도 많고 종교 철학과도 인연이 깊어 영적인 삶을 사는 사람도 많습니다.

　　머리가 비상해 수재가 많으며 눈에서 안광(眼光)을 뿜어내게 됩니다. 만약 정축 일주인데 눈에서 빛이 나지 않거나 충혈되었다면 그 사람의 운이 다했거나 흉운이 왔다는 징조이니 몸조심하여야 합니다.

　　정축에서 축은 제단의 모습이며 정화는 제단 위에 촛불의 형상으로, 종교와 관련이 되고 무속과도 관련이 깊습니다. 그래서 정축 일주는 건강이 안 좋거나 일이 안될 때 기도를 하면 기도의 감응이 잘 와 건강도 좋아지고 일도 순리대로 풀려 나가게 됩니다.

丁
丑   식신
묘(墓)

정축은 백호살입니다. 그래서 정화의 온화함 때문에 여린 사람인 줄 알고 만만하게 봤다간 큰 코 다칩니다. 백호살에 묘지여서 화가 나면 이판사판으로 돌변하고 너 죽고 나 죽자 식으로 덤비게 됩니다. 정축 일주의 자존심은 하늘보다 높으며 인생의 우여곡절이 아주 심합니다.

정축 일주는 일지에 묘(墓)를 두어 자좌입묘(自坐入墓)하는 일주입니다. 이렇게 자좌입묘하는 사주는 비상한 두뇌를 가진 사람이 많고, 타고난 재능으로 인해 경제적으로 부유한 사람이 많습니다. 반면에 자기 자신이 입묘되는 만큼 건강에 문제가 있어 지병이 있거나 갑작스런 사건 · 사고로 언제든지 입묘될 수 있는 위험에 노출되어 있습니다.

또한 일간이 입묘되는 것은 정신이 입묘되는 것과도 같아 정축 일주는 남다른 정신세계를 보여 성격이 특이한 사람이 많습니다. 종교나 영성, 사상에 관심이 있어서 종교인이나 무속인이 되는 경우도 많으며 정신적인 질환을 앓는 사람도 많습니다.

축토는 금(金)의 고(庫)지가 되는데, 정축 일주는 재성고지인 축토를 놓아 부자가 많은 대표적인 일주로서 재고귀인이라 합니다. 재고를 둔 일주는 갑술, 정축, 무진, 신미, 임술 이렇게 다섯 일주입니다. 이 중에 정축 일주는 위에 열거한 재고일주들과 다른 특성이 있는데, 그것은 재고를 두었지만 재성이 공망을 맞았다는 것입니다.

그래서 정축 일주는 아주 특이한 모습이 연출되는데 부자가 많으며 한순간에 재산을 몽땅 날리는 사람도 많습니다. 돈은 많은데 갑자기 건강이 나빠지거나 사건·사고로 운명을 하는 경우도 많습니다. 재성을 묘에 두고 공망을 맞아 돈에 대한 집착이 아주 강해 돈 때문에 인심을 잃게 되거나 남자의 경우 돈이 많아지면 여자, 도박, 술, 섹스에 빠져 인생을 망치게 되는 경우가 있습니다.

그래서 정축 일주는 돈을 많이 벌면 벌수록 수양을 하고 기도해야 하며 아낌없이 베풀어야 합니다. 그렇지 않으면 아무리 돈이 많다 해도 꿈속의 돈일 뿐입니다.

옛 고법명리인 당사주에서 말하기를, 진술은 아수라도이고 축미는 귀도라 하였습니다. 그래서 일지에 진술을 두면 욱하는 성격으로 인해 다툼이 잦고 축미를 둔 일주는 성격이 특이하고 정신적으로나 건강상에 문제가 있는 경우가 많습니다. 그래서 백호살과 괴강살이 전부 진술축미에 놓입니다.

따라서 재고귀인은 아수라와 귀도가 재고이기 때문에 돈을 벌 때는 이판사판으로 악착같이 벌고 시장판처럼 시끄럽고 난잡한 장소나 상황 속에 놓이게 되는데, 정축 일주는 재성이 공망이라 투기적인 돈에 관심을 보여 잘못하면 한 방에 다 날려 버리기도 잘합니다.

일지에 고(庫)를 두면 구두쇠처럼 재물을 차곡차곡 모으고 잘 지출하지 않지만 정축 일주는 그런 모습과는 대조적으로 한 번에 큰돈을 벌려는 투기성을 보이고 씀씀이까지 커서 롤러코스터 인생을 사는 사람이 많습니다.

이렇게 재고일주들은 돈을 벌 때는 체면을 차리지 않고 악착같이 벌기에 유흥업이나 대부업, 부동산업, 시장과 같은 복잡하고 시끄러운 저잣거리 속에서 일을 하거나 투기, 편법적인 일에 손을 대어 큰돈을 버는 경우가 많습니다.

정축 일주는 일지 배우자궁에 식신을 두어 여자의 경우, 자녀를 끔찍이 아끼는 사람으로 과하다 싶을 정도로 자녀에게 집착하는 모습을 보이는데 그것은 어렵게 얻은 귀한 자식이기 때문에 그렇습니다. 식신이 묘궁에 놓여 있어 유산·낙태의 위험이 있고 자녀가 아프거나 어렵게 자녀를 가지게 되어 자녀에 대한 애착이 강합니다.

丁
丑   ⟶   己 식신, 辛 편재, 癸 편관
묘(墓)

정축 일주는 식재관을 두루 품고 있어 식복이 있고 경제적으로 유복한 삶을 사는 경우가 많은데 반면에 묘궁 속에 식재관이 들어 육친 관계에서는 사연이 많아 가슴에 눈물이 서 말입니다.

만약 가족이 모두 건사하고 잘 산다면 정축 일주 본인이 아프거나 사건·사고를 당하기 쉽고 경제적으로 파산할 수도 있습니다. 그래서 정축 일주는 가족 중에 아프거나 경제적으로 궁핍한 사람이 있다면 성심껏 도와주어야 합니다. 왜냐하면 그가 아프고 파산했기 때문에 내가 건강하고 무탈하게 잘 사는 것이기 때문입니다.

정축 일주는 연애결혼을 하게 되고 남녀 모두 혼전 임신을 하는 경우가 대부분입니다. 식신과 관성은 여자에겐 자식과 남자가 되고, 재성과 관성은 남자에겐 여자와 자식이 되기 때문입니다.

이렇게 배우자와 자식을 나의 궁에 품고 있기 때문에 남녀 모두 이성과 연애를 하면 바로 임신으로 이어지게 됩니다. 문제는 묘궁이라 땅에 묻는다는 의미가 있어 이렇게 만난 인연이 결혼까지 이어지지 않는 경우가 많고, 임신

한 태아는 낙태나 유산으로 이어지게 됩니다. 그래서 정축 일주는 남녀 모두 연애하는 것은 좋은데 임신은 하지 않도록 주의해야 합니다.

丁   좌법   己
丑   ——→   丑
묘(墓)   묘(墓)

정축 일주의 식신 기토는 묘로 좌해 묘궁묘좌합니다. 묘가 겹쳐 여자의 경우 자식으로 인해 남모르는 아픔이 있게 되는데, 유산이나 낙태를 하게 되거나 자식이 병치레를 많이 겪을 수 있고 자식과 떨어져 살 수도 있습니다. 한편으로는 자녀가 공부에 특출 난 재능을 보여 수재가 많습니다.

정축 일주 여자는 어렵게 자식을 얻은 데다 배우자궁에 식신이 놓여 있어 자식을 향한 애정이 지나쳐 자식 일에 사사건건 간섭하고 자식을 마마보이로 키워 자식이 결혼하고 난 후 며느리와 고부 갈등이 생기고 때로는 사위를 미워하게 됩니다.

식신이 묘궁묘좌하여 정축 일주는 미식가가 많고, 비상한 두뇌의 소유자가 많습니다. 일지 식신을 두어 성격이 원만하고 좋은 것 같지만 묘궁묘이기 때문에 알고 보면 까다로운 성격의 소유자들이고, 땅속 깊이 파고드는 것처럼 뭔가에 한번 빠지면 깊이 빠져들어 헤어나기 힘들기 때문에 자칫하면 술, 도박, 섹스 같은 것에 중독되기 쉽습니다.

하지만 이런 성향을 잘 이용하면 비상한 머리와 더불어 한 분야에서 최고의 전문가가 될 수 있고, 전문 분야에서 최고의 자리에 오르게 됩니다. 이렇게 정축 일주는 열심히 땀 흘리며 일하기보다는 기발한 아이디어와 비상한 머리로 전문 분야에서 성공하게 됩니다.

남자에게 식신은 장모가 되는데, 배우자궁에 식신을 두고 식신과 재성이 함께 들어 있어 나의 집에 아내와 장모가 같이 있는 모습이 되어 결혼 후 장모를 모시고 살 수 있고 장모와 아내가 가깝게 지내 자주 왕래하거나 장모의 영향력이 크다는 의미도 됩니다.

丁
丑
묘(墓)

좌법 →

辛
丑
양(養)

정축 일주는 재성이 양에 놓여 묘궁양좌합니다.

축토는 금의 고지인 데다 신금 재성이 양에 놓여 대부분 정축 일주는 부모님으로부터 유산을 받게 되며, 만약 그렇지 않다면 부친이 일찍 돌아가셨거나 편찮아 가세가 기울었다는 말이 되며 요즘에는 사별보다는 이별하는 경우가 많습니다.

재성은 양이고 인성은 쇠로 놓여 대부분 정축 일주의 부모님은 부친보다는 모친이 생활력이 강하거나 집안에서 영향력이 더 크며, 모친은 건강하게 장수하는 반면에 부친은 허약하거나 일찍 돌아가시는 경우가 많게 됩니다.

남자의 경우, 재성 아내가 묘궁 속에 양으로 들어 있어 아내가 아프거나 생리사별할 수 있습니다. 정축 일주는 남녀 모두 배우자와 잠자리의 따뜻한 정을 나누기는 힘든데, 그것은 묘 속에 재성과 관성이 들어 있기 때문입니다. 그래서 정축 일주 남자는 아내와의 잠자리 불만으로 외도를 하기 쉬운데, 본인 역시 묘궁을 놓은지라 지나친 욕정으로 건강이 나빠지고 명이 단축될 수 있음을 알아야 합니다.

　만약 아내가 병원에 근무하거나 교육과 관련된 직업을 가진다면 업상대체되어 부부가 건강하게 해로할 수 있으며, 그렇지 않다면 종교나 활인에 관심을 가지고 활동하는 것도 좋은 방법입니다.

　정축 일주는 재물 복이 많은데, 부모님 유산뿐만 아니라 식신생재하여 사업적인 수완도 좋고 재고를 두고 재성이 양지에 들어 돈을 점점 불려 나가는 재주가 있습니다. 묘궁 속에 양지라 부동산 부자가 많고 현금이 있다면 아내에게 맡겨야 하는데, 그 이유는 재성 즉 아내가 양에 놓여 아내가 알아서 돈을 불려 주게 되기 때문입니다.

　정축 일주는 부친과 전생의 깊은 인연으로 만난 사이라 남다른 부자(녀) 관계를 보이고, 남자의 경우 아내와도 전생의 인연으로 만난 숙명적인 관계이므로 아내에게 잘해야 합니다. 정축 일주 남자가 아내와 사이좋게 행복한 가정을 꾸리고 잘 지낸다면 그 사람은 보나마나 재복이 넘치고 건강하게 잘 사는 사람임을 알 수 있는데, 왜냐하면 아내가 양이기 때문입니다.

　결국 정축 일주 남자는 여자관계, 아내와의 관계만 봐도 그 사람의 인생을 유추할 수 있습니다.

　정축 일주의 계수 편관은 묘궁대좌합니다.

　여자는 남편이 옷을 입고 무덤 속에 누워 있는 모습이니, 남편과의 잠자리에서 속정을 나누기는 힘들어 남편에게 불만이 생기게 되지만 남편 역시도 아내에게 불만이 있는 것은 마찬가지입니다.

정축 일주 여자는 남편을 구속하고 참견하려는 성향이 강한데, 대는 띠를 두른다는 의미로 묶는 모습이 되는 데다 묘 속에 가두기까지 했기 때문입니다. 이러한 이유로 남편은 남편대로, 나는 나대로 서로에게 불만이 쌓여 가게 됩니다.

묘는 생사와 관련된 일이 많은데 대에 놓여 특별한 옷을 입은 직업이 되니 정축 일주 여자의 남편은 의사나 약사처럼 의료계에 근무하거나 군·검경, 종교, 활인업에 종사하는 사람이 많습니다. 아니면 전문 지식을 필요로 하는 직업이 많은데, 관대는 합격을 의미하니 전문 자격증을 딴 전문직에 종사하게도 됩니다.

관은 직업이니 정축 일주 본인이 위에 말한 직업군에 종사하는 사람이 많으며, 여자의 경우는 간호사나 복지사, 보험설계사도 많고 남자는 경비 보안업도 많습니다. 그리고 묘는 땅을 파고 대는 축대나 담을 두르는 모습이라 건설업, 부동산업에 종사하는 사람도 많습니다.

정축 일주 남자는 자식으로 인한 아픔이 있는데, 낙태나 유산을 하거나 자녀가 아플 수 있습니다.

丁　　　　　　　　　乙

　　　　인종

丑　　━━━━▶　　丑

묘(墓)　　　　　　쇠(衰)

정축 일주의 인성 을목은 쇠로 인종하여 묘궁쇠종합니다.

丁丑 ＿＿＿

쇠는 반안살로서 어머니가 반안에 앉아 있어 양에 놓인 부친과는 달리 모친은 건강하고 기가 세어 성격이 강하며 가장 역할을 할 수도 있습니다. 모친은 자존심이 세고 체면을 중시하는 분이며 친정이 잘사는 집이 많은데, 묘 안에 든 쇠라 결국은 과거의 영화일 뿐입니다.

머리가 비상한 정축 일주는 공부로 출세할 수 있고, 또 공부를 열심히 해서 전문직으로 나가는 게 제일 좋은 상책입니다. 혹은 공부의 때를 놓치더라도 만년에 공인중개사나 전문자격증이라도 공부하면 무난히 합격하여 업으로도 성공하게 될 것입니다.

정축 일주의 비견 역시 묘에 인종해 묘궁묘종합니다. 이렇게 되면 내가 아프든지 형제가 아프든지 둘 중 하나는 아프게 되는데, 만약 나도 건강하고 형제도 건강하다면 유산이나 낙태된 형제가 있다는 말이 됩니다. 형제와 그렇게 우애 있는 사이가 되기는 힘든데, 왜냐하면 둘 다 묘 속에 있어 자기만의 구역이 확실하기 때문입니다.

정축 일주는 묘궁 속에 재성 관성을 두어 아내와 남편이 무덤 속에 누워 있는 형상이라, 배우자와의 인연이 길지 못할 수 있습니다. 하지만 이별한다 하더라도 남은 사람은 대부분 경제적인 어려움 없이 잘 살아가게 됩니다.

정축은 백호살로 고집이 아주 세고 똑똑하여 나 잘난 사람이라, 남의 말을 잘 안 듣고 자기 고집대로 행동하고 살아갑니다. 그리고 자좌입묘에 재고에 백호살이라 지병을 앓거나 갑작스런 사건·사고를 당하기 쉬워 운전을 조심해야 하고 보험은 필수입니다.

남자의 경우 아내가 조강지처이고 행실이 반듯한 현모양처인데, 부부 사이에 잠자리 등의 문제로 사이가 안 좋아 외도를 하는 경우도 있습니다. 만약 재성인 아내가 무탈하다면 재성이 입묘될 때 일간인 나 자신도 같이 입묘될 수 있으니 각별히 조심해야 할 것입니다.

정축은 묘지 위에 촛불을 켜 놓은 형상이라 종교에 관심이 많은데, 기도를 자주 하고 기꺼운 나눔과 보시를 한다면 건강도 좋아지고 가정 역시 평화로워질 것입니다.

<ruby>戊<rt>무</rt></ruby><ruby>寅<rt>인</rt></ruby>

　무인은 큰 산의 호랑이입니다. 이것은 산신(山神)의 모습으로 종교·무속과 관련이 있습니다. 그래서 무인 일주는 종교 생활을 열심히 하거나 종교인이 많으며, 철학관 점집에도 자주 다니게 되고 영성·철학 방면으로 공부하는 사람도 많습니다.

　무인의 호랑이는 큰 인물을 뜻하는데 무토라는 큰 산에 있는 호랑이이기 때문입니다. 그래서 무인 일주는 큰 인물이 많아 명성을 떨치는 유명한 사람이거나 자기 분야에서 큰 업적을 이루는 사람이며 최고의 자리에 오르는 사람이 많습니다.

　무인은 말 그대로 무인(武人)의 기질을 보이며, 가슴에 호랑이 같은 야망과 자존심, 카리스마를 품고 있는 사람입니다. 겁이 없고 꿈이 큰 사람이며 호탕하고 성격이 강한데, 한편으론 따뜻한 인간미와 인품을 갖춘 사람이 많아 만인의 존경을 받는 일주입니다.

무토라는 산은 건조하여 식물이 자라기 힘들지만, 무인은 인목이라는 나무가 자라는 산으로 숲이 우거진 산의 모습을 보입니다. 산은 나무가 생명이라서 무토 일간은 갑목만 제대로 가져도 먹고사는 데 지장이 없다 할 정도인데, 무인은 일주에 이미 갑목을 품고 있어 기본으로 관운을 가지고 태어난 사람입니다. 그리고 나무가 무성한 산에는 물이 마르지 않는 법이라 무인은 水가 없지만 보이지 않는 물을 품고 있기에 재복도 타고난 사람입니다.

이처럼 무인 일주는 60갑자 중 많은 복을 타고 태어난 몇 안 되는 일주 중 하나입니다. 무인 일주로 낳아 준 어머니께 감사하다 인사드리세요.

戊
寅　　　편관
장생(生)

무인 일주는 60갑자 중 대표적인 귀명(貴命)입니다.

일지에 일간을 극하는 편관을 두었는데, 그 편관이 장생에 놓여 있어 일간을 오히려 도와주는 모습입니다. 편관 칠살을 두어 극하는 듯하지만 장생으로 일간을 살리는 오묘한 이치가 있어 귀명 중의 귀명이 됩니다.

편관의 위엄과 장생의 순수함을 두루 갖춰 권위가 높지만 오만하지 않고, 겸손하지만 결코 비굴하지 않는 사람이 되어 많은 사람들의 존경과 인기를 받게 됩니다. 고난을 오히려 기회로 삼아 도약하고 무리를 이끄는 덕장의 모습이 되어 사회에서 존경받는 지도자가 됩니다.

일지가 장생이면 학당귀인이 되고 무토 일간에게 인목은 문곡귀인이 되어 무인 일주는 특이하게도 편관 칠살이 나를 살리는 장생에 학당, 문곡까지 두루 있으니 참으로 기묘한 일주로서 카리스마와 함께 지식과 인품까지 갖춰 문무를 겸비한 이순신 장군 같은 덕장의 모습입니다.

학당, 문곡귀인을 두어 똑똑한 것은 말할 것도 없고 인상이 좋고 성격도 좋습니다. 미남·미녀가 많은데 성격까지 좋아 이성의 인기가 많은 것도 당연합니다. 책을 가까이하고 배우기를 즐겨 하며 명필이 많고 공직자나 교사 교수가 많고 학원업 종사자도 많습니다.

일지에 장생을 두면 일생 동안 귀인의 도움이 있어 어려움에 처하거나 난관에 부딪힐 때, 누군가의 도움으로 큰 어려움 없이 무사히 넘기게 됩니다. 또 부모님과 배우자 덕이 있어 어려서는 부모님의 사랑을 받고, 결혼해서는 배우자와 행복한 가정을 꾸리게 됩니다. 나를 도와주는 첫 번째 귀인은 부모님으로, 경제적인 어려움에 처할 때 부모님의 도움으로 위기를 무사히 넘기게 됩니다.

일지에 장생을 둔 사람이 의외로 결혼에 실패하는 경우가 많은데, 그럴 경우 반드시 다음에는 귀인이 되는 배우자를 만나 재혼하게 됩니다.

일지 장생을 두면 부모님으로부터 유산을 물려받게 되며 다만 비견을 품고 있어 형제와 나누어야 합니다. 관인비를 품고 있어 비견으로 모든 기운이 흘러들게 되어 있어 형제가 유산을 더 많이 받거나 경우에 따라 다 가져갈 수도 있습니다.

편관을 깔게 되면 상황 판단이 빠르고 예리합니다. 영감이 발달해 촉이 좋아 웬만한 것은 한번 보면 상황 판단이 됩니다. 무인의 편관은 나를 살리는 편관이라, 살아가며 이런 판단력이 큰 도움이 되게 됩니다.

戊
寅 ⟶ 甲편관, 丙편인, 戊비견
장생(生)

무인 일주는 일지 배우자궁에 편관을 장생으로 두고 지장간에 편관 편인을 함께 두어 아주 똑똑하며 머리 회전이 빠르고 비상합니다. 이렇게 살인상생이 되면 편관의 살기가 오히려 나를 살리는 생기로 바뀌어 귀명이 됩니다. 거기다 장생궁까지 두어 인성의 생기는 더하게 됩니다.

이렇게 살인상생하는 명은 살이 귀가 되어 최고위직에 오르거나 명성을 떨치게 됩니다. 편관 칠살이 희신이 되어 살을 쓰는 직업에서 출세하는 사람이 많은데, 군인이라면 장군의 자리에 오르고 은행원이라면 지점장까지는 오르게 됩니다. 또한 인성으로도 출세하게 되어 공부와 학문으로 출세하는 사람도 많습니다. 인성의 인품과 권위가 있으며 칠살과 어우러져 권위와 명예가 하늘 높이 오르는 사람이 많습니다.

비견을 품고 있어 주관이 뚜렷하며 강한 편관으로 자칫 신약해질 수 있으나 인성과 비견으로 오히려 신강해져 타고난 건강 체질이 많습니다. 이렇게 무인 일주는 여러모로 장점이 많은 복이 타고난 일주입니다.

다만, 살인상생의 기운이 비견으로 흘러 까딱하면 남 좋은 일만 시킬 수 있습니다. 나의 노력과 성과를 다른 사람이 다 가져가 버리는 꼴이라, 무인 일주가 동업을 하면 반드시 필패하며 보증이나 돈을 빌려주면 떼이는 일이 허다합니다. 동료나 친구를 믿었다가 뒤통수 맞고 배신당하게 됩니다.

이런 비견의 단점을 막기 위해선 식상을 써야 합니다. 잔머리 굴리거나 요행을 바라지 말고 내가 땀 흘리고 노력하는 것만이 성공하는 지름길입니다. 많이 벌게 되면 기꺼이 형제·동료에게 베풀고 나누어야 좋은데, 이럴 때 비견의 탈재는 예방됩니다.

인성이 비견을 생해 부모님 유산을 두고 형제와 갈등이 생기게 되는데, 이때도 평소에 형제에게 베풀고 나누면 원만하게 갈등 없이 해결됩니다.

戊　　　　　　　甲
寅　　좌법　　　寅
　──────→
장생(生)　　　　록(祿)

무인 일주의 편관 갑목은 생궁록좌합니다.

무인 일주는 원칙과 소신이 확고하고 근면 성실하며 책임감이 있어 직장에서도 능력을 인정받아 동료들에 비해 승진이 빠르며 상사나 동료의 도움도 있습니다.

일 처리가 깔끔하고 능력이 출중한데, 편관의 기운이 강해 자기 고집을 앞세우고 동료나 부하 직원들에게 엄하게 다그칠 수 있어 구설에 오를 수도 있습니다. 이는 장생과 인성의 도움으로 결국 자신의 단점을 보완하고 고쳐, 결국에는 강한 가운데 부드러운 모습으로서 고위직까지 오를 수 있습니다.

군·검경이나 의약업 같은 살(殺)을 쓰는 직업도 잘 맞고 살인상생하여 교육업이나 일반 공무원, 사무직도 잘 맞습니다. 군인이면 장성이 될 수 있고 교사라면 교장, 은행원이라면 지점장 이상까지도 될 수 있는 관으로서 귀(貴)를 누릴 수 있는 일주입니다.

직장에서 퇴직을 하거나 갑자기 사직을 하는 경우에는 집에서 계속 쉬기보다는 곧바로 다른 직장을 구해서 일을 하게 됩니다. 무인 일주 남자는 가장으로서 책임감이 강하니 가족을 위해서는 무슨 일이든지 하는 전형적인 한국 아버지의 모습입니다.

무인 일주 남자는 건강하고 똑똑한 자녀를 보게 되고 자녀로 인하여 주변의 부러움도 사게 되며, 이에 따라 나의 위상도 높아집니다. 처궁에 자녀가 놓여 있어 무인 일주 남자는 자녀에 대한 사랑이 깊고 자녀와 친밀한 관계를 유지

합니다.

무인 일주 여자는 남편궁에 남편이 앉은 모습이라 남들이 보기에는 괜찮은 남편을 만났다는 소리를 듣게 되고, 편관의 거친 남편인 것 같지만 실은 장생의 귀인 남편이라 선비 같고 애처가이며 미남인 남편이 됩니다. 다만 한 가지 염려스러운 점은 편관과 함께 비견이 숨어 있어 직장이나 사회에서 인기 좋은 남편이라서 주변의 여자들이 아내 입장에서는 신경이 쓰일 수 있습니다.

무인 일주의 인성 병화는 생궁생좌하여 무인 일주의 핵심은 인성이라 해도 과언이 아닙니다. 인성은 편관의 살기를 화살하여 살인상생시켜 명예가 높고 인품이 깊은 사람으로 만드는 중요한 역할을 합니다.

인성은 모친이니, 무인 일주는 어머니 덕과 복이 있는 사람으로 힘든 일이 있을 때는 언제나 어머니가 귀인이 되어 도움의 손길을 내밀어 줍니다. 그러므로 힘들거나 아플 때 어머니를 찾으면 도움을 받고 위안을 받게 되며, 고민이 있을 때는 어머니에게 조언을 구하면 언제나 지혜를 빌려주실 것입니다.

모친으로부터 증여나 상속을 받게 되는데, 형제 역시 장생에 들어 형제와 사이좋게 나눠 받게 됩니다. 무인 일주는 엄마 말을 들으면 자다가도 떡이 나온다고 할 수 있는 일주입니다.

무인 일주치고 공부 못하는 사람 찾기가 힘들 정도로 똑똑하고 잘생기고 성격도 바른 소위 엄친아가 많습니다. 학당, 문곡귀인에 놓이고 인성 장생까지 두어 공부로 성공하는 일주이니 학창 시절 부지런히 공부하여야 합니다.

이렇게 인성이 좋은 사람은 어린 시절 열심히 공부하여 좋은 대학에 진학하고 안정된 직업을 가져 나중에 안 좋고 힘든 운이 온다 해도 십 대, 이십 대에 열심히 공부한 그 실력으로 평생을 큰 고비 없이 살게 됩니다. 그래서 무인 일주는 첫째도 공부, 둘째도 공부입니다.

이렇게 인성이 소중하다 보니 모친이 돌아가시고 나면 운이 급격하게 내리막을 걸을 수 있고, 또 申이 와서 충을 하면 인성 병화가 꺼지게 되어 공부가 중단되거나 명예를 실추하는 일이 생깁니다. 인목 편관을 귀(貴)로 둔 무인 일주는 인신충이 두려울 수밖에 없습니다.

무인 일주의 비견 무토는 일간과 마찬가지로 생을 얻어 생궁생좌합니다.

일지에 편관을 두었음에도 편관이 생에 놓이고 인성으로 도움을 받는 데다가 비견까지 있어 무인 일주는 결코 약하지 않으며, 모친의 덕이 있고 형제·동료의 덕이 있습니다.

다만 이 비견이 재성을 보면 탈재를 하게 되어 이때 비견은 흉신 역할을 하게 됩니다. 그래서 형제나 친구와 절대 돈거래를 해선 안 되며 동업을 하거나 보증을 서면 원수 사이로 되는 것은 시간문제입니다.

비견까지 생을 놓아 주관이 뚜렷하고 신념이 강하며 편관의 힘이 강해 꿈이 큰 야심가로 출세 지향의 삶을 살게 됩니다. 무인 일주의 형제 역시 똑똑하고 잘나가는데, 인성의 도움을 일간보다 더 가까이에서 받으므로 나중에 유산을 두고 갈등을 겪을 소지가 숨어 있습니다. 그리고 비견은 경쟁자도 되므로 만만치 않은 경쟁자가 있음을 알 수 있습니다.

戊
寅

인종 →

庚
寅

생(生) 　　　　　　　　　　　절(絶)

이렇게 장점이 많은 무인 일주에게 한 가지 큰 단점이라면 식신이 절에 놓였다는 것입니다.

식신 경금이 생궁절종하여 포부가 높고 능력이 출중하나, 끈기가 부족하고 겉과 다르게 속으로는 소심하고 나태하기 쉽습니다. 일이 잘 풀릴 때는 상관없지만 일이 마음대로 되지 않고 힘든 일을 겪을 때는 쉽게 포기하거나 책임을 남에게 전가하고 뒤로 숨어 버리게 됩니다. 그렇다 해도 생궁을 놓은지라 가족이나 주변의 도움으로 무사히 위기를 넘기게 됩니다.

인성에 비해 식신의 힘이 상대적으로 많이 취약하여 다소 인색해질 수 있으며 자기밖에 모르는 이기적인 성향도 나타날 수 있으니, 평소에 늘 자기 성찰을 해야 합니다.

남자는 마마보이 성향을 가질 수 있고 처가가 가난하거나 사이가 멀어질 수 있고, 아니면 장모가 병약하거나 안 계실 수 있습니다.

무인 일주 여자의 경우 유산·낙태의 아픔이 있을 수 있고 자녀와 일찍 헤어질 수 있는데, 자녀가 학교 문제로 부모와 떨어져 살게 되는 게 일반적입니다. 절이라도 생궁 속에 있어 결국은 좋은 방향으로 해결될 것입니다.

戊
寅
생(生)

인종 ──────▶

壬
寅
병(病)

무인 일주의 재성 임수는 생궁병종합니다.

무인 일주 남자의 아내는 몹시도 바쁜 사람인데, 맞벌이를 하거나 여행이든 모임이든 바깥 활동을 활발히 하는 사람입니다. 배우자궁이 편관이라 다소 거칠고 강한 아내인 것 같지만 알고 보면 생궁에 들어 아내가 귀인이니 아내에게 잘해야 합니다. 병에 들어 아내가 아플 수 있지만 생궁에 있으니 완쾌하여 다시 바쁜 일상을 살게 됩니다.

무인 일주 여자의 경우 시댁과 멀리 떨어져 살게 되는데, 만약 시모가 아프게 되면 무인 일주 며느리의 도움으로 병을 치료하게 됩니다.

무인 일주는 부자가 많은데 돈을 벌 때는 동분서주하며 거액의 돈을 짧은 시간에 벌기도 하고 전국을 누비며 돈을 벌게 됩니다. 그리고 무인 일주는 부모의 덕이 있어 부친은 열심히 가장 역할을 하시고 모친은 사랑으로 가정을 만드시는 분입니다.

무인은 인신충을 두려워하는데 식신 申이 오면 편관 甲과 인성 丙이 사라져 직위와 명예가 모두 사라지게 되니, 평소에 베풀며 겸손할 줄 알면 큰 위기 없이 잘 넘기게 될 것입니다.

寅은 탕화살이라 寅巳申운이 오면 탕화살이 발동해 감정의 기복이 심해져 사건·사고가 발생하기 쉬우니 스스로의 감정을 잘 다스려야 합니다.

己卯

기묘 일주는 들판의 토끼입니다. 행동이 재빠르게 풀밭을 뛰어다니며 귀를 쫑긋이 세우고 사방을 경계하는 토끼처럼 신경이 예민하며, 때로는 엉뚱한 말과 행동을 잘하는 사람이며 남녀 모두 이성 문제로 구설시비가 생기기 쉬운 사람들입니다. 그래서 기묘 일주의 특징을 간단히 말하면 역마, 신경 예민, 이성 문제 이 세 가지로 줄여 말할 수 있습니다.

기토 일간들이 대개 역마살이 있고 고집이 센 것은 기토는 천문물상으로 길, 구름에 해당하기 때문이며 기토는 동물로 '게'에 해당되어 성질이 나면 집게발로 물어뜯고 얼마나 고집이 센지 용왕님 앞에서도 옆으로 걷는 동물이기 때문입니다. 그래서 기토가 작은 땅이라고 만만하게 봤다간 큰 코 다치게 됩니다. 모두가 '예'라고 할 때 혼자 '아니오'라고 말하는 배짱과 엉뚱함이 있습니다.

기묘의 묘는 길가에 핀 화초로 민들레, 코스모스, 야생화처럼 화려한 꽃은 아니지만 어디에나 있고 생명력이 강해 어떤 환경에서도 잘 자라는 화초와 같습니다. 이름 없는 들국화가 꽃은 작고 화려하진 않지만 향이 진하고 꽃이 오래가는 것처럼 기묘 일주는 어떤 고난에도 악착같이 살아남는 근성이 있습니다.

모진 비바람과 눈보라를 이기고 살아남아 꽃을 피우는 야생화처럼 고진감래하고 대기만성하는 사람으로, 역경에 분투하는 기개가 있어 칠전팔기 끝에 성공 신화를 쓰는 사람이 많습니다. 기묘 일주는 어리석을 정도의 똥고집과 성질을 가져 청개구리처럼 굴지만 그럼에도 악바리 근성으로 살아남아 마침내 성공하고 맙니다. 기묘는 말 그대로 기묘(奇妙)한 사람들입니다.

己

卯   **편관**

병(病)

기묘 일주는 일지 배우자궁에 편관을 병으로 놓았습니다. 병은 신살에서 역마에 해당되어 기묘는 역마를 깔고 있다고 보면 됩니다. 위에서 말했듯이 기토가 물상으로 역마의 기운이 있는 데다가 일지에도 역마를 놓았으니 기묘 일주의 역마끼는 대단히 강함을 알 수 있습니다.

이렇게 역마가 강하면 살아가며 이사를 자주 다니게 되고 이동이 많거나 자율성이 보장되는 일이 아니라면 직장도 자주 옮기게 됩니다. 결혼하면 배우자가 역마처럼 떠난다는 뜻도 되어 주말부부를 하거나 출장을 자주 다니게 됩니다.

그렇지 않으면 자연히 이별수가 있게 되는데, 가장 좋은 예방법은 말 그대로 역마를 쓰는 것입니다. 자주 여행을 다니고 취미생활이라도 바깥 활동을 가지면 부부 관계가 많이 좋아집니다. 이렇게 일지에 병을 놓은 사람은 역마를 쓰지 않으면 병이 나거나 가정이나 직장에 문제가 생기게 되니, 여행을 자주 다니고 여의치 않으면 집 근처 약수터라도 자주 다녀야 합니다.

역마이면서 관살이 되니 역마와 관련된 직업을 가지면 적성에 아주 잘 맞습니다. 예전에는 역마라면 물리적인 이동을 말하는 것이었지만, 현대 시대에는 전화·통신·SNS·인터넷 등도 모두 역마와 관련된 일입니다.

직업 때문에 이사를 하게 되고 여자는 결혼하면 남편 따라 멀리 이사를 간다는 것이 암시되어 있습니다. 또한 기묘 일주 여자는 부모님과 떨어져 먼 곳에서 하숙이나 자취를 할 때나 여행 중에 남편감을 만나게 됩니다.

하지만 자칫 철없던 시절의 불장난처럼 남자로 인해 상처받고 헤어질 수 있으니, 연애하는 것은 좋은데 임신하지 않도록 주의해야 합니다. 임신만 하지 않는다면 아무리 연애를 많이 한다 해도 문제가 되지 않으며 오히려 이것이 액땜이 되어 나중에는 제대로 된 신랑감을 만나게 됩니다.

묘는 파성(破星)으로 일지에 묘를 둔 일주는 부부 관계가 깨지거나 경제적으로 어려움을 겪는다는 의미가 있는데, 이렇게 결혼 전 만나고 헤어지는 경험을 쌓으면 액땜이 되어 결혼 후에는 해로하고 잘 살 수 있습니다. 하지만 만나고 헤어지는 것은 좋지만 임신하지 않게 조심하고 각별히 주의해야 합니다.

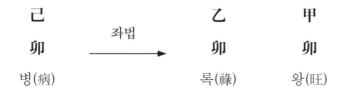

己	좌법	乙	甲
卯	⟶	卯	卯
병(病)		록(祿)	왕(旺)

기묘 일주는 병궁을 놓고 그 속에 관살이 록왕을 얻어 관살의 힘이 매우 강합니다. 이렇게 관살이 혼잡하고 기세가 강하니 기묘 일주는 편관의 강한 성격을 드러내게 되지만, 알고 보면 강한 관살로부터 극을 당하는 신약한 일주로 마음이 약한 사람입니다.

병궁에 관살이 혼잡되어 있어 기묘 일주는 직업의 변동이 많게 되는데 직장을 다니면서 다른 직장을 알아보거나 아니면 투잡, 쓰리잡을 하는 경우가 많습니다. 그만큼 기묘 일주는 다방면에 재주를 가진 사람입니다. 하지만 요즘 같은 시대에는 어렵게 들어간 직장을 한번 그만두면 다시 예전만 한 직장을 찾아 취업하는 것이 어려운 게 현실이라, 직장을 그만두거나 이직을 할 때는 신중하게 판단해야 합니다.

기묘 일주 여자는 배우자궁이 역마에다 관살이 혼잡되어 있어 이성으로 인한 어려움이 예상됩니다. 묘라는 글자가 도화의 기운이 강한 데다 역마에 관살로 들어 기묘 일주는 남녀 모두 일찍 연애를 시작하고 연애결혼을 하게 됩니다.

대부분 첫 번째 연애는 실패하고 진짜 인연은 나중에 찾아오게 되니, 이별로 너무 마음 아파하지 않아도 됩니다. 을목이 갑목을 휘감아 타고 오르거나 갑목의 그늘에 을목이 자라지 못해 기묘 일주 여성은 운명처럼 이별을 겪게 됩니다. 이렇게 연애를 일찍 시작하고 만남과 이별을 여러 번 겪고 난 후 결혼을 하면 예방주사를 맞은 것처럼 행복한 가정을 이루고 잘 살게 됩니다.

그렇지 않은 경우에는 남편과의 갈등으로 마음고생이 심하고 남편이나 본인이나 서로가 불만이 있어 외도를 할 수 있습니다. 부부 사이에 갈등이 있다 해도 일지 속 갑목과 일간이 암합하고 있어 이혼은 쉽지 않습니다.

결혼 후 남편과 주말부부를 하거나 맞벌이를 한다면 물상대체가 되어 원만한 부부 생활을 할 수 있고, 남자들이 많은 곳에서 직장 생활을 하거나 업무

_____ 피클 일주론 사주명리학의 꽃

상 많은 사람들을 만나고 상대하는 일을 해도 업상대체되어 행복한 가정생활을 할 수 있습니다.

강한 관살이 일간을 극하고 일지가 병지에 놓여 있어 바깥 활동 없이 집 안에만 틀어박혀 지낸다면 기묘 일주는 오히려 병나기 십상입니다.

기묘 일주의 남자는 록왕을 얻은 자식을 두어 혈기왕성한데, 병궁에 들어 일찍 유학을 가거나 떨어져 지낼 수 있습니다. 관의 정편을 다 가지고 있어 자녀가 많다는 의미도 되지만 외도를 한다는 의미도 있습니다.

그리고 기묘 일주 남자는 자녀 중 낙태를 하거나 아프거나 자녀 중 하나를 편애하거나 혹은 미워하거나 일찍 헤어지게 되는 자녀가 있게 됩니다. 그것은 갑을목이 함께 있으면 을목이 갑목을 휘감고 오르거나 갑목의 그늘에 을목이 자라지 못하거나 하여 둘 중 하나는 문제가 생기게 되기 때문입니다.

己   인종   辛

卯   ⟶   卯

병(病)   절(絶)

기묘 일주의 식상은 신금을 인종하여 병궁절종합니다.

관살은 강한데 관살을 제어할 식상은 약해 원리·원칙을 중시하고 융통성은 떨어질 수 있습니다. 입맛이 까다롭고 성격도 유별납니다.

말을 잘하는 사람은 아니지만 참고 인내하며 땀 흘리고 일하기보다는 힘들면 중단하고 다른 것을 찾아보는 등 머리를 써서 편안히 일하려는 사람입니다. 기묘는 관이 발달하고 식신이 약해 게으르지만 꾀가 많은 사람입니다.

여자는 자녀로 인한 아픔이 있게 되는데, 유산이나 낙태를 경험하고 심하면 아이가 없을 수도 있습니다. 병궁절이라 아이가 병약해 부모의 마음을 아프게 할 수 있고 역마에 절이 되어 아이와 떨어져 살 수 있다는 말이니, 자녀가 집과 먼 곳의 학교에 진학하여 하숙이나 기숙사에 들어가면서 자연스럽게 떨어지는 것이 상책입니다. 이렇게 식상이 절에 놓이면 자녀가 커 가면서 부모와 갈등이 생기게 되는데, 서로 떨어져 살면 갈등은 줄어들고 자녀도 건강해지고 서로 정이 깊어져 실보다는 득이 많습니다.

토일간은 식상이 경신금이라 말에 가시가 달렸는데 기묘 일주는 식신이 절에 놓여 언변이 화려하진 않지만 말로써 상대방에게 상처를 줄 수 있으니 모든 화근이 말에 달려 있음을 늘 숙지해야 합니다. 생각이 많고 이론은 앞서지만 정작 본인은 실천을 잘 못하면서 남에게 이래라저래라 지시를 잘하는 것도 왕한 관살과 약한 식신 때문입니다.

남자는 처가와 멀리 떨어져 살거나 사이가 안 좋아지는데, 그것은 다 본인 탓입니다. 이렇듯 기묘 일주는 이래저래 결혼 생활에 어려움이 따르는 모습을 보입니다.

기묘 일주의 재성은 병궁에 장생으로 인종합니다. 식상은 절에 놓이고 관은 록왕을 얻어 기묘 일주는 장사나 사업보다는 직장 생활을 하는 것이 상책이며, 재성이 생을 받아 직장 생활을 하면서 착실히 저축을 해 재산을 불려 나가면 좋습니다.

_____ 피클 일주론 사주명리학의 꽃

부모님으로부터 유산을 상속받게 되는데, 일지가 묘파성이라 일찍 유산을 받으면 얼마 못 가 날려 버리게 됩니다. 그러니 나이가 중년이 되기 전이라면 장기 저축이나 부동산으로 묻어 두어야지, 현금으로 가지고 있으면 수년 안에 흔적도 없이 다 써 버립니다.

사주의 12운성은 음양이 바뀌면 생사(生死)가 바뀌게 됩니다. 생과 사는 동전의 양면처럼 함께한다고 보아야 합니다. 그래서 생이 너무 넘치면 사로 이어져 생이 단절되고, 사가 깊어지면 생으로 다시 살아나는 기운이 있어 기사회생하게 됩니다.

남자의 경우 아내가 직장을 다니거나 바깥 활동을 열심히 하는 사람인데, 앞에 말한 것처럼 생의 뒷면에는 사가 숨어 있기 때문에 이전 처와 인연이 오래가지 못하고 헤어지거나 처가 아파 병원에 입원하여 치료를 받을 수 있습니다.

그리고 기묘 일주는 관살이 워낙 강해 신약한 사주일 경우 재성은 득보다 실이 더 크게 되는데, 재성이 살을 생해 주어 오히려 나를 극하기 때문입니다. 몸이 아플 때는 돈을 벌기는 하나 건강이 안 좋아지거나 목돈이 들어왔는데 사건·사고로 다치게 되는 수가 있고, 남자의 경우 여자 문제로 명예가 실추되고 심하면 직장도 잃게 되는 수가 있으니 너무 돈과 여자에 매달리기보다는 적당히 베풀면서 살아야 합니다.

기묘 일주의 인성은 정화를 인종하여 병궁병종합니다. 인성이 이렇게 역마가 강하면 일찍 학업 문제로 타향살이를 할 수 있으며, 역마가 겹쳐 해외로 유학을 가게 됩니다. 이렇게 집에서 나와 공부를 하는 것은 좋지만 다만 이성 문제가 항상 따라다녀 공부보다는 이성과 연애하는 데 아까운 시간을 보낼 수 있으니 스스로 자기 관리를 잘해야 합니다.

기묘 일주는 관살의 힘이 강하고 식상이 약해 인성을 써서 관살을 살인상생시켜야 합니다. 즉, 열심히 공부하면 건강도 좋아지고 좋은 직장에 명예도 높아지고, 여자는 좋은 남편감을 만나 화목한 가정을 이루게 됩니다. 그러니 결혼하고 난 후에도 늘 책을 가까이하고 배우기를 즐긴다면 본인도 가족도 다 잘될 것입니다.

기묘 일주의 모친은 몹시 바쁜 사람인데, 병이 겹쳐 건강하다가도 한번은 큰 병치레를 겪게 됩니다. 기묘 일주는 이렇게 건강이 안 좋거나 힘든 일이 있을 때 어머니를 찾아가 잠깐 쉬거나 도움을 청하면, 건강도 회복되고 난제도 해결됩니다.

기묘 일주는 비견이 병궁병으로 인종해 역마가 겹쳐 형제와는 멀리 떨어져 살게 됩니다. 내가 아프든지 형제가 아프든지 둘 중 하나는 아프게 되는데, 서로 멀리 떨어져 살면 병을 역마로 쓰는 것이 되니 둘 다 건강하게 살게 됩니다.

일지에 묘는 파(破)성이라 부부 관계가 깨어진다는 암시가 있어 기묘 일주뿐만 아니라 을묘, 정묘, 신묘, 계묘 네 일주 모두 좀 더 배려하고 내가 먼저 양보하며 상대방을 존중해 주는 마음으로 결혼 생활을 해 나가야 합니다.

더구나 묘파는 재물이 깨진다는 의미도 있어 저축하는 습관을 가지고, 돈이 깨지기 전에 미리 가족이나 주변 지인들에게 베풀어 파의 기운을 미연에 방지하여야 합니다.

기토는 곡각살이고 묘목은 현침살로 병에 놓여 있어 본인이나 배우자가 아픈 것이 특징인데, 병을 역마로 돌려 부부가 함께 자주 여행을 다니거나 가까운 산, 공원에 운동이라도 함께 다니면 둘 다 건강도 좋아지고 부부 관계도 좋아집니다.

기토의 고집과 묘파의 기운이 합해져 괴팍한 성격으로 드러나는데, 동료나 친구 혹은 형제와도 한번 척(隻)을 지면 다시는 화해가 불가능하여 두 번 다시 얼굴도 안 보는 성격의 소유자입니다. 그리고 한번 한을 품으면 평생을 잊지 않고 있다가 언젠가는 복수를 하고야 마는 성격이라 자기가 자기 성질을 못 이겨 병을 만듭니다.

기토는 밭이 되고 묘는 밭에 심어진 작물이 됩니다. 그래서 기묘는 작물이 자라는 밭의 물상으로, 농부가 작물을 키우듯이 정성을 들여 가을까지 참고 인내하여 수확하면 부자가 됩니다. 하지만 농부가 애써 가꾸지 않으면 금방 풀이 자라나 농사를 망치게 되듯이 기묘는 늘 관심을 가져야 하는 잡초밭의 물상이 됩니다. 기묘 일주는 관살의 괴팍한 성질을 못 참거나 노력하지 않고 꾀만 부리면 황금밭이 잡초밭이 됩니다.

<ruby>庚<rt>경</rt></ruby><ruby>辰<rt>진</rt></ruby>

경진은 괴강살의 대표적인 일주입니다. 괴강 일주는 고집이 세고 성정이 강해 화가 나면 자기 성질에 자기 발등을 찍는 사람입니다.

반면에 장점도 많아 현대 사회에서 출세하는 사람이 많은 일주 중의 하나로서 똑똑하고 야무지며 생활력이 강해 열심히 공부해서 공직이나 전문직으로 나가는 경우가 많습니다. 특히 경진 일주는 미남·미녀가 많은데 깎은 듯한 서구식 외모로 이성의 인기가 높습니다.

용은 변화무쌍하고 사나우며 권력을 지향하는 동물로, 일지에 진을 놓은 사람들도 이와 같은 성향을 띠게 되는데 그중에서도 갑진과 함께 경진이 유독 그런 성향을 강하게 가집니다.

경진 일주의 일생은 한마디로 모 아니면 도라고 말할 수 있는데, 경진을 물상으로 보면 경금은 보름달로 용을 만나면 여의주가 됩니다. 용이 하늘의 여의주를 잡기 위해 승천하는 모습으로 출세 지향의 모습을 잘 보여 주는데, 이

때 여의주를 차지하면 승천하여 모든 걸 다 가지게 되고 만약 경금의 칼에 맞아 추락한다면 땅으로 추락하여 이무기 신세가 됩니다.

경진 일주는 출세 지향의 성향을 나타낸다 해도 수단과 방법을 가리지 않거나 체면과 자존심을 내던지지는 않습니다. 경진은 백룡으로 선비같이 고고하며 신선처럼 유유자적하고 귀족처럼 품위 있는 사람이고 싶어 하며, 또한 그런 사람이 되려고 노력합니다.

백룡과 흑룡은 전생의 업과 관련이 깊습니다. 임진 흑룡은 용이지만 지난 생에 업을 잔뜩 짊어지고 태어난 사람이며, 경진 백룡은 수행하는 모습으로 이번 생에 종교적인 삶을 살거나 희생 · 봉사와 관련이 깊습니다. 그래서 경진은 교사나 의사, 간호사 혹은 종교인이 많습니다.

진토는 水의 고지라 경진 일주는 식상의 고지를 두어 소위 식량 창고를 두었다 하여 식복은 타고난 사람으로, 아무리 힘들어도 밥 굶는 일은 없습니다.

그리고 여자의 경우 식상은 자녀가 되니, 가슴에 묻은 자녀가 있다는 것을 알 수 있습니다.

庚
辰　　　인성
양(養)

경진 일주는 일지 배우자궁에 인성이 놓여 있어 모친의 영향력이 강하며, 결혼 후에도 모친과 가까이 지내게 되며 모친을 모시고 살 수도 있습니다.

이렇게 일지에 인성을 두면 결혼 후 남자는 모친의 지나친 간섭으로 고부 갈등이 생기게 되고, 여자는 친정과 시댁의 갈등이 있어 결혼 생활의 어려움이 있게 되며 심하면 이혼하게 되는데 여자보다는 남자의 경우가 훨씬 더 심합니다. 경진 일주 남자는 결혼 후 만약 모친과 아내 사이에 고부 갈등이 일어나면 중간에서 처신을 잘해야 하며, 될 수 있으면 아내 편을 들어야 가정이 평화롭습니다.

경진 일주는 어머니로부터 경제적인 도움도 많이 받으며 인성 진토가 식량 창고로 놓여 있는 데다 양(養)으로 놓여 있어 유산 상속도 받게 됩니다. 더구나 인성 양궁이라 모친과도 숙명적 관계라서 전생의 깊은 인연으로 현생에 모자·모녀의 관계로 만난 것이니, 부모님께 효도하여 전생의 업연을 풀기 바랍니다. 모친과의 인연이 이렇게 깊은 데다 일지 인성 궁이라 경진 일주의 모친은 자식을 향한 애착을 쉽게 놓지 못할 것입니다.

양은 천살(天殺)에 해당해 숙명의 인연이란 의미가 있어 전생과 관련이 있습니다. 경진은 인성이 양에 놓여 어머니와 전생의 인연으로 만난 사이이며, 또 배우자궁이 양에 놓였으니 나의 배우자 역시 숙명의 인연으로 만난 사이입니다.

인성 양궁은 열심히 공부한 지식으로 사람들에게 나누거나 봉사한다는 의미가 있어 교사, 교수가 많으며 의사, 간호사, 약사도 많습니다. 공부로 출세하는 사람들이며 모친으로부터 경제적인 지원을 받고 유산도 물려받게 됩니다. 괴강살이라 성격이 강하고 자존심과 고집이 세지만 인성을 두어 성품이 착한 사람이며, 어머니 앞에선 마마보이입니다.

양은 기르고 치료하고 보살피는 기운으로, 애완동물이나 식물을 잘 기르며 생명이든 돈이든 무럭무럭 잘 키워 부자가 많습니다. 진토가 인성으로 들어 부동산과 관련이 깊어 부동산 부자가 많으며 관련 직업도 많습니다.

庚

辰 ──────▶ 戊인성, 癸상관, 乙재성

양(養)

경진은 글자 속을 보면 아주 복잡한 구성을 하고 있어 그만큼 마음속이 복잡하고 변화가 심하다는 것을 알 수 있습니다.

경진 일주는 지장간 속 인성과 상관이 암합을 하고 지장간의 재성과 일간이 암명합을 하는 모습을 보입니다. 이렇게 합을 잘하면 성격이 좋아 친구가 많고 능수능란합니다.

우선 인성과 상관이 합을 해 상관패인의 흐름을 보여 경진 일주는 똑똑한 사람이 많습니다. 공부를 잘해 명문대에 진학하고 전공을 살려 사회에서 활약하는 사람이 많습니다. 상관패인들은 유독 약사·의사가 많은데, 인성 양궁과 상관패인의 기운으로 교육이나 의약 관련 분야에서 활동하는 사람이 많다는 것을 짐작할 수 있습니다.

재성 을목과 일간이 암명합하여 재물에 욕심이 있습니다. 상관생재하는 데다 식량 창고를 두었으니 경진 일주는 재물 복이 많다는 것을 알 수 있습니다. 양궁을 깔고 있어 무엇이든 키워 내는 능력이 있어 재물도 불려 나가는 능력이 탁월합니다. 다만, 재성이 인성을 극할 수 있어 너무 돈이나 눈앞에 보이는 이익에 집착하다 보면 인성(人性)을 망칠 수 있다는 것을 염두에 두어야 합니다.

인성 무토와 상관 계수의 합으로 火가 만들어져 경진 일주는 보이지 않는 관의 도움이 있습니다. 그래서 좋은 직장에서 근무하거나 공직자가 많으며, 남자에게는 자녀의 덕이, 여자에게는 남편의 덕이 있게 됩니다.

庚　　　　　　　　　戊

　　　　　　좌법

辰　　━━━━━▶　　辰

양(養)　　　　　　　대(帶)

경진 일주는 인성 무토가 양궁대좌합니다. 대는 사모관대의 줄임말로, 합격과 출세의 의미가 있습니다.

인성이 관대로 좌해 시험 운이 있으며 공부로 출세하는 사람입니다. 공부를 잘해 가방끈이 긴 사람이 많고, 양궁의 도움을 받으며 공부로 관대를 걸쳤으니 석박사가 많습니다. 또한 시험 운으로 공무원이나 교직원 또는 전문 자격증을 취득하여 사회에서 활약하게 됩니다.

어머니 덕이 있어 모친의 도움을 받으며, 어머니 또한 똑똑하시고 멋쟁이시며 사회에서 열심히 활동하시는 분입니다. 한편으로 어머니께서 아프시거나 요양을 하시는 모습도 되는데, 양은 요양하거나 치료받는 의미가 있고 대는 관련된 옷을 입었다는 의미가 되어 병원이나 요양시설에 입원한다는 의미가 되기 때문입니다.

나의 일지에 어머니가 계시니 어머니가 늙으시면 내가 모시고 간호하거나 병수발을 들 수 있음을 알아서, 그때가 되면 지극정성으로 효도해야 합니다. 또는 옷을 입고 치료한다는 의미도 되어 어머니가 의사나 간호사처럼 병원에 근무하시는 분이라는 의미도 됩니다.

토가 인성양궁으로 들어 부동산과 관련이 많아 부동산 부자가 많은데 양을 놓은 갑술, 을미, 경진, 신축 이렇게 네 일주가 모두 그렇습니다. 그리고 부모님으로부터 유산이나 증여를 받는데, 형제가 많아도 내 몫은 챙기게 되는 이유는 진토 양궁 속 재성 을목과 암명합하기 때문입니다.

경진 일주는 계수가 상관으로 양궁양좌합니다.

편인 무토와 상관이 합을 하여 머리 회전이 빠르고 아주 똑똑한 사람이 많습니다. 상관과 인성의 합이라 수재가 많으며 특정한 분야에서 천부적인 재능을 발휘하는 사람이 많습니다. 예를 들면, 수학을 비상하게 잘하거나 외국어를 능숙하게 아주 잘하거나 컴퓨터를 아주 잘 다루는 것처럼 마치 스티브잡스나 이세돌처럼 특정 분야에서 천재적인 재능을 펼치는 사람이 많습니다.

그래서 경진 일주는 타고난 머리와 재능을 활용해 공부로 성공하고 전문 분야에서 큰 성공을 거두는 사람이 많은데, 한국은 유별나게 의약 분야나 교육 분야에서 활약하는 사람이 많습니다. 아마도 의사나 공무원을 최고로 여기는 부모님들의 영향인 것으로 생각됩니다.

무계합으로 火가 만들어져 관운이 있으니 남들이 부러워할 만한 직업을 가지거나 직장에서 승진 운이 있습니다. 이렇게 경진 일주는 좋은 머리로 열심히 공부한다면 무엇이든 될 수 있는 가능성이 큰 일주입니다. 따라서 혹여 공부 시기를 놓쳐 나이가 많다 해도 지금이라도 열심히 공부하여 공인중개사와 같은 자격시험을 치면 얼마든지 다시 도약할 수 있는 능력을 갖추었습니다.

계수 상관은 양으로 좌한 데다 식상의 고지를 놓아 경진 일주 여자는 자녀와 아주 특별한 관계를 연출하게 되는데, 특히 가슴에 묻은 자식이 있어 자녀 이야기에 눈물을 흘리거나 유산·낙태를 경험하는 것도 흔합니다.

상관이 양에 놓이고 인성과 합을 해서 배운 것을 잘 활용하는 사람으로 전공이 곧 직업이 되는 경우가 많고 교사, 의사, 약사가 많습니다.

庚
辰
양(養)

좌법

乙
辰
관대(帶)

경진 일주의 재성은 을목으로 양궁대좌합니다.

경진 일주는 식량 창고를 깔고 앉아 재성과도 암명합을 해 재물 욕심이 많고 또한 부자가 많습니다. 이렇듯 경진 일주는 가난한 사람을 찾기가 힘들다고 할 정도로 재복은 타고난 사람입니다.

앞서 말했듯이 경진 일주는 백룡으로 이번 생에 수행하는 마음으로 베푸는 삶을 살아야 합니다. 그리고 양궁을 두어 살아가며 전생의 업과 관련된 일을 하거나 사람들을 만나 묵은 빚을 갚아야 합니다. 만약 그렇지 않고 이기적이고 탐욕적인 삶을 살게 되면 이건희 회장처럼 죽고 싶어도 못 죽는 등 말년에 그 업을 받게 됩니다.

경진 일주의 남자는 아내가 아파 병원에 누워 있는 모습이 되는데, 만약 아내가 의약업이나 교육업에 종사한다면 건강하게 해로할 수 있습니다. 그러나 암명합하므로 아내에게 집착하거나 아내의 사생활에 간섭하려 해 아내와 갈등이 생기게 되니 주의해야 합니다.

경진 일주는 재성과 암명합으로 재물을 취하는 데 유리하지만, 육친 관계에서는 애환이 있게 됩니다. 부친은 일간인 나와 암명합하고 있어 가까운 사이가 되며, 양궁대좌하여 모친처럼 아프서서 요양을 하시게 되거나 반대로 부친이 의약업에 종사하는 분이게 됩니다. 경진 일주는 부모님을 봉양하고 모서야 하는 효자·효녀들입니다.

庚　　　　　　丙
辰　　인종　　辰
　　　——→
양(養)　　　관대(帶)

경진 일주의 관살은 병화로서 관대로 인종해 양궁대종합니다. 진중 무토와 계수의 합으로 火관성이 만들어지고 관성을 관대로 인종하니 관운이 좋아 전문직, 공무원이 많습니다. 관은 나라를 상징하고 관대는 과거급제, 벼슬을 의미하기에 관이 관대로 놓인 경진 일주는 시험 운, 직업 운이 있습니다.

재성과 관성이 양궁에 관대로 들어 경진 일주는 남녀 모두 배우자가 아플 수 있습니다. 배우자가 직업으로 양, 대를 업상대체한다면 해로할 수 있는데, 그렇다 해도 배우자와 잠자리에서 깊은 정을 나누기에는 힘이 드는 모습입니다.

경진 일주 남자는 똑똑한 자녀를 두어 자녀가 공부를 잘해 명문대에 진학하게 됩니다.

庚　　　　　　庚
辰　　인종　　辰
　　　——→
양(養)　　　양(養)

경진 일주의 비견 역시 양으로 놓여 형제와 전생의 깊은 인연으로 만난 사이임을 알 수 있습니다. 인성, 상관, 비견이 양에 들어 모친·자녀·형제와 숙명의 인연으로 엮인 사이가 되니 이번 생에 사랑으로 악업을 선업으로 바꾸고 전생의 묵은 빚은 갚아 서로 좋은 인연으로 마무리하길 바랍니다.

술(戌)운에 진술충을 한다면 재성 을목이 잘려서 경제적으로 위기가 오게 되고, 남자는 아내와의 관계에 문제가 생기게 되며 무계합이 풀려 상관이 활동하므로 관재구설이 생기게 됩니다. 경진 일주 여자는 자녀 문제, 남편 문제가 생겨 힘들게 되니 미리 방비해야 합니다.

경금은 칼이라 겉으로는 날카롭고 과격한 면이 있지만, 지지에 인성 양궁을 놓아 의외로 다정다감하며 아기 같은 순수한 면을 보이며 마마보이가 많습니다.

경진은 백룡으로 무속, 사상, 종교와 깊은 관련이 있는 물상으로 사주나 점을 보고 굿을 하는 사람이 많습니다. 경진 일주 중에서 영적 수준이 높은 사람이 많은 것은 전생에 그만큼 갈고닦은 사람이 많기 때문입니다.

업장이 두터우면 검정색을 띠고 업장이 점점 엷어질수록 흰빛을 띠게 됩니다.

신　　　사

辛巳

　신사 일주를 흔히 글자의 발음을 빌려 신사(紳士) 같다고 합니다. 이 말이 일리 있는 것이, 정관을 일지에 두고 사(死)궁을 놓았기 때문입니다.

　정관 사궁을 둔 신사 일주는 원리 · 원칙을 중요시하고 체면과 명분을 우선하며 점잖고 예의 바르며 언행이 타의 모범이 되는 사람이 많습니다. 대의명분을 중시하고 준법정신이 뛰어나 공직에 잘 어울리며, 책임감이 뛰어나고 깔끔하고 공정한 일 처리로 직장에서도 칭찬과 존경을 받게 됩니다. 그러므로 승진도 잘해 고위직으로 출세하는 사람도 많습니다.

　신사는 백사(白蛇)로 흰 뱀입니다. 그만큼 외모가 반듯하고 군중 속에 있어도 금방 눈에 띄는 사람으로 인기가 많고 명예가 높습니다.

　신사 일주가 마냥 어질고 좋기만 한 사람은 아닌 것이, 신사는 뱀이 이빨을 드러내고 있는 독사의 물상을 하기 때문입니다. 독사는 사람이 먼저 건들지만 않으면 물지 않는 것처럼, 신사 일주 역시 상대방이 먼저 시비를 걸거나 해코지를 하지 않으면 있는 듯 없는 듯 조용히 넘어가지만 만약 참기 어렵게 화가 나게 되면 독사의 독니처럼 끝장을 보고야 마는 독한 성향도 지닙니다.

아무리 맹독을 가진 독사라 하더라도 작대기로 머리를 꾹 누르면 힘을 못 씁니다. 그래서 巳나 辰은 머리 위의 현침을 싫어하는데, 신사와 갑진이 해당합니다. 신사는 사화 뱀을 신금 현침으로 꾹 누르고 있는 모습으로 사화 정관은 힘을 못 쓰게 됩니다.

그래서 신사 일주 여성은 배우자궁에 정관 남편을 두어 남들이 보기엔 괜찮은 남자를 만나 행복해 보이지만, 실은 남편을 통제하려 하고 꽉 잡고 살게 됩니다. 사화 남편 입장에선 답답하고 불만이 쌓이게 되어 결국 한눈을 팔게 되지만, 그렇다고 이혼까지 이어지진 않습니다. 일간과 정관이 암명합을 하고 있어 신사 아내가 놓아주질 않습니다.

辛

巳   정관

사(死)

일지에 사(死)를 두면 생각이 깊고 똑똑한 사람으로 수재가 많습니다. 다만 정신적으로 불안하게 되면 공황장애나 우울증을 앓거나 아니면 죽을 고비를 한번은 넘기게 되는데, 내가 아니라면 배우자가 겪게 됩니다.

배우자궁에 관이 앉아 있어 직장 일을 열심히 하는 것은 좋으나 직장에 너무 시간과 열정을 쏟느라 자칫 가정에 소홀하기가 쉽습니다.

정관을 깔고 앉아 바르고 점잖은 사람인 반면, 고지식하여 융통성이 없습니다. 체면과 사람들 이목을 중시해 체면이 깎이는 것을 죽기보다 싫어하며, 예의 없고 천박한 사람과는 상종을 안 합니다.

辛
巳 ⟶ 丙관성, 庚겁재, 戊인성
사(死)

신사 일주는 인물이 수려한 미인·미남들이 흔합니다. 원래 신금 일간들이 서구적인 미남·미녀가 많지만 그중에서도 신사 일주들이 유독 많습니다. 신금이란 보석이 병화의 빛을 받아 반짝거리기 때문입니다. 이목구비가 뚜렷한 조각 미인이 많은 복받은 일주입니다.

일지 사화 속에 겁재와 인성이 숨어 있어 점잖은 사람이지만 욕심도 많은 사람입니다. 관, 겁, 인이 모두 록생록으로 하나같이 기운이 강하니 신사 일주는 결코 호락호락한 사람이 아님을 알 수 있습니다.

관의 역할이 아주 중요하기에 관으로 겁재를 제압해야 인성과 관성이 빛을 볼 수 있습니다. 그렇지 못하면 인성이 겁재를 생하여 결국은 모든 노력이 남좋은 일을 해 주는 꼴이 되어 경제적으로 궁핍해집니다.

관성으로 겁재를 제압하면 직장이나 사회에서 치열한 경쟁을 뚫고 성공할 수 있으며, 도둑을 잡는 사람이니 군·검경에서 특히 빛을 발하게 됩니다. 관인상생하여 직위와 명예가 높은 사람으로 겁재를 이기고 높은 곳으로 우뚝 서는 사람이 됩니다. 결국 신사 일주는 겁재 경금을 제압하느냐 못하느냐에 따라 성패가 갈린다고 할 수 있습니다.

관이 인성을 생하고 인성은 다시 겁재를 생해 자칫하면 나의 모든 노력이 경쟁자에게 다 뺏기는 꼴입니다. 그래서 신사 일주는 절대 동업을 해선 안 되며, 친구 말을 믿고 투자했다간 원금도 못 건지게 됩니다.

점잖고 착한 사람이지만 속기도 잘 속아 사기도 잘 당하며, 부모님 유산을 두고선 형제와 분쟁을 벌이게 됩니다. 인성이 겁재를 생하여 부모님 유산을 형제가 받거나 형제가 더 많이 받게 되어 형제와 다툼이 일어나고 심하면 의절하게 됩니다. 따라서 신사 일주 자녀를 둔 부모라면 자녀들 우애가 상하지 않도록 장남이라 편애하지 말고 법대로 N분의 1씩 나누어 주어야 합니다.

辛
巳
사(死)

좌법

丙
巳
록(祿)

신사 일주의 관성 병화는 사궁록좌합니다.

격국론에서는 십성 중 관성을 최고의 길성으로 봅니다. 신사 일주는 관성을 깔고 앉았고 관성이 록으로 좌해 비록 사궁을 놓았지만 관이 강하여 선비처럼 정직하고 바른 생활을 하는 사람이 됩니다.

장사나 사업보다는 직장 생활이 좋은데, 왜냐하면 일지에 겁재를 품고 있기 때문입니다. 그렇기 때문에 일상생활에서 늘 주변의 유혹이 있게 되어 주변 사람 말만 믿고 투자를 하거나 창업하면 백전백패하게 됩니다.

관성이 겁재를 제압하고 인성을 생하는 흐름이 되어야 좋으며, 관성 병화가 일간과 암명합하니 누구보다 열정을 다 바쳐 일하는 사람으로서 심하면 너무 지나쳐 문제가 될 정도로 직장 일에 올인합니다. 관이 빛나는 신사 일주는 돈보다는 명예를 따라가야 마땅하며, 명예가 높으면 자동적으로 재물이 따라올 것입니다.

신사 일주 여자는 일지 배우자궁에 관이 놓여 있어 남들이 보기에는 괜찮은 남편을 만나게 됩니다. 암명합이 되니 남편에게 집착하는 모습도 보이지만, 남편의 곁에는 겁재가 있어 직장에서든 사회에서든 가깝게 지내는 여자가 있게 됩니다. 이로 인해 부부 사이에 다툼의 원인이 되어 심하면 의부증으로까지 발전되기도 합니다.

신사 일주 여자 못지않게 그 남편도 신사 같은 사람이며 능력도 출중하고 근면 성실한 사람으로, 주변에 남녀를 불문하고 잘 따르고 어울리는 사람이 많습니다.

신사 일주 남자는 배우자궁에 자녀를 두어 자녀를 향한 애정이 깊으며 잘생기고 똑똑한 자녀를 두게 됩니다.

신사 일주의 겁재 경금은 생을 받아 사궁생좌합니다.

대개 겁재를 품고 있는 사람은 경쟁심이 강하고 욕심이 많은데, 신사 일주 역시 예외는 아닙니다. 겉으로는 정관 사궁을 두어 성품이 바르게 나타나지만 속에서는 겁재로 인해 욕심도 많고 시기와 질투로 속앓이도 자주 합니다. 반면에 겁재는 일간의 뿌리가 되므로 주관이 뚜렷하고 고집이 세며, 고난이 닥쳤을 때 이겨 내는 힘이 되는 긍정적인 역할도 합니다.

겁재 경금은 생에 좌해 힘이 강한 데 반해 일간은 사에 놓여 힘이 약하니, 직장이나 사회에서 신사 일주에게는 늘 강력한 경쟁자가 따라붙게 됩니다.

辛巳 ＿＿＿

따라서 자칫하면 경쟁자인 겁재에게 나의 공로를 빼앗길 위험이 있는 것은 겁재가 생을 얻은 것뿐만 아니라 인성 무토의 지원까지 받기 때문입니다.

그래서 일간, 즉 내가 겁재와의 경쟁에 이기기 위해서는 겁재를 힘으로 제압하려 해서는 안 되며 병화 관성을 이용하여 제압해야 합니다. 다시 말해, 원리·원칙과 법대로 하고 꾀부리지 말고 정석대로 하면 직장에서든지 사회에서 일어나는 각종 분쟁이나 사건·사고에서도 내가 이기게 되고 승진하게 됩니다. 지나친 욕심은 겁재의 발동임을 명심해 항상 원칙과 법대로 하면서 돈을 좇지 말고 상식과 명예를 좇는다면 반드시 성공하게 될 것입니다.

이런 이유로 신사 일주는 형제와 우애 있게 지내기 힘든데, 특히 부모님 유산 문제를 두고 형제와 감정이 상하게 됩니다. 인성 무토가 겁재를 먼저 생하게 되어 나보다는 형제가 부모님 유산을 더 많이 받거나 독차지할 수도 있으니, 이것이 화근이 되어 결국은 의절하는 경우도 많습니다.

부모님 살아생전에 부모·형제와 지혜를 모아 미리 합의를 보거나 넓은 아량으로 내가 조금 양보하며 원만하게 해결을 보는 것이 바람직합니다. 내가 겁재 형제를 이기는 방법은 관성, 즉 법대로 원칙대로임을 잊지 말아야 할 것입니다.

신사 일주 남자의 경우, 배우자궁에 겁재가 숨어 있는 것은 재성 아내와의 관계에 문제가 생길 수 있다는 뜻이니 평소에 아내에게 잘해야 할 것입니다.

겁재는 탈재의 기운이므로 신사는 겁재가 생을 받고 있어 탈재의 기운이 더 강해져 돈보다는 관과 명예를 따라야 함을 반복해서 말해도 부족하지 않습니다. 이렇게 겁재가 강하면 갑자기 한순간에 그동안 이뤄 놓았던 재산이나 명예가 사라질 수 있으니, 매사에 정관을 따라 살아야 함을 명심해야 합니다.

신사 일주의 인성 무토가 사궁록좌하여 점잖은 선비 같은 사람이며 체면과 명예, 예의를 중시하는 신사라는 것을 알 수 있습니다.

인성이 록에 좌하면 소위 가방끈이 긴 사람이 많은데, 사궁록이라 똑똑한 수재가 많고 공부로 출세하거나 전문 자격증을 따서 전문직으로 살아가는 것이 상책입니다. 관이 함께 있어 관인상생하여 공직으로 나아가거나 직장에서 치열한 경쟁을 뚫고 고위직으로 오르거나 전문직으로 士자 들어가는 직업을 가지는 사람이 많습니다.

그런데 만약 관이 파괴되어 관인상생을 못하고 동시에 겁재를 제압을 못하게 된다면 인성은 겁재를 생하게 되어 경쟁자의 힘만 강해져 재물의 손실이 따르고, 나의 노력이 겁재에게로 가서 남 좋은 일만 해 주는 꼴이 됩니다. 그래서 신사 일주에게 관의 소중함은 목숨처럼 소중합니다.

인성 어머니의 덕이 있지만 겁재가 있어 어머니의 애정이 형제에게도 흘러감을 알고, 섭섭해하지 말고 부모님께 효도해야 합니다.

신사 일주는 인성이 록을 얻어 부동산과 관련이 있으니 부동산 부자가 되거나 부동산 관련 직업과도 인연이 있습니다.

辛　　　　　　　　　癸
巳　　　인종　　　　巳
사(死)　　　　　　태(胎)

신사 일주의 식신 계수는 태로 들어 사궁태종합니다.

신사는 관인의 힘이 강한 데 반해 식신의 힘이 약해서 역시 재물보다는 명예를 따르는 것이 순리에 맞으며, 육체적인 노동보다는 정신적인 노동이나 지식, 기술을 활용하는 일이 적성에 맞습니다. 말을 청산유수로 잘하거나 말이 많은 사람은 아니지만 사주에 酉를 본다면 언변이 뛰어나고 말도 많게 됩니다.

신사 일주 여자의 경우 자식으로 인한 아픔이 있게 되는데, 유산이나 낙태를 하는 경우가 많습니다. 그렇지 않다면 자식과 생리사별을 겪을 수 있어 가슴에 묻은 자식과 관련된 말 못할 사연이 있습니다.

식신이 절태에 놓이면 건강에 문제가 생기기 쉬워 평소 건강 관리에 신경을 써야 합니다. 특히 여자의 경우에는 자녀가 아프거나 자녀와 이별을 하게 된다면 오히려 나는 건강하고 장수하게 됩니다.

신사 일주의 재성 을목은 욕으로 들어 사궁욕종합니다.

식신이 절태에 놓이는 데다 재성이 욕에 놓여 재물을 모으는 힘이 약한 반면, 겁재 경금은 생을 받아 힘이 강하니 여러모로 돈을 만드는 데는 불리한 모습입니다. 따라서 신사 일주는 돈을 직접적으로 취하기보다는 관인을 이용해 간접적으로 돈을 벌고 모아야 하는 구조입니다.

원래 큰 부자는 재성을 이용하는 것보다는 관인을 이용하는 사람에게서 많이 나오며, 겁재를 품고 있어 겁재를 잘 활용하는 사람이 갑자기 큰 부자가 되는 경우가 많습니다. 신사 일주는 안 그런 척해도 실은 돈에 욕심이 많은 것은 재성이 욕에 놓여서입니다. 욕심이 크면 클수록 오히려 궁핍하게 되니, 돈 욕심보다는 관인으로서 살게 되면 자연히 돈은 따라오게 됩니다.

신사 일주 남자는 똑똑하고 예쁜 아내를 두는데, 아내가 병이나 사고로 수술을 받게 될 수도 있으니 보험을 꼭 들어 놓아야 합니다. 그리고 돈 욕심만큼 여자에게도 관심이 많아 외도를 하거나 배신으로 이혼을 한다면 돈과 명예를 다 잃거나 건강마저 잃게 되니 처신을 잘해야 할 것입니다.

신사 일주는 辛금 보석이 丙화 빛을 받아 보석이 반짝이는 형상으로 미남·미녀가 많습니다. 그런데 강한 火기에 辛금이 녹아 내려 남몰래 음란해지기 쉽거나 건강에 문제가 생길 수 있습니다.

점잖고 체면을 중시하는 도덕군자이고 부족함이 없어 보이지만 辛금이 丙화와 암합해 水를 만들어 신사 일주의 가슴속에는 눈물이 가득해 남모르는 상처와 아픔을 안고 살아가는 사람입니다.

임 오

壬午

午는 천간의 글자에 따라 다양한 말(馬)로 표현되는데 甲午는 제일 앞장서 달리는 경주마, 丙午는 여포의 적토마, 戊午는 야생마, 庚午는 백마 그리고 壬午는 흑마(黑馬)로 항우의 오추마에 비유가 됩니다. 명마처럼 임오 일주는 남녀 모두 얼굴과 외모가 잘생기고 멋있는 사람들입니다.

오추마 같은 넘치는 기운으로 많은 돈을 벌고 출세하는 사람이 많지만, 남자의 경우 말을 탄 일주가 기운이 너무 넘치게 되면 이성 문제가 따라다니게 되어 한 명의 주인만 섬기는 오추마와는 다른 모습을 보입니다.

대체로 일지에 午를 둔 사람은 말처럼 기운이 넘치고 성격이 급하고 저돌적이며 타고난 역마끼로 여행이나 돌아다니는 등 활동적입니다. 일지에 午를 둔 사람이 조용하고 집에만 틀어 박혀 있다는 것은 병든 말처럼 필시 몸이 아프거나 정신적인 문제가 있는 등 아픈 사람일 가능성이 높습니다.

이렇듯 활동성이 강하고 명마(名馬)처럼 멋있고 매력을 풍기니 자연스럽게

이성이 따릅니다. 임오는 물상으로 물에 빠진 말이라 주색에 빠져 허우적거리는 모습으로 특히 남자들은 술과 여자를 조심해야 합니다.

壬午는 水와 火가 대립하는 모습으로 수화상쟁이 일어나니 감정의 기복이 심하며 火가 물에 잠겨 꺼지는 현상, 즉 심장 관련 질환을 조심해야 합니다.

주역에서는 壬午를 수화기제라고 하여 모든 것이 제자리를 찾고 완성된다는 의미의 괘가 됩니다. 水의 하강기운과 火의 상승기운이 만나 상쟁하는 속에 새로운 것을 창조하고 완성시키는 힘이 있어 임오 일주는 힘든 역경을 이겨 내고 마침내 큰 성공을 이루고 큰 부자가 되는 사람도 많습니다.

반면에 넘치면 모자람만 못한 것처럼 수화기제는 초길종란(初吉終亂)의 의미도 품고 있어 다 이루었다고 자만하고 오만해지면 여태 힘들게 이룬 결과물이 거품처럼 사라질 수 있음을 명심해야 합니다.

임오는 재관쌍미(財官雙美)의 귀명으로 돈과 권위를 다 가지는 명으로 출세하는 사람이 많은 대표적인 일주입니다.

壬

午　　　**재성**

태(胎)

임오 일주는 재복이 많은 사주로서 일주에서 이미 재성의 태(胎)를 두어 재물이 늘어나는 기쁨을 가지고 태어났습니다. 일지에 태를 두면 똑똑한 사람이 많으며, 남들이 생각지 못하는 기발한 아이디어를 잘 내는 등 창작력이 뛰어나고 사차원의 말과 행동도 잘합니다.

재성이 생이나 태에 놓이면 큰 부자가 많은데, 부모님으로 물려받은 유산으로 평생 잘 먹고 잘사는 사람도 많습니다. 또한 스스로 돈을 벌어들이고 만드는 능력도 탁월합니다.

다만 태는 생과 다르게 절의 기운을 함께 가지고 있어 돈이 생겼다가 사라지기를 반복하는 특성이 있습니다. 돈은 잘 벌지만 돈을 지키고 관리하는 능력이 부족해 아무리 돈을 많이 벌어도 밑 빠진 독에 물 붓기 식으로 늘 돈이 부족하고 쪼들리게 됩니다. 그래서 임오 일주는 버는 것보다 쓰는 것을 잘해야 부자가 될 수 있습니다. 계획 없이 감정적으로 쓰고 관리를 못하면 지금 돈이 많다 해도 유지를 못해 결국엔 가난해지게 됩니다.

12운성의 태(胎)는 생(生)처럼 새로운 것을 창조하고 생산하는 기운이 뛰어난 반면에 절(絶)의 기운이 늘 함께 따라다녀 돈을 잘 벌기는 하지만 그만큼 날려 먹기도 잘하여 인생의 업다운이 심합니다. 그래서 임오 일주는 절의 기운만 막으면 누구보다 부자가 되기 유리한 사람으로서 저축을 습관화하고 충동적인 지출과 남의 말만 믿고 거금의 투자를 하거나 무리한 창업을 하지만 않아도 중산층은 될 수 있습니다.

임오 일주 남자의 경우 배우자궁에 재성이 있어 남들이 보기에 괜찮은 아내를 얻는데, 문제는 태궁이라 한 여자에 만족하지 못하고 여기저기에 염문을 뿌릴 수 있으니 스스로 자기 관리를 잘해야 합니다.

임오 일주 여자의 경우에는 유산이나 낙태의 가능성이 높은데, 태(胎)는 임신을 뜻하기도 하지만 절(絶)도 함께 있어 낙태의 의미도 함께 있습니다.

태는 잉태, 낙태의 상반된 의미를 동시에 가지고 있으며 변태의 의미까지 있어 섹스에 집착하거나 특별한 성관계를 즐기는 사람이 많습니다. 특히 태에 귀문이나 원진이 겹치거나 형, 충을 받을 때 잘 나타납니다.

_____ 피클 일주론 사주명리학의 꽃

壬
午 ——→ 丁정재, 己정관, 丙편재
태(胎)

임오 일주는 태궁 속에 정재와 편재를 함께 두고 있어 재물복은 타고났으며, 다만 이것을 어떻게 유지할 것인가가 관건이 됩니다.

정편재와 함께 기토 관성이 있어 재생관으로 이어져 관운도 있으니 장사나 사업에도 자질이 있을 뿐만 아니라 직장 생활까지 잘하는 사람입니다.

임오 일주가 돈이 많으면 자연히 재생관으로 관을 추구하게 됩니다. 정치나 관직에 관심을 가져 선거에 출마하거나 동창회장, 조기축구회장 등 모임의 장이라도 맡으려 합니다.

임오 일주는 재생관으로 돈이 관으로 흘러들어 남자는 돈을 벌게 되면 자녀에게 돈을 많이 쓰게 되고, 여자는 남편에게 돈이 자연스럽게 흘러들어 갑니다. 그래서 임오 일주 여성과 결혼한 남자는 복받은 남자입니다. 또 여자에게 재성은 시모이므로 시모의 돈이 남편에게로 흘러들어 시모로부터 경제적인 지원을 받고 유산도 물려받게 됩니다.

남자는 재성태궁을 두고 정재와 편재를 함께 품고 있어 일찍 이성에 눈을 뜨게 되니, 여러 여성과 인연을 맺게 됩니다. 그런 여자 문제 등의 이유로 결혼 생활에 어려움이 올 수 있게 되니 결혼 전에 많은 이성과의 만남이 액땜으로 작용하여 오히려 결혼 생활에 도움이 됩니다.

결혼하고 난 후에는 오직 아내에게만 정을 주고 사랑하도록 노력해야 할 것입니다. 그렇게 해야 재산도 늘어나게 되며, 만약 이성 관계가 문란해서 가정이 깨지면 재성이 깨진 것이므로 자연히 나의 재물도 사라지게 된다는 것을

壬午 ———

명심해야 합니다.

또한 재성이 둘이라는 것은 부친이 둘이라는 의미도 되어서 부모님이 재혼하였을 가능성이 높습니다.

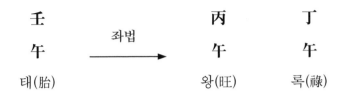

편재는 태궁왕, 정재는 태궁록으로 좌해서 임오 일주는 돈 욕심이 많고 돈복도 타고나 돈을 벌기도 잘해서 부자가 많은 대표적인 일주입니다.

임오 일주 여자의 경우, 결혼하고 능력 있는 시모를 모시게 되며 시모로부터 경제적인 지원과 유산도 받게 됩니다. 재성이 배우자궁에 있어 시모의 영향력이 그만큼 크며, 시모와 한집에 살 수도 있어 남모르는 갈등과 스트레스가 있게 됩니다. 하지만 시모의 것은 모두 남편인 관으로 흘러가게 되어 있으니 참고 잘 모시면 시모의 재산을 물려받게 됩니다.

임오 일주 남자는 재성태궁을 둔 데다 록왕을 얻어서 똑똑하고 능력 있는 아내를 두는데, 정편재가 혼잡해 두 번 장가를 가거나 아내가 있음에도 다른 여자를 만난다는 의미가 있습니다. 부부 관계에서 성적 취향을 중요하게 생각하는 임오 일주 남자는 가정이 깨지지 않도록 스스로 주의해야 할 것입니다.

이렇게 재성이 강하면 사주가 신강해야 재물을 취하기가 유리합니다. 만약 사주가 많이 신약하면 오히려 재물로 인하여 내가 힘들게 되니, 경제적으로 부를 이루기가 더디고 신체 건강도 허약해집니다.

정재 丁화는 일간 壬수와 암명합을 하니 돈과 여자에 집착하는 성향이 있고, 이로 인해 많은 실패가 있음에도 결국은 재산을 모으게 되고 위기 속에서도 쉽게 이혼하지는 않습니다.

이렇게 록왕의 강한 기운을 얻은 재성이 태궁에 들어 잉태가 반복 된다면 거부가 됩니다. 그래서 임오 일주는 거부가 많습니다. 남자의 경우 이런 재성의 복을 돈이 아닌 여자로 쓰게 된다면 재성은 돈이 아닌 여자로 대체되어 돈과는 인연이 없게 됩니다. 그러니 결혼하기 전에는 실컷 연애를 하더라도 결혼하고 나면 아내만 바라보고 돈 관리를 아내에게 맡기는 것이 부자가 되는 지름길입니다.

壬
午
태(胎)

좌법

己
午
록(祿)

임오 일주 관성 기토는 태궁록좌합니다.

강한 재성이 재생관하여 임오 일주는 사업 수완도 좋지만 직장 생활도 잘합니다. 이렇게 재성과 함께 관성이 록을 얻은 임오 일주를 록마동향(祿馬同鄕)이라 부릅니다. 재물운과 관운을 둘 다 가진 아주 복이 많은 사람으로, 비슷한 일주로는 계사 일주가 있으며 재관쌍미(財官雙美)라고도 부릅니다. 재성과 관이 록을 얻어 돈과 직위를 다 가지는 사람입니다.

근면 성실하고 일머리가 뛰어나 직장에서 능력을 인정받고 승진도 잘합니다. 하지만 태궁에 있어 능력은 있지만 한 직장에 오래 못 있고 늘 사직서를 가슴에 품고 다니며 독립할 기회만 엿보게 됩니다. 그러다가 기회가 오면 혼잡하고 강한 재성의 영향으로 내 사업하겠다고 그만두고 뛰쳐나오게 됩니다.

임오 일주는 직장 생활도 사업도 다 잘하는 능력을 갖춘 사람인데, 남자는 돈 관리는 본인이 하지 말고 반드시 아내나 다른 사람에게 맡겨야 합니다.

임오 일주 남자는 자녀 복이 있어 똑똑하고 건강한 자녀를 두며, 아이가 생기고부터 재생관이 잘되어 생활이 점점 안정적이고 부부 관계도 좋아지게 됩니다.

임오 일주 여자는 시모의 자식 사랑이 넘쳐 남편을 두고 시모와 경쟁하게 되는데, 시모와 다투지 않고 좋은 관계를 유지하면 재생관으로 자연히 시모의 돈이 남편에게로 흘러들어 나중에는 내 차지가 됩니다.

임오 일주는 인성 경금이 태궁욕종하여 아주 똑똑한 사람이지만 태궁에 놓여 공부 성적은 좋으나 연속해서 계속 이어 나가는 힘이 부족해 중단하거나 쉬고 싶은 유혹이나 위기가 오게 됩니다. 그렇더라도 중단하지 말고 반드시 공부를 마쳐야 합니다. 임오 일주는 태의 절 기운만 넘긴다면 얼마든지 성공할 수 있다는 것을 명심하고, 공부든 직장이든 무엇이든 중간에 포기하거나 멈추지 말아야 합니다.

모친은 똑똑하고 빼어난 미인이라 이성의 인기가 많습니다. 인성 공망에다 재성의 기운이 강한 반면 인성은 약하여 모친과 인연이 짧거나 재성이 혼잡해 부모님이 헤어지고 다시 혼인을 할 수 있습니다.

_____ 피클 일주론 사주명리학의 꽃

신약한 사주에게 인성 경금은 가뭄에 단비와 같아 인성 욕(浴)은 열심히 공부하는 모습이 되어 힘들게 공부를 마치고 관생인되어 공부로 성공하게 됩니다.

壬　　　　　　　　　　　甲
午　　→인종→　　　　午
태(胎)　　　　　　　　사(死)

임오 일주의 식신 갑목은 사(死)로 인종되어 태궁사종합니다.

재관에 비해 식신의 기운이 약하고 태궁을 놓아 한 가지 일을 꾸준히 밀어붙이는 힘이 부족하여 일이 잘될 때는 파죽지세로 잘나가지만 일이 잘 안 될 때는 금방 포기하고 다른 일을 찾게 됩니다.

새로운 일을 시작하는 데 주저함이 없지만 그만두기도 잘해 인생의 변화가 많으며, 강한 재성에 약한 식신으로 노력 없이 한 방에 큰돈을 벌려는 욕심이 강하지만 게으른 면도 있습니다. 용두사미의 대표적인 일주입니다.

임오 일주 여자는 가슴에 묻은 자식이 있으며 남은 자녀는 똑똑하고 건강하게 잘 자라서 효도하게 됩니다.

壬　　　　　　　　　　　壬
午　　→인종→　　　　午
태(胎)　　　　　　　　태(胎)

임오 일주의 비견은 같은 태로 인종하여 형제와는 멀리 떨어져 살거나 그렇지 않다면 우애가 깊지 않습니다. 형제가 모이면 다투기 쉬우니 내가 먼저 양보하고 참아야 합니다.

형제 중 일찍 떠난 형제가 있는데, 모친이 유산이나 낙태를 하였을 가능성이 큽니다. 만약 모친이 유산이나 낙태를 하였다면 남은 형제는 건강하게 잘 살게 됩니다.

임오 일주는 수화가 충돌해 감정 기복이 심한데, 오화는 탕화살에 해당하여 더 심하게 감정적인 판단으로 말과 행동을 하게 되면 지금까지 쌓은 공덕을 말 한마디로 다 무너뜨릴 수 있으니 스스로 감정 조절에 노력해야 합니다.

일지에 태궁을 놓고 午는 현침살이며 넘치는 기운을 상징하니 이성으로 인한 구설이나 잡음이 생기게 됩니다. 따라서 일찍 이성에 눈을 떠 공부를 등한시하거나 이성 문제가 발생될 가능성이 높으니, 임오 일주 자녀를 둔 부모는 조금은 엄하게 키울 필요가 있으며 아이의 사생활에도 관심을 가져 친구 사귀는 데도 주의를 기울여야 할 것입니다.

임오는 수화상쟁이 되면 물이 불을 꺼뜨리는 모습으로 재산을 날리고 이성 문제로 어려움을 당하게 되지만, 수화기제가 되면 불로써 물을 끓이는 모습이 되어 재물이 늘고 화목한 가정이 됩니다. 이 둘의 차이는 가정을 보면 알 수 있으니 가정이 화목한지 아니면 불화한지만 보면 수화상쟁하는지 수화기제하는지 판단할 수 있습니다.

임오 일주는 타고난 복이 많은 귀명임은 분명합니다. 두 가지만 가지면 얼마든지 성공할 능력이 있는 일주입니다. 인내심과 이성 문제, 딱 이 두 가지만 가지고 주의하면 임오 일주의 성공은 따 놓은 당상입니다.

계 미

癸未

계미 일주는 발음이 개미와 같아 흔히 개미처럼 부지런하고 근검절약하는 사람으로 부자가 많다고 합니다. 이것이 틀린 말이 아닌 것이, 계미 일주의 未는 식상의 고(庫)지여서 식량 창고를 둔 사람으로 식복이 있으니 아무리 어려워도 굶어 죽지 않는 사람입니다.

부지런히 일해서 창고에 식량을 가득 쌓아 놓아야 마음이 편안한 사람이라 본인은 잘 먹지도 않고 잘 쓰지 않으면서 알뜰히 재산을 모으게 됩니다. 계미 일주는 미식가들로 먹는 것에 큰 의미를 두는 사람인데, 정작 본인은 돈이 아까워 먹고 싶은 것을 마음대로 사 먹지 못하는 사람으로 계미 일주에게 최고의 선물은 맛있는 식사 한 끼 대접하는 것입니다.

未토는 역마성으로 일지에 未를 둔 사람은 역마를 타고나 계미 일주 역시 강한 역마를 보이는데, 여행이나 놀러 다니는 데 역마를 쓰기보다는 대부분 일하는 데 역마를 발휘하는 정말 개미 같은 사람입니다.

未는 조열한 땅으로 木의 묘지에 해당하니 작물을 키우기 힘든 땅인데, 癸수 비가 내려 癸未는 옥토로 변한 땅이 됩니다. 따라서 계미 일주는 어렵고 힘든 일이 닥치더라도 난관을 이겨 내고 오히려 기회로 바꿔 성공하고 부자가 되는 사람입니다.

주변을 이롭게 하는 희생과 봉사의 정신이 있는 단비같이 반가운 사람이며, 자수성가하여 부자가 되어도 자만하거나 뽐내지 않고 여전히 검소하게 사는 사람입니다.

계미 일주는 아픈 과거를 가지고 사는 사람인데, 찢어지게 가난한 집에 태어나거나 왕따를 경험하거나 차별을 받거나 괴롭힘이나 폭력을 당하는 등 가슴속에 눈물이 서 말이듯 깊은 마음의 상처를 안고 사는 사람이 많습니다.

계미는 검은 양으로 흰 양 무리에 속하지 못해 따돌림을 당하고 내쳐지는 아픔을 겪게 되지만, 미운 오리 새끼가 백조가 되듯이 계미 일주 역시 넘어지고 깨지며 칠전팔기 끝에 갈라진 논에 비가 오듯이 큰 성공을 거두게 됩니다.

식상의 고지를 둔 사주여서 계미 일주 여자는 유산·낙태를 하게 되며 자녀와는 전생의 업연으로 만난 사이라 자식으로 인해 웃고 우는 일이 많을 수밖에 없습니다.

癸

未   편관

묘(墓)

계미 일주는 배우자궁에 편관이 앉아 있어 겉으로는 계수의 특성으로 인해 사람이 부드럽고 약해 보이지만, 편관의 기질이 숨어 있어 성격이 급하고 다혈질적인 행동을 보입니다.

일지가 묘(墓)궁이라 자좌입묘(自坐入墓)하여 본인이 입묘되니 영감이 발달하여 웬만한 것은 한번 척 보면 다 꿰뚫어 알아차리며, 꿈도 잘 꾸고 실제로 무속인도 많으며 살아가면서 정신적인 문제로 병원 치료를 받는 사람도 많습니다.

일지에 묘궁을 두면 아주 똑똑하고 기억력이 좋아 수재가 많은데, 보고 들은 것들을 창고 속에 넣어 두기 때문입니다.

편관 칠살을 깔고 있는 데다 입묘현상까지 일어나 신경이 예민하고 불안·초조한 사람이 많으며 공황이나 우울증 같은 질환에 시달리는 사람이 많습니다.

계미 일주 여자는 배우자궁에 편관이 있어 남 보기에는 괜찮은 남편을 만나지만, 편관 묘궁이라 밤에 깊은 부부의 정을 나누지는 못합니다. 하지만 정신적으로 남편에게 의지하며 잉꼬부부가 많은 것은 일간 계수가 입묘되는 곳이 편관이라 남편 품으로 들어가기 때문입니다. 만약 계미 일주 부부가 매일 싸우고 서로 미워한다면 둘 중 하나는 입묘되어 아프거나 심하면 단명할 수밖에 없는데, 그러기 전에 차라리 헤어지는 것이 상책입니다.

이렇게 일간이 입묘되는 자좌입묘 일주는 계미를 비롯해 병술, 정축, 무술, 기축, 임진 여섯 일주가 해당합니다. 내가 입묘된다는 것은 비겁이 입묘된다는 의미가 있어 내가 입묘가 안 되면 형제가 입묘되는 처지입니다.

모친이 유산이나 낙태를 하였을 가능성이 높으며 그렇다면 이미 형제가 입묘가 된 것이라 형제와 단절은 덜하지만, 그래도 묘의 작용으로 내가 잘되면 형제 중 아프거나 힘든 형제가 있게 되고, 반대로 내가 아프거나 힘들면 형제는 잘 살게 되는 시소 같은 사이가 됩니다.

$$癸$$

$$未 \longrightarrow 己편관, 乙식신, 丁편재$$

묘(墓)

계미 일주는 남녀 할 것 없이 연애결혼을 하며 혼전 임신을 하는 것이 대부분입니다. 일지 속에 식재관이 함께 있기 때문인데, 묘궁을 놓고 있어 원치 않는 임신을 하거나 몸조리를 잘못해 유산·낙태의 위험이 있기 때문에 스스로 몸가짐에 조심하여야 합니다. 연애는 얼마든지 해도 되지만 꼭 피임은 해야 합니다.

계미 일주는 식재관을 두어 자기만 노력하면 얼마든지 성공할 수 있는 사람으로, 식신생재하여 장사나 사업으로 자수성가할 수도 있고 재생관하여 직장에서도 자기 능력을 펼쳐 승진하고 인정받는 사람으로서 다재다능하고 근면 성실함으로 무엇을 하든 성공합니다. 식신생재, 재생살로 흘러 돈과 명예를 다 쥐는 사람으로 권위와 명예가 높습니다.

다만 일간 자신이 입묘되고 식신, 재성, 관성까지 무덤 속에 들어가 있어 돈과 명예를 쥐더라도 육친의 아픔은 겪게 됩니다. 종교 생활을 열심히 하고 텃밭을 가꾸고 자연을 가까이하는 것이 도움이 되며, 책을 가까이하고 아낌없이 베풀어야 합니다. 베푸는 만큼 건강해지고 행복해집니다.

특히 계미 일주는 식신이 편관을 제살하고 재성을 생하는 중요한 역할을 하기 때문에 만약 식신이 망가진다면 재생살로 이어져 나도 제명을 살기가 힘들어집니다. 그래서 식신이 중요해 잔머리 굴리지 말고 내 손으로 땀 흘려 일하는 것이 중요하고, 여성에겐 자녀가 중요합니다.

식신은 나누어 주는 힘이니 너무 모으지만 말고 베풀고 아낌없이 써야 합니다. 그래야 건강하고 가정도 행복해집니다.

$$癸$$

$$未$$

묘(墓)

좌법 →

$$己$$

$$未$$

관대(帶)

계미 일주의 관살 기토는 묘궁대좌합니다.

관살이 관대에 놓이면 전문직이 많은데 묘궁에 놓여 있어 생사와 관련된 일을 하고 군·검경, 의약업이나 활인 쪽이 잘 맞으며 재생살하여 직장에서 고위직까지 오르게 됩니다.

未가 묘에 놓였지만 역마성이라 한곳에 가만히 있으면 좀이 쑤셔 활동성이 많으며, 직업과 관련된 제복이나 복장을 입고 근무하게 됩니다. 일지에 관살이 있고 그 관살에 내가 입묘되므로 직장에 인생을 바치다시피 열심히 일하는 사람으로 일중독에 빠진 사람도 많습니다.

식재관이 들어 있어 좋기는 하나 세 글자가 모두 나를 설기시키는 기운으로 계미 일주가 자기 역량을 제대로 펼치려면 신강한 것이 유리하며, 신약하면 식재관을 쓰는 데 한계가 있어 사회에서 성공하는 데 어려움이 있거나 아니면 건강을 잃게 됩니다.

계미 일주 여자는 남편이 수의를 입고 무덤 속에 들어간 모습이라 남편과 이불 속 부부 관계에 불만이 있지만, 본인 역시 입묘되어 묘궁에 들어가고 미토가 워낙 조열하여서 그다지 잠자리에 흥미를 느끼지는 않습니다.

남편은 고지식하고 체면을 중시하는 분이며 편관임에도 불구하고 다정다감하며 공처가가 많은데, 그것은 묘궁 속에 있어 처의 치마 폭 속에 있는 모습이기 때문입니다.

계미 일주 여자는 남편을 묘궁 속에 두어 편관 남편임에도 남편의 사생활에 간섭하고 내 뜻대로 이래라저래라 하게 됩니다. 남편이 아프거나 일찍 헤어질 수 있는데, 위에 말한 직업에 종사하거나 주말부부를 하면 업상대체되어 흉을 해소할 수 있습니다.

계미 일주 남자는 똑똑한 자녀를 두고 자녀를 사랑하는 자상한 아버지인데, 자녀 중 아픈 자녀가 있거나 떨어져서 지내게 됩니다.

계미 일주의 식신 을목은 묘궁양좌합니다.

未는 木의 고(庫)지라서 계미 일주는 식량 창고를 깔고 앉은 모습이 되어 개미처럼 부지런히 일해서 먹이를 창고 속에 쌓아 두는 사람입니다. 식신 을목이 양(養)으로 좌해서 유아·아동에 관한 교육이나 활인에 재능을 보이고, 화초를 키우거나 애완동물을 키우는 사람이 많으며, 요식업으로 성공하는 사람이 많습니다.

식신 을목은 두 가지 작용을 하는데 하나는 재성 丁화를 생해 주어 부지런히 노력해서 부자가 되는 모습이 되고, 또 다른 하나는 칠살 근토를 제극하여 식신제살하면서 노력 끝에 권좌에 오르는 모습을 보여 부와 명예를 다 쥐는 사람이 됩니다.

계미 일주 여자는 자식이 평생의 숙제가 되는데 식신이 양에 놓여 전생의 업연으로 맺어진 사이이기 때문입니다. 아픈 자식이 있거나 가슴에 묻은 자식이 있게 되는데, 일찍 유산·낙태를 할 수 있으며 자녀를 키우면서 가슴앓이를 하게 됩니다. 내가 자녀를 내 마음대로 좌지우지하려 하고 자녀의 작은 일에까지 간섭하려는 모습을 보이는 것은 나의 묘궁 속에 자녀를 넣어 두었기 때문입니다.

계미 일주 남자는 사회에서 나의 전생의 업연 관계를 만나게 됩니다. 식신이 양에 놓이면 전생과 관련된 활동을 하게 되는데, 그런 활동을 통해서 해야 할 숙제나 업을 풀고 갚게 되는 것입니다.

계미 일주는 유독 몸이 아파 병원을 자주 가거나 큰 수술을 받게 되며, 심하면 제명을 다 마치지 못할 수도 있습니다. 그 이유는 식신이 묘궁양에 입묘까지 되기 때문입니다. 따라서 식신을 부지런히 쓰면 해소되는 것으로, 일을 하든지 취미 생활을 하든지 아니면 놀러 다니든지 계미 일주는 움직여야 하며 부지런히 손발을 써야 합니다. 그러면 골골거리더라도 장수하고 게으르면 몸이 계속 아프게 됩니다.

계미는 식신이 묘궁양으로 식신이 묘에 드는 특이한 사람이라 몸에 흉터가 있거나 선천적인 질환이나 장애가 있는 사람이 많은데, 모든 것이 다 전생 업과 관련이 있기 때문입니다.

癸　　　　좌법　　　　丁

未　　　　——→　　　　未

묘(墓)　　　　　　　　대(帶)

계미 일주 재성 정화는 묘궁대(帶)좌합니다.

묘궁에 든 재성이라 계미 일주는 기본적인 재복은 타고난 사람입니다. 한번 수중에 들어온 돈은 여간해서는 빠져나가지 못하는 근검절약으로 부자가 되는 사람인데, 아무리 재산이 많아도 사치하지 않고 검소하게 사는 사람입니다.

식신생재하여 자수성가하며 재생살하여 재산이 많으면 자연히 명예를 좇게 되어 있어 정치에 출마하거나 모임의 단체장이라도 맡으려 합니다. 지장간의 세 글자가 관살에서 맺히면 돈이 있든 없든 명예욕이 강해져 사람들에게 인정받고 싶은 욕구가 강하고 심해지면 권위적인 사람이 될 수 있습니다.

재생살은 살을 키워 자칫하면 내가 다치게 되는데, 너무 돈돈하며 돈에 집착하고 수전노처럼 돈만 알고 베풀지 않으면 결국 돈 때문에 내가 다치게 되어 건강을 잃거나 그동안 어렵게 모은 재산을 한 방에 날려 먹게 되며, 남자는 여자로 인해 내 명예가 날아가고 재산도 다 날리게 됩니다. 그래서 계미 일주는 돈 놀이하는 투자는 실패하기 쉬우나 미토 속에 든 돈으로 인해서 부동산만큼은 성공하게 됩니다.

계미 일주 남자는 처가 똑똑한데, 아프거나 부부간의 정이 부족하게 됩니다. 이는 처가 무덤 속에 누워 있는 모습이기 때문으로, 서로 간에 불만이 있게 됩니다. 남자는 아내를 묘 속에 넣어 권위적이고 아내에게 이래라저래라 간섭하니 아내 역시 불만이 많습니다.

계미 일주 인성 신금은 묘궁쇠(衰)로 인종하며 공망이 됩니다. 이렇게 쇠에

_____ 피클 일주론 사주명리학의 꽃

인성이 놓이면 부모님이 잘살거나 집안이 명문가인 경우가 많은데, 계미 일주는 묘궁으로 들기 때문에 쇠락한 집안이거나 부모님 덕이 나에게 잘 미치지 못해 어린 시절 상처를 안고 사는 사람이 많고 더구나 계미는 인성이 공망이라 그럴 확률이 더 높습니다.

계미 일주는 식재관을 고루 두어 식복은 타고난 사람이지만, 가정사에 남모르는 아픔을 안고 살며 그 아픔의 시작은 부모님이 됩니다.

똑똑하여 공부를 잘하므로 열심히 공부해 좋은 직장으로 들어가는 것이 상책인데, 내가 원하는 만큼의 공부를 마치기는 쉽지 않습니다.

癸　　　　　　　　　癸
未　　인종　　　　　未
묘(墓)　　　　　　　묘(墓)

계미 일주의 비견은 같은 묘에 인종되니 형제와는 연이 길지 않아 일찍 떠난 형제가 있게 되며, 흔히 부모님이 유산·낙태를 하신 경우가 많습니다.

이렇게 비견이 묘에 드는 것은 결국 나와 형제 중 하나는 묘 속으로 들어가야 한다는 뜻으로, 내가 부자면 형제가 가난하고 내가 아프면 형제는 건강하게 됩니다. 따라서 만약 형제 중에 아프거나 힘들게 사는 형제가 있다면 그 형제 덕에 내가 건강하게 잘 사는 것임을 알고 고마운 마음으로 성심을 다해 도와주어야 합니다.

계미 일주는 아껴 쓰고 저축해서 부동산으로 중년 이후에 큰 재산을 이루는 사람이 많으며, 마른 땅에 비가 내리는 형상으로 생명을 살리는 기운이 있어 자신을 희생해 가정을 살리는 사람입니다.

진술축미를 깐 임계수 일간들은 이번 생에 전생의 업과 관련된 숙제가 있습니다. 전생에 내가 저지른 악업의 사슬을 끊고 푸는 것이 이번 생의 과제입니다. 그러니 빚을 갚는 마음으로 보시하고 기도하며 살면, 나도 건강해지고 가정도 행복해집니다.

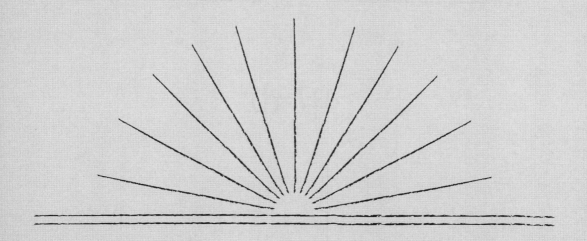

3부
갑신순 - 午未 공망

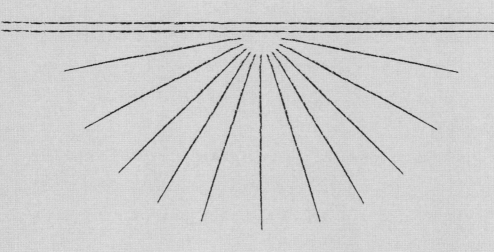

갑   신
甲申

　갑신 일주는 일지에 편관을 두어 삶의 행로가 다사다난합니다. 일지가 편관이면 신약할 것 같지만, 겉으로 드러나는 성정은 편관의 성향이 강해 성격이 급하고 투쟁심도 강하고 자존심과 고집도 셉니다. 강자 앞에 강하고 약자 앞에 약한 것은 일지 편관을 둔 사람들의 특징입니다.

　마음에 내키지 않는 것은 주위에서 아무리 권한다 해도 하지 않지만, 본인이 하고 싶은 것은 아무리 말린다 해도 기어코 하고야 마는 성격입니다. 이런 특성 때문에 노동운동이나 시민운동, 정치권에서 두각을 나타내는 사람들이 많습니다.

　사회에서도 꽤 성공한 사람들이 많지만, 하나같이 온갖 시련을 이겨 내고 성공을 거둔 사람들이지 처음부터 출세가도를 달리는 사람은 없습니다. 그래서 사회에서 성공을 거둔 갑신 일주의 대부분은 자수성가하고 대기만성하며 칠전팔기의 오뚝이와 같은 사람들입니다.

甲

申　　　　　**편관**

절(絶)

　갑신 일주는 일지에 편관이 절(絶)에 놓였습니다. 일지는 배우자궁(宮)이기 때문에 절궁에 놓였다고 합니다. 절은 말 그대로 끊어진다는 의미이고, 12운성에서 기운이 끊어지는 맨 아래 단계이자 기운이 바닥을 치고 다시 시작되는 단계로서 포(胞)라고도 합니다.

　배우자궁에 절을 놓았으니 갑신 일주는 남녀 모두 배우자 인연이 불리합니다. 일지의 12운성은 배우자 관계뿐만 아니라 그 사람의 주된 성향이 됩니다. 더구나 갑신은 편관 절이기 때문에 절의 특성이 아주 강하게 나타납니다.

　끊고 맺는 것이 확실하고 본인이 한번 아니라고 생각한 것은 목에 칼이 들어와도 아닙니다. 한번 싫어진 사람은 죽을 때까지 쳐다도 안 봅니다. 판단과 행동이 빠르고 과감한 면이 있지만 또 성급하고 다혈질이라 그만큼 실수도 잦고 실패도 많이 하게 됩니다. 이런 성격 때문에 사회를 살아가는 데 좌충우돌하고 삶의 굴곡이 많아지는 것은 당연하다고 할 수 있겠습니다.

　이렇게 절을 깔고 있는 일주는 갑신을 비롯해 을유, 경인, 신묘 네 일주로 배우자 관계가 불리하고 직업의 변동이 많아 다사다난한 인생행로를 걷게 됩니다.

甲

申　　　⟶　　庚(편관), 壬(편인), 戊(편재)

절(絶)

申은 지장간 庚, 壬, 戊를 두어 갑신 일주는 재관인을 품고 있습니다. 갑신 일주가 삶의 굴곡이 많은 것은 편관 절을 놓았기 때문이고, 의외로 갑신 일주가 사회에서 출세하고 인물이 많은 것은 지장간 속에 재, 관, 인을 품고 있기 때문이라고 할 수 있습니다.

재생관하고 관생인하여 살인상생하는 기운이 있어 고서에서 이르길, 갑신 일주는 살(殺)과 인(印)으로 출세하여 권위와 명예를 다 가지는 귀명(貴命)이라 하였습니다. 이렇게 갑신 일주에겐 인성의 역할이 아주 중요해 만약 재극인을 하여 인성이 깨진다면 재생살로 이어져 돈 때문에 고통받고 제명을 살기도 힘들게 됩니다.

그래서 갑신 일주는 어머니의 역할이 아주 중요하고 어릴 땐 첫째도 공부, 둘째도 공부로 갑신 일주 자녀를 둔 부모는 가정 형편이 어렵더라도 공부를 시켜야 합니다. 갑신 일주는 절처봉생하는 기운이 있어 어려움을 이겨 내고 마침내 성공하는 사람으로, 칠전팔기의 신화를 쓰는 사람이 많습니다.

재성이 문제가 되므로 돈보단 명예를 따라야 하는데 재극인이 되서 탐욕으로 남의 원성을 사거나 돈 때문에 불법·편법을 저지르면 결국 재생살이 되어 사건·사고로 단명하거나 한 방에 돈과 명예를 다 날리게 됩니다. 특히 남성은 여자 문제로 곤란에 처하기 쉬우니 처신에 신경을 써야 합니다.

또 갑신 일주는 모두 양간의 편(偏)으로만 이루어져 있기 때문에 성격이 급하고 고집과 자존심이 셉니다. 이런 성격 때문에 쉽게 갈 수 있는 길도 어렵게 가게 되고, 스스로 자기 발등 찍는 일을 자주 하게 됩니다.

甲　　　　　　　　　　　庚
　　　　　좌법
申　──────→　申

절(絶)　　　　　　　　　록(祿)

갑신 일주는 절궁을 놓았으며 申중 경금은 건록으로 좌했습니다. 그래서 갑신은 편관 경금이 절궁록좌하였다고 합니다.

일지 배우자궁에 편관을 두고 편관이 건록으로 놓여 있기 때문에 갑신 일주는 남녀 모두 배우자로 인한 힘든 일이 있게 됩니다. 여명의 경우, 남편과 자주 싸우거나 성격 차이로 결국 이별하게 되는 경우가 많습니다.

그렇다고 갑신 일주 여명의 남편인 배우자가 능력이 없는 것은 아닙니다. 록으로 놓여 있어 능력도 있고 책임감도 있으며 직장 생활도 열심히 하는 사람입니다. 하지만 절궁에 놓인 록이기에 이동과 변화가 많습니다. 이럴 때는 기러기 부부처럼 부부가 떨어져 살거나, 본인이나 배우자가 편관 숙살을 쓰는 직업이면 업상대체되어 해로할 수 있습니다.

갑목 나무가 신(申)금의 단단한 바위에 뿌리내리기가 여간 어려운 게 아니지만 한번 뿌리를 내리면 아름다운 독산고목으로 오랫동안 해로하며 잘 살게 됩니다. 그래서 갑신 일주는 남녀 모두 결혼하고 부부 관계에 고비가 많지만 중년까지 잘 견디면 그 후론 행복한 부부 관계를 이어 가게 됩니다.

편관이 절 록궁으로 좌해 갑신 일주는 직업을 자주 옮기고 바꾸는 성향이 있지만, 가만히 집에서 마냥 놀고먹지는 않습니다. 직장을 그만두면 금방 새로운 직장을 구하여 일을 합니다. 업종도 자주 바꾸는데, 전에 했던 일과는 전혀 관련 없는 일을 하기도 합니다. 편관이 록이라 새로운 일을 시작하고 도전하는 데 거침이 없고 겁이 없어 시작도 잘하고 중단도 잘하지만, 실패해도 오뚝이처럼 다시 일어나 도전해서 결국 성공하게 됩니다.

갑신 일주는 성격이 급하고 반항심이 많고 자존심이 세니 남 밑에 잘 있지 못해 한 직장을 오래 다니기가 힘든 게 일반적이지만, 인성을 써서 살인상생하여 참고 인내할 줄 알고 급한 성격을 잘 다스린다면 직장에서 능력을 인정받아 남보다 빨리 승진하고 최고의 자리에까지 오를 수 있습니다. 관살이 록을 놓았기 때문에 근면 성실한 사람이고 업무 능력도 뛰어납니다.

甲
申
절(絕)

좌법 →

壬
申
생(生)

申중 壬수 편인은 절궁생에 좌했습니다.

갑신 일주가 갖은 역경 속에서도 다시 일어나고 마침내 성공을 거두게 되는 것은 바로 壬수 편인 때문이라 해도 과언이 아닙니다. 장생에 놓인 편인 때문에 갑신 일주는 살인상생의 기운이 있어 절처봉생, 기사회생하게 됩니다. 그래서 갑신 일주는 바닥까지 떨어져도 다시 일어나는 백절불굴의 기개가 있습니다. 칠살 경금을 인성으로 살인상생시키는 힘이 있기에 칼을 찬 선비의 모습이 되고, 용맹과 지략을 겸비한 덕장이 됩니다.

갑신 일주의 어머니는 장생의 어머니라 자식을 향한 사랑이 끝이 없고 생기 넘치고 총명한 분이며 미인입니다. 하지만 절궁에 놓여 있어 학창 시절부터 어머니와 떨어져 살거나 일찌감치 독립하게 됩니다. 갑신 일주의 성공 여부를 알려거든 어머니와 얼마나 유정한 관계인지를 보면 금방 알 수 있습니다.

인수가 장생을 얻으니 갑신 일주 역시 대부분 똑똑하여 공부를 잘합니다. 이렇게 칠살이 들고 편인이 함께 있으면 머리 회전이 빠르고 영감이 발달해 판단력이 뛰어나며, 한 분야에서 비상한 능력을 보이는 사람이 많습니다. 학교 성적도 상위권이지만 절궁에 놓여 본인이 공부를 원하는 만큼은 마치지 못하거나 한다 해도 어렵게 공부를 하게 됩니다.

절처봉생하기에 활인업에 종사하면 보람을 느끼며 능력을 발휘하게 되고,

권력기관에 종사해도 두각을 나타내어 출세하는 경우가 많습니다. 하지만 평범한 직장을 다니게 되면 잦은 직업 변경과 이동으로 자기 발등을 찍어 힘든 삶을 사는 경우가 많습니다.

申中 戊 재성은 병에 놓여 있어 절궁병좌합니다.

12운성의 병(病)은 12신살에서 역마에 해당합니다. 그래서 병에 놓이면 항상 역마를 떠올리면 이해가 빠릅니다. 즉, 갑신 일주는 재성 戊가 역마에 놓였으니 돈을 벌기 위해 바쁘게 여기저기 동분서주한다는 의미가 됩니다.

돈을 벌기 위해 타향으로 가거나 무역업이나 운송업, 부동산 등 역마와 관련 있는 업으로 돈을 번다는 의미가 됩니다. 하지만 이 역시 절궁에 놓인지라 성공과 실패의 극과 극을 오가고, 돈을 벌어도 관리를 못하여 애써 모은 돈을 한 방에 날리기도 합니다.

남자에게 재성은 여자이니 타향에서 만난 아내가 되며, 역마가 있어서 여행이나 이동을 자주 하는 아내가 됩니다. 또한 절궁병좌이기 때문에 아내가 아프거나 병으로 헤어질 수 있다는 것이 암시되어 있으므로 갑신 일주 남성의 처는 반드시 보험을 들고 건강 관리에 각별히 조심해야 하며, 특히 운전을 조심해야 합니다. 절과 병의 조합은 교통사고의 물상이며 이별의 물상이기 때문입니다.

재성은 부친이 되니 갑신 일주의 부친 역시 병이나 사고로 헤어질 수 있는데, 부친이 역마와 관련된 일을 하거나 멀리 있는 학교에 진학하여 부친과 떨어져서 살게 된다면 업상대체되어 무탈합니다. 재성은 수명과 건강과도 연관이 깊은데, 갑신 일주가 교통사고나 이별수를 잘 겪는 것은 재성이 절궁병좌했기 때문입니다.

갑신 일주는 재생살하여 여자와 돈을 너무 밝히다간 돈을 벌기는커녕 돈도 잃고 건강도 잃고 가정도 잃게 됩니다. 그리고 돈을 벌 땐 항상 법을 지키고 양심에 비추어 어긋나지 않는 돈이어야 합니다.

丙 식신은 재성과 마찬가지로 절궁에 병으로 인종됩니다.

식신이 병으로 놓여 있어 갑신 일주는 말을 잘하는데, 절궁에 놓인지라 말은 잘하지만 말수는 적은 편입니다. 식신은 먹는 식복이고 활동력이기에 병(病)에 놓인 갑신 일주는 웬만한 음식은 가리지 않고 잘 먹고, 여기저기 정신없이 바삐 다니고 이사를 자주 합니다.

재성과 식신이 역마에 들어 부지런하고 바쁘게 살며 동서남북 안 가 본 데가 없을 정도로 돌아다니고 활발히 살아갑니다. 만약 갑신 일주가 밖을 안 나가고 집 안에만 틀어박혀 있다면, 아프거나 마음에 병이 난 것으로 빨리 병원에 가 봐야 합니다.

甲은 태생적으로 丙화 태양을 반기는데, 만약 원국에 丙화가 투출되어 있다면 목화통명(木火通明)이라 하여 아주 똑똑하고 뛰어난 재능의 소유자들이 많습니다. 이럴 경우 교육 계통에서 출세하는 사람들이 많고, 기업의 연구 관련 분야나 전문직으로 종사하는 사람이 많습니다.

갑신 일주 여성은 똑똑하고 현달한 자식을 두게 되고, 자식들이 효자·효녀입니다. 갑목일간 여성들에게 유독 효자·효녀 자녀가 많은 것은 자식에 해당되는 식신이 丙으로 인종되기 때문입니다. 甲 나무는 丙 태양에게 빛을 받아 광합성을 하며 살 수 있기 때문에 甲과 丙은 서로가 서로에게 도움을 주는 상생의 관계이기 때문입니다.

식신 丙화는 재성 戊토와 마찬가지로 절궁 병종하기 때문에 똑똑한 자식을 두지만 자식으로 인한 아픔이 있을 수 있는데, 자식이 아프든지 아니면 자식과 일찍 떨어질 수 있습니다. 병은 역마이기에 자식이 공부 때문에 멀리 유학을 가거나 타지로 진학하게 되어 부모와 떨어지게 되는 경우도 흔합니다.

재성과 식신이 절궁병으로 들어 갑신 일주는 역마끼가 강하고 귀가 얇고 성격이 급하여 실수하거나 덜렁거려 잊어버리기도 잘합니다. 반면에 상황 판단이 빠르고 직감이 뛰어나고 머리가 좋으며, 한번 일에 빠지면 몰입하는 경향이 있습니다.

성격이 급하고 절궁에 놓여 한 가지 일을 꾸준히 장기간에 걸쳐 하는 일은 적성에 잘 맞지 않습니다. 시작은 잘하나 마무리를 잘 못하니 유시무종, 용두사미입니다. 그러므로 갑신 일주가 개인 사업을 한다면 반드시 돈 관리는 아내나 다른 사람에게 맡겨야 합니다. 다른 사람의 조언을 듣고 신중하게 결정을 내리고 중도에 포기하지 않고 인내를 가지며 꾸준히 한다면, 결국은 성공하게 될 것입니다.

비견 甲목 역시 절로 인종되어 갑신 일주는 대개 형제와의 인연이 짧거나 박복합니다. 절궁절종이기 때문에 이런 경우 형제가 무탈하고 우애가 있다면 모친이 유산하거나 낙태한 형제가 있다는 뜻이 됩니다. 어릴 때는 형제와 우애가 있었더라도 나중에 결혼하고 중년이 되면서 부모님 유산 문제로 다투어 절연하다시피 되는 경우도 많습니다. 갑신 일주는 형제와 멀리 떨어져 살며 가끔 만나는 게 서로에게 좋습니다.

갑신 일주처럼 절궁에 놓은 일주로는 乙酉, 庚寅, 辛卯가 있습니다. 이렇게 절궁을 놓은 일주는 배우자 문제가 가장 크게 나타나게 되는데, 삶의 가장 큰 숙제가 이성 문제, 배우자 관계라 해도 과언이 아닙니다. 이럴 때는 결혼을 늦게 하는 것이 가장 좋고, 결혼 전에 연애 경험을 많이 쌓는 것도 도움이 됩니다. 그렇지 않다면 주말부부를 하거나 나이 차가 많이 나는 인연을 만나는 것도 괜찮습니다.

갑신은 식상공망이라 엉뚱한 말이나 행동을 잘하고, 여성은 자녀에게 더욱 집착하게 됩니다. 그리고 땀 흘리며 힘을 쓰는 일을 하기보다는 머리를 쓰는 일이 잘 맞고, 그럴 때 재능을 발휘하게 됩니다.

갑신은 현침으로만 이루어진 글자입니다. 그래서 핵심을 집어내는 통찰력이 있고 직감이 아주 발달되어 반무당이란 소릴 듣게 되며, 기술이나 현침을 쓰는 의약 · 미용업에서도 재능을 발휘합니다. 특히 여자는 현몽을 잘 꾸고 예지력까지 있습니다.

갑신 일주는 申속에 庚 칠살과 壬 편인이 있어 절처봉생, 살인상생하는 대표적인 일주입니다. 살인상생하는 갑신은 칼을 찬 선비와 같아서 기개가 드높고 불굴의 의지로 고난과 역경을 이겨 내어 마침내 목적한 바를 이루어 내고 만인의 존경을 받을 수 있는 귀(貴)를 품고 있는 사람입니다.

하지만 申 속에 戊재성이 함께 있어 재성이 인성을 극해 귀가 사라지고 오히려 재물에 눈이 멀어 사람들로부터 손가락질을 받게 될 수도 있습니다. 그래서 갑신은 사업이나 장사를 하기보다는 공직이나 권력 계통에 잘 맞는 일주입니다. 결국 갑신 일주는 재물보다는 명예를 취해야 하는 사주로, 무슨 일을 하든지 항상 나보다는 사회와 약자를 먼저 생각하고 일한다면 큰 경제적인 성공과 함께 존경까지 받을 수 있을 것입니다.

갑신은 물상으로 큰 바위 위의 나무, 절벽 위에 서 있는 고목이 됩니다. 그래서 고난과 역경 속에서도 절개를 지키는 군자의 모습이고 멋과 풍류를 즐기는 사람도 많습니다. 申은 고성(孤星)이라 갑신 일주는 혼자 있기를 좋아하고 낭만과 멋이 있는 사람입니다.

갑신은 일지가 일간을 극하는 모습이라 사건·사고에 노출되어 있어 병약하고 신경이 예민한 사람이 많습니다. 따라서 항상 건강에 신경 쓰고 보험은 필수로 들어 놓아야 합니다.

을 유

乙酉

　을유 일주는 일지에 편관을 두고 있습니다. 일지에 편관을 둔 일주는 갑신, 을유, 무인, 기묘, 임술, 임진, 계축, 계미가 있습니다. 하지만 그 가운데에서 을유는 가장 편관의 살기(殺氣)가 두드러집니다. 편관 칠살의 기운이 강한 만큼 을유 일주는 삶의 행로가 녹록지 않음을 알 수 있습니다.

　을목은 여린 화초인데, 유금이라는 칼날을 깔고 앉아 뿌리가 언제 잘려 나갈지 모르는 불안한 모습입니다. 그래서 을유 일주는 신경이 예민하고 불안 · 초조해하는 사람이 많고, 두통이나 신경통 같은 각종 신경성 질환에 시달리는 사람도 많습니다.

　유금은 인성(刃星)이라 일지에 유금을 두면 칼을 쓰는 업(業)이 적성에 잘 맞고 성공을 거두는 사람이 많은데 의료계나 군 · 검경, 혹은 재봉사나 요리사도 잘 맞으며 실력 있는 미용사도 많습니다. 이렇게 직업으로 유금을 업상으로 쓰게 되면 본인의 건강도 한결 좋아집니다.

乙

酉   편관
절(絶)

을유 일주는 일지에 편관 절(絶)을 놓았습니다. 일지에 절을 놓은 일주는 을유, 갑신, 경인, 신묘 이렇게 네 일주입니다. 일지는 배우자궁이기 때문에 일지에 절을 놓았다는 것은 일단 배우자와 해로하기는 힘들다고 해석하면 됩니다.

그래서 을유 일주는 편관 칠살의 절에 놓여 60갑자 일주 중에서도 유독 풍파가 심한데, 유금이라는 살기를 직업으로 잘 쓰면 오히려 출세할 수 있습니다. 결국 을유 일주는 첫째도 둘째도 유금이라는 살기를 어떻게 다스리느냐에 따라 삶의 성패가 달렸다고 해도 과언이 아닙니다.

일지에 절을 놓은 을유는 단절의 물상이 자주 나타납니다. 우선 결혼 생활에서 가장 잘 나타나고, 한 직장에서 정년을 맞이하는 것은 하늘의 별 따기만큼 어렵습니다. 또한 대인관계에서 단절되기도 하며, 가족 관계에서 부모·형제와도 단절이 되어 일찍 헤어지거나 멀리 떨어져 살게 됩니다. 이렇게 단절이 많이 나타나면 결국 외롭게 됩니다.

칠살이 절에 놓여 을유 일주의 성격은 급하고 충동적인 판단을 잘 내립니다. 그렇다 보니 결혼 생활에서 부부가 자주 다투게 되며, 직장에서도 동료와 불화가 많고 상사와의 마찰로 사직서를 던지게 됩니다. 그래서 을유 일주가 겪는 대부분의 고난은 알고 보면 본인의 예민한 성격 탓이 많습니다.

칼로 무를 자르듯이 을유 일주는 끊고 맺는 것이 확실한 사람으로, 한번 싫어진 사람과는 다시는 화해하지 않으며 한번 마음을 연 사람에게는 간이며 쓸

개까지 다 내어 주는 사람입니다.

을유 일주는 참을 인(忍)이 무엇보다 필요한 일주입니다. 참고 인내하면 나중에는 크게 성공도 하고 명예를 얻는 귀(貴)를 누릴 것이지만, 급하고 충동적인 성격을 고치지 못하면 고생을 사서 하게 되는 일주입니다.

을유 일주 여성은 일지에 편관을 두고 있어 남들 보기엔 괜찮은 남편을 만나지만, 을목에겐 유금이 여간 껄끄러운 게 아니라서 결혼 생활이 순탄치 않습니다. 그렇다 해도 유금 속엔 경금이 있어 을목 일간과 암명합을 하기 때문에 부부 갈등이 있어도 쉽게 이혼하지는 않습니다.

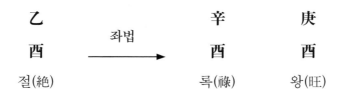

일지 유금 속에는 지장간이 신금과 경금이 들어 있습니다. 을유 일주는 유금 절궁에 신금과 경금이 록왕으로 좌해 관살의 기운이 아주 센 일주이며, 그만큼 절의 기운도 강합니다.

관과 살이 록왕으로 좌했으니 기본적으로 근면 성실한 사람입니다. 자기주장이 강하고 맡은 임무는 무슨 일이 있어도 책임지고 해냅니다.

그리고 정편관이 함께 있어 직장을 자주 옮긴다는 의미가 있으며 투잡을 하는 사람도 많습니다. 그만큼 다재다능하다는 의미도 됩니다.

이렇게 관살의 기운이 강하면 건강에 문제가 생길 수 있는데, 을유 일주가 신약하거나 강한 살기를 인성이나 식상으로 다스리지 못한다면 강한 살기에 다치게 되어 건강이 안 좋거나 사건·사고를 자주 당하게 되므로 보험은 반드

_____ 피클 일주론 사주명리학의 꽃

시 들어 놓아야 합니다.

　여자는 남편으로 인한 고통을 겪게 되며, 정편관을 함께 두니 여러 번 결혼할 수 있는데 남편이나 본인이 직업으로 강한 금의 살기를 쓰거나 주말부부처럼 떨어져 산다면 해로할 수 있습니다. 이렇게 관살이 혼잡한 데다 관살의 기운이 강하면서 절궁을 놓았다면 결혼하기 전 많은 연애 경험을 쌓는 것도 도움이 됩니다. 즉, 결혼 전에 미리 절의 물상을 많이 경험하는 것입니다.

　정관 경금은 일간과 암명합을 합니다. 이렇게 되면 남자는 직업이나 자식에 대한 애착이 강하게 되고, 여자는 남편에 대한 애착으로 나타납니다.

　하지만 정편관이 혼잡한데 정관과는 합을 하지만 편관과는 절이 되니 합과 절의 성향을 동시에 다 가지게 됩니다. 그래서 만나고 헤어지기를 반복하고, 좋았다 싫었다를 반복하게 됩니다. 직장도 입사와 퇴사를 반복하게 되니 이직이 잦을 수밖에 없습니다.

　여성의 경우에는 어려서부터 이성 관계에 주의를 해야 하는데, 연애를 하는 건 좋지만 원치 않는 임신을 하지 않도록 각별히 조심해야 합니다.

　이렇게 합, 절이 같이 있게 되면 사귈 때는 좋아서 안 떨어지려고 하지만 싫어지면 뒤도 안돌아보고 냉정하게 헤어지려는 양면성이 나타나게 됩니다. 그러나 헤어질 때는 암명합의 영향으로 마음같이 칼로 무 자르듯이 쉽게 헤어지지 못하며, 시간을 끌거나 이해관계나 법적인 문제로 골치를 썩게 됩니다.

　관살이 록왕으로 좌하니 평소에 근면 성실한 모습을 보여 직장에서 인정받게 되는데, 절궁에 놓여 있기에 열심히 하다가도 사소한 일로 갑자기 중단하거나 직장을 그만두는 일이 비일비재합니다.

　이렇듯 유시무종하는 대표적인 일주로, 참을 인(忍)자를 언제나 가슴에 품고 살아야 합니다. 을유 일주야말로 참을 인(忍)자 세 개면 출세하고도 남음이 있는 사람입니다.

乙酉 ____

乙　　　　　　　　　丁

酉　　　인종　　　　酉

절(絶)　　　　　　　생(生)

을유 일주의 식신 정화는 절궁에 생으로 인종합니다.

식신이 생으로 인종해 여성의 자식은 똑똑하고 잘생겼는데, 절궁에 놓인 데다가 식신이 공망이라 을유 일주 여성은 자식과 떨어져 지내거나 멀리 유학을 보내게 됩니다. 식신이 생이라 계속 생겨나는데, 공망이라서 채워도 채워도 채워지지 않은 아이러니가 있으니 자식을 향한 애정은 끝이 없기에 자식과의 관계에는 남모르는 애환이 있게 됩니다.

을유 일주는 대개가 말을 잘하고 똑똑한데 식신이 생에 놓이고 공망이기 때문에 그렇습니다. 식신이 공망이라 머리를 쓰는 일이나 특별한 기술을 쓰는 일이 잘 맞습니다.

을목은 정화나 병화를 보면 화초에 꽃이 핀 격이라 인물이 좋으며, 유금의 살기를 화기로 다스려야 하기 때문에 을유 일주에게 식신과 상관은 반드시 필요합니다.

식신을 열심히 쓰면 건강도 좋아지고 하는 일도 잘되니 을유 일주는 열심히 일하고 여행이나 모임도 자주 가지며 바깥 활동을 하게 되면 건강이나 직장뿐만 아니라 가정까지도 화목해집니다.

乙　　　　　　　　　己

酉　　　인종　　　　酉

절(絶)　　　　　　　생(生)

_____ 피클 일주론 사주명리학의 꽃

을유 일주의 재성 기토는 생(生)으로 인종해 절궁생종하게 됩니다.

식신 정화와 함께 생으로 인종하여 열심히 노력해서 노력한 만큼 재물을 벌어들이는 사람입니다. 만약에 사주 원국에 정화가 아닌 병화가 있는 사람이라면, 병화는 사(死)에 놓이기 때문에 땀 흘리며 육체적인 일을 해서 돈을 벌기보다는 정신적인 영역, 즉 지식을 활용하는 일을 해서 돈을 버는 사람이 됩니다.

재성 역시 기토와 무토가 차이가 있게 되는데 기토는 생, 무토는 사에 놓이기 때문입니다. 기토는 생이기에 현금, 꾸준히 들어오는 정기적인 소득, 겉으로 드러난 소득이라는 의미가 있는 반면에 무토는 사에 놓인 재성이기 때문에 보이지 않는 돈, 남들은 잘 모르는 소득과 재산이라는 의미가 있습니다.

어쨌든 일주론은 일주만으로 그 사람의 대략적인 인생행로를 보는 것이기 때문에 일지에 없는 글자는 일지와 음양을 맞춰 인종하는 것이 원칙이기에 정화, 기토를 기준으로 보는 것이 정석입니다.

그래서 을유 일주는 식신과 재성이 생지로 인종되기 때문에 돈 버는 능력이 탁월한 사람들입니다. 다만 절궁에 놓여 있어 힘들게 모은 재산을 지키지 못하고 다 날려 버리는 일이 허다합니다. 즉, 을유 일주는 돈 버는 능력은 있지만 돈을 지키고 관리하는 능력은 떨어집니다. 돈을 벌면 반드시 저축하는 습관을 들여야 하며, 만일 충동적으로 물건을 구매하고 계획 없이 돈을 쓰는 습관을 고치지 않는다면 밑 빠진 독에 물 붓기처럼 남는 것이 없게 됩니다.

재성이 생지로 인종되니 을유 일주 남자는 능력 있는 아내를 두게 되는데, 맞벌이인 경우가 많고 밝고 쾌활하고 예쁜 아내를 두게 됩니다.

여성은 시어머니의 도움이 있는데, 그렇다고 해도 한집에 같이 살거나 가깝게 지내면 스트레스를 받고 가정에도 안 좋습니다. 재성 시모가 칠살을 키워 남편과 불화하게 되기 때문입니다.

乙酉 ____

생을 받은 재성으로 돈을 버는 것은 좋으나 재성은 칠살을 생하여 칠살이 강해져서 오히려 돈으로 인해 건강이 나빠지거나 가정이 파탄날 수도 있습니다. 그래서 남자는 여자로 인해 고통을 받거나 가정이 깨지게 되고, 여자는 시어머니로 인해 결국 이혼까지 갈 수도 있습니다.

을유 일주에게 재성은 양면의 칼과 같아서 적당히 취하면 좋지만 너무 욕심을 내거나 집착하면 유금 칠살의 기운이 살아나 결국은 돈도 잃고 건강도 잃고 가정도 잃는 경우도 생기니, 늘 마음수양을 하여 자족할 줄 알아야 합니다.

을유 일주의 인성 계수는 병(病)으로 인종해 절궁병종하게 됩니다.

인성이 병에 놓였다는 것은 모친이 아파서 치료를 받거나 절궁에 놓였으니 이별한다는 암시가 있습니다. 또한 병은 12신살에선 역마의 의미가 있어 어머니가 멀리 떠났다는 의미도 있게 되니, 을유 일주는 모친과 생리사별하는 경우가 많습니다. 이럴 땐 유학을 가거나 먼 곳의 학교로 진학하는 것이 개운의 방편이 됩니다.

인성이 역마로 놓였으니 공부하고자 멀리 떠난다는 뜻이 되어 유학을 가거나 집과 먼 학교로 진학하여 하숙이나 자취 생활을 하게 됩니다.

을유 일주는 공부로서 성공하기는 힘들며 원하는 학업을 마치지 못하게 되는 것도 절궁병에 놓였기 때문입니다. 그래도 인수는 강한 살기를 살인상생

_____ 피클 일주론 사주명리학의 꽃

시키는 역할을 하니, 을유 일주는 힘든 일이 있을 때 인수 어머니께 의탁을 하면 도움을 받거나 조언을 받을 수 있습니다. 건강이 안 좋을 때는 책을 본다거나 기도나 수행에 힘쓰거나 공부를 하면 많은 도움이 됩니다.

을유 일주는 형제와 우애가 깊은 경우를 보기 힘든데, 그 이유는 비견이 절 궁절종으로 절이 중첩되었기 때문입니다. 그래서 형제와는 단절되거나 멀리 떨어져 사는 것이 일반적입니다. 을목은 태생적으로 같은 을목을 꺼리는 데다가 절에 놓여 있어 형제뿐만 아니라 직장 동료와의 관계도 그리 원만하지 못합니다.

을목은 유중 경금과 암합을 하여 나의 관을 몰래 가져가는 형상이라 동료나 친구에게 배신당하는 모습이 되기도 합니다. 특히 여자는 경쟁자에게 남편을 빼앗기는 모습이 되니, 한 남자를 두고서 삼각관계를 연출하기도 합니다.

유금은 인성(刃星)이라 을유 일주는 마음속에 칼을 품고 있는 사람입니다. 그래서 한번 원한을 맺으면 갚을 때까지 잊지 않는 모습을 보이니, 을유 일주에게 절대로 원한 살 일을 하지 않는 것이 좋습니다.

이 칼을 다스리지 못하면 결국 자신이 다치게 되니 을유 일주는 병이나 사건·사고로 한번은 큰 수술이나 이별을 하게 되는 경우가 많습니다. 따라서 늘 용서하고 화해하며 마음의 평화를 찾는 것이 본인의 건강을 잘 챙기는 일이 될 것입니다.

을유는 겉은 을목이라 부드럽지만, 속은 유금이라 냉정하고 강한 사람으로 외유내강의 대표적인 일주입니다. 유금으로 을목 화초를 자르니 을유는 숙살의 기운이 강해 군경검이나 의약업에 종사하는 사람이 많습니다.

숙살기가 강한 관살의 힘으로 나도 모르게 남에게 상처 주는 말을 하여 그동안 쌓은 공덕을 말 한마디로 다 날려 버릴 수 있으니, 항상 말조심을 하여야 합니다.

유금은 사종(寺鐘)이라 종교, 활인, 철학, 무속에 관심 있는 사람이 많고 특히 목소리가 좋습니다. 또한 을유는 화초를 손질하는 모습이라 날씬하고 단발머리 미인이 많고, 미용사나 꽃집을 하는 사람도 많습니다.

병 술
丙戌

병술 일주는 술토가 화고(火庫)이므로 자좌입묘(自坐入墓)하는 일주입니다. 일간이 일지 속으로 입묘되니, 감정의 변화가 큰 사람으로 스스로 감정을 통제하지 못하면 여러 가지 정신적인 질환으로 나타날 수 있고 사회생활에 어려움이 따르게 됩니다.

그리고 병술은 백호살이라 고집이 세고 역경에 분투하는 기개가 있어 자수성가하는 사람이 많습니다. 그러나 자좌입묘에 백호살의 영향으로 감정을 다스리지 못하면 스스로 자기 발등을 찍는 경우가 반복되어 직장이나 대인관계에 문제가 생기게 되니 쉽게 갈 수 있는 길을 어렵게 가게 되는데, 병술 일주는 자존심과 고집이 워낙 강해서 결국 자기 고집대로 하고야 마는 사람입니다.

활인업이나 종교에 관심이 많고 자좌입묘하여 영감이 아주 발달되어 있어 웬만한 것은 느낌으로 다 알아맞히는 사람들로서 사주명리에 실력 있는 술사들이 많고 무속인이나 종교인도 많은 일주입니다.

뜨거운 병화와 뜨거운 술토의 만남으로 병술 일주는 조열할 수밖에 없어 水의 해갈이 필요합니다. 그러므로 물을 자주 마시고 집 안에 물과 관련된 사진을 걸어 놓는 것도 도움이 됩니다. 병화가 여차하면 입묘가 될 수 있어 정신적인 문제뿐만 아니라 심장 질환도 조심해야 합니다.

건조한 언덕 위로 태양이 이글거리는 병술 일주는 태양의 열기만큼 자존심이 무척 강하며, 남녀 모두 결혼을 안 하고 혼자 사는 사람이 많고 종교 활동을 열심히 하거나 종교인이 많습니다. 왜냐하면 병술의 술토엔 식물이 자라기가 힘들기 때문이며, 술토가 종교 물상인 데다 묘궁에 놓였기 때문입니다.

丙
戌 　　 식신
묘(墓)

묘궁을 두어 자좌입묘하는 사주는 내가 아니면 비겁이 입묘되는 현상이 있습니다. 그래서 내가 잘되면 형제가 잘 안되고, 내가 건강하면 형제 중 아픈 형제가 있는 것이 일반적입니다. 만일 형제 중 아프거나 경제적으로 힘든 형제가 있다면 그 형제 덕에 내가 건강하게 잘 사는 것임을 알고 기꺼이 형제를 도와주고 베풀어야 합니다. 형제 중 일찍 헤어지는 형제가 있게 되는데, 모친이 유산이나 낙태를 했다면 지금 형제는 별 탈 없이 장수하게 됩니다.

병술 일주는 일지 배우자궁에 술토 식신을 두었습니다. 식신을 깔고 있어 병술 일주는 부지런하고 남과 나눌 줄 아는 사람이며, 식복이 있어 잘 먹고 잘 놀며 일할 때는 열심히 일하는 사람이 많습니다. 이렇게 일지에 식신을 놓으면 건강하게 장수하는 사람이 많은데, 병술 일주는 식신이 묘궁에 들어 갑자기 큰 병이나 사고를 겪어 위험에 처할 수 있으니 평소 건강에 신경 써야 하고 무엇보다 욱하는 급한 성격을 고쳐야 합니다. 그리고 보험은 필히 가입해야 합니다.

여자는 배우자궁에 식신을 두어 자식에 대한 애정이 넘치는데, 묘에 들어 자식에 대한 집착에 가까운 사랑을 베풀게 되며 자녀와 관련한 아픔이 있게 됩니다. 남편궁에 자녀가 들어와 있어 자녀를 향한 애정이 너무 지나치게 되면 남편과 갈등을 빚게 되어 자주 다투고 바가지를 긁게 됩니다.

일지에 묘를 두고 있으면 반무당이란 소릴 들을 정도로 영감이 매우 발달해 촉이 좋아 한번 보면 다 알아 버립니다. 꿈을 잘 꾸고 꿈이 잘 맞으며, 감정의 기복이 심해 스스로 괴로워합니다. 그래서 심하면 정신과 치료를 받거나 무속의 길을 갈 수도 있으니, 수행하는 마음으로 본인의 감정을 잘 다스려야 합니다.

묘궁을 놓으면 본인이든 가족이든 남모르는 아픈 사연이 있게 되는데, 여기에 백호살이 겹쳐 아픔이 배가됩니다. 종교 생활을 열심히 하고 텃밭을 가꾸며 땅을 가까이하는 것이 큰 도움이 되며, 간절히 기도하면 기도가 잘 이루어지는 능력이 있습니다.

병술 일주는 식신을 두어 근면 성실함으로 자수성가하여 경제적으로 부를 이루는 사람이 많은 반면, 가슴속에 눈물과 한(恨)이 많은 사람으로 평범하지 않은 가족 관계와 인생을 살게 됩니다.

丙
戌 ⟶ 戊식신, 丁겁재, 辛재성
묘(墓)

병술 일주는 묘궁 속에 식신, 겁재, 재성을 두었습니다. 자녀, 형제, 부친과 처가 묘 속에 들었으니 병술 일주는 가족 문제에 있어 눈물이 서 말입니다.

지장간 속에 재성이 들어 식신생재의 흐름이 되면 열심히 노력해서 성공하는 모습이 그려집니다. 그러나 겁재가 함께 있어 재성을 겁재가 빼앗아 가는 모습도 되니, 경제적으로 어려움에 처하는 모습도 함께 그려집니다.

병술 일주는 지장간만 보아도 사회에서 성공하여 경제적인 부를 누리거나 그 반대, 즉 모 아니면 도라는 것을 알 수 있습니다. 결국 병술 일주가 잘살고 못사는 것은 겁재의 역할에 달렸다고 할 수 있는데, 겁재가 식신을 도와주면 부자의 명이 되고 겁재가 재성을 극하면 어렵게 살게 됩니다.

병화 일간은 재성 신금과 암명합을 해 재물에 욕심이 많은데, 겁재가 버티고 있어 재물을 취하는 데 방해가 많습니다. 그래서 사기도 잘 당하고 돈을 빌려주면 떼이기 일쑤입니다. 이럴 땐 평소에 늘 베풀고 나누면 액땜이 되어 겁재의 탈재가 완화되거나 안 일어날 수 있습니다.

반면에 겁재가 식신을 생하고 다시 식신이 재성을 생하는 상생으로 흐른다면 겁재는 귀인이 되어 큰 부자가 되며 갑자기 큰돈을 벌게 됩니다. 즉, 욕심 부리지 않고 땀 흘리고 노력하는 것이 성공의 지름길입니다. 일확천금을 노리거나 쉽게 돈을 벌려고 꾀부리는 것은 식신을 쓰지 않고 재성을 취하려는 것으로 겁재의 탈재를 겪게 되어 오히려 있는 재물도 날리게 됩니다.

丙　　　　　戊
戌　좌법　　戊
묘(墓)　→　묘(墓)

　　　피클 일주론 사주명리학의 꽃

병술 일주의 식신 무토는 묘궁에 묘로 좌했습니다. 식신이 묘로 놓여 있어 육체적인 노동보다는 지식을 활용하는 일이 적성에 맞고 그만큼 머리가 비상합니다.

식신은 활동성을 나타내는데, 묘에 들었다는 것은 그만큼 활동을 못한다는 것이니 아프다는 의미가 됩니다. 그래서 병술 일주는 허약하거나 지병이 생기기 쉬운데, 백호살이라 갑작스런 사고의 위험에 노출되어 있어 보험은 필수입니다.

여자의 경우 자녀는 똑똑하지만 묘궁묘좌라서 자녀가 아프거나 헤어질 수 있는데, 유산·낙태를 경험하는 경우가 대다수입니다. 여자는 자식으로 인한 아픔이 있고 자식을 끔찍이 아끼고 자식을 위해 헌신하는 엄마입니다. 자녀에 대한 사랑이 너무 과해 자녀가 결혼한 후에도 자녀 일에 간섭하려 해서 사위나 며느리와 갈등을 빚게 됩니다.

이렇게 자녀에게는 과하게 관심을 쏟는 반면에 남편에 대한 관심은 부족하다 못해 오히려 남편에 대한 불만이 가득 차게 되어 부부 싸움이 잦아지고 결국 이혼에까지 이르게 됩니다. 이렇듯 병술 일주 여자는 자식 없이는 못 사는 여자이지만, 아이러니하게도 자식으로 인한 아픈 사연이 있는 사람입니다.

병술 일주는 식신을 써야 생재가 되고 겁재의 탈재도 막을 수 있으므로 평소에 잘 베풀고 땀 흘리고 노력하는 게 내 건강도 챙기고 가정도 지키는 지름길입니다.

겁재가 식신을 생하면 체력이 좋아 아무리 밤샘을 하고 열심히 일해도 지치지 않는데, 식신 묘궁에 들었기 때문에 갑자기 몸져눕거나 사고를 당할 수 있기 때문에 일하고 난 다음엔 반드시 쉬어 줘야 합니다. 체력만 믿고 불도 저처럼 살다간 나중에 후회할 수 있으니 꼭 휴식을 취하고 건강 관리를 해야 합니다.

$$丙 \quad \xrightarrow{\text{좌법}} \quad 丁$$

戌   戌

묘(墓)   양(養)

　병술 일주의 겁재 정화는 묘궁양좌하였습니다. 묘궁 속에 든 정화 겁재이기에 형제가 아프거나 헤어지게 되는데, 어머니께서 유산이나 낙태를 하여 일찍 묘에 든 형제가 있게 됩니다.

　겁재 정화가 식신 무토를 생하는 흐름이 되면 인덕이 있는 사람이고 재성 신금을 극하는 구조이면 인덕이 없는 사람이 됩니다. 보통 겁재를 품고 있으면 욕심이 많고 어떤 일을 시작하든 겁 없이 도전하며, 사업을 하면 큰 사업을 하게 되고 돈을 벌어도 크게 벌고 잃어도 크게 잃습니다. 본인이 어떤 유형에 속하는지는 본인과 형제와의 관계를 보면 쉽게 알 수 있습니다.

　겁재가 식신을 생한다면 형제 덕이 있고 갑자기 큰돈을 버는 유형입니다. 장사나 사업을 하더라도 직원을 많이 두고 크게 하며, 인덕이 있어 어려운 고비 때마다 부모·형제나 귀인의 도움을 받게 됩니다. 반대로 겁재가 재성을 극한다면 형제 덕이 없어 부모님 유산을 두고 형제와 다투게 되는데, 대부분 형제가 더 많은 유산을 받게 됩니다.

　또 직장이나 사회에서 늘 경쟁자가 있어 어렵게 돈을 모으게 되며, 지인의 권유로 투자나 보증을 서 사기를 당하고 돈을 떼이게 됩니다. 심지어는 어렵게 모은 돈을 모두 날려 버리고 심할 경우 도박, 카지노에 손을 대기도 합니다. 그렇기 때문에 겁재가 식신을 생하는 구조라 해도 겁재는 언제든 재성을 탈재하는 도둑으로 돌변할 수 있으니 사기나 도박에 빠지지 않도록 조심해야 합니다.

겁재가 양(養)에 놓여 병술 일주는 형제와는 숙명의 관계인데, 전생의 인연으로 만난 사이라서 이번 생에서는 선업이든 악업이든 받을 것은 받고 줄 것은 주어서 잘 풀어야 합니다.

묘궁에 든 '양'이라 형제가 아플 수 있는데, 이럴 때는 전심을 다해 형제를 보살피고 치료해야 합니다. 유산이나 돈 문제를 보면 형제에게 섭섭한 마음이 있어도 전생의 빚이라는 생각으로 양보하고 내가 먼저 형제에게 손을 내밀면 악업은 끊어지고 선업으로 다시 인연을 이어 가 다음 생에는 좋은 인연으로 다시 만나든지 아니면 인연이 끝나 각자의 길을 가게 될 것입니다.

병술 일주의 재성 신금은 대로 놓여 묘궁대좌합니다.

겁재가 식신을 생하고 식신은 다시 재성을 생하여 병술 일주는 큰 부자가 많습니다. 재성 신금이 묘궁에 들어 부동산 부자가 많고 부동산에 관심이 많습니다. 또한 돈을 아껴 쓰고 한번 수중에 들어온 돈은 쉽게 안 빠져나가고 돈을 차곡차곡 모아 목돈을 만드는데, 문제는 겁재의 영향으로 이렇게 어렵게 모은 돈을 욕심을 부려 잘못 투자했다가 사기를 당하거나 빌려주고 떼이기 일쑤라는 점입니다.

신금 재성은 일간 병화와 암명합을 하여 돈에 대한 욕심과 집착이 많은 사람으로, 술토 묘궁에 재성이 들어 목돈이 생기면 부동산에 투자해 결국에는 부동산으로 부를 이루게 됩니다. 병술 일주는 겁재에게 뺏길 수 있는 현금보다는 부동산이 더 잘 맞습니다.

이렇게 묘궁에 들면 주변 사람들로부터 인색하다는 소리를 들을 수 있는데, 조금씩 베풀며 살면 겁재의 탈재 기운도 액땜이 되고 주변에 좋은 인연도 생길 수 있으니 일석이조가 됩니다.

식신은 묘에 놓이고 재성은 관대에 놓여 병술 일주는 늘 건강 문제가 따라다닙니다. 식신과 재성은 수명과 관련이 있으니, 많이 베풀어 공덕을 쌓고 기도를 자주 하고 활인한다면 건강하게 장수할 수 있습니다.

부친이 편찮으시거나 헤어질 수 있는데 부친이 활인업에 종사하거나 의료, 군·검경이나 경비·보안업 같은 제복을 입고 형살을 쓰는 일에 종사하게 되면 액땜이 되어 무사하게 됩니다.

남자에게 재성은 아내이니 아내가 아파 병원에 치료를 받거나 이별할 수 있는데, 일간과 암합을 하여 아픈 중에 다시 회복하는 묘함이 있습니다. 재성과의 암합으로 아내에 대한 집착이 있게 되는데, 묘궁에 들어 집착이 더욱 커지고 더군다나 겁재까지 있어 집착이 의심으로 변해 의처증이 될 수 있으니 주의를 요합니다. 이런 이유로 아내와의 결혼 생활이 어렵게 되는데, 암명합 작용으로 이혼은 쉽게 하지 않습니다.

병술 일주의 관살은 술토와 음양의 짝을 맞춰서 임수를 인종합니다. 편관 임수는 관대로 인종해 묘궁대종하게 됩니다.

묘로 가두고 갇히는 의미가 있고 관대는 옷을 입은 모습이 되어 염하고 무덤 속에 들어간 모습이 됩니다. 그래서 병술 일주는 재성과 관살이 묘궁 대로 놓여 있어 남녀 모두 배우자와 잠자리의 뜨거운 정을 나누기는 힘들게 되는데, 남편과 아내가 무덤 속에 든 시신처럼 이불 속에서 꼼짝 않고 누워 있기 때문입니다.

이렇게 잠자리의 정이 없다고 해서 남편과 아내가 불감증이고 목석같은 사람인 것은 절대 아닙니다. 다만 '나'와 잠자리 궁합이 안 맞거나 마음으로 부부 사이가 멀어졌기 때문인 것이지, 밖에서 다른 사람들을 만나면 혈기 왕성한 사람이 됩니다.

관이 묘궁대이니 한곳에서 특정한 옷을 입고 근무하는 사람이 되는데 묘는 가두거나 갇히거나 해서 행동이나 출입이 제약된다는 의미가 있습니다. 이는 군·검경, 병원, 학교나 교도소, 종교 시설과 관련이 있는데, 만약 이런 곳과 관련된 일에 종사하는 게 아니라면 본인이 이런 곳에 들어간다는 의미가 있어 병원에 입원하거나 관재로 형을 살 수도 있습니다.

여자의 남편은 아픈 사람이거나 부부의 정이 없어 남편에 대한 불만이 있게 되는데, 묘궁대종한 데다가 겁재 정화와 암합을 해 가정보다는 바깥사람에게 더 신경을 쓰는 남편입니다. 사주에 화기가 강해 수기가 미약하다면 건강에 문제가 생기고 정신적으로 불안정하여 여자는 남자와의 인연이 부족하게 됩니다.

병술 일주의 인성은 갑목으로 묘궁양종합니다. 인성이 양에 놓여 모친의 사랑을 받고 자라는데, 묘궁에 놓인지라 모친이 병약해 본인이 모친을 부양해야 할 수 있습니다.

병술 일주는 똑똑하여 공부를 잘하므로 열심히 공부하여 전문직으로 가는 게 최선입니다. 병술은 뜨거운 일주인데 여기에 갑목 인성이 와서 열기를 더해 주면 관성 수기는 마르게 됩니다. 이때 사주에서 조후의 균형이 무너져 있다면 부모님 두 분 중 적어도 한 분은 인연이 짧게 되며 공부 역시도 인연이 없게 됩니다.

이럴 때 재성도 문제가 생기게 되는데, 병술 일주 남자의 아내는 겁재 정화의 탈재에다 일간과의 암합으로 뜨거운 열기에 약한 신금이 녹아내리게 되어 아내는 괴롭기만 하니 떠나고 싶은 마음뿐입니다.

병술 일주는 겁재처럼 인성도 양으로 들어 모친과도 전생의 깊은 인연으로 만난 사이라는 것을 알 수 있습니다. 따라서 병술 일주의 모친과 형제는 남다른 인연이 됩니다.

병술 일주는 묘, 양, 대로 이루어져 있어 가족 관계에 아픔이 있습니다. 그리고 일간 공망에다가 자좌 입묘로 영감이 발달되어, 심하면 감정의 변화가 심해 정신적인 문제가 생길 수 있습니다.

묘에 식신과 재성이 들어 있으니 근검절약하며 열심히 노력하여 마침내 경제적인 부를 이루는데, 호사다마 겁재가 중간에 끼여 있어 힘들게 모은 재산을 하루아침에 날릴 수 있으니 조심해야 합니다.

병술은 뜨거운 사주로서 水로 식혀 줘야 하는데, 수의 도움이 있다면 공부로서 성공하고 모친의 덕이 있는 사람이며 건강하고 행복한 인생을 살게 됩니다. 그러나 만약 水가 없거나 미약하다면 공부가 힘들고 뜨거운 火기로 水가 마르고 金이 녹으니 재물·부모·처복도 함께 불리하고 본인의 건강에도 문

피클 일주론 사주명리학의 꽃

제가 생깁니다.

　병술 일주는 일간의 병화로 겉은 화려하지만 지지에 묘를 두어 남모르는 아픔과 상처가 있고 고독한 사람입니다. 술토는 토굴 속에 수행하는 모습이라 종교·사상·무속에 관심이 많고 종교인·철학자·무속인도 많습니다.

정 해

丁亥

　정해 일주는 보이지 않는 하늘의 도움이 있다는 길신인 천을귀인 일주입니다. 천을귀인 일주는 정해, 정유, 계사, 계묘 등 네 일주뿐입니다.

　살아가면서 어떠한 어려움이 닥쳐도 귀인의 도움이 있어 구사일생으로 살아나는 방도가 있으며, 총명하고 인상이 좋아 어릴 적부터 사랑과 관심을 받고 자라나 커서도 주변에 사람이 모이고 주위 사람들에게 기쁨과 행복을 전해주는 사람입니다. 천을귀인 일주는 대부분 전생에 공덕을 많이 쌓은 사람들로서 이번 생에는 그 공덕의 힘으로 보이지 않는 음덕을 받게 되는 대표적인 길신입니다.

　정해의 정화는 달이 되고 해수는 은하수가 됩니다. 아름다운 밤하늘의 별처럼 정해 일주는 인물이 수려한 미인·미남이 많으며 특히 반짝이는 눈은 멀리서도 알아볼 수 있을 정도입니다. 은하수처럼 윤이 나는 머릿결을 가졌으며 보름달처럼 인상이 좋은 사람들이며 성격도 좋고 착합니다.

정해에서 해수는 밤을 뜻하고 정화는 달과 별이 됩니다. 그래서 정화는 해수로 인해 더욱 빛나며, 해수는 정화가 있어 어둡지 않게 됩니다. 이렇게 정해 일주는 부부 금슬이 좋으며 부부가 모두 미남·미녀들로 성격이 밝고 착합니다.

丁

亥　　　　관성

태(胎)

정화 일간은 지지에 해수 하나만 있어도 먹고사는 데는 지장이 없다고 했습니다. 그 이유는 해수가 천을귀인이란 것도 있지만, 해수는 정화의 태에 놓이기 때문입니다.

정화는 밤하늘에 빛나는 별이 되는데, 해수를 만나면 반짝이게 됩니다. 태는 생겼다 사라지는 것을 반복하는 물상이라 정화가 태를 만나면 별이 반짝거리는 것과 같아지기 때문에 귀명(貴命)이 됩니다. 그래서 정해 일주는 대표적인 귀명으로 아무리 값싼 옷을 걸치고 있다 해도 외모에서 기품이 흐르며 언행에 품위가 있습니다.

정해 일주는 태궁을 놓아 재치 있고 똑똑합니다. 엉뚱한 말과 행동을 잘하고 남들이 생각지 못하는 아이디어를 잘 내며 신경이 예민한 것도 태의 작용 때문입니다. 태궁임에도 정관을 두어 사람이 반듯하고 고지식하여 원칙주의자입니다. 이렇게 태와 관성이라는 반대의 성향이 만나 조화를 이루어 정해 일주는 원칙과 법을 잘 지키면서도 융통성이 있고 변화를 추구하는 사람입니다.

배우자궁에 천을귀인이 놓여 배우자 복이 타고난 사람으로서 사랑하는 사람을 만나 행복한 삶을 누리게 됩니다. 그러나 아무리 복을 타고났다고 해도 일지 배우자가 태궁에 들어 초혼에 실패하는 경우가 제법 많습니다.

정관을 두어 보수적인 성향임에도 태에 들다 보니 만남과 헤어짐을 겪을 수밖에 없는데, 그래서 결혼 전 연애 경험을 많이 쌓는 것이 액땜이 되어 오히려 결혼 생활은 행복하게 이어지게 됩니다.

천을귀인 일주는 물질적인 복도 있지만 항상 정신적인 것을 추구하는 사람들이며 순수한 마음의 소유자들이 많습니다. 그러다 보니 여자들은 쉽게 이성의 유혹에 넘어가 힘든 결혼 생활을 하다 헤어지는 경우가 많습니다. 이렇게 초혼에 실패한다 하더라도 천을귀인이라 결국에는 영혼의 반려자를 만나 행복한 인생으로 마무리하게 됩니다.

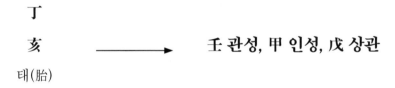

정해 일주는 일지 태궁 속에 관성, 인성, 상관을 두어 관인상생으로 재물보다는 명예로 가야 하는 사람입니다. 인성으로 상관을 눌러 아주 똑똑하며 관인상생해서 열심히 공부하여 명예직으로 가야 하는데, 만약 상관이 견관을 한다면 삶이 고단해질 수도 있음이 암시되어 있습니다.

정해 일주는 인성으로 상관을 제압해 상관패인이 되어 아주 똑똑한 사람이 많습니다. 여기에 관성이 인성을 도와 관인상생으로 흘러 공부로써 성공하는 사람으로, 고위직에 올라 권위와 명예를 다 가지고 만인의 존경을 받게 됩니다.

여성은 관성에 상관이 있어 연애결혼하고 혼전 임신도 많은데, 인성이 상관을 극하는 모습이라 유산이나 낙태를 겪기 쉬우니 임신을 한다면 몸조리를 잘해야 합니다. 이렇게 인성이 상관을 극하면 여성은 임신하고 친정에 오래 있지 않는 게 좋습니다.

丁　　　　　　　　　　壬
亥　　좌법　───→　　亥
태(胎)　　　　　　　　록(祿)

정해 일주의 관성 임수는 록에 좌해 태궁록좌하였고 궁이 천을귀인이라 여자는 남편 복이 있고 남자는 자식 복이 있습니다.

여성의 경우 관이 록을 놓아 남편의 능력이 출중한데, 관성 임수와 일간 정화가 암명합하여 부부 금슬이 좋습니다. 그러나 태궁이라 부부 관계가 남다른 것이 있는데, 태궁 속에 든 암명합이 되니 부부 관계에서 성적 취향이 잘 맞아야 하고 그렇지 않다면 이혼이나 외도로 나타나기 쉽습니다.

또한 일지 궁 속에 상관이 함께 있어 혼전 임신이 많은데, 결혼으로 연결되면 아무런 문제가 안 되지만 태궁이라 낙태나 유산이 되기 쉽습니다. 이렇게 귀인이면서 태궁록좌하였기 때문에 초혼에 실패한다 해도 결국에 귀인이 되는 남자를 만나 행복하게 살아가게 됩니다.

남성의 경우 자녀가 귀인이 되니 귀엽고 똑똑한 자녀를 얻게 되고, 자녀가 생긴 이후 하는 일이 잘되거나 직장에서 승진하게 됩니다.

남녀 모두 직장에서 성실하게 근무하며 재능을 발휘해 능력을 인정받고 승진도 잘하게 됩니다. 관이 귀인이라 직장 운이 있어 상사나 동료의 도움이 있고 직장에서 좋은 평판을 얻게 됩니다. 이렇게 관이 귀인이면서 암합을 하면 직장에서 만난 사내 커플이 많습니다.

정해 일주의 인성 갑목은 생에 놓여 태궁생좌합니다. 인성이 생을 받아 똑똑하고 공부를 잘하는데, 록을 놓은 관성이 생해 주어 공부로 출세해야 되는 사람임을 알 수 있습니다.

인성이 태궁생이라 모친의 덕이 있어 모친의 사랑을 받고 경제적인 도움도 받게 되는데, 증여나 상속도 받게 됩니다. 대개 모친의 덕이 있는 경우 상대적으로 부친의 덕은 약하게 되는데, 정해 일주 역시 마찬가지입니다.

관인상생하고 관이 록에 귀인이라 열심히 공부해서 명예를 얻게 되니, 공직에 근무하거나 교육계에 근무하는 사람이 많고 직장에서 승진 운이 있어 고위직까지 오르게 됩니다.

정해 일주에게 인성은 중요한 위치를 차지하는데, 관을 생해 주는 동시에 상관을 제압하는 역할을 하기 때문입니다. 그래서 정해 일주는 인성이 실질적인 용신 역할을 한다고 해도 과언이 아닙니다. 학창 시절 공부에 매진하고 살아가면서 고민이나 어려움에 처할 때 어머니께 조언이나 도움을 요청하면, 어머니께서 도움을 주고 올바른 길을 알려 줄 것입니다.

관과 인성이 록생을 얻어 좋은 흐름으로 간다 해도 태궁에 놓여 단절의 영향은 있기 마련이지만, 귀인에 놓인 태궁이기 때문에 단절이 된다 해도 곧바

_____ 피클 일주론 사주명리학의 꽃

로 좋은 인연으로 다시 연결될 것입니다.

정화일간은 태를 볼 때 가장 귀를 누리게 되므로 정화는 밤에 빛나는 달과 별인데 태는 반짝이는 형상이라 빛나는 별빛이 됩니다. 더구나 인성은 생까지 받았으니 모친의 덕이 좋고 공부와 명예가 빛나게 될 것입니다. 그래서 정해 일주는 첫째도 둘째도 공부로 나가야 합니다.

정해 일주의 상관 무토는 절에 좌해 태궁절좌합니다.

관은 록인데 상관은 절에 좌해 정해 일주는 개인 장사보다는 직장 생활이 더 잘 맞습니다. 인성으로 상관을 제압해 상관패인이 되니 비상한 머리로 전문자격증을 따서 전문직으로 나갈 수 있습니다. 정해 일주는 땀 흘리는 노동보다는 지식과 전문자격을 이용하여 일하는 것이 적성에 잘 맞으며, 상관패인 사주는 의약계나 교육, 연구직이 많습니다.

여자의 경우 상관이 태궁절에 놓여 있어 낙태나 유산의 위험이 따르고 어렵게 아기를 갖는 경우가 많으며, 아이가 자라면서 병치레를 자주 하거나 이별하게 되는데 자녀가 멀리 유학을 떠나는 경우도 많습니다.

상관이 절에 놓여 힘이 없는 데다가 인성까지 상관을 극하는 모습이라 여러모로 자식과의 인연은 불리하게 됩니다. 이럴 때는 집과 먼 학교로 진학시켜 기숙사나 하숙을 시키거나 여의치 않을 경우에는 자녀의 일에 너무 간섭하지 말고 자녀가 자기 일은 스스로 알아서 하도록 놔두고 지켜보는 것도 도움이

丁亥 ____

됩니다.

일지 궁속에 정관과 상관이 함께 동주하여 연애결혼이 많고 '선임신 후결혼'의 양상도 보입니다.

일지 궁속에 인성도 같이 있으니 여자에게는 남편과 아이, 그리고 친정어머니가 한집에 같이 있는 모습이라 결혼 후 어머니를 모시고 살거나 어머니와 가깝게 지내는 경우가 많습니다.

남자의 경우에는 인성인 어머니와 상관 장모가 같이 있어서 인성이 상관을 극하는 모습이라 결혼 후 처가와의 갈등이 예상되고 이는 곧 고부 갈등으로 연결됩니다.

만약 운에서 사(巳)화가 와서 충(沖)을 한다면 인성 갑목이 잘려 나가니 상관 무토가 정관 해수를 제관(制官)하여 상관견관하게 됩니다. 그렇다면 직장에 문제가 생기고, 여자의 경우 남편과의 관계에 위기가 오게 됩니다.

丁   인종   辛

亥   ——————▶ 亥

태(胎)   욕(浴)

정해 일주의 재성 신금은 욕으로 인종되어 태궁욕종합니다. 재성이 욕에 놓여 정해 일주는 점잖고 선비 같은 사람이지만 돈에 대한 욕심은 큰데, 관인의 힘 때문에 겉으로 내색하지는 않습니다.

상관은 절에 들고 재성은 욕에 놓여 땀 흘려 노력해서 조금씩 돈을 모아 가기보다는 한꺼번에 일확천금을 노려서 무리한 투자나 투기적인 일에 빠지기 쉬우며, 잘못하면 힘들게 모은 돈을 한 번에 날려 버리게 됩니다. 욕심에 비해 돈 관리를 못하여 돈을 많이 번다 해도 수중에 남아나질 않습니다. 그래서 돈이 생기면 반드시 저축을 생활화해야 하고, 남자의 경우는 아내에게 돈 관리를 맡기고 본인은 용돈을 타서 쓰는 게 상책입니다.

그렇다고 정해 일주가 부자가 없는 것은 아니며 오히려 큰 부자도 많습니다. 그 이유는 관인의 힘과 전문직으로 출세하여 안정된 직장 생활로 알뜰히 돈을 모아서 생을 받은 인성으로 돈을 벌게 되니, 곧 부동산 부자가 많게 됩니다.

욕은 욕심, 도화도 되지만 길러 내는 모습도 되고 태는 새롭게 시작하고 계속 만드는 모습이 되니 재물을 끊임없이 만들고 불려 나가는 모습이 되어 정해 일주가 부자라면 큰 부자가 되는 것입니다. 결국 태와 욕의 단점인 돈 관리를 못하고 투기적인 것에 빠지는 경향을 인지하여 그쪽으로 빠지지 않는 것이 중요한 관건입니다.

남자의 경우 또 하나의 문제가 있는데, 바로 여자 문제입니다. 천을귀인 일주라 잘생기고 눈이 빛나 이성의 인기가 높은데 재성까지 욕 도화에 놓여 있어 정해 일주 남자는 이성 문제가 늘 따라다니게 됩니다.

더구나 태궁을 놓아 바람기가 있고 중독의 성향까지 있어 음주가무를 즐기고 주색잡기에 빠져 돈도 잃고 건강도 잃고 가정도 잃기 쉽습니다. 알코올중독이나 도박, 섹스중독에 빠지기 쉬우니 정해 일주 남자는 자기 관리에 각별히 신경을 써야 합니다.

재성이 태궁욕에 있어 결혼 생활의 어려움이 많은데, 원인은 대부분 정해 일주 남자에게 있습니다. 이렇게 남녀 모두 결혼 생활에 위기가 많지만, 만약 부부가 속궁합이 잘 맞다면 아무리 싸워도 헤어지지 않을 것이고 만약 헤어진다 해도 다음에는 귀인이 되는 배필을 만나게 됩니다.

부친은 모친에 비해 인연이 약한데, 인성은 생을 놓은 데 반해 재성은 욕에 놓여 있기 때문입니다. 부친이 태궁의 욕에 놓여 부친이 아프거나 일찍 헤어질 수 있습니다.

$$丁 \quad \xrightarrow{\text{인종}} \quad 丁$$

亥 　　　　　　　　　亥

태(胎) 　　　　　　　　태(胎)

　정해 일주는 비견 역시 천을귀인으로 태궁태로 인종되어 대개 형제 운이 있습니다.

　밤하늘에 밝게 빛나는 별은 많을수록 아름다우며 밤을 밝히는 촛불은 많을수록 더 밝아집니다. 정해(丁亥)는 밤하늘의 별빛이요, 밤바다를 안내하는 등대와 같은 물상입니다. 그만큼 이타적이고 종교적인 삶을 사는 사람이 많습니다.

　하루 중 해시는 달이 가장 밝게 빛날 때인데 해수라는 호수 위에 달이 빛나니 월인천강의 아름답고 장엄하며 영적인 모습이 됩니다. 그래서 종교 활인으로 세상의 등불이 되는 사람이 많습니다.

　정화는 해수를 만나면 가장 아름답게 빛나 정해 일주는 세상에서 가장 반짝이는 아름다운 눈을 가진 사람들입니다. 눈이 빛나고 아름답다는 것은 그만큼 마음이 아름답고 빛난다는 의미입니다.

　정화의 촛불이 해수라는 물 위에 떠 있어 언제 꺼질지 모르는 불안한 모습도 연출되어 신경이 예민하고 심장이 약해 잘 놀랍니다. 따라서 정해 일주는 건강 면에서 심장 질환에 주의해야 합니다.

　해수는 장수(長壽)의 성(星)인 데다 정화의 천을귀인이기도 해서 정해 일주는 마르고 병치레를 하더라도 장수하며, 만년에는 행복한 부부 생활을 하게 됩니다.

<ruby>戊<rt>무</rt></ruby> <ruby>子<rt>자</rt></ruby>

戊子는 말 그대로 無子라고 부르는데, 그것은 자녀가 없다는 말보다는 자녀로 인한 아픔이 있다는 의미가 됩니다. 여자에게 일지에 오는 子는 그것이 식신이든 재성이든 상관없이 자궁이 되고 자녀를 의미하는 글자가 됩니다. 그런데 子가 태궁으로 놓여 있어 무자 일주 여자는 대부분 유산이나 낙태를 경험하게 되거나 늦게 자녀를 보는 경우가 많습니다.

무토의 마르고 거친 땅이 자수를 만나 기름진 옥토로 바뀌어 무자 일주는 알짜 부자가 많습니다. 무자는 사막의 오아시스 물상으로, 겉으로는 사막의 모래처럼 멋없고 가난해 보이지만 알고 보면 사막 한가운데 오아시스처럼 부모에게 물려받은 재산이 많거나 자기 노력으로 자수성가한 부자가 많습니다. 무자 일주는 무토 속에 자수를 숨겨 두고 있어 돈이 많아도 티를 내거나 자랑하지 않아 겉으로 보기엔 잘 모릅니다.

자수는 호수가 되고 무토는 제방이 되어 무자는 제방으로 물을 가둔 형상이 됩니다. 이렇게 호수나 댐에 물이 가득 찬 물상은 그 자체로 재물을 의미해 무자 일주는 이래저래 돈과 관련이 많은 사람입니다.

남자에게 많은 물은 술이나 여자가 되기도 하여 복잡한 여자관계로 구설을 타고 부부 관계가 깨지거나 술, 도박에 빠지는 모습을 보이기도 합니다.

무자는 담벼락을 쥐가 구멍을 내는 모습으로 결국은 담벼락을 무너뜨리게 되듯이 무자 일주는 집요하게 한 가지에 몰입하는 성향이 있으며, 결국엔 큰 사고를 치거나 큰 성공을 하게 됩니다.

戊

子　　　**재성**

태(胎)

무자 일주는 일지에 재성 子가 태에 놓여 있어 일단 돈 버는 수완이 좋아 부자가 많은 일주입니다. 태(胎)는 생(生)처럼 시작하고 창조하고 태어나는 기운이 있어 재성이 생이나 태에 놓이면 금전적으로 유리한 사주가 됩니다.

하지만 태는 생과 다르게 절(節)의 기운이 함께 있다는 것이 문제가 됩니다. 즉, 생겼다가 사라지는 것을 반복해 돈이 들어왔다가 나가는 것을 반복하게 됩니다. 생은 완전한 탄생이지만 태는 갓 잉태한 태아와 같은 모습으로 미완성된 탄생이라 아직은 불완전하고 미성숙하여 언제 절(節)이 되어 사라질지 모르는 불안과 걱정, 초조함이 늘 따라다니게 됩니다.

이렇게 재성이 태에 놓이면 돈 버는 수단은 좋으나 돈을 지키는 힘이 부족해 돈이 생기는 듯하다 사라지기를 반복하는 모습을 보이게 됩니다. 그래서 재성이 태궁에 놓였다면 돈 문제에 관해서는 보수적으로 관리를 해야 합니다. 돈 관리는 아내에게 맡기거나 저축을 습관화해야 합니다.

또 이렇게 재성이 태에 놓이면 돈이 들어올 땐 엄청나게 큰 규모로 들어오다가 나갈 때 역시 왕창 크게 나가는 특성이 있습니다. 이렇게 들어오고 나가길 반복하다 보면 나중엔 가난을 벗어나기가 힘듭니다.

일지에 태궁을 놓게 되면 태의 습성이 나타나 신경이 예민하고 초조 불안한 증상이 나타나기 쉽습니다. 그래서 자신도 모르게 늘 주변의 눈치를 살피거나 불면증에 시달리고, 심하면 정신적인 문제로 치료를 받게 될 수도 있습니다.

무자 일주는 태를 놓은 데다 子가 일지에 있어 태궁 子는 남녀 모두 생식기의 의미가 됩니다. 그래서 성적 취향이 독특하거나 섹스에 집착할 수 있어 부부 관계에서 속궁합이 무척 중요합니다.

그리고 자기 관리를 잘못하게 되면 남녀 모두 이성 문제로 어려움을 겪게 되는 경우가 많습니다.

子는 자궁을 의미하고 태(胎)는 아이를 밴다는 의미가 되어 子가 태에 놓이면 아이를 잉태하는 행위가 되어 남녀 간의 연애사, 결혼, 성행위를 의미하게 됩니다. 남녀가 만나 연애를 하고 결혼하여 아이를 가지는 것은 거룩하고 축복받을 일입니다. 하지만 앞서 말했듯이 태는 절을 동반하여 연애가 결혼까지 가지 못하고 헤어지는 경우가 많으니, 연애 시절 임신하지 않도록 주의하는 것이 안전합니다.

일지에 태를 놓으면 머리가 비상하여 공부를 잘합니다. 꾀가 많고 남들과 다른 생각을 잘하여 창작이나 아이디어를 필요로 하는 분야에서 활약하기도 합니다.

또 재성의 태는 부모님 유산을 의미해 부모님으로부터 거액의 유산을 물려받고 평생 잘 먹고 잘사는 사람도 있습니다.

戊　　　　　　　　　　癸　　　壬
　　　좌법
子　━━━━━→　　子　　　子
태(胎)　　　　　　　　록(祿)　　왕(旺)

　무자 일주는 일지 배우자궁에 재성이 정편재로 혼잡하며 록왕을 얻었습니다.

　무자 일주는 정편재를 다 가진 대신 지장간 속에 재성 외에는 다른 십성이 하나도 없습니다. 그만큼 재성이 강한데, 무토 일간과 계수가 암명합하여 돈 버는 능력도 탁월하고 욕심도 많기에 때론 욕심이 지나치면 집착이 되기 쉽습니다.

　재성이 태궁록왕으로 좌하여 무자 일주는 거부가 많은 대표적인 일주입니다. 정편재가 모두 록왕을 두어 직장이든 사업이든 두루 소질을 보이고 태궁에 들어 돈을 잉태시키게 되어 거부의 가능성이 열려 있습니다.

　다만 절의 기운을 조심해야 하니 돈을 벌면 저축을 생활화하고, 투자나 계약 때는 돌다리도 두들겨 보듯이 신중하게 판단해서 사기나 배신을 당하지 않도록 해야 합니다. 이렇게 재성이 절이나 태에 놓이면 애써 모은 돈을 한 방에 다 날려 버리는 경우가 많습니다.

　무자 일주는 부친으로부터 증여나 상속을 받게 되는데, 생각보다 거액의 재산을 물려받는 경우가 많습니다. 부친이나 모친께서 재혼을 하신 경우가 많아 이복형제를 두게 되는데, 이것은 재성이 정과 편이 함께 있기 때문입니다. 여자의 경우에는 친가가 아니면 시댁이 그럴 수 있는데, 재성은 시모가 되기 때문입니다.

　무자 일주 남자의 경우, 배우자궁에 재성이 들어 남들이 보기에는 장가 잘 갔다는 말을 들을 수 있습니다. 하지만 태궁에 놓이고 정편이 혼잡해 보통은

　　　　　　　_____ 피클 일주론 사주명리학의 꽃

첫 번째 결혼에 실패하는 경우가 많습니다. 아니면 총각 때 많은 연애 경험을 쌓으면 좋은데, 만나고 헤어지기를 여러 번 하면 태의 기운이 많이 완화되어 초혼에도 행복한 가정을 꾸리게 되며 이것은 여자도 마찬가지입니다.

子가 태궁에 들어 무자 일주는 독특한 성적 취향을 가집니다. 특히 남자는 정재, 편재를 동시에 지녀 자칫하면 바람둥이가 될 수 있는데 계수와는 합이 되어 본처를 두고 다른 여자를 취하는 모습이 될 수 있으니 무자 일주 남자는 처신을 잘해야 합니다.

왕한 재성의 혼잡을 잘 이용하면 사회에서 성공을 거두고 큰 부자도 될 수 있는데, 여성이 많은 곳에서 일하게 될 수 있고 여성과 관련된 사업을 하거나 여성이 주 고객이 되면 적성에도 잘 맞고 돈도 잘 벌게 됩니다.

무자 일주 여자는 배우자궁에 재성이 있어 부부 침실에 시모가 앉아있는 모습이 되어 고부 갈등이 암시됩니다. 그런데 싫든 좋든 시어머니와 가깝게 살게 되고 시어머니의 영향력이 강한 집으로 시집을 가게 되며, 나중에 증여나 상속도 받게 됩니다. 그리고 정편재가 있어 시모가 둘이란 말은 결혼을 두 번한다는 말이 되는데, 때론 시부가 바람둥이였거나 재혼을 한 경우도 많습니다.

戊		庚
子	인종 →	子
태(胎)		사(死)

무자 일주의 식신 경금은 태궁에 사(死)로 인종합니다.

식신의 기운이 약해 무자 일주는 육체적인 노동보다는 정신적인 노동이 잘 어울립니다. 일지가 태에 놓이면 똑똑한 사람이 많은데, 거기에 식신이 사에 종해 무자 일주는 비상한 두뇌의 소유자들로 학업 성적이 우수하여 학창 시절에 때를 놓치지 말고 열심히 공부해야 합니다.

여자의 경우 자녀로 인한 아픈 사연이 있게 되는데 유산·낙태를 겪는 경우가 많고, 힘들게 아이를 낳게 됩니다. 이렇게 어렵게 아이를 갖게 되면 그 아이는 귀한 자녀로 무럭무럭 잘 자라게 됩니다.

무기토 일간은 식상이 경신금으로 칼을 쓰기 때문에 혀에 칼이 달려 있는 격입니다. 즉, 화가 나면 나도 모르게 남에게 상처 주는 말을 하고 남의 속을 후벼 파게 되는데 주로 부부 싸움을 할 때 잘 나타납니다. 그러니 무기토 일간은 말조심을 해야 합니다.

식신 상관이 사에 놓이면 머리가 아주 비상해 수재가 많은데 그런 좋은 머리로 열심히 공부를 해야 하지만 재성이 워낙 강해 공부하는 데 방해물이 많아 무사히 원하는 공부를 마치기엔 많은 어려움이 따릅니다.

戊　　　　　　甲
子　　인종　　子
태(胎)　　　　욕(浴)

무자 일주의 관은 을목이 아닌 갑목을 인종하게 되는데, 그것은 일지 子와 짝을 맞춰야 하기 때문입니다.

관살 갑목은 태궁 욕종하게 되어 직장 생활을 열심히 하지만 한 직장에서 정년을 보내기는 힘듭니다. 대개 직장을 여러 번 옮기게 되는데, 직장이나 직업이 바뀔 때 이전 직업과는 전혀 다른 업종으로 가는 경우가 많고 처음 해 보는 일도 두려움 없이 잘 시작합니다.

태궁에 놓이고 재성은 록왕, 식신은 사, 관은 욕이라 남들이 하지 않는 자신만의 아이템이나 기술로 승부하면 성공할 가능성이 높습니다. 그래서 똑같은 김밥집을 해도 무자 일주는 자신만의 독특한 김밥을 만들어 성공하게 됩니다.

여자의 경우 관이 욕, 도화에 있어 남편이 미남이며 연애결혼하게 되고 혼전 임신하는 경우가 대부분입니다. 특히 부부간의 잠자리 문제가 아주 중요한데, 만약 성적 취향이 잘 맞지 않는다면 본인이든 남편이든 밖으로 눈이 돌아가게 되는 것은 관이 태궁욕종하기 때문입니다. 결국 무자 일주는 남자든 여자든지 이성의 난으로 부부 생활에 위기가 올 수 있음을 알고, 본인 스스로 가정이 깨지지 않도록 처신을 잘해야 합니다.

남자는 귀엽고 똑똑한 자녀를 두게 되며 자식 덕을 보게 되는데, 무토에겐 갑목이 길신으로 들기 때문입니다.

무자 일주는 인성 병화가 태궁태종합니다.

어머니 복이 있어 모친이 살아서든 죽어서든지 힘들 때는 도와주시니 살아 계실 때 효도하기 바랍니다. 무자 일주는 지장간 계수와 일간이 암명합하여 火를 만들어 냅니다. 子수로 인해 차가울 수 있는 기운을 따뜻하게 보양하며 보이지 않는 인성의 도움을 받게 되어 모친의 덕이 있는데, 다만 이것은 화기(化氣)라 정신적인 도움이 되거나 공부하는 데 쓰이는 인성입니다.

인종된 병화는 무계합으로 만들어진 火기와는 역할이 달라 똑똑한 머리로 공부를 잘하지만, 병화 인성이 태궁태로 놓여 있어 중단수가 있어 머리도 좋고 성적도 우수하나 원하는 만큼의 공부를 마치기는 힘들고 공부로 성공을 하기도 힘든 모습이 됩니다. 하지만 병화 태양이 태에 있어 태양이 계속 깜빡거리며 생겨나는 모습이라, 내가 힘들 때마다 어머니는 모든 것을 다 내어 주어 도와주시는 고마운 모습입니다.

만약 사주가 수국을 이루거나 한습하다면 화기(化氣)의 火와 인성의 도움으로 공부로 성공할 수 있습니다. 다만 인성 공망에 태궁태좌라 어머니와 이별수도 함께 있는데, 학업 때문에 일찍 부모님과 떨어져 살게 되지만 사주가 한습하여 인성의 조후가 필요하다면 모친의 덕으로 사랑을 듬뿍 받으며 자라게 됩니다.

무자 일주의 비견 무토 역시 태궁 태종합니다.

일찍 떠난 형제가 있을 수 있는데, 어머니께서 유산이나 낙태의 경험이 있을 가능성이 높습니다. 만약 그렇다면 일찍 떠난 그 형제 덕으로 나는 건강하게 살 수 있는 복을 누리는 것이니, 고마운 마음으로 행복하게 살아야 합니다.

비견과 일간이 태에 놓이니 무자 일주는 마음이 여려서 모질지 못합니다. 건강이 안 좋을 때는 정신적인 문제도 함께 오기 쉽고, 아침까지 좋았다가 저녁에 갑자기 나빠질 만큼 마음의 변화가 조석으로 바뀌게 됩니다. 그리고 갑작스런 병이나 사고가 닥칠 수 있으니 보험은 필수입니다.

비견이 태라는 것은 일간인 내가 태라는 의미도 되어 언제 낙태될지 모르니 평소에 건강을 잘 챙겨야 하며, 특히 정신 건강에 신경 써야 합니다.

무자 일주는 재성이 록왕에 놓이고 식신 사, 관살 욕, 인성 태, 비견 태로 재성 외에 나머지 육친은 기세가 약한 모습입니다. 그래서 더욱 재성에 집착하게 되어 돈 앞에 자기도 모르게 물불을 안 가리는 모습을 보이게 되니, 사람들로부터 지탄을 받을 수 있습니다. 따라서 돈을 버는 것은 좋으나 한 번씩 주위를 돌아보며 아낌없이 베푼다면 건강도 좋아지고 가정도 화목해질 것입니다.

무자는 깊은 산속의 연못입니다. 그만큼 남모르는 비밀을 가슴에 품고 살아가게 됩니다. 子는 귀(貴)성으로 타고난 복이 있고 부모 복이 있어 유산을 물려받거나 사업으로 큰돈을 버는 사람이 많습니다.

子는 현침에 약하므로 午나 卯가 오면 쥐가 쥐덫에 걸린 꼴이 됩니다. 이렇게 현침의 충형이 오면 태궁을 자극해 부부 사이에 문제가 생기거나 여성은 유산·낙태를 겪기 쉽습니다. 또 섹스하는 물상이 되어 없던 이성이 생기기도 하고, 임신이 안 되던 사람은 임신이 되기도 합니다.

즉, 형충이 된다고 반드시 나쁜 것만은 아니며 부부 관계, 이성 관계에 변화가 생기게 됩니다. 무자는 재물 복은 있지만 배우자나 이성 문제로 인한 구설과 고난을 겪기 쉽습니다.

무자는 흙 속의 쥐니 두더지입니다. 그래서 소심하고 예민하며 비밀이 많고 돈이 있어도 티를 내지 않습니다. 두더지가 눈이 퇴화해 앞을 못 보는 것처럼 너무 돈, 여자, 섹스를 탐하다가 소탐대실할 수 있으니 늘 베풀며 자기 관리를 잘하면서 살아야 합니다.

기 축
己丑

기축은 기토가 위아래로 겹쳐 넓은 밭을 의미하니 만석꾼 같은 큰 부자가 많으며 부동산과 관련이 깊습니다. 간여지동으로 비슷한 기미와 비교해 보면, 기미는 건조한 땅으로 농사짓기에 어려움이 있지만 기축은 물이 충분한 땅이라 농사가 잘되는 땅으로 재물을 축적하기에 유리합니다.

기축의 자형은 경지 정리된 논과 같고 계단과 같습니다. 농부처럼 부지런하고 절약해서 한 계단 한 계단 올라가듯 신분이 상승하고 재산을 늘려 가게 됩니다. 소가 밭을 가는 형상이라 근면 성실함으로 자수성가하는 사람입니다.

기축은 습토로만 이루어져 있어 늪이 되기 쉬워 정신적인 문제가 생길 수 있으므로 주의해야 합니다. 그래서 기축 일주는 복이 많으면서 한편으로는 애환도 많은 일주입니다. 대체적으로 일지에 진술축미를 두고 태어난 사람은 경제적으로는 윤택할지 몰라도, 가족 문제에 있어서는 남모르는 사연과 눈물이 있게 되는 것이 대부분입니다.

기축 일주의 축토는 금의 고(庫)지가 되어 식상이 입고(입묘)되어 있습니다. 식상의 고지는 식량 창고라 해서 예부터 식복을 타고나니 아무리 힘들어도 굶어 죽을 일은 없다고 했습니다. 하지만 여자에게 식상은 자식이니, 자식이 땅에 묻혀 있어 자식으로 인한 아픔이 있다는 것이 암시되어 있습니다.

그리고 축토는 일간의 기토와 정화의 묘지가 되어 기축 일주는 자좌입묘(自坐入墓)하며 인성까지 입묘가 되니 가족사가 남다른 사람입니다.

己
丑   비견
묘(墓)

기축 일주는 배우자궁에 비견을 묘지로 놓았습니다.

기축 일주는 처음에는 사람이 약하고 부드러워 보이지만, 가까이 지내다 보면 고집이 황소고집이고 집념이 대단하여 결코 호락호락한 사람이 아니라는 것을 알게 됩니다. 나의 뿌리인 비견이 축토 소이기 때문에 고집도 대단하지만, 소처럼 부지런한 사람이며 소처럼 답답한 면도 있습니다.

자좌입묘에 비견을 일지에 두고 묘궁에 놓인 참으로 특이한 일주입니다. 일지에 비견을 놓아 일간의 뿌리가 튼튼하고 묘궁이라 근면 성실하게 열심히 노력하여 알뜰하게 재산을 불린 부자가 많은 일주입니다.

일지 비견을 보니 비견과 함께 입묘되기 때문에 형제와 특별한 관계를 보이는데, 이럴 때는 내가 아프든지 아니면 형제가 아플 수 있습니다. 그래서 비견이 묘지에 들어 일찍 떠난 형제가 있다는 암시도 됩니다. 또는 모친이 과거에 유산이나 낙태를 했을 가능성이 높으며, 그럴 경우 오히려 나는 건강하게 잘 살게 됩니다. 만약 형제가 아프거나 경제적으로 몹시 힘들다면 나 대신 형제가 아픈 것이니 성심으로 도와주어야 합니다.

일간이 자좌입묘해서 형제가 아닌 내가 아플 수 있는데, 그럴 때는 텃밭을 가꾸는 등 흙을 가까이하는 것이 좋습니다. 종교 시설에서 며칠간 머물거나 기도하고 절하며 종교 생활을 열심히 하는 것도 좋은데, 이 모두가 입묘현상을 물상대체하는 것입니다. 일지가 묘궁에 들어 육체적인 건강뿐만 아니라 정신적인 건강에도 신경을 써야 합니다.

비견을 두고 입묘시켜 기축 일주는 대개 장남·장녀가 많습니다. 장남·장녀가 아닐지라도 집에서 장남·장녀 역할을 하게 되는데, 형제와는 그다지 우애가 깊지 않습니다.

그리고 기축 일주는 사회에서 조직의 리더나 장이 되어 많은 사람들을 이끌거나 존경받는 사람이 많으며, 특히 종교인이나 교사가 많습니다. 처음에는 사람들에게 인기를 얻고 존경을 받지만 갈수록 이기적이고 돈만 밝히고 베풀지 않는 인색함으로 인해 결국 주위 많은 사람들로부터 외면을 받고 지탄을 받게 될 수도 있으니, 잘나갈 때 겸손하고 주변에 잘 베풀어야 할 것입니다.

기축은 습토로만 이루어져 있는 데다 묘궁을 놓아 정신적인 문제가 생길 가능성이 높습니다. 자주 햇볕을 쐬고 모임이나 친구를 사귀고 돈도 쓰고 나누어야 정신적으로 건강해집니다.

이렇게 묘를 두면 영감이 발달하고 꿈을 잘 꾸며 꿈이 잘 맞습니다. 조후가 무너지면 정신적인 문제로 치료를 받을 수 있으며, 무속의 길을 가는 사람도 많습니다.

己
丑 ⟶ 己비견, 辛식신, 癸재성
묘(墓)

기축 일주는 묘궁 속에 비견, 식신, 재성을 두어 비식재가 서로 상생하여 자수성가하는 거부가 많은 일주입니다. 묘궁 속에 비견이 식신을 생해 근면 성실하고 밤새 일해도 지치지 않고, 다음 날 또다시 밤샘을 할 정도로 일에 빠지면 미친 듯이 하게 됩니다. 또한 묘궁 속에 식신이 재성을 생해 돈을 벌 땐 미친 듯이 돈을 벌게 되는 사람입니다.

묘궁 속에 재성을 두고 있어 돈이 생기면 무조건 통장으로 집어넣는 사람으로, 근검절약하는 부자의 모습입니다. 하지만 아껴 쓰는 것은 좋은데 너무 지나쳐 인색한 사람이 될 수 있으며, 돈은 모으겠지만 귀(貴)는 없어 사람들로부터 돈만 아는 사람이라 손가락질을 받을 수 있으니 적당히 베풀면서 살아야 합니다.

너무 돈에만 집착해 쓰지 않고 돈을 모으게 되면 나중에 입묘가 발동해 건강을 잃거나 가족에 문제가 생기게 됩니다. 따라서 돈과 명을 바꾸게 되니 적당히 베풀며 살아야 합니다.

기축 일주는 비식재가 상생하여 관성까지 이어져 직장 생활에서도 두각을 나타내는 사람이 많아 직장이든 개인 사업이든 성실함과 재능으로 성공하게 됩니다.

己　　　　　　　　　己
丑　　좌법　　　　丑
　　　————→
묘(墓)　　　　　　묘(墓)

기축 일주의 비견 기토는 묘궁묘좌합니다. 비견을 일지에 놓고 비견을 입묘시키는 특이한 사주로, 앞에서 말했듯이 일찍 떠난 형제나 아픈 형제가 있는데 만약 형제나 본인이 종교인이 되거나 농사를 짓거나 아니면 병원에 근무하거나 군·검경 쪽으로 일을 한다면 모두 다 건강하게 잘 살 수 있습니다.

기축 일주는 자존심과 고집이 무척이나 센데, 일지에 비견을 둔 간여지동에다 비견들을 입묘시켜 아픈 형제나 동료들을 내 밑으로 두려는 마음이 강하기 때문입니다. 그래서 손위 형제가 있어도 형이나 언니로서 잘 대우해 주지 않으며, 직장이나 조직에서도 내가 장이 되려는 야심과 질투심이 강하다 보니 그만큼 출세도 잘하는 일주입니다.

묘궁을 두니 절약을 잘하여 창고에 집어넣기는 잘하나 반면에 욕심이 많아 꺼내서 베푸는 것은 상대적으로 약한 모습입니다.

비견이 식신을 생하고 식신은 다시 재성을 생하므로 비견은 귀인이 되어 나를 도와주는 사람이 됩니다. 나의 식신을 생해 주므로 장사를 할 때 손님이 되고 직원이 되며 직장에선 동료가 됩니다. 이렇게 비견, 겁재가 귀인이 되면 큰돈을 벌거나 큰 성공을 하는 사람이 많습니다.

하지만 식신을 쓰지 않거나 식신이 파괴가 된다면, 비견은 바로 재성을 극해 내 돈을 빼앗어 가는 도둑으로 돌변합니다. 그래서 기축 일주에게 무엇보다 식신이 중요합니다. 평소에 베풀지 않거나 형제와 우애가 나쁘면 성공하기도, 제명대로 살기도 힘듭니다.

己　　　　　　　　　辛

丑　　좌법　　　丑

묘(墓)　　　　　양(養)

기축 일주의 식신 신금은 묘궁양좌합니다.

여자의 경우 자녀와의 전생업연이 깊어 자녀로 인해 눈물 흘릴 일이 있습니다. 선업이든 악업이든 이번 생에서 모자·모녀 관계를 맺은 것은 자식에게 조건 없는 사랑을 베풀어 주어 쌓인 업을 풀기 위함이니 정성을 다해 자녀를 돌보고 아낌없이 내어 주어야 합니다.

기축 일주는 요리를 잘하고 식물을 잘 재배하며 보살피고 가르치는 데 소질이 많습니다. 이는 식신이 묘궁양에 놓였기 때문입니다. 축은 금의 묘지이고 신금 식신이 양에 좌해 평소에 말이 적고 내성적인 성향을 잘 보이게 됩니다.

丑은 한겨울의 동토이므로 그 속에 든 辛은 고드름이나 한겨울의 단단한 얼음과도 같습니다. 그래서 기축 일주는 말할 때 가끔씩 찬바람이 쌩하고 불어 갑자기 분위기를 가라앉히는 말을 잘하며 웃다가도 갑자기 얼굴이 차갑게 돌변하기도 잘합니다.

식신이 비견의 생을 받아 부지런하고 체력도 좋아 정말 소처럼 일하는 사람입니다. 부지런함 하나로 얼마든지 성공할 수 있으며, 일확천금보단 알뜰히 저축하고 노력하여 나중엔 큰 부자가 되는 사람입니다.

만약 식신이 없다면 비견의 탈재가 일어나 그간 벌어 놓은 돈도 다 날리게 됩니다. 기축 일주가 식신이라는 노력을 버리고 일확천금을 노리거나 편법적인 일로 돈을 벌려고 한다면, 쫄딱 망하거나 명(命)이 사라져 요절하는 수가 있습니다. 그러니 기축 일주는 허황된 잔머리 굴리지 말고 법을 지키고 적당히 베풀며 살아야 재산도 지키고 장수하게 됩니다.

묘궁 속에 있어 식신의 영역이 울타리 밖 남에게 까지는 미치지 않아 남의 일에 발 벗고 나서지는 않습니다.

己
丑
묘(墓)

좌법

癸
丑
대(帶)

기축 일주의 재성 계수는 묘궁대좌합니다.

남자는 아내가 염을 하고 무덤 속에 들어 있는 모습이라 아내와의 갈등과 이별이 암시되어 있습니다. 아내가 아파 입원하거나 잠자리에서 아내와 부부의 정을 나누지 못한다는 의미가 있어 기축 일주 남자는 아내와의 잠자리에 불만을 가지게 되니 외도를 하게 되어 결국은 이혼하는 경우가 많습니다. 만약 본인이나 아내가 병원에 근무하거나 종교 · 활인업에 종사한다면 업상대체되어 해소될 수 있습니다.

기축 일주는 식신생재되어 본인의 노력으로 부를 이루는 사람인데, 다만 비견이 함께 재성을 보니 쟁재의 기운이 있어 식신을 쓰지 않으면 쟁재를 당하게 됩니다. 즉, 내가 땀 흘려 노력하지 않고 요행이나 일확천금을 바란다면 이득은커녕 손해를 보게 되는 것입니다. 돈을 벌면 수입의 일부를 기부하거나 가족이나 가까운 지인들에게 밥 한 끼 사거나 나눔을 한다면 하는 일도 잘되어 다음에는 더 큰 돈이 들어오고 건강도 좋아지게 될 것입니다.

재성이 관대에 놓이면 전문직이나 자격증으로 돈 버는 사람이 많으며, 땀 흘리는 힘든 노동보다는 근무 환경이 좋은 직장에서 일하는 사람이 많습니다.

부친은 점잖고 고지식한 분이며 공무원이나 전문직에 종사하는 분이지만 일찍 부친과 떨어지게 될 수 있습니다.

己
丑
묘(墓)

인종 →

乙
丑
쇠(衰)

기축 일주의 관살은 을목을 인종하여 묘궁쇠종합니다.

여자의 경우, 남편 복은 있지만 덕은 부족합니다. 남편이 사회에서 소위 잘나가는 사람으로 경제적으로 안정된 생활을 할지 모르나 남편이 왠지 나를 멀리하고 잠자리를 피하는 모습이 나타납니다.

부부는 서로에게 조금씩 불만이 쌓이게 되어 결국 각방을 쓰게 되는데, 남편 을목의 입장에서는 아내와 가까이하려 해도 축중 신금이 칼날을 번뜩이고 있어 가까이할 수가 없습니다. 기축 일주 여자의 식신인 신금이 화근이라 곧 남편을 향한 바가지가 심해 을목 관성을 밀어내게 됩니다.

을목 관살이 쇠에 종해 사회에서 인정받고 체면을 중시하는 남편인데, 기축 일주 여자는 나 잘난 사람이라 남편을 존중하지 않고 날카로운 신금으로 남편 을목을 찌르니 남편은 이전 아내 대신 직장이나 모임에서 나를 존중해 주는 여자에게 마음이 절로 가는 것은 당연한 현상입니다. 따라서 기축 일주 여자는 남편과 불화하게 되면 내가 먼저 사과하고 남편을 존중하는 마음을 갖는 등 화목한 가정을 이루도록 노력해야 할 것입니다.

기축 일주는 직장에서 능력을 인정받아 고위직으로 승진하는 사람이 많고, 소위 사(士)자가 들어가는 전문직으로 출세하는 사람이 많습니다.

己丑 ___

남자의 경우 똑똑하고 현달한 자녀를 두게 되는데, 오히려 자녀는 나를 멀리하고 엄마와 가까이 지내게 됩니다.

己
丑
묘(墓)

인종 →

丁
丑
묘(墓)

기축 일주는 인성이 묘궁묘종하여 비견처럼 특이한 관계가 연출됩니다.

인성이 땅속 깊이 묻혀 모친과 일찍 헤어졌거나 모친이 아픈 경우가 많으며, 모친이 종교인이거나 무속인인 경우도 많습니다. 모친이 종교나 무속과 관련이 깊거나 의료 쪽에 종사한다면 건강하신 분이며, 또 땅을 파야 좋으니 농업이나 텃밭을 가꾸면 건강이 좋아지고 부동산 관련 직업을 가져도 건강하게 지낼 수 있습니다.

기축은 습하여 화의 도움이 필요하므로 늘 책을 가까이하고 공부를 한다면, 본인 건강에도 좋고 하는 일도 잘될 것입니다. 기토는 습토이고 신금, 계수까지 있어 사주가 차가우니 이로 인해 건강 문제, 성격 문제가 생기기 쉬운데 어머니를 찾아가 며칠 쉬게 되면 다시 건강을 회복하게 될 것입니다.

기축 일주는 인성이 공망이 되고 묘가 겹쳐서 머리가 아주 똑똑한 수재가 많습니다. 대부분 학교 성적이 상위권에서 맴돌며 열심히 공부해서 좋은 일류대학에 진학하고, 졸업 후에는 남들이 부러워하는 직장에 들어가게 됩니다.

한마디로 기축 일주는 공부로 성공하는 사주이니, 어려서부터 열심히 공부하여야 하며 부모님께서 조금은 엄하게 키워 자녀가 공부에 매진하도록 지도

해야 할 필요가 있습니다.

기축 일주가 수재가 아니라면 그 반대의 모습을 나타내기도 합니다. 그래서 기축 일주는 학교 성적이 상위권 아니면 하위권이며, 중위권은 없습니다.

일지의 축은 액(厄)성이며 탕화살에다 묘궁에 놓여 우울증이나 공황 같은 정신적인 문제가 생기기 쉽고, 본인이나 배우자가 한 번은 큰 병을 앓게 됩니다. 거기에다 기축은 간지가 곡각으로 이루어져 있어 관절, 뼈, 신경질환도 앓기 쉽습니다.

기축은 소가 밭을 가는 형상으로 부지런하고 우직하며 끈기와 고집이 있어 열심히 노력하여 마침내 부자가 되고 고위직으로 출세도 하게 됩니다. 축토 땅속에 재성이 숨어 있어 부동산 부자가 많습니다.

이렇게 기축 일주는 재물을 모으고 사회에서 성공하는 데는 유리하지만, 가족 관계에서는 아픔이 있게 됩니다.

경　인

庚寅

　경인은 흰 호랑이, 즉 백호의 상으로 사납고 용맹한 일주로 추진력과 리더십이 뛰어나고 성격이 급하며 자존심이 셉니다. 백호(白虎)는 용과 함께 권력을 상징하는 동물로서 그중에서도 무신(武臣)의 기질이 강해 군·검경에서 출세하는 사람이 많으며, 역마성이 강하고 재물욕도 많아 사회에서 성공하는 사람이 많습니다.

　경인은 아름드리 큰 나무를 도끼로 찍어 내는 모습으로, 일지 인목은 자신의 몸이자 배우자이므로 자기가 자기 발등을 찍는 모습이 됩니다. 자기의 잘못으로 일을 망치거나 강한 성격 때문에 다른 사람과의 구설시비가 일어날 수 있는데, 특히 배우자와 불화하기가 쉬워 결혼 생활에 어려움이 예상됩니다.

　나무를 베어 가구를 만들거나 목재로 사용할 수 있기 때문에 수완이 좋고 재주가 많은 사람으로 조직에서 능력을 인정받고 고위직으로 진출하는 사람이 많습니다.

경인은 괴강살, 양인살, 백호살은 아니지만 그에 못지않은 성향의 소유자입니다. 경인은 큰 칼을 찬 용맹한 장수의 모습으로 결정을 내리는 데 머뭇거리지 않고, 일도양단의 과감함과 카리스마를 지녀 만인의 리더가 될 자질을 갖춘 사람입니다.

반면에 급한 성격과 굽히지 않는 기개가 잘못되면 독불장군이 되기 쉽고, 고집불통이 되어 자기 실수를 인정하지 않고 남들과 융화하지 못하여 쉽게 갈 수 있는 길을 스스로 어려운 길로 가게 됩니다. 관우와 같은 용장처럼 뛰어난 재주와 용맹함과 신의를 갖춘 장수이지만 고집과 오만함으로 인해 스스로 자멸하는 것처럼, 경인 일주는 이런 단점만 보완하게 되면 충분히 사회에서 출세하여 자신의 능력을 펼칠 수 있는 일주입니다.

경인은 금목상쟁하는 모습이라 극단으로 오고 갑니다. 잘될 때는 하늘 높은 줄 모르고 승승장구하다가 안 될 때는 한순간에 몰락하는 경우도 많습니다. 이렇게 금목이 상쟁하면 사고수가 있는데, 특히 교통사고에 주의해야 합니다.

庚

寅　　**재성**

절(絶)

경인 일주는 일지에 재성을 절(絶)에 놓았습니다. 배우자궁이 절에 놓이면 남녀를 막론하고 배우자와의 인연이 박하게 되는데, 대부분 배우자 잘못이기보다는 본인의 성격 탓이 큽니다.

남자의 경우 배우자궁에 재성이 들어 남들이 보기엔 괜찮은 아내를 만나는

데, 그렇다고 해로한다는 의미는 아닙니다. 절에 놓여 단절되는 것을 겪을 수밖에 없어 결혼 생활 동안 다투고 서로에게 불만이 쌓이게 됩니다.

이럴 땐 주말부부를 하거나 웬만한 잘못은 서로 못 본 척 넘어가고 배우자의 사생활에 크게 간섭하지 않는 게 도움이 됩니다. 결혼하기 전 연애를 많이 경험하는 것도 액땜이 되고, 연상연하 또는 나이 차이가 많이 나거나 늦게 결혼하는 것이 도움이 됩니다.

여성의 경우 재성 시모가 남편궁에 앉아 있어 시모의 영향력이 큰 집으로 시집가게 되며, 시모를 모시고 살 수도 있습니다. 시모의 간섭으로 고부 갈등을 겪겠지만 재생관이 되어 결국 시모의 재력은 남편에게로 흘러들어 경제적인 도움을 받고 유산도 물려받게 됩니다.

이렇게 일지에 재성을 깔고 있어 경인 일주는 재복이 있지만, 절에 놓여 있어 돈을 많이 버는 만큼 새어 나가는 구멍도 커서 돈이 밀물처럼 들어왔다 썰물처럼 빠져나가므로 돈으로 인한 기복이 심합니다. 돈 버는 능력은 있지만 관리를 못해 아무리 벌어도 남아나질 않습니다.

계획 없이 즉흥적인 소비를 잘하고 귀가 얇아 남의 말만 듣고 투자했다가 돈을 날리거나 사기도 잘 당합니다. 그래서 돈이 생기면 반드시 저축하는 습관을 들여야 하며, 신용카드는 한 개만 남기고 과감히 잘라 버려야 합니다. 이처럼 경인 일주는 재복이 있어 돈을 잘 벌지만, 관리를 못하면 돈이 남아나질 않습니다.

庚

寅 ⟶ 甲재성, 丙관살, 戊인성

절(絶)

_____ 피클 일주론 사주명리학의 꽃

경인 일주는 비록 절궁을 놓았다 해도 재관인을 두루 갖춘 데다가 재성이 록, 관살이 생, 인성이 생으로 좌해 재관인 모두 힘이 있고, 서로 상생하여 일간을 도와주는 구조로 되어 있어 사회 각 분야에서 활약하며 중요 요직에서 출세가도를 달리는 사람이 많은 대표적인 일주입니다. 돈과 권위와 명예를 모두 갖춘 몇 안 되는 부러운 일주입니다.

이렇게 유리한 구조를 둔 경인 일주라 해도 절궁을 놓았기 때문에 하늘 높은 줄 모르고 오르던 기세가 한순간에 추락할 수 있습니다. 그러므로 잘나갈 때 스스로 성찰하고 주위에 베풀어 공덕을 쌓고 자기 관리를 잘하면 별 탈 없이 잘 먹고 잘 살아가게 됩니다.

재관을 처궁에 두어 남자의 경우 연애결혼이 많으며, 혼전 임신하는 경우가 많습니다. 연애하는 것은 좋으나 절궁 속에 있어 결혼으로 이어지지 못해 낙태를 하는 경우가 많으니, 연애할 땐 임신이 안 되도록 조심하기 바랍니다.

경인 일주에겐 관살이 중요한 역할을 하는데, 재성과 인성을 연결하는 역할을 하기 때문입니다. 관살이 파괴되면 재성이 인성을 극하게 되어 돈만 아는 사람이 되어 돈이라면 수단과 방법을 안 가리게 됩니다. 명예는커녕 사람들로부터 손가락질을 받게 되며, 결국엔 가정도 깨지고 가진 돈도 사라지게 됩니다.

그래서 경인 일주는 관을 지키는 것이 중요하며 관이 귀인이 됩니다. 눈앞의 이익보다는 법을 지키고 양심에 맞지 않은 짓은 하지 않는 것이 가정을 지키고 나아가 재산도 지키는 길입니다. 재관인이 순행하여 인성으로 맺히므로 돈보단 명예를 추구해야 삶이 편안합니다. 경인 일주가 돈을 벌면 자연히 명예에 관심이 생겨 선거에 출마하거나 모임에 장이라도 맡으려 합니다.

庚　　　　좌법　　　　**甲**
寅　──────→　**寅**
절(絶)　　　　　　　　록(祿)

경인 일주는 재성 갑목이 절궁록좌합니다.

재성이 록에 좌해 근면 성실하게 직장 생활을 하는 사람으로 책임감이 있어 직장에서 능력을 인정받지만, 절궁에 들어 한 직장에서 정년을 마치기보다는 중간에 이직을 하는 경우가 많으며 나이가 들어서도 무슨 일이든지 놀지 않고 하려는 사람입니다.

돈을 착실히 버는 사람으로 돈 버는 수완과 능력도 출중한데, 돈이 새어 나가기도 잘해 열심히 돈을 벌었는데 손에 남는 게 없게 됩니다. 이때 대부분은 비견 때문으로, 형제·친구·동료로 인해 보증을 서거나 빌려주어 떼이는 경우가 허다합니다.

재성 갑목이 관살 병화를 생하고 관살은 다시 무토 인성을 생하는 흐름이 가장 좋으니 경인 일주는 돈보다는 명예를 좇아야 하며 현금보다는 부동산, 즉 인성에 묻어 두는 것이 좋습니다.

재성 부친은 근면 성실한 분이지만 절궁에 놓여 있어 인연이 오랫동안 이어지지 못하거나 떨어져 사는 경우가 많습니다.

경인 일주 남자는 대부분 맞벌이를 하게 되며, 재성 아내가 록에 들어 있어 능력 있는 아내를 만나는데 직장 문제로 떨어져 지내는 경우가 많으며 아내가 오히려 더 활동적이고 수입이 많은 경우가 흔합니다.

그런데 이렇게 남들이 부러워하는 아내를 두었음에도 재성 절궁이라 초혼에 실패하는 경우가 많습니다. 이는 아내보다는 나의 성격이나 기복이 심한 나의 돈 문제 때문인데, 만약 기러기 부부를 하거나 일 때문에 자주 출장이나 외근을 나간다면 오히려 액땜이 되어 해로하게 됩니다.

경인 일주 여자는 결혼 후 능력 있는 시모를 두게 되는데, 시모로부터 경제적인 도움을 받지만 시모가 남편궁을 차지하고 있어 고부 갈등을 겪게 됩니다.

경인 일주의 편관 병화는 절궁생좌합니다.

재성으로부터 생을 받는 데다 장생에 좌해 병화 관살은 힘이 있어 명예와 자존심이 높고 관살을 소중히 여기는 사람입니다. 관살이 다시 인성 무토를 생하게 되어 살인상생의 기운이 있어 귀(貴)가 높으며 문무를 겸비하여, 많은 사람들의 존경을 받게 됩니다. 관살이 높아 관운이 있어 직장에서 승진을 잘하며 최고위직까지도 오를 수 있습니다.

이렇게 똑똑하고 판단이 예리하며 추진력도 뛰어나 우두머리 기질이 타고난 사람이지만, 반면에 참을성이 부족하고 성격이 급해 실수가 잦고 일이 마음대로 되지 않으면 신경질적이고 폭력적으로 변하기 쉬워 자칫 오만함으로 비춰질 수 있습니다.

경인 일주 여자는 똑똑하고 잘생기고 능력 있는 남편을 만나지만 관이 인성으로 관인상생하여 선비 같은 남편이며, 절궁에 들어 있어 주말부부로 떨어져 살거나 그렇지 않으면 해로하기 힘들 수 있으니 내가 먼저 이해하고 양보하여 행복한 가정을 만들어야 합니다.

경인 일주 남자는 똑똑하고 현달한 자녀를 두게 되어 자녀가 멀리 유학을 가거나 일찍 독립하게 됩니다.

경인 일주는 재생관을 하여 경제적으로 여유가 생기면 관을 좇게 되어 모임의 장이나 정치에 관심을 두어 선거에 나가게 되는데, 관생인을 하여 결국 한 번은 당선을 해서 꿈을 이루어 돈과 명예를 모두 가지는 사람이 많습니다.

庚

寅

절(絕)

좌법 ⟶

戊

寅

생(生)

경인 일주의 인성 무토는 절궁생좌합니다.

더구나 재생관, 관생인으로 상생하며 이어지는 구조로서 인성의 덕이 아주 높다 하겠습니다. 따라서 살아가는 중에 위기 때마다 부모님이나 귀인의 도움으로 무사히 넘어가게 되며, 직장 생활에서도 상사의 도움이 있어 승진이 빠르고 고위직에까지 오르게 됩니다. 재성이 결국 인성으로 연결되는 것이므로 돈을 벌면 부동산으로 투자하게 되고, 돈과 명예와 직위를 다 가지는 사람이 됩니다.

이렇게 타고난 복이 많은 경인 일주라 해도 재관인이 결국 절궁 속에 든 것이라서 이 모든 것이 한순간에 물거품처럼 사라질 수 있음을 명심하여 벼는 익을수록 고개를 숙이는 것처럼 자족하여 겸손을 잃지 않는다면, 부와 명예가 끊어지지 않고 오래갈 것입니다.

모친의 덕이 있어 모친의 사랑과 도움을 받고 자랍니다. 대개 부모님 중 한 분의 덕이 있으면 다른 한 분은 상대적으로 부족하기 마련인데, 경인 일주는 재관인이 상생하여 부친과 모친의 덕이 다 있다고 할 수 있으며 부모님으로부터 유산도 물려받게 됩니다.

경인 일주의 식신 임수는 절궁병종합니다.

모든 것을 다 가진 것 같은 경인 일주도 식상과 비겁에서 약간의 문제를 드러내는데, 식신이 역마에 들어 동분서주 아주 바쁜 사람이며 록에 좌한 재성을 식신생재하기 위해 열심히 노력하고 땀 흘리는 사람입니다.

경인 일주 여자의 경우 자녀가 아프거나 떨어져 살게 되는데, 자녀가 멀리 유학을 가는 경우가 많습니다. 자녀로 인한 남모르는 아픔이 있게 되거나 생식기 쪽의 병으로 수술을 받을 수도 있습니다.

경인 일주는 일생에 한 번은 큰 병에 걸려 수술을 하는 경우가 많은데, 식신이 절궁병에 놓여 있기 때문입니다. 절궁에 놓이면 겉으로는 강한 듯해도 의외로 잔병치레를 자주하는 허약 체질이 많은데, 왕한 재성을 생하기 위해 식신이 병에 들어 고생할 수 있으니 경인 일주는 평소에 건강 관리를 잘해야 합니다.

$$庚寅 \xrightarrow{\text{인종}} 庚寅$$

절(絶)　　　　　　　　　　　절(絶)

경인 일주는 비견이 절궁절종하여 항상 비견 때문에 문제를 겪게 됩니다. 형제와는 멀리 떨어져 살거나 우애가 상해 서로 의절하는 경우도 많은데, 대부분이 돈 문제 때문입니다. 이는 비견 역시 재성에 절을 놓기 때문입니다.

그래서 경인 일주는 인복이 넘치지만 다만 형제·친구 복은 없어 보증은 절대 서지 말아야 하고, 형제나 가까운 지인의 소개로 투자를 하면 대부분 사기를 당하거나 손해를 본다고 생각해야 합니다. 돈을 빌려주면 못 받는다고 생각하고 딱 잘라 거절하거나 우애가 상하기 싫으면 돈을 못 돌려받을 각오로 주어야 합니다.

비견이 절을 겹쳐 있고 식신이 병에 있어 경인은 건강하게 잘 살다가도 갑자기 병에 들어 병원에 입원하거나 사건·사고를 당할 수 있으니, 건강할 때 건강 잘 챙기고 보험도 미리 들어 놓아야 합니다. 이렇게 비견이 절에 놓이면 친구나 동료로부터 배신을 당하기도 하여 만년에 홀로 외로울 수 있습니다.

경인 일주는 살인상생, 절처봉생의 기운이 있어 어려운 난관을 이겨 내고 다시 재기하는 힘이 있고 부모님의 도움이 있으며 상사나 귀인의 도움도 있습니다.

절궁을 놓아 지나친 자존심과 고집, 감정을 앞세운 성미 때문에 자기 발등을 찍게 되니, 참고 기다리는 인내와 겸손을 배운다면 결국 성공하게 됩니다.

경인은 과일이 열린 과일나무의 모습이기도 하여 큰 성공을 거두어 공직에서 출세하거나 사업으로 큰 부자가 되는 사람이 많습니다. 하지만 경금은 아직 익지 않은 풋과일이라 과일이 익을 때까지 참고 기다리는 인내가 필요합니다.

寅은 탕화살이라 寅巳申운이 오면 탕화살이 발동해 감정의 기복이 심해져 사건·사고가 발생하기 쉬우니, 스스로의 감정을 잘 다스려야 합니다.

_____ 피클 일주론 사주명리학의 꽃

辛卯
신 묘

명리에서는 일주 글자를 음차(音借)하여 일주의 특성을 표현하기도 하는데, 예를 들어 辛巳(신사) 일주는 신사(紳士) 같다고 하고 癸未(계미) 일주는 개미처럼 부지런하고 저축하는 사람을 떠올립니다. 戊子(무자)는 자녀를 가지기 어렵고, 壬申(임신)은 아이를 잘 가지며, 丁巳(정사)는 밤의 애정이 넘친다고 하듯이 辛卯 일주는 신묘(神妙)한 사람이라고 말합니다.

辛卯는 토끼 머리에 난 뿔이라 엉뚱한 말과 행동을 잘하는 사람이고, 예측 불허의 사건과 인생을 사는 사람으로 기발한 아이디어를 잘 내고 남들은 생각지도 못한 일을 해내는 신묘(神妙)한 사람입니다.

또한 辛卯는 토끼가 안테나를 세운 것으로 귀를 쫑긋이 세운 모습이 되어 신경이 예민하고 초조·불안한 사람이고, 누구보다 빨리 주변 정보를 알고 상황 대처를 재빠르게 하는 사람입니다. 반면에 그만큼 귀가 얇고 성격이 급해 신중히 판단하지 않고 결정하여 실수가 잦고, 마음이 이랬다저랬다 변화가 심합니다.

더구나 신묘 일주는 간지가 현침으로 되어 있어 영감이 뛰어나고, 辛금의 칼이 卯목의 나무를 두 쪽 내는 모습이 되니 말로써 상대방을 쿡쿡 찔러 구설 시비가 생기기 쉽습니다. 일도양단의 성격이 있어서 하면 하고 안 하면 안 하지, 이것도 아니고 저것도 아닌 것처럼 우유부단한 것을 싫어합니다.

이런 성격 때문에 호불호가 나뉘는데, 사람 관계에서 한번 틀어지면 두 번 다시 그 사람에게 마음을 열지 않으며 자기 기준에서 아니다 싶은 것은 딱 잘라 버려 사람들에게 냉정하다는 말을 듣기도 합니다. 하지만 반대로 한번 마음을 주면 다 내어 주고 한번 믿으면 믿고 다 맡기는 성격이라 오히려 사기를 잘 맞고 배신을 잘 당합니다.

신묘 일주 남자에게 빼놓을 수 없는 것이 이성 문제인데, 원래 일지에 卯를 두면 도화가 아니더라도 도화의 작용이 있으며 辛卯는 卯의 갈라진 틈으로 辛이 비집고 들어오는 모습으로 남녀의 성관계 모습을 나타냅니다. 그래서 남자 신묘 일주는 성생활을 즐기고 취향이 남다른 사람인데, 자기 관리를 잘 못하면 이로 인해 가정에 문제가 생길 소지가 있습니다.

辛
卯　　　재성
절(絶)

신묘, 경인, 을유, 갑신은 일지에 절을 놓았고 간지가 금목상쟁하는 모습입니다.

신묘 일주는 재성 절궁을 놓았습니다. 일지에 절(絶)을 놓으면 대개 인생의 희로애락의 굴곡이 심하고, 배우자와 해로하기가 힘듭니다. 그 이유는 절의 영향을 받아 무엇이든 길게 이어지지 못하고 중단되다 보니 재물적 손실로 이어지는 경우가 많기 때문입니다.

그래서 평소에 저축하는 습관을 들이고 중요한 일을 시작할 때는 신중히 판단하고 장기적인 계획을 세우며 서두르지 말아야 합니다. 특히 남자는 돈 관리를 무조건 아내에게 맡겨야 하며, 부부 싸움을 하더라도 무조건 내가 먼저 양보하고 사과해야 원만한 결혼 생활을 이어 갈 수 있습니다.

일지 배우자궁에 절이 놓여 남녀 모두 결혼 생활에 불리함이 있는데 신묘 일주는 주말부부를 하거나 미용사나 간호사, 의사처럼 직업으로 절의 기운을 업상대체한다면 부부가 해로할 수 있습니다.

신묘 일주는 본인이나 배우자가 병원에서 수술을 받는 경우에는 절의 기운이 액땜이 되어 행복한 가정을 이어 갈 수 있는데, 그것은 辛이라는 칼로 卯라는 몸을 가르는 모습으로 액땜이 됩니다.

이렇게 재성 절에 놓이면 돈과 명을 바꾸는 경우가 많은데 돈을 잃는 대신에 목숨을 건지게 되고, 돈을 잡고 놓지 않으면 결국 명이 끊어지거나 남자의 경우 아내에게 문제가 생길 수 있습니다. 신묘 일주가 아니더라도 살아가면서 많은 돈을 손해 볼 경우, 손해 본 돈과 본인의 명을 바꾸는 경우가 많습니다. 그런데 대부분 사람들은 그것을 모르고 잃어버린 돈만 아까워하고 속상해합니다.

어떤 가게가 장사가 잘되어 많은 돈을 벌고 있다면 그 집 가족 중에 누군가는 돈을 펑펑 쓰거나 사기를 당해 돈을 날리곤 합니다. 그래야 그 집에 계속 돈이 들어오고 가족이 건강하게 됩니다. 먹으면 배설을 하듯이 돈도 마찬가지로 들어오기만 하고 나가는 구멍이 없다면 반드시 탈이 나게 되어 있습니다.

신묘 일주 남자는 배우자궁에 재성이 들어 남들이 보기에는 괜찮은 아내를 두는데, 절궁이라 결혼 생활의 어려움이 있게 됩니다. 그런데 그 원인은 대부분 신묘 일주 본인에게 있습니다.

$$辛$$
$$卯 \longrightarrow 乙편재, 甲정재$$
절(絕)

신묘 일주는 정재, 편재가 함께 들어 있어 재물에 대한 욕구가 강하며, 돈을 버는 능력도 충분히 있습니다. 하지만 어떻게 이 돈을 유지할 것인지가 관건이 됩니다. 열심히 일해서 돈을 모아도 절궁에 들어 있어 한 방에 돈이 나가 버립니다. 특히 신묘 일주 남자는 결혼하면 돈 관리를 무조건 아내에게 맡겨야 합니다. 저축하는 습관을 들이고 현금보단 부동산처럼 오랫동안 묻어두는 투자를 해야 합니다.

정편재가 혼잡해 남자는 여자 문제가 따르게 되는데, 절궁이라 여자 문제나 돈 문제로 초혼에 실패하는 경우가 많습니다. 아내가 있는데도 외정을 둘 수 있으며, 많으면 없는 것과 같아 절이 되어 연애는 하지만 결혼을 하지 않고 혼자 사는 경우도 많습니다.

신묘 일주는 부친이 둘이거나 일찍 헤어지는 경우가 많은데 정, 편재가 혼잡하여 두 부친이 되는 것은 부모님이 재혼을 하였다는 의미이며, 그렇지 않으면 재성 절궁으로 부친과의 인연이 길지 못하다는 의미가 있습니다.

辛		乙	甲
卯	좌법 ⟶	卯	卯
절(絶)		록(祿)	왕(旺)

신묘 일주는 편재, 정재가 록왕을 얻어 조금만 노력하면 돈을 만들어 내는 능력이 출중하여 직장이든 개인 사업이든 다 잘하는 사람입니다.

다만 절궁이라 끈기 있게 꾸준히 참고 인내하는 것이 부족해 중간에 그만 두기 쉽고, 돈 욕심이 앞서 남의 말만 듣고 쉽게 투자나 창업을 해서 돈을 날 리기 일쑤입니다. 일지 재성을 모두 록왕으로 둔 신묘 일주는 돈 버는 능력은 출중한 사람이니 일찍부터 돈 관리만 잘한다면 부자가 되고도 남습니다.

신묘 일주 남자는 맞벌이가 많은데, 재성 아내가 록왕이라 능력이 있어 남 편보다 수입이 더 많은 경우도 흔합니다. 일지가 재성궁이라 장가 잘 갔다는 말을 듣지만, 정작 본인은 절을 두어 아내에게 불만이 있게 됩니다.

辛卯 일주는 일간 辛이 절을 두어 힘이 약한 데 반해 재성은 록왕으로 힘이 강해 신묘 일주 남자는 재성 아내가 남편 辛금을 무시하거나 미워하게 된다면 금극목이 아닌 목극금이 되어 남편이 아프거나 이별을 하게 됩니다.

신묘 일주의 여자는 재성 시모가 배우자궁에 들어 시모를 모시거나 시모의 영향력이 강한 집으로 결혼을 하게 됩니다. 시모가 경제적인 능력이 있어 도 움을 받기도 하지만, 시모의 간섭이 심해 고부 갈등을 겪게도 됩니다. 따라서 재성의 절궁으로 시모와는 적당한 거리를 두고 떨어져 사는 것이 오히려 시모 와의 관계가 더 좋아지는 길입니다.

辛　　　　　癸
卯　　인종　　卯
절(絶)　　　　생(生)

　신묘 일주의 식신 계수는 생으로 인종해 절궁생종합니다.

　식신이 생을 받아 성격이 밝고 생기가 넘치며 식복이 있으니 아무리 어려워도 밥 굶는 일은 없습니다. 그리고 식신이 생을 받아 손재주가 좋고 일머리가 뛰어납니다. 록왕을 얻은 재성을 식신으로 생재를 하여 수완이 좋기 때문에 사업이나 장사로 큰 재물을 만드는데, 이때는 신강한 사주라서 식신을 잘 생해 주어야 유리합니다.

　하지만 절궁에 놓인지라 힘들게 번 돈을 한순간에 다 날려 버리는 위험이 있습니다. 그러므로 평소에 저축을 습관화하고, 매사에 감정적으로 성급하게 판단 내리지 말고 항상 가족과 상의하고 돌다리도 두드리고 건너는 신중함을 필요로 합니다.

　신묘 일주 여자는 잘생기고 똑똑한 자녀를 두게 되며 절궁이라 일찍 유학을 보내거나 떨어져 지낼 수 있습니다. 하지만 식신이 생종하여 자녀를 위해 헌신하는 어머니의 모습을 보이고 자녀 또한 어머니에게 효도하게 됩니다.

辛　　　　　丁
卯　　인종　　卯
절(絶)　　　　병(病)

　　　　　　　　피클 일주론 사주명리학의 꽃

신묘 일주의 정화 관살은 절궁병종합니다.

병(病)은 역마로서 신묘 일주는 출장을 자주 가거나 자유로운 일이 잘 맞는데, 그렇지 않다면 절궁 속에 든 역마라서 직장 이동이 많을 수밖에 없습니다.

왕한 재성을 갖추고 있어 재생관(목생화)을 잘 받아 근면 성실하게 직장 생활을 잘합니다. 하지만 절궁이라 늘 사직서를 가슴에 품고 다니는 사람이라, 결국 기회가 오면 사업하겠다고 직장을 박차고 나오는 것이 다반사입니다.

일지는 배우자궁이라 절을 놓게 되면 남녀 모두 배우자 인연이 불리한 것은 어쩔 수 없는데, 신묘 일주 여자는 절궁에 관살이 병으로 인종해 남편이 병이나 사고로 아플 수 있습니다.

그러나 만약 주말부부로 떨어져 살거나 부부 중 한 명이라도 병원에 근무하거나 운송업이나 무역, 관광업 같은 역마성을 활용한 일을 한다면 업상대체되어 별 무리 없이 해로할 수 있습니다. 그게 아니라면 부부가 여행을 자주 다니는 것도 많은 도움이 됩니다.

신묘 일주 남자 역시 자녀와 떨어져 살게 되거나 자녀가 병원 신세를 자주 지게 되며 자녀와 사이가 멀어지는 경우가 많습니다. 이때에도 자녀와 함께 여행을 자주 가면 관계가 좋아질 것입니다.

신묘 일주의 인성 기토 역시 절궁병종합니다.

집을 떠나 멀리 공부하러 가거나 해외로 유학을 가는 경우도 많고, 기숙사나 자취 생활을 하는 것이 보통입니다. 내가 원하는 만큼 공부를 마치기는 힘들며, 한 가지 공부를 꾸준히 하기보다는 관심 가는 분야의 공부를 다양하게 접하는 경우가 많습니다.

재성은 록왕을 얻어 강한 반면에 인성은 기운이 약해 모친과의 인연이 박한 경우가 많기 때문에 모친이 아파서 병원 치료를 받으시거나 모친과 일찍 헤어지게 됩니다. 만약 모친이 병원에 근무하거나 역마를 발휘해 여행을 자주 다니고 사방팔방 정신없이 바쁘게 일하고 다니는 분이라면 아무 탈이 없으며, 또 내가 공부 때문에 멀리 유학을 간다면 그때에도 어머니는 건강하게 잘 사시게 됩니다.

신묘 일주의 비견은 절궁절종하여 형제와 떨어져 살게 되고 붙어 있기보다는 떨어져 사는 것이 상책입니다. 이렇게 절의 기운이 강하므로 함께 살면 자주 싸우거나 적어도 둘 중 하나는 경제적으로 힘들거나 아프게 되는 등 사건·사고에 시달리게 됩니다.

또한 이렇게 비겁이 절태에 놓이면 일찍 떠난 형제가 있다는 의미가 되어 일찍 생리사별한 형제가 있거나 어머니께서 유산·낙태한 경험이 있다는 의미가 됩니다. 만약 어머니가 유산 낙태를 하셨거나 일찍 떠난 형제가 있다면 나는 오히려 건강하게 오래 살게 됩니다.

비견은 형제뿐만 아니라 동료, 친구가 되니 형제나 혹은 친구와 의절하게 되며 믿는 사람에게 이용도 잘 당하고 배신도 잘 당해 동업이나 보증은 절대 해서는 안 됩니다. 형제, 친구, 동료로 인해 큰 손해를 보거나 나아가 병까지 얻을 수 있으니 많은 사람을 사귀기보다 단 한 명을 사귀더라도 믿고 함께 정을 나눌 수 있는 소울메이트를 사귀는 것이 낫습니다.

신묘는 간지가 현침으로 되어 화가 나면 상대방에게 상처 주는 말을 내뱉게 되니 항상 조심해야 합니다. 강한 현침 절을 두어 미워하고 저주하면 그대로 상대에게 전달되어 상대가 아프거나 사건·사고를 당하는 수도 있습니다. 이로 인해 나중에 나와 나의 가족에게 배가되어 돌아와 큰 화를 입게 되니 언제나 말조심, 생각 조심을 해야 합니다.

신묘는 절궁을 놓아 결혼 생활에 위기를 겪는 것은 당연하지만, 신묘의 특성상 머리를 짧게 깎고 까칠한 성격의 날씬한 미남·미녀들의 모습이 오히려 매력적이라 대부분 연애결혼하게 됩니다.

辛은 보석이고 卯는 긴 줄, 고리의 물상이니 금반지, 금 목걸이가 되어 신묘 일주는 귀티가 나고 가만히 있어도 이성이 따르게 됩니다. 패션 감각이 뛰어나 옷을 잘 입고 외모에도 신경을 써 아무리 돈이 없다 해도 유명 메이커 옷이 아니면 안 입습니다.

辛은 낫이 되고 卯는 벼가 되어 벼를 추수하는 물상으로 운의 흐름이 좋으면 가을 풍년으로 큰 부자가 되지만, 그렇지 않으면 봄철 싹을 잘라 내는 모습이 되어 가난을 면하기 힘듭니다. 결국 신묘 일주가 성공하기 위해서는 봄철 벼가 가을에 누렇게 익을 때까지 참고 기다리는 인내가 필요합니다. 때가 올 때까지 묵묵히 참고 기다리면 반드시 성공하게 되는 것이 신묘 일주입니다.

임 진

壬辰

임진 일주는 60갑자 중 가장 개성이 뚜렷한 일주 중 하나입니다.

임진은 괴강살로 성격이 강해 고집과 자존심이 세고 급한 성격 때문에 사고를 잘 치지만 똑똑하고 미남·미녀가 많으며, 겉으로는 강해 보여도 속으로는 심성이 착하고 속정도 깊습니다. 근면 성실하여 책임감이 있고 욕심도 있어 사회에서 성공한 사람이 많은 대표적인 일주입니다.

임진은 자좌입묘(自坐入墓) 사주로 일지에 묘(墓)를 두어 일간 자신이 입묘되는 특이한 일주입니다. 현대 사회에서는 우울증, 공황장애, 분노조절장애 같은 정신적인 문제로 인해 고통받는 사람이 많으니 임진 일주는 더욱 자신의 몸과 마음의 균형과 건강에 신경 써야 할 것입니다. 일간이 입묘된다는 것은 비견이 입묘된다는 것과 같은 뜻으로, 형제와 일찍 이별하거나 본인이든 형제가 아프거나 형편이 어려운 가난한 형제가 있을 수 있습니다. 하지만 모친께서 유산·낙태를 한 형제가 있다면 나와 다른 형제는 오히려 건강하게 잘 살게 됩니다.

임진 일주는 장남·장녀가 많은데 막내라 하더라도 장남·장녀의 역할을 하게 되며, 그 이유는 비견을 내 밑으로 입묘시키기 때문입니다. 또한 조직이나 모임에서 장(長)을 맡거나 직장보다는 장사나 사업을 하는 사람이 많은 것 역시 비견을 입묘시키기 때문입니다.

임진 일주는 자존심 **빼면** 시체라고 할 정도로 자존심이 센데, 내 돈 떼어먹는 것은 참아도 나의 자존심 건드리는 것은 못 참는 사람으로 역시 비견을 내 밑으로 입묘시키기 때문입니다. 이렇게 자존심이 강하니 직장 생활이 힘들어 포장마차 장사를 하더라도 내가 사장을 하는 것이 마음 편합니다.

壬
辰   편관
묘(墓)

임진 일주는 편관 묘궁을 놓아 살(殺), 형(刑)과 관련이 깊어 군·검경이나 의약, 종교, 활인이 적성에 잘 맞고 이쪽으로 진로를 나간다면 본인과 가족도 건강하고 직장에서도 성공할 수 있습니다.

관살 묘궁을 놓아 본인이나 가까운 가족이 관재나 병원에 입원하게 되는데, 이럴 경우엔 업상대체하는 것이 가장 좋습니다. 그렇지 않다면 종교 활동을 열심히 하는 것도 도움이 되며, 평소에 책을 읽고 공부를 하는 것도 좋습니다. 농사를 짓거나 텃밭을 가꾸고 집 안에 식물을 키우는 것을 취미로 삼는 것도 도움이 되며, 무엇보다도 평소에 남에게 잘 베푸는 것이 가장 좋습니다.

칠살과 묘의 조합으로 임진 일주는 반무당에 가까운 뛰어난 영감과 촉을 발휘하여 꿈도 잘 꾸며, 그 꿈도 잘 맞는 등 실제로 무속인과 종교인이 많은 일주입니다.

이렇게 자좌입묘되는 일주는 임진을 비롯해 병술, 정축, 무술, 기축, 계미 여섯 일주가 해당합니다. 내가 입묘된다는 것은 비겁이 입묘된다는 의미가 있어 내가 입묘되지 않으면 형제가 입묘되는 처지입니다. 모친이 유산이나 낙태를 하였을 가능성이 높으며, 그렇다면 이미 형제가 입묘된 것이라 형제와의 단절은 덜하게 됩니다.

일지에 진술축미를 둔 일주들이 경제적으로는 여유가 있더라도 가족 관계에 남모르는 아픔이 있게 되지만, 그중에서도 묘를 둔 일주는 그 아픔이 더 심합니다. 그래서 종교 생활을 열심히 하거나 자연과 책을 가까이하고 베푼다면 액땜이 되어 본인의 건강뿐 아니라 가정의 행복을 지키는 데도 도움이 됩니다.

진토는 편관 칠살의 묘궁이지만 임수의 창고 역할도 해 임수의 근이 됩니다. 그래서 신약한 일주가 배우자와는 이중적인 모습을 보이게 되는데, 특히 여성이 더 그렇습니다. 남편과 갈등을 빚어 괴롭지만 한편으론 남편을 의지하게 되어 헤어지지도 못합니다. 같이 살아도 걱정, 헤어지려고 해도 걱정인 모습을 보이게 됩니다. 이렇듯 배우자궁에 편관을 두어 남이 보기엔 괜찮은 남편이지만, 실은 남편으로 인해 말 못할 고민이 많습니다.

壬

辰 ⟶ 戊편관, 癸겁재, 乙상관

묘(墓)

임진 일주는 일지 묘궁 속에 명리에서 말하는 흉신(凶神)으로만 이루어져 있으면서 흉신끼리의 합으로 흉신이 오히려 길신(吉神)으로 변해 대길(大吉)하는 반전이 있습니다.

편관 무토와 겁재 계수가 암합을 하여 양인합살을 하니 흉신인 칠살과 양인이 길신으로 변해 칼을 쓰는 군·검경이나 의약 쪽에서 소질을 보이며 성공하게 됩니다. 리더십이 뛰어나 겁재, 양인을 복속시켜 사람들을 잘 다루며 칠살의 명예가 빛나니 최고의 자리에까지 오르고 만인의 존경을 받습니다.

양인합살하면 남는 것은 을목 상관인데 묘궁에 든 상관이라 아주 똑똑하며 눈치가 빠릅니다. 상관의 재능과 양인합살의 빼어난 기운으로 공직이나 전문직으로서 성공하게 되지만, 만약 겁재가 상관을 생하려 하거나 편관을 극해 합살을 방해한다면 본인의 재능을 엉뚱하게 사용해 경제적으로 파탄 나거나 법을 어겨 관재(官災)를 살게 됩니다.

여성의 경우, 나의 남편인 무토가 겁재 계수와 합을 하고 있어 나보다는 어린 다른 여자를 더 좋아하는 모습이 됩니다. 남편 입장에선 나를 존중해 주지 않는 아내보다는 같은 직장의 다정다감한 다른 여자에게 더 마음이 가게 됩니다. 그래서 임진 일주 여성은 남편으로 인해 고민이 깊은데, 이렇게 관을 묘 속에 두면 의부증도 있게 되며 남편을 통제하고 간섭하려는 마음이 있게 됩니다.

무계합으로 재성 火가 만들어져 보이지 않는 재복이 있습니다. 그래서 임진 일주는 겁재를 품고 있음에도 부자가 많습니다.

壬 　　　좌법　　　 戊
辰 ────────→ 辰
묘(墓) 　　　　　　　 대(帶)

임진 일주의 무토 편관은 묘궁대좌합니다.

관이 묘궁 속에 관대를 두른 사람이라 옷을 반듯하게 잘 입습니다. 그만큼 체면을 중시하고 남의 이목에 신경 쓰는 사람으로, 직업이 생사와 관련된 곳의 제복을 입었으니 앞서 말한 직업군에 종사하는 사람이 많습니다. 묘는 갇힌다는 의미가 있고 관대는 울타리라는 의미도 있어 어느 한 장소에서 하루 종일 근무하는 모습도 됩니다.

양인과 합을 해 여러 사람과 함께하는 일이거나 여러 사람들을 가르치거나 이끄는 사람으로 양인의 칼과 칠살의 권위로 조폭, 운동선수 같은 사람도 많으며 교사와 같은 가르치는 사람도 많습니다.

임진 일주 여자는 남편에게 불만이 있는데, 무덤 속에 수의를 입고 누워 있는 모습이라 밤에 부부 관계가 재미없기 때문입니다. 남편을 가둔 모습이라 남편을 못 믿어 의심하거나 사생활에 간섭하려 하니, 남편으로서는 자연히 합한 겁재에게 마음이 가 직장에서 만난 여자에게 마음을 주게 됩니다.

수의를 입고 무덤에 있다는 것은 말 그대로 남편과 이별했다는 말도 되는데, 본인이나 남편이 위에 말한 직업으로 업상대체한다면 별 문제없이 잘 지낼 수 있습니다. 무덤에 들어가는 것은 교회나 사찰 같은 종교 시설에 들어가는 것과 거의 같기 때문에 종교 생활을 열심히 하는 것이 많은 도움이 되며, 땅을 가까이하는 것도 좋습니다.

壬　　　　　　　　　　　　癸
辰　　　좌법　　──→　　　辰
묘(墓)　　　　　　　　　　양(養)

임진 일주의 겁재(양인) 계수는 묘궁양좌합니다.

양(養)에 든 겁재 형제와는 전생의 깊은 인연으로 만난 사이입니다. 辰은 일간과 비견이 입묘되어 임진 일주는 형제와는 서로 주고 갚아야 하는 전생의 깊은 인연임이 틀림없습니다. 양인으로 들어 형제 역시 성격이 만만치 않은데, 모두가 잘 살면 좋으련만 하나는 아프거나 경제적으로 힘들게 삽니다. 만약 아픈 형제가 있다면 나 대신 아픈 거라 생각하고 그 형제에게 전심·전력껏 도와주어 묵은 업을 벗겨 내는 계기로 삼아야 할 것입니다.

양인이 칠살 무토와 합살을 하면 양인 칼을 잘 쓰는 사람이 되어 형·법·생사와 관련된 분야가 적성에 잘 맞고 성공을 하게 됩니다. 또한 겁재가 길신이 되면 큰 부자가 많고 큰 성공을 거두는 사람이 많으며, 오랜 노력 끝에 갑자기 큰돈이 들어오는 등 갑작스런 출세를 하는 경우가 많습니다.

임진 일주 여자의 경우, 겁재가 나의 관과 합을 하니 나의 남편이 겁재로 인해 사라질 수 있어 평소에 남편에게 잘하여야 할 것입니다. 만약 남편의 직장에 여성이 많다면 업상대체가 되어 무탈합니다.

壬　　　　　　　乙
辰　　좌법 →　　辰
묘(墓)　　　　　대(帶)

임진 일주의 상관 을목은 묘궁대좌합니다.

임진 일주는 전문직이거나 자율성이 보장된 일이 아닌 일반 직장에서는 오래 근무하기 힘듭니다. 이는 양인합살로 상관의 기운이 도드라지기 때문입니다. 비상한 머리로 열심히 공부하여 전문직이나 공직으로 나가는 게 상책이며, 중년의 나이라도 자격증을 취득하거나 관련 공부를 하면 얼마든지 중년 이후에도 성공할 수 있는 능력이 있습니다.

임진 일주 여자는 자녀가 무덤 속에 옷을 입고 누워 있는 모습이라 아프거나 가슴에 묻은 자녀가 있거나 유산이나 낙태를 경험하게 됩니다. 또 자녀 중 공부를 잘해서 출세하는 자녀를 두게 됩니다. 대부분 연애결혼을 하게 되고 혼전 임신을 하게 됩니다. 결혼을 하고 남편은 겁재와 합을 해 버려 나는 자식만 바라보고 살게 됩니다.

壬　　　　　　　丙
辰　──인종──→　辰
묘(墓)　　　　　대(帶)

임진 일주의 재성 병화는 관대로 인종되고 공망을 맞았습니다. 재성 공망인 사주가 부자가 많은데, 현금을 두면 돈이 새어 나가게 되어 부동산이나 장기간 묻어 두는 예금으로 가지고 있어야 합니다. 돈이 땅속 깊이 들어 있으니 임진 일주가 부동산으로 부자가 되는 것은 당연하다 하겠습니다.

관살, 식상, 재성이 모두 묘궁대로 놓여 있어 열심히 공부하여 전문직이나 공직에 나가 재산은 부동산으로 늘려 가는 모습이 보입니다. 임진 일주의 경우, 사회에서 성공한 사람이 많고 경제적으로 안정된 삶을 살아가는 사람이 많습니다.

다만 관살이 묘궁에 있고 상관이 관대를 입고 재성 공망을 만나 자칫하면 돈에 집착해 사기나 편법적인 일에도 손을 댈 수 있으니 주의해야 합니다.

임진 일주 남자는 반듯한 아내를 만나지만 역시 잠자리에서 잘 맞지 않아

　피클 일주론 사주명리학의 꽃

스트레스를 받게 되며, 아내가 병약해서 병원 치료를 자주 받을 수도 있습니다. 이런 것들이 쌓여 외도의 씨앗이 될 수 있는데, 조강지처를 버리고 다른 여자를 만나거나 아내를 미워하고 홀대하면 나의 재성이 깨지고 자좌입묘되어 재산을 다 날리거나 갑자기 건강이 나빠지거나 사고를 당해 내가 입묘될 수 있으니 아내에게 잘 대해 주어야 할 것입니다.

임진 일주는 재성이 공망이면서 무계합으로 火의 재성이 만들어지는 오묘한 기운이 있어 겉으로는 돈이 없는 것 같아도 실은 알부자인 사람이 많습니다.

壬　　　　　　庚
辰　　　인종→　　辰
묘(墓)　　　　　양(養)

임진 일주의 인성 경금은 묘궁양으로 인종합니다. 똑똑한 사람으로 공부를 잘하며 가방끈이 긴 사람이 많습니다.

모친의 지극한 사랑을 받고 자라며 유산도 물려받게 되며, 모친과는 전생의 깊은 인연으로 만난 관계이므로 이번 생에 정성껏 모시고 효도하여 묵은 업을 풀어야 할 것입니다. 모친이 아프면 형제 중에서도 내가 병간호를 하거나 모시게 되며 임종을 지키는 자녀가 됩니다.

임진 일주는 남녀 모두 배우자와의 관계는 서로 불만이 있게 되지만, 서로가 조금씩 양보해서 행복한 가정을 꾸려야 본인에게 이득이 됩니다.

임진은 지지에 살상인을 두어 화가 나면 언행이 거칠어져 상대방에게 상처를 주게 되고 관재수가 따르게 되니 늘 감정을 잘 다스려야 하며, 말조심과 손 조심을 해야 합니다.

임진 일주는 상관생재하여 자신의 노력과 재주로 땀 흘려 돈을 벌어 묘궁 속에 차곡차곡 모아야 재산이 늘어나게 됩니다. 그러지 않고 한 방에 큰돈을 벌려고 하면 밑 빠진 독에 물 붓기로 돈이 모이지를 않습니다. 모든 십신이 묘, 양, 대 이렇게 딱 세 가지로만 되어 있어 천천히 조금씩 가야 하고 보수적으로 판단하고 돈을 관리해야 하며, 그렇게 하다 보면 어느 날 갑자기 크게 흥할 때가 오게 됩니다.

임진은 잠룡이므로 물 만난 용이라 기세가 등등하고 재주도 많고 성격 변화가 심하며 사납고 거친 성격이 숨어 있습니다. 바다의 용은 하늘로 승천하기만을 기다리는데 여의주가 없으면 승천을 못하고 이무기가 되어 버리니, 이무기가 되어 각종 사건 · 사고에 시달리며 기복이 심한 삶을 살며 뜻을 이루지 못해 울화병에 걸리기 쉽습니다.

임진을 검은 흑룡으로서 부르는데 용은 황룡이나 청룡이 권력을 잡고 백룡은 명예를 잡는데, 흑룡은 아직 닦아야 할 업보가 많아 황룡이나 백룡이 되기에 그만큼 겪어야 할 수행 같은 관문이 있습니다. 그래서 임진 일주는 이번 생이 본인의 묵은 업을 풀고 수행하는 좋은 기회임을 받아들여 그런 마음으로 살면서 본인의 성격을 고치고 보시를 하면, 저절로 하는 일이 잘되고 마음도 평화로워져 여의주를 물고 승천하는 날이 꼭 올 것입니다.

계　사

癸巳

　계사 일주는 천을귀인을 둔 복이 많은 일주입니다. 천을귀인 일주로는 정유, 정해, 계묘, 계사 이렇게 네 일주뿐입니다. 재성이 천을귀인이라서 재복을 타고나 아무리 어려워도 굶어 죽는 법은 없으며 배우자 복, 부모 복이 있어 다른 일주들에 비해 윤택한 삶을 사는 복이 많은 일주입니다.

　천을귀인 일주는 전생에 공덕을 많이 지었다는 말이 있는데, 옛날에는 왕실에 태어나는 왕자·공주들이 사주에 천을귀인을 많이 두었으며 현대 사회에서는 재벌가의 자녀들 중에 천을귀인 사주가 많습니다. 아무리 천을귀인을 가진 사람이라 하더라도 반드시 행복하다는 의미는 아니지만, 보이지 않는 음덕이 있어 고비 때마다 귀인의 도움으로 무사히 넘기게 되는 경우가 많고 어딜 가나 모임의 주인공이 되는 매력과 기품이 넘칩니다.

　천을귀인 일주는 총명하며 미인·미남이 많으며 특히 눈이 아주 깊고 맑아 사람을 빠져들게 하는 눈을 가진 사람들입니다. 그래서 한 무리의 사람들 속에 섞여 있어도 천을귀인 일주인 네 일주들은 맑고 빛나는 눈빛만으로 가려낼 수 있을 정도입니다.

천을귀인 일주들 곁엔 자연히 사람들이 모이고 어느 모임을 가든 주인공이 되며 그 모임은 화기애애해집니다. 그래서 천을귀인 여성이 시집가면 시댁이 잘되고, 상점에 천을귀인 직원이 들어오면 매장이 잘되는 신기한 일이 있습니다. 이렇게 천을귀인을 가진 사람은 보이지 않는 복을 끌고 다니는 사람들입니다.

그런데 오히려 이런 매력들로 인해 인생이 고달파지는 경우도 많습니다. 이성의 인기를 끌게 되지만 자기 관리를 잘못하면 남자는 한량이 되어 먹고 놀거나 주색에 빠져 난봉꾼이 되기 쉽고, 여자는 남자로 인해 고단한 삶을 살게 될 수도 있습니다. 그래서 자녀가 천을귀인 사주라면 사춘기 때부터 일탈하지 않도록 조금은 엄하게 키울 필요가 있습니다.

계사는 水火가 만나 수화기제를 만들어 재주가 많고 재복이 따르니, 어려운 난관을 이겨 내고 마침내 성공을 거두는 사람입니다. 반면에 수화가 상쟁하는 모습도 되어서 오만해지고 돈과 여자에 빠져 자제하지 못하면 힘들게 이룬 것들이 하루아침에 사라지는 초길종란(初吉終亂)의 의미도 품고 있습니다.

계수는 음기가 강하고 사화는 양기가 강해 계사는 음양이 극과 극을 오가는 모습이라 그만큼 감정의 기복이 심하여 정신적인 질환을 겪거나 술이나 다른 약물에 의존하기도 합니다.

계사는 물뱀이라 독이 없으니 물려도 죽지 않는 것처럼 계사 일주가 화를 낼지라도 너 죽고 나 죽자는 식의 독기는 없어 그리 무섭지 않습니다. 그래서 계사 일주가 화를 낼 때 같이 맞대응하지 않고 살살 달래면 대부분 풀어집니다.

계사는 물뱀입니다. 물뱀도 뱀이라 무섭지만 독이 없어 물어도 죽지 않습니다. 계사 일주 역시 까칠한 성미이지만 착하고 바른 사람이 많습니다. 화내거나 부부 싸움을 해도 상대방의 가슴에 못 박는 말이나 행동은 하지 않는 신사 · 숙녀들입니다.

癸
巳 　 재성
태(胎)

계사 일주는 일지에 천을귀인 재성을 둔 복이 많은 사람으로, 일지 배우자 궁이 귀인이라 배우자 복이 있습니다. 하지만 태(胎)에 놓여 있어 초혼에 실패할 수 있지만 재혼 · 삼혼을 하더라도 천생연분 귀인을 만날 수 있으며 부부 관계에서 성적 취향은 큰 부분을 차지합니다.

재성을 태궁에 두면 아주 똑똑한 사람이 많습니다. 머리가 반짝거려 두뇌 회전이 빠르고 눈치가 빠릅니다. 또 부모님 유산을 물려받게 되며 물려받은 유산으로 평생 잘 먹고 잘사는 경우도 많습니다. 계사 일주는 재성이 천을귀인으로 들어 살면서 어려운 일이 닥칠 때 귀인의 도움이 있는데, 부모님이 우선으로 도움을 주게 됩니다.

재성이 태지로 들면 거부가 많으며 계사 일주는 돈뿐만 아니라 명예와 권위까지 다 가진 사람이 많습니다. 계사 일주는 아주 똑똑한 사람으로 공부도 잘하고 돈 계산이 빨라 업무적인 성공을 보장하는 일머리를 타고났습니다. 하지만 자기 머리를 너무 과신하다가 믿는 도끼에 발등 찍히듯 사기당하고 투자에 실패하니 힘들게 모은 재산과 명성을 한 방에 날려 버리기도 잘합니다.

계사 일주 남자는 배우자궁에 천을귀인 재성이 있어 현모양처 아내를 만나게 됩니다만, 태궁에 놓여 있어 아무리 아내가 예쁘고 지혜로워도 성적 취향이 맞지 않으면 외도를 하거나 헤어지게 됩니다. 계사는 태에 놓인 뱀이라 정력이 세거나 성적 취향이 유별난 사람이 많기 때문입니다.

癸
巳 ⟶ **丙재성, 庚인성, 戊관성**
태(胎)

　계사 일주는 실제로 잘 먹고 잘 사는 사람이 많은 일주 중 하나입니다. 재관인 삼 자가 고루 들어 있고 귀인의 음덕까지 입으니 재물 운, 배우자 운, 직업운, 공부 운, 부모 운까지 두루 다 갖춘 보기 드문 배합으로 오히려 힘들게 사는 사람을 찾기가 더 힘든 일주입니다. 재관쌍미(財官雙美)라 하여 재운과 관운을 다 갖춘 복이 많은 일주를 일컫는 말로서 계사, 임오 두 일주가 해당됩니다.

　계사 일주는 재생관, 관생인으로 흘러 인성에서 맺히므로 성정이 어질고 착한 사람으로서 공부 운, 시험 운이 있어 좋은 대학, 좋은 직장에 들어가고 직위와 명예가 높으니 조직에서 고위직의 자리까지도 오르게 됩니다.

　만약에 재성이 인성을 극해 재극인이 되면 돈은 있을지 몰라도 사람들에게 존경을 받지 못하고 오히려 손가락질 받는 사람이 될 수 있으니, 너무 돈 욕심을 부리지 말고 관과 인을 잘 사용해 법에 어긋나거나 상식에 맞지 않는 일은 하지 말아야 할 것입니다. 또한 재극인이 되면 정통 학문보다 이학(異學)에 관심이 가게 되니 명리나 철학, 오컬트와 같은 비주류 학문에 심취하게 됩니다.

　무토 관성은 일간과 암명합을 하고 있어 계사 일주들은 법 없이도 살 수 있으며 정관의 고집으로 고지식하고 답답한 면이 있습니다.

남성은 재관을 두어 연애결혼을 하고 자녀를 사랑하고 아끼는 남편이며, 재생관하니 아내가 현모양처입니다. 계사 일주 여성 또한 남편을 아끼고 사랑하는 조강지처입니다.

다만 남녀 모두 암명합은 집착으로 이어질 수 있어 남성은 자녀에 대한 집착으로 자녀를 통제하려 하거나 지나친 기대로 오히려 자녀를 힘들게 할 수 있습니다. 여성은 남편에 대한 사랑이 지나쳐 집착으로 변할 수 있는데 집착이 나중엔 의심으로 바뀌어 의부증으로까지 발전할 수 있습니다.

계사 일주는 재성 병화가 태궁록좌합니다. 천을귀인에 재성이 록으로 좌해 재복은 타고난 사람이므로 돈이 떨어지면 다시 돈이 생겨나 굶어 죽지는 않습니다.

태(胎)는 항상 절(絶)의 기운을 함께 가지고 있어 돈이 생기고 사라지고를 반복하는 경향이 있는데, 이때 돈 관리를 못하면 결국에는 빈털터리로 마치게 되어 말로가 비참해질 수 있으니 항상 저축을 습관화해야 함을 명심해야 합니다.

돈 관리만 잘한다면 록이 태에 들어 큰 부자가 되는 사람이 많고, 부모 복이 있어 유산도 넉넉하게 물려받는 부러운 일주가 됩니다. 계사 일주의 부친은 재력가가 많으며 근면 성실하게 살아오신 분으로, 계사 일주에게는 든든한 후원자가 되어 줍니다.

계사 일주 남자는 배우자궁에 재성 귀인이 들어 처복이 많으니 귀인 아내를 두게 되는데, 처가 능력이 많아 직장을 다니며 경제 활동을 하거나 처를 만나고 나서 재산이 늘어나게 됩니다. 또한 처가가 재력이 있어 처가의 도움을 받을 수 있으며 재생관으로 흘러 결혼하고부터 일이 잘되고 직장에서 승진하게 됩니다.

계사 일주 남자는 연애결혼을 하며 혼전 임신을 하는 경우가 대부분입니다. 태궁을 놓아 연애 경험이 많은 사람이며, 재성태궁이라 여성 편력이 있거나 성적인 취향이 잘 맞지 않으면 결혼 생활에 위기가 올 수 있습니다.

계사 일주의 인성 경금은 태궁생좌합니다. 인성이 생을 두고 태궁에 놓여 머리가 아주 비상한 사람이며 똑똑하여 열심히 공부하면 출세할 수 있습니다.

재성과 인성인 부모님이 록과 생을 얻어 부모 복을 타고난 사람이라 능력 있는 아버지와 인자한 어머니 밑에 자라게 되며, 성격이 착하고 순수한 면이 있는 사람입니다. 부모님의 후원으로 본인만 노력하면 얼마든지 좋은 성적으로 좋은 대학, 좋은 직장까지 편하게 삶을 살 수 있습니다.

하지만 재극인이 된다면 공부를 마치기가 힘들며, 부친과 모친이 불화하여 헤어졌거나 아내와 모친의 갈등으로 결혼 생활이 위태로울 수 있습니다. 결국 계사 일주는 인성이 건사한지 아니면 못한지만 살펴보면 대략적인 성패를

피클 일주론 사주명리학의 꽃

알 수 있으며 그만큼 인성이 중요한 일주가 됩니다.

계사는 사화의 열기를 계수 비가 식혀 주는 모습인데, 이때 경금 인성은 먹구름이 되어 계수를 마르지 않게 수분을 계속 공급해 주는 역할을 해 주는 고맙고 중요한 존재가 됩니다. 재관인으로 흘러 재성이 관성을 생해 다시 인성을 생하는 상생으로 흘러가야 계사 일주는 재운, 관운, 인성운의 혜택을 다누려 모두가 부러워하는 삶을 살게 됩니다.

계사 일주는 인성에서 열매가 맺히는 일주이므로 학창 시절 열심히 공부하는 것이 무엇보다 중요하며, 그때 인생의 큰 갈림길이 결정된다 해도 과언이 아닙니다.

계사 일주 관성 무토 역시 록을 얻어 태궁록좌합니다.

재성과 관성이 록을 얻은 부러운 일주로, 재관쌍미 혹은 록마동향(祿馬同鄕)으로 부르는 복록이 타고난 일주입니다. 관이 록에 들고 암명합하여 직장과 일에 헌신하는 사람입니다. 근면성실함이 넘쳐 일중독에 빠지는 사람도 많으며, 직장 일을 내 일처럼 여겨 직장에선 모범 사원이 되고 고위직으로 승진하게 됩니다.

남자에게 관은 자녀가 되어 현모양처 아내를 만나고 똑똑한 자녀를 두어 자녀로 인해 나의 명성도 올라가게 됩니다. 재생관이 되어 결혼하고 관운이 따르니 삶이 안정되고 직장에서 인정받아 승진도 하게 됩니다.

일지에 재관이 함께 있어 연애결혼뿐만 아니라 자연히 혼전 임신의 문제도 생깁니다. 태궁이라 연애가 결혼까지 이어지지 않는 경우가 있어 어쩔 수 없이 낙태를 하게 되니, 연애는 뜨겁게 하되 임신은 하지 않도록 주의해야 합니다.

계사 일주 여자의 경우는 재성이 배우자궁에 있고 록을 얻어 결혼하면 시모를 모시고 살거나 시모의 영향력이 강한 집으로 결혼을 하게 됩니다. 재생관하여 시모가 남편을 끔찍이 사랑하여 남편이 해 달라는 것은 다 해 주는 분으로, 시모의 재산도 결국 남편인 아들에게 다 주게 되니 시모와 갈등이 있더라도 그럴수록 잘 모시고 남편에게 잘해 주어야 합니다.

남편 무토는 나와 암명합하여 아무리 시모가 남편을 끼고 살아도 결국 남편은 암합이 된 아내인 나의 편이 됩니다. 계사 일주 여자는 이렇게 남편과 암합이 되어 부부 금슬이 좋으며 나를 만나고 남편도 일이 잘되고 더 건강하게 되는 등 서로에게 남편 복, 아내 복이 있는 사람입니다.

암명합은 자칫하면 집착으로 변질될 수 있으니 사랑하되 집착은 하지 않도록 주의해야 합니다. 계사 일주 여자 사주에서 이렇게 관과 암합을 하는 중 또다시 천간으로 무토가 들면 안팎으로 합을 해 명암부집(明暗夫集)이라 하여 부부 관계에 문제가 생기게 되니 주의해야 합니다.

계사 일주 식신 을목은 욕으로 인종하여 태궁욕종합니다. 재성이 록으로 좌해 식신은 자연히 생재를 하게 되는데, 욕 도화에 놓여 능수능란하고 프로정

_____ 피클 일주론 사주명리학의 꽃

신이 있어 대충하는 법이 없이 야무지게 일을 처리하며 열심히 갈고닦고 노력하는 사람입니다.

관인이 발달하면 보수적이고 융통성이 떨어지기 쉬운데, 계사 일주는 식신이 욕으로 인종해 다소 융통성도 발휘하고 유머도 갖춘 데다 아이 같은 구석이 있어 사람들이 좋아하게 됩니다.

계사 일주 여자는 귀엽고 예쁜 자녀를 두게 되며 태궁에 놓여 있어 임신도 잘하지만 유산과 낙태의 위험도 함께 있어 임신 중에 몸 관리를 잘해야 합니다.

계사 일주 비견은 태궁태종하여 형제 역시 나만큼 복록을 타고났는데, 성인이 되면 멀리 떨어져 살게 됩니다. 또한 떨어져 사는 것이 서로에게 좋은 이유는 태의 영향도 있지만 천을귀인의 특성상 함께 있으면 반감되는 영향이 있고, 또 한 사람에게만 귀인의 도움이 쏠리게 되는 특성이 있어 적당히 떨어져 사는 것이 서로에게 나을 수 있습니다. 계수는 모이면 장마나 폭우가 되어 득보다 실이 많게 됩니다.

계사는 한여름에 내리는 비로 가뭄을 해갈하고 더위를 식히는 반가운 비로, 많은 사람들에게 인기를 얻고 어딜 가나 주인공이 됩니다.

천을귀인에 재관쌍미의 복이 많은 일주로 60갑자 중 가장 복이 많은 일주라고 말할 수 있습니다. 따라서 계사 일주는 낳아 주신 부모님께 고마움의 큰절을 올리고 효도하기 바랍니다.

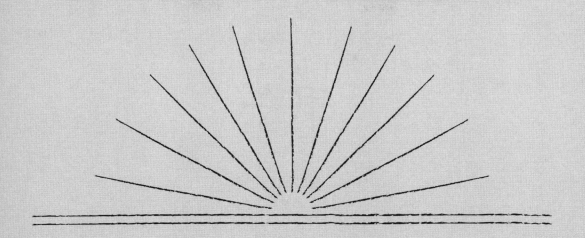

4부
갑오순 - 辰巳 공망

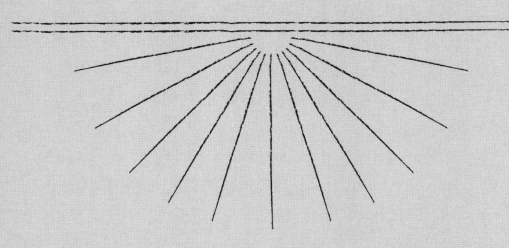

갑   오
甲午

    갑오 일주는 60갑자를 통틀어 무오와 더불어 가장 정열적인 일주 중 하나입니다. 甲은 첫 번째이니 甲午는 제일 앞에서 질주하는 말, 즉 경주마가 됩니다. 갑목일간은 일지에 어떤 글자가 들어오든지 첫째가 되려는 욕망이 강하고 리더십이 있어서 무슨 일이든 앞장서서 하려는 사람들입니다.

    그중에서도 갑오는 갑목의 이런 특징이 가장 강하게 나타나는데, 갑목일간 중에서도 갑인과 함께 가장 甲목다운 성향이 강한 일주입니다. 그래서 남 밑에 있기 싫어하고 한곳에 매여 지내기를 싫어하는 성향이 강하기 때문에 조직생활을 하기가 힘듭니다.

    하지만 갑오는 잘 단련된 명마이기 때문에 인내하고 참을성만 기르면 누구보다 뛰어난 실력으로 리더가 되고, 한 분야에서 성공을 이루는 사람이 많습니다. 무오 일주가 한 마리 야생마라면 갑오 일주는 경주마, 전쟁터를 누비는 장수의 말이 됩니다.

甲
午　　　상관
사(死)

甲午는 일지에 상관을 두어 목화상관의 특성이 잘 나타나는 일주입니다. 목화상관은 금수상관과 더불어 상관을 잘 사용하여 귀(貴)를 이루게 되는 격으로 일주에서는 甲午, 乙巳, 庚子, 辛亥 이렇게 네 일주가 해당됩니다.

목화상관은 水를 보아야 귀해지고 금수상관은 火를 보아야 귀해집니다. 목화상관 희견수(木火傷官 喜見水)라고 하여 목화상관은 조후를 해결하는 水氣를 아주 기뻐하니 甲午 일주이거나 午월에 태어난 甲일간이라면 우선적으로 사주 내에 水가 있는지부터 살펴보아야 합니다.

水기는 천간 지지를 가리지 않고 반기며 지장간에 있는 것도 아주 유용합니다. 특히 辰을 반기게 되는데 辰중에 癸가 火기를 식혀 주고 辰중 戊는 뜨거운 火로부터 癸가 마르지 않도록 지켜 주기 때문입니다. 그래서 갑오가 辰을 보면 용마(龍馬)라 하여 사회에서 큰 성공을 이루거나 큰 인물이 됩니다. 만약에 사주 내에 水가 없다면 水가 오는 운에 대발하게 됩니다.

갑오 일주는 일지 배우자궁에 상관이 사(死)로 들었습니다. 여자의 경우 배우자궁에 상관이 놓여 자식을 낳고 나면 남편과의 관계가 소원해지기 쉽고, 남편보다는 자식을 우선으로 여기게 됩니다. 가정에서 항상 자식을 우선시하기에 남편에게 소홀히 하게 되고 상관의 기질로 인해 남편을 밀어내고 잔소리를 하게 됩니다.

이렇게 갑오 일주 여자는 자식에게는 헌신하는 자상한 어머니가 되지만, 남편에게는 본의 아니게 악처가 되기 쉽습니다. 일지 배우자궁에 상관이 있다는 것은 여자에게는 자식 같은 남편이라는 의미가 되고 남편보다는 자식이 우선이라는 의미가 됩니다.

남자에게 식신은 장모님으로 처갓집과 가깝게 지내거나 처갓집의 영향력이 크다는 의미가 되고, 살림꾼이고 똑똑하며 미인 아내를 두는 것은 일지 상관이 사(死)궁을 놓고 록왕으로 좌하기 때문입니다.

갑오 일주는 상관이 강한 데다 사지에 놓여 비상한 두뇌의 소유자들이 많습니다. 머리만 좋은 게 아니라 이렇게 상관이 강하면 미인·미남도 많은데 더구나 오화는 갑목의 홍염이라 갑오 일주는 매력이 넘치는 사람입니다.

사를 두고 있어 신경이 예민하고 꿈을 잘 꾸며 꿈이 잘 맞습니다. 영감이 발달해 웬만한 것은 한번 보면 알아맞히고 사람 속을 꿰뚫어 보는 힘이 있으며 신기가 있는 사람도 많습니다.

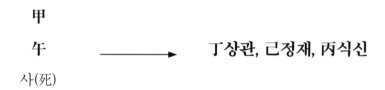

갑오 일주는 상관과 식신이 혼잡하고 火기가 매우 강합니다.

식상을 잘 쓰는 것은 좋으나 식상의 열기가 너무 뜨거워 끓어오르는 화를 참지 못해 구설시비를 달고 다니고, 급한 성격 탓에 실수가 잦고 자기 발등을 찍는 행동을 잘합니다.

식상의 기운이 자연히 기토 정재로 흘러들어 생재를 잘하여 타고난 재주와 비상한 머리로 성공하게 되는데, 재성 기토가 혼자 식상의 화기를 설기시키기엔 역부족이라 결국 水의 도움이 있어야 합니다.

그래도 갑오 일주에겐 재성 기토가 화기를 설기시키는 생명과 같은 존재이
며 일간과 암명합을 하고 있어 돈에 대한 욕심도 크고 남자는 여자에 대한 집
착과 편력이 잠재해 있습니다.

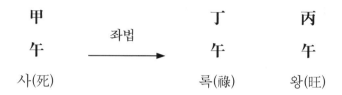

甲　　　　　　　　丁　　丙
午　　　좌법　　　午　　午
사(死)　　　　　　　록(祿)　왕(旺)

　　갑오 일주는 식신, 상관이 혼잡하고 록왕으로 좌해 말이 청산유수로 거침이
없고 막힘이 없어 화술이 아주 뛰어나며 강한 火기를 뿜어내기에 말이 아주
빠릅니다. 감히 말로써 갑오 일주를 이길 생각은 말아야 합니다.

　　식상이 사궁록왕으로 좌하여 갑오 일주는 비상한 두뇌의 소유자들이라 학
창 시절 상위권 성적을 유지하며, 특히 한 분야에서 특출한 재능을 가진 사람
들이 많고 수재들이 많은 대표적인 일주입니다.

　　하지만 이렇게 식상이 강하고 뜨겁다 보니 자신의 감정 조절을 잘 못하는
경우가 많아 언행에 실수가 잦거나 거칠어 구설에 잘 오르고 남과 다툼이 잦
을 수 있습니다. 제아무리 식상이 록왕을 얻어 강하다 해도 사(死)궁 속에 든
식상인지라 끓어오르는 열기가 자신을 해치는 비수가 되어 水기로 제어 되지
못한다면 火기는 정신적인 문제로 나타나기 쉽습니다.

　　불타는 나무처럼 자신을 태우니 분노조절장애, 공황, 우울증, 조현병 같은
정신질환에 노출되기 쉽고 사(死)에서 왕(旺)으로 극과 극을 오가는 감정으로
인해 자신뿐만 아니라 주변까지 힘들게 할 수 있습니다. 이렇듯 갑오에게는
첫째도 둘째도 火氣를 제어할 水氣가 급선무입니다.

제4부

갑오순 — 辰巳 공망 —

甲午 ____

갑오 일주가 부지런하고 맡은 분야에서 탁월한 능력을 보이는 것은 식상이 록왕이기 때문이며, 땀 흘리는 육체적인 노동보다는 지식과 아이디어 또는 독창적인 기술, 재능을 쓰는 분야에서 두각을 나타내는 것은 상관사궁을 놓았기 때문입니다.

상관이 강하기 때문에 직장 생활이 잘 안 맞아 중도에 퇴사하는 경우가 대부분입니다. 개인 사업이나 장사에서 성공을 거두는 사람이 많고 뛰어난 머리와 화술로 광고 · 홍보 · 연예 · 방송 미디어 방면 등의 전문 자격증을 가지고 전문직으로 나가 성공하는 사람도 많습니다.

갑오 일주 여자는 상관이 강해 결혼 생활이 원만하기는 힘들 수밖에 없는데, 부부 싸움을 하게 되면 남편을 쥐 잡듯이 잡거나 남편을 무시하는 경우가 많은 이유도 강한 상관성 때문입니다.

이렇게 상관이 록왕을 얻은 여자들은 대부분 바깥 활동을 할 때는 무슨 일이든지 내 일처럼 발 벗고 나서서 종교 활동이나 봉사 활동을 아주 열심히 잘합니다. 하지만 밖에서 쏟는 정성과는 판이하게 남편에게는 소홀하게 되는데, 바깥에서 하는 노력의 반만이라도 남편에게 관심을 가지고 잘한다면 가정은 금방 화목해질 것입니다.

여자에게 식상은 자식이니 똑똑하고 현달한 자식을 두게 되고 사궁에 놓여 있어 유산 · 낙태의 위험이 있으며 오(午)는 말이라서 잘 놀라기 때문에 더욱 그렇습니다.

일지에 식상이 혼잡하고 록왕으로 든 일주는 갑오, 기유, 경자, 계묘 이렇게 네 일주가 해당됩니다. 이들 모두가 똑똑하고 말을 잘하고 예쁜 사람들임은 분명하지만 여자들은 하나같이 결혼 생활에 문제가 생기는데, 이는 대부분 남편을 무시하고 상관견관의 행실 때문에 결국은 헤어지고 홀로 아이를 키우며 사는 사람이 많습니다.

갑오 일주는 남녀 모두 남에게 퍼 주길 좋아하고 이것이 지나치면 오지랖이 되기도 하는 것 또한 록왕으로 놓인 식상 때문입니다.

갑오는 己 재성이 사궁록좌하고 일간과 암명합(暗明合)합니다.

암합(暗合)과 암명합은 비슷하지만 조금은 다른 의미입니다. 지장간끼리의 합을 암합이라 부르고, 지장간과 천간의 글자가 합을 하는 것을 암명합이라 부르며, 좁게 말하면 일간과 지장간의 합을 말합니다. 예를 들면 戊辰은 일간 戊와 辰중 癸가 무계합으로 암명합하는 것이고, 辰巳는 辰중 癸와 巳중 戊가 무계합으로 암합하는 것이고, 辰중 乙과 巳중 庚이 을경합으로 암합하는 것입니다.

갑오 일주는 일간 甲과 己재성이 암명합하고 록으로 좌해 돈 버는 능력이 탁월하고 재물에 대한 강한 집착을 보입니다. 정재와의 암명합이라 갑오 일주는 알뜰히 저축하고 각종 포인트 적립도 빠짐없이 하는 등 비자금을 모아 두는 사람도 많습니다.

식상이 록왕을 얻고 재성까지 록을 얻은 갑오 일주는 타고난 사업가입니다. 갑오 일주는 왕한 식상이 재성을 생하여 근면 성실하고 일할 때는 달리는 말처럼 무슨 일이든지 일사천리로 해내고 남보다 뛰어난 성과를 냅니다. 재성과 합이 되어 결과를 반드시 봐야 직성이 풀리는 사람들이기도 합니다. 갑오 일주가 직장을 다닌다면 365일 가슴속에 사직서를 품고 다니게 되며, 언젠가는 사직서를 던지고 나와 자기 사업을 하게 됩니다.

갑오 일주에게 己 재성은 아주 중요한 역할을 하는데, 그것은 午중 丙丁火의 뜨거운 열기를 화생토시켜 열기를 설기시켜 주는 역할입니다. 그래서 갑오 일주는 己를 좋아하게 되는데, 암명합까지 하여 좋아하는 것을 넘어서 집착이 되기도 하니 주의가 필요합니다.

己는 음토(陰土)로 습토이면서 작은(小)토인데 혼자서 丙丁화의 불길을 감당하려니 벅찹니다. 그래서 사주에서 水의 도움이 없으면 메말라 갈라진 땅이 되기 쉬운데, 이럴 때는 왕한 식상으로 아무리 열심히 일해 봐야 돈이 타 버린 형국이라 밑 빠진 독에 물 붓기 식으로 돈이 남아나지 않게 됩니다.

재성은 남자에게 여자가 되어 갑오 일주 남자들은 현모양처의 아내를 두는데, 아내에게 지나치게 집착하여 갈등의 소지가 있으나 이혼을 쉽게 하지 않는 것은 재성 己와 암명합하기 때문입니다. 식상이 강하고 재성이 록을 얻고 또한 재성과 암명합하는 모습은 성(性)적으로 아주 왕성한 모습으로 나타나게 되어 갑오 일주 남자들은 대부분 정력이 강합니다.

이럴 때 만약 아내가 갑오 남편의 왕한 성욕을 받아 주지 못하면 부부 관계가 소원해지고 서로가 원망이 깊어지게 되어 재성 여자에게 암명합하는 모습이 결국 아내가 아닌 다른 여자를 찾아 헤매는 모습이 되어 외도를 하게 됩니다. 강한 식상의 불길은 남녀 모두 강한 성욕으로 나타나고, 이것을 홀로 감당해 내는 기토 아내는 水의 도움이 없으면 괴롭기만 합니다.

사궁록에 놓인 재성 부친은 똑똑하고 능력이 있는 분이고 암명합되어 부친과 유정한 관계로 잘 나타납니다. 하지만 수기가 부족해 타오르는 불길에 부친이 메말라 갈라지는 모습이 된다면 부친은 병약한 분이시거나 부친과의 인연이 일찍 끝나게 되는 등 부친으로 인한 아픔이 있게 됩니다.

$$甲 \quad \xrightarrow{\text{인종}} \quad 庚$$

午　　　　　　　　午

사(死)　　　　　　욕(浴)

갑오 일주의 관성은 庚 편관이 인종됩니다. 그래서 갑오 일주의 관은 사궁 욕종하게 됩니다.

식상이나 재성에 비해 관은 상대적으로 약한 모습을 보이니, 갑오 일주가 직장에서 정년퇴직을 한다는 것은 거의 불가능에 가깝다고 볼 수 있습니다. 만약 직장에서 독립적인 일을 하거나 역마성이 강한 일을 한다면 적성에 맞아 오래도록 직장 생활을 할 수 있습니다.

사궁에 욕으로 놓인 남편은 병약하거나 공처가 남편입니다. 관이 욕에 놓여서 남편이 미남이며 연애결혼을 하게 됩니다. 갑오 일주 여자가 부부 관계에 위기가 생긴다면 그것은 본인이든 남편이든 둘 중의 하나가 외도를 했기 때문인데, 관이 욕종하여 사궁으로 들기 때문에 성욕이 강하고 성적 취향이 남다른 데가 있기 때문입니다.

강한 식상의 불길에 관이 녹는 모습이라 갑오 일주 여자는 남편에게 바가지를 긁거나 미워하게 되면, 남편의 명이 점점 짧아지게 되니 부부 싸움을 하더라도 도를 넘는 심한 말은 하지 말아야 됩니다.

남자에게 관은 자식이니 갑오 일주 남자는 자식으로 인한 근심과 아픔이 있게 됩니다. 갑오 남자는 본인의 맹렬한 식상의 기운 때문에 지나치게 자식을 엄하게 키운다거나 자녀의 사생활에 너무 참견하려 하거나 심하면 자녀에게 폭언을 하고 폭력을 휘두르는 등 자식인 관을 다치게 할 수 있습니다. 또한 자녀가 병약하여 자주 병원 생활을 할 수 있는데, 이 모두가 水氣로 제어되지 못한 식상의 火氣가 만들어 내는 일들 중의 하나입니다.

갑오 일주의 인성 壬는 태로 인종되어 사궁태종으로 놓이게 됩니다.

식상은 록왕으로 강한데 인성은 태로 놓이게 되니 갑오 일주는 번갯불에 콩을 구워 먹을 듯이 성격이 급합니다. 참을성이 부족하고 인성이 약해 비상한 두뇌를 가졌음에도 불구하고 공부로 성공하기에는 많은 어려움이 따릅니다.

하지만 인성 壬나 癸가 투간하고 지지에 뿌리를 두었다면 갑오 일주는 물 만난 고기처럼 뛰어난 재주를 펼치게 되어서 공부로 큰 성공을 거두게 됩니다. 앞에서 말했던 것처럼 목화상관 희견수하여 인성의 水氣는 메마른 나무에 단비가 되어 인수로서 대발하게 되는 것입니다. 갑오 일주가 원국에서 인성을 보면 유독 대학교수나 교사가 많고 교육 관련업에 종사하는 사람이 많은 것도 이 때문입니다.

갑오 일주는 모친과 일찍 헤어지거나 모친이 아플 수 있습니다. 그러나 마찬가지로 원국에 壬, 癸가 지지에 확실하게 근을 둔다면 오히려 모친의 덕이 있어 모친의 사랑과 도움을 받으며 자라고, 결혼해서도 모친과 가깝게 지내며 모친이 귀인이 됩니다.

이렇게 갑오 일주에게는 인성이 생명수와도 같으니 나이가 들어서도 공부를 하거나 책을 가까이하면 본인 건강에도 좋고 하는 일과 가정생활 모두 좋아지게 됩니다. 갑오 일주가 성공하기 위해 필요한 것은 첫째도 둘째도 印星

水이며 또 忍性입니다.

甲　　　　　인종　　　　　甲
午　　　　⟶　　　　午
사(死)　　　　　　　　　사(死)

갑오 일주 비견 甲은 사궁사종하며 나의 지장간 정재 己와 암합을 합니다. 그래서 아무리 장남이라 해도 갑오 일주는 형제와 유산을 나누게 되는데 재성을 두고 서로 합을 하는 모습이라 부모가 사전에 공평하게 분배하지 않으면 나중에 형제끼리 유산을 두고 우애를 상하는 일이 발생합니다.

남자는 비견을 두게 되면 한 여자를 놓고 경쟁하는 삼각관계가 연출되어 이로 인한 상처나 스트레스가 있게 되고, 결혼 후에도 부부 갈등의 원인이 될 수 있습니다.

갑오 일주는 훈남과 미녀가 많아 이성에게 인기가 좋고 웃을 때 묘한 매력이 있는데 이는 일지에 午 홍염살을 두었기 때문입니다. 그래서 매력이 넘치는 갑오 일주는 미남·미녀가 많으며 배우자 또한 그렇습니다.

특히 원국에 丙이나 丁이 있다면 일지 홍염이 투간된 것이기 때문에 연애나 방송 등에서 높은 인기와 명성을 얻어 큰 성공을 할 수도 있으며, 만약 자기 관리를 못하면 오히려 이성 문제로 인한 구설에 시달리게 됩니다.

午는 탕화살로서 午, 丑, 辰 운이 오면 탕화가 발동됩니다. 탕화가 발동할 때는 심한 감정의 기복이 일어나 사건·사고가 발생하게 되니 주의가 필요합니다. 순간 감정이 격해져서 실수할 수 있으니 특히 운전 조심, 말조심해야 합니다.

갑오는 선두에 서서 달리는 말입니다. 역마성이 타고났고 저돌적이고 첫째가 되려는 마음이 강하여 지고는 못사는 성미가 있습니다. 경쟁심과 승부욕이 강해 모 아니면 도 인생을 살아가게 됩니다. 남 밑에서 편안하게 사느니 포장마차를 해도 내 사업을 해야 직성이 풀리는 사람입니다.

갑오는 나무에 불이 붙은 화염(火炎)의 물상입니다. 그만큼 정열적이고 불같은 성미를 지닌 사람입니다. 이 화기를 다스리는 것이 최대의 숙제인데, 만약 화기를 다스리지 못하면 다 타고 재만 남는 것처럼 뛰어난 재주를 지녔음에도 불구하고 자기 성질을 못 이겨 자기 발등을 찍게 되는 등 고단한 삶을 살게 됩니다. 특히 정신적인 문제로 고통받는 경우가 많으니 불안, 강박, 공황 등 정신질환에도 각별히 신경 써야 합니다.

午는 복성(福星)이라 사주에 午를 놓은 사람은 타고난 복이 적을지라도 반드시 한 가지 이상은 복이 있게 마련이고, 아무리 어렵다 해도 굶어 죽는 법은 없습니다.

'섯다'라는 화투놀이에서 가장 높은 아홉끗을 갑오라고 부르는데 그만큼 갑오의 기질이 최고와 일등을 지향하여 지고는 못사는 성격 때문입니다.

乙未
<small>을</small> <small>미</small>

을미 일주는 백호살 일주입니다. 백호살은 기세가 강하여 흉살로 알려져 있지만 요즘 같은 자본주의 시대에는 오히려 강한 기운으로 재물을 벌어들이고 경쟁에서 우위를 점하여 사회에서 출세하고 부자인 사람이 많습니다.

사주에 백호살이나 괴강살이 많으면 사건·사고를 많이 겪고 가족 관계에 남모를 아픔이 있게 됩니다. 또 백호살 일주는 고집이 세고 급하지만 반면에 책임감이 강하고 아무리 어려운 고난이 닥쳐와도 포기하지 않고 이겨 내는 집념이 강한 사람입니다.

하지만 고집과 강한 성정으로 괴팍하고 폭력적인 면이 있어 남과 시시비비를 잘 다투고, 상대에게 상처 주는 말과 행동을 하여 원망을 사며 감정적이고 충동적으로 판단해 자기 발등을 찍는 행동을 하게 되니 여러 사건·사고를 조심하고 각별히 감정 조절에 신경 써야 합니다.

미토는 목고(木庫)라서 을미는 비겁을 모두 일지 미토 속에 가두려는 성질이 있게 됩니다. 이로 인해 형제 중에 막내라 해도 손위에 형, 누나, 언니, 오빠를 우습게 여겨 형제간의 다툼이 있게 됩니다.

또한 비겁을 묘(墓)에 넣었다는 것은 일찍 헤어지거나 아픈 형제가 있다는 것을 의미합니다. 만약 형제간의 우애가 깊고 모두가 건강하게 잘 산다면 어머니께서 유산·낙태를 하였다는 의미가 됩니다.

형제와 친구, 동료들을 자기 밑으로 두기 때문에 을목이라는 작은 화초 같은 일간임에도 불구하고 을미 일주는 고집과 자존심이 세고 우두머리 성질이 강하여 남 밑에는 잘 못 있습니다. 자기 잘난 맛에 사는 사람이며 조직 관리를 잘하고 많은 사람들의 위에 서거나 이끄는 사람이 되어 사회의 지도자나 조직의 리더가 많은 일주입니다.

일지 미토 속에 비겁을 입고(입묘)시키는 것은 닭이 알을 품듯이 비겁을 품는 모습이 되니 을미 일주는 봉사·활인에 관심을 갖고 활동하는 사람이 많고 종교·교육·보육·요양 관련 일을 하며 아프고 힘든 이웃을 도와주는 착한 사람이 많은 반면에, 남의 일에 참견을 잘하는 등 이것이 심할 경우 오지랖이 되기도 합니다.

乙

未   편재

양(養)

을미 일주는 일지 재성을 양(養)으로 두었습니다. 이렇게 편재가 양으로 들면 부모로부터 거액의 유산을 받거나 부모님의 보살핌 속에 자라게 됩니다.

배우자궁에 재성이 있어 남자의 경우 처궁에 처가 앉은 모습이라 그래도 남이 보기에는 괜찮은 아내를 얻게 됩니다. 그렇다고 해서 본인도 처를 마음에 꼭 들어 한다는 것은 아니기 때문에 정작 본인은 처로 인해 스트레스를 받거나 불만이 있을 수 있습니다. 미토는 목의 묘지이기 때문에 처가 나를 구속하려는 성향이 있어 시간이 지날수록 답답함을 느끼게 됩니다.

양(養)은 12신살로 천살에 해당됩니다. 천살은 전생업·숙명의 의미가 있어 을미 일주는 배우자와 전생의 인연으로 이어진 숙명의 관계입니다. 그래서 을미 일주를 보면 부부 관계가 남다른 무엇이 분명 있습니다.

일지에 양을 두었다는 것은 본인 역시 전생과 관련된 인생을 살게 된다는 의미가 있어 어려서 병이나 사고로 죽을 고비를 넘기게 되고, 커서는 종교적인 삶을 살거나 활인·봉사하는 인생을 살게 됩니다. 그렇지 않다면 병치레를 자주 하고 사고로 다쳐서 요양 생활을 하게 되거나 가족 중에 그런 사람이 있게 됩니다.

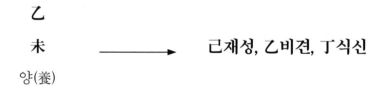

을미 일주는 재성 일지 속에 비식재를 두고 있어 기본적으로 식복을 타고난 사람입니다. 열심히 노력하면 노력한 만큼 성공을 거두고 창고 속에 재성이 들어 함부로 사치나 낭비하지 않고 근검절약해서 재산도 많이 모으게 됩니다. 비식재가 서로 상생하고 일지에 재성 양궁을 두어 큰 조직의 지도자가 되거나 거부가 많은 것이 을미 일주입니다.

하지만 식신을 쓰지 않고 재성을 취하려 하면 비견이 재성을 탈재해 오히려 경제적으로 궁핍하고 실패를 거듭하게 됩니다. 그래서 을미 일주는 식신의 역할이 중요해 욕심 부리지 말고 땀 흘려 노력하면 반드시 성공하는 일주입니다.

乙   己
未 좌법 → 未
양(養)   대(帶)

미토 속 편재 기토는 관대로 좌해서 양궁대좌합니다. 남자의 경우, 처가 양궁대좌하니 아내가 의료계나 교육 · 복지 관련 일을 하게 되거나 아내가 아파서 병원 치료를 받게 된다는 의미가 있습니다.

일지 재성이기에 본인이 해당될 수 있고 재성은 처 또는 부친이기에 부친이 교육 · 의료업에 종사하는 분일 수 있습니다. 처가 관대에 들어 멋쟁이로 옷을 잘 입고 똑똑합니다.

일지에 재성을 놓고 재성이 양궁대좌하여 남자는 부친을 가까이하고 부친을 부양할 수 있으며, 부친으로부터 경제적인 도움과 유산을 받는다는 것이 암시되어 있습니다.

여자는 결혼 후 시어머니와 가깝게 지내거나 시어머니의 영향력이 커서 고부 갈등이 생길 수 있고, 아픈 시어머니를 간호하거나 부양할 수 있습니다. 시어머니가 교사이거나 보육 관련 업을 하여 상당한 재산을 모으고 예의나 체면을 중요시하는 분일 수 있는데, 이때는 시어머니로부터 유산이나 경제적인 도움을 받게 됩니다.

재성이 관대에 놓이면 전문직으로 큰돈을 버는 사람이 많으며 직위나 전문

자격증을 따 소위 士자 들어가는 직업을 갖거나 공직으로 나가는 사람이 많습니다.

乙　　　乙
未　좌법　未
양(養)　　　양(養)

을미 일주의 비견 을목은 양으로 좌하니 양궁양좌합니다.

형제와는 양(養)이 겹쳐 떼려야 뗄 수 없는 깊은 인연임을 알 수 있습니다. 깊은 전생의 인연으로 이승에서 형제로 만난 사이이니, 을미 일주의 형제는 우애가 아주 좋거나 아니면 원수 사이처럼 지내게 됩니다. 선업으로 만난 사이라면 아무 문제가 없겠지만, 악업으로 만난 사이라면 형제를 미워하며 악업을 더 쌓을 수 있겠습니다. 하지만 악업을 풀기 위해서 아픈 형제를 돌보거나 경제적으로 도움을 주며 전생의 빚을 갚는 사이가 될 수도 있습니다.

일지 속에 재성과 함께 든 비견이라 나중에 부모님 유산을 두고 다툴 수 있는데, 식신으로 상생하면 형제와 공평하게 나누어 별 문제가 없게 됩니다. 따라서 유산 문제가 생기면 식신을 써서, 즉 내가 먼저 양보하면 다툼 없이 사이좋게 나누게 될 것입니다.

일지 속에 비견과 재성을 함께 품은 사람은 욕심이 많게 되는데, 비견은 공정·공평한 것을 추구하는 성정이라 남과 불공평한 대우를 받거나 공정하게 나누지 않을 때는 화를 참지 못하고 폭발하게 됩니다. 그래서 을미 일주는 욕심은 많지만 기본적으로 공명정대한 성품의 소유자들입니다.

을목은 겁재 갑목을 반기지만 비견 을목은 꺼리는 성질이 있어 일지 속 비견 을목은 사회생활에서 나의 경쟁자나 나를 견제하는 동료의 모습으로 잘 나타납니다.

乙 　　좌법　→　　 丁

未 　　　　　　　　 未

양(養) 　　　　　　 대(帶)

을미 일주의 식신 정화는 관대(官帶)로 놓여 양궁대좌합니다.

미토는 비겁의 고지이며 양궁에 놓이고 식신 정화는 양궁대좌하여 을미 일주는 종교 활인의 모습이 강하게 나타납니다. 그래서 목사나 스님 같은 종교 지도자가 많으며 교육, 활인, 의료업에서 활약하게 됩니다.

여자의 경우, 자식이 아플 수 있고 가슴에 묻은 자식으로 인해 눈물을 흘릴 수 있습니다.

일지 속에 비견의 생을 받기 때문에 식신 정화는 꺼지지 않는 촛불이 되어 활동성이 크고 말을 잘하며 지치지 않고 열심히 노력하는 사람이 됩니다. 왕성한 식신이 관대에 좌해서 제복을 입고 일하거나 밖에 나갈 때 아무 옷이나 입지 않고 옷을 잘 차려입고 소위 정식 메이커 아니면 아무거나 안 입는 사람들입니다.

식신은 다시 기토 재성을 생하여 을미 일주는 본인의 노력으로 자수성가하는 사람들인데, 거기에 더해 부모님의 경제적인 도움도 받게 됩니다.

일지 미토는 건물이 되고 그 속에 정화 촛불을 밝힌 모습이라 교회, 사찰 같은 종교 시설의 모습이며 천살이기에 을미 일주는 종교, 철학, 오컬트에 관심이 많고 기도하면 잘 이루어집니다. 따라서 살아가며 힘든 일을 겪을 때 종교에 의지하고 기도하면 많은 도움을 받게 될 것입니다.

乙　　　인종　　　辛
未　　━━━━━→　　未
양(養)　　　　　　　쇠(衰)

　을미 일주의 관살은 쇠로 인종하게 되는데, 미토는 음토이니 경금이 아닌 신금이 인종되어 양궁쇠종하게 됩니다.

　을미 일주는 본인의 노력으로 늦은 나이에도 출세하거나 안락한 삶을 누리는 사람이 많습니다. 그 이유는 관이 쇠종하기 때문인데, 직장에서 승진하여 임원까지 오르거나 열심히 공부하여 전문직으로 성공하는 사람이 많습니다. 쇠(衰)는 12운성에서 반안살과 같아 출세한다는 의미가 내포되어 있습니다. 을미 일주는 관살이 양궁쇠종하니 양(養)과 관련된 직업으로 출세한다는 의미가 되는 것입니다.

　을미 일주 여자는 남편이 안정적인 직업을 가지고 가정에 충실한 사람이 많고, 반안은 말안장이므로 그 자체로 역마의 기운이 있어 남편이 직업과 관련해 출장이 잦거나 기러기 부부처럼 떨어져 살 수도 있으며, 주말이면 밖으로 외출이나 여행을 떠납니다. 사주 원국에 경금 정관이 투간해 있다면 미중 비견 을목과 암합을 하여 삼각관계가 연출되거나 이성 문제로 인해 한번은 다툼이 생길 수 있습니다.

　하지만 암합한다고 하여 무조건 외도한다는 의미는 아니며, 사람들로부터 인기가 있거나 존경을 받는다는 의미도 있으니 증거도 없이 의심부터 해서는 안 될 것입니다.

乙未 ____

남자의 경우, 자식 덕이 있어 현달한 자식을 보게 되고 노후에 자식 덕을 보게 됩니다.

을미 일주의 계수 인성은 양궁묘종하게 됩니다.

인수가 양궁에 든 묘에 놓여 을미 일주는 수재가 많은데, 수재가 아니라면 그 반대의 경우가 되겠습니다. 그래서 을미 일주는 학교 성적이 우등생이든지 아니면 하위권이며 중간은 없습니다. 을미 일주는 비상한 머리로 공부를 잘해 좋은 대학에 진학하고 좋은 직장에 다니거나 전문직으로 나가 관이 반안에 올라 사회에서 성공하여 출세가도를 달리는 일주입니다.

하지만 육친과 관련되어 남모르는 사연과 아픔을 간직한 사람들이며, 천살을 깔아 이번 생에는 전생의 업을 풀어야 하는 숙명을 안고 태어난 사람들입니다. 모친이 묘에 종하여 모친과 일찍 이별하거나 아프신 분인데, 양궁묘에 놓여 있어 육체의 건강도 문제이지만 정신적으로도 아플 수 있어 심신이 아픈 어머니의 모습입니다.

어머니는 아껴 쓰시고 근검절약이 몸에 밴 분으로, 알뜰히 모은 재산을 본인은 아까워 쓰지도 못하면서도 나중에 자식들에게는 아낌없이 목돈을 내어주시는 분입니다. 나중에는 유산을 자식들에게 다 물려주시는 분이 을미 일주의 어머니이십니다.

을미 일주처럼 천살을 일지에 둔 일주는 을미, 갑술, 경진, 신축 이렇게 네 일주입니다. 이 네 일주는 교육, 종교, 활인과 관련이 깊고 사회에서 경제적으로 안정된 삶을 살게 되지만 남모르는 가슴 아픈 가족사가 있습니다.

을미 일주는 역마끼가 대단한데, 을목은 바람의 물상이고 미토는 역성(驛星)으로 그 자체로 역마가 됩니다. 이렇듯 을미는 간지가 모두 역마의 글자로 이루어져 있어 한시도 가만히 있지 못하는 사람들입니다. 을미, 을사, 기사 이세 가지 일주는 역마성이 워낙 강해 신병(身病)이라고 합니다.

을미는 양이 풀을 찾아 떠도는 모습으로 유목민이 한곳에 정착하지 않고 풀을 찾아 이동하듯이 을미 일주는 히피 기질이 있어 자유분방하고 구속되는 것을 싫어합니다. 그리고 자기만족이나 행복을 우선시하는 사람들로서 종교, 철학, 무속에 관심이 많습니다.

을미 일주는 비겁을 내 밑으로 입묘시키는 특성이 있어 종교 지도자나 기업의 대표가 많으며 정치인도 많습니다. 조금만 여유가 있어도 친목회나 계모임 회장이라도 맡아야 하는 사람입니다.

<ruby>丙<rt>병</rt></ruby><ruby>申<rt>신</rt></ruby>

병신 일주는 문창을 깔아 똑똑합니다. 문창은 식신이고 문곡은 편인인데 화토 동법에 따라 토생금으로 가니 병신, 무신은 다 같이 문창이 됩니다. 이렇게 문창귀인을 둔 일주는 똑똑할 뿐만 아니라 얼굴도 잘생겨 미남·미녀가 많고 성격도 밝고 착한 사람이 많습니다.

병신은 태양이 큰 바위를 비추는 형상으로 맑은 하늘 아래 북한산 인수봉과 같아 인물이 수려한 사람이 많은데, 기암괴석처럼 얼굴의 이목구비가 뚜렷하고 이글거리고 반짝이는 눈을 가진 미인·미남들입니다.

성격도 정열적이고 다혈질입니다. 병화의 뜨거운 열기로 신금 철광석을 녹이는 형상이라 큰 부자가 많으며 성욕도 왕성하며 타고난 역마를 자랑합니다.

丙
申　　　　재성
병(病)

　병신 일주는 배우자궁에 재성을 놓았습니다. 재성을 깔아 일단 금전적으로는 유리한 고지를 점하였으며, 병은 12신살에서 역마에 해당하여 재성이 병에 놓인 병신 일주가 돈을 번다면 가만히 앉아서 버는 게 아니라 동분서주하며 바쁘게 움직이면서 돈을 버는 모습이 됩니다. 그리고 역마끼가 강해 활동적인 사람이며 이사도 자주 다닙니다.

　역마를 놓고 신(申)금은 명도(名都)로 큰 도시를 의미해 병신 일주는 시골보단 도시 생활이 어울리며, 어려서부터 유학을 가거나 먼 곳의 학교로 진학하여 부모님과 떨어지게 되거나 부모님 따라 이사를 자주 하게 됩니다.

　배우자궁에 있는 재성이니 남자는 괜찮은 아내를 얻는데, 처가가 재력이 있거나 맞벌이를 하게 됩니다. 처가 문창성이라 미인이고 똑똑합니다. 남녀 모두 결혼하고부터 돈이 모이기 시작하는데, 부부 관계가 나쁘면 반대로 돈이 흩어지게 됩니다.

　배우자궁이 역마여서 남녀 모두 주말부부를 할 가능성이 높은데, 여차하면 내가 떠나든 배우자가 떠나게 되어 있어 배우자 복이 있음에도 불구하고 해로하는 데 어려움이 있습니다. 이럴 땐 부부가 역마를 쓰면 액땜이 되는데 말 그대로 역마, 즉 여행을 다니는 것입니다. 병신 일주는 부부가 함께 여행을 자주 다니면 부부 관계에 많은 도움이 됩니다.

　여성은 시모가 남편궁에 앉아 있어 시모를 모시고 살거나 시모의 영향력이 강한 집안으로 시집을 가게 됩니다. 시모 재성 속에 남편인 임수가 들어 있어 남편은 마마보이일 가능성이 높으며 고부 갈등을 겪게 되는데, 시모는 남편의 장생으로 들어 있어 결국 남편에게 전 재산을 물려주고 떠나게 되어 있으니 힘들어도 참고 견디기 바랍니다.

남녀 모두 재성을 깔아 재복은 있는데, 문제는 역마이다 보니 부친이 떠나거나 아내가 떠난다는 의미가 있어 부친과 떨어져 살거나 아내와 떨어지는 의미가 있습니다.

丙

申 ⟶ 庚재성, 壬편관, 戊식신

병(病)

병신 일주는 지장간에 식재관을 두어 식복과 재복 관운이 타고난 사람입니다. 역마에 들어 바쁘고 활기차며 만능 재주꾼에 대인관계도 좋고 직장 생활도 잘하고, 자기 사업이나 장사에서도 역량을 발휘하는 사람들입니다.

식신생재하여 부지런하고 재능과 노력으로 자수성가하는 사람입니다. 또 재생관하여 관운까지 있어 직장 생활도 잘하고 능력을 인정받아 승진도 잘합니다. 식신생재로 가면 열심히 노력해서 부자가 될 것이고, 재생관으로 가면 명예가 있고 귀를 누려 존경받는 사람이 될 것입니다.

그러나 식신이 재성을 생하지 않거나 식신이 파괴된다면, 재생관이 아니라 재생살이 되어 귀가 사라져 명예가 사라지고 직장에서 평범한 회사원이 되고 여성은 남편과 관련해 어려움이 있게 됩니다.

식신은 땀 흘려 노력하는 것으로, 병신 일주는 일확천금이나 요행을 바라지 말고 노력하는 것이 성공의 지름길입니다. 병신 일주는 식재관이 상생하는 구조여서 본인만 노력하면 얼마든지 잘 먹고 잘 살 수 있는 능력이 있으며, 실제로 자수성가한 부자가 많습니다.

丙　　　　　　　庚
申　　좌법　　　申
병(病)　　　　　록(祿)

병신 일주는 신중 경금 재성을 록에 좌하여 병궁록좌합니다. 병은 12신살에서 역마에 해당하여 병신 일주는 돈 번다고 여기저기 많이 돌아다니는 사람입니다.

일지에 병을 놓아 역마끼가 아주 강한데, 이런 경우는 어릴 적부터 집과 먼 곳으로 진학하여 하숙이나 기숙사 생활을 하든지 유학을 떠나기도 하고 부모님이 이사를 자주 다녔을 가능성이 높습니다. 만약 이렇게 일지에 병을 놓은 사람이 꼼짝 않고 집 안에만 있다면 말 그대로 병에 걸려 아픈 사람이거나 병이 들게 됩니다. 이럴 때는 육체의 병보다는 마음의 병이 들기 쉽습니다.

병궁록좌라서 돈 버는 능력이 탁월하며 마음만 먹으면 무슨 수를 써서라도 돈을 벌어 오는데, 출장을 자주 가거나 자유로운 업무가 적성에 잘 맞습니다.

병신 일주의 부친은 능력이 있으시고 아주 부지런하며 바쁘게 사시는 분인데, 다만 바깥으로 자주 다니게 되고 역마와 록의 만남이라 힘이 넘쳐 연분을 뿌리고 다닐 수 있습니다. 이 때문에 어머니와 다툴 수 있어, 이것을 원인으로 부모님이 헤어질 수 있습니다.

남자의 경우 처가 록에 좌해 능력 있는 아내를 얻고 맞벌이하게 되며 처의 수입이 더 많은 경우도 허다합니다. 배우자궁에 든 재성이라 남들이 보기에는 장가 잘 갔다는 이야기를 자주 듣고 처복이 있다고는 하지만, 정작 본인은 아내에 대한 불만이 있을 수 있습니다. 대부분 아내의 강한 성격 때문인데, 아내는 성격이 급하고 욱하는 성격이라 언성이 높고 화를 잘 내지만 돌아서면 잊어버리는 뒤끝이 없고 화끈한 성격입니다. 그렇지만 병신 일주 남자 역시 폭발적인 성격인지라 부부 생활이 위태로울 수밖에 없습니다.

재성이 병궁에 록으로 들어 멀리 타향에서 아내를 만났거나 여행이나 출장 중에 만난 인연으로 결혼한 사이입니다. 재성이 이렇게 역마에 록으로 들면 병신 일주 남자는 바람기가 있다고 봐야 합니다. 처궁에 재성이 들어 처복이 있음에도 불구하고 한 여자에 만족 못해 딴 여자를 찾거나 염문을 뿌리게 됩니다. 그러니 스스로 이성 관계에 문제가 생기지 않도록 처신을 잘해야 합니다.

여자는 배우자궁에 시모가 앉은 꼴이라 결혼 후 시어머니를 모시고 살거나 가깝게 지내게 됩니다. 시어머니가 록에 좌해 경제적인 능력이 있어 경제적인 도움을 받는데, 유산을 물려받는 경우가 많습니다.

병신 일주의 편관 임수는 생(生)에 들어 병궁생좌합니다.

병궁에 생으로 놓여 직장에서 출장을 자주 다니거나 지방이나 해외로 발령 날 수 있고, 직장 일을 내 일처럼 아주 열심히 합니다. 직장 운이 있어 취직을 잘하고 승진도 잘하며 능력 또한 인정받는데, 평범한 직장보단 칠살을 쓰는 직장이 더 잘 맞습니다. 이렇게 편관 칠살이 장생을 받게 되면 귀(貴)가 있어

_____ 피클 일주론 사주명리학의 꽃

최고위직에 오르거나 권위와 명예가 높고 존경을 받는 사람이 많습니다.

병신 일주 여자의 남편은 잘생기고 능력 있고 아주 바쁜 사람이며 직장 문제로 기러기 부부를 하거나 외근을 자주 하고 주말 없이 밤늦게까지 일하는 사람입니다.

남편이 능력 있고 똑똑한 사람으로서 활력이 넘쳐 성욕도 강하다보니 병신 일주 여자가 역마가 아닌 말 그대로 병이 들어 신약하거나 아플 경우 남편과의 잠자리가 부담스러울 수도 있습니다. 이럴 때 남편은 넘치는 힘을 바깥으로 돌릴 수 있어 갈등이 생기게 됩니다. 병신 일주는 남녀 모두 부부의 잠자리가 부부 생활에 중요한 문제인데 대부분은 둘 다 역마 장생을 써 성욕이 왕성합니다.

병신 일주 남자는 활달하고 똑똑하며 잘생긴 자식을 두게 됩니다.

록에 놓인 강한 재성이 편관 임수를 생하는 데다 생지에 놓여 편관 임수는 강한 기운을 얻게 됩니다. 이렇게 편관 임수가 맑아지면 명예가 높아지고 귀(貴)를 얻게 되어 직장에서 높은 직위에 오르게 됩니다. 특히 살(殺)을 쓰는 직업을 가지면 귀가 더 높아져 군·검경에서는 고위직에 오르게 되고, 의약업에서는 명의가 되어 많은 사람들의 존경을 받게 됩니다.

만약에 지지가 수국(水局)을 이루어 병화의 힘이 미약하고 상대적으로 편관 임수의 힘이 강하다면 재성의 도움까지 받은 편관의 살기는 더 강해지니, 허약해져서 병치레를 자주 하고 남녀 모두 배우자 덕이 없어 해로하기 힘들고 직업과 주거지를 자주 옮겨 다니게 됩니다.

丙　　　　　　　　戊
申　　좌법 →　　　申
병(病)　　　　　병(病)

병신 일주의 식신 무토는 병에 놓여 병궁병좌합니다.

병신 일주는 역마끼가 대단하여 한시도 가만히 있지 않는 사람입니다. 말도 잘하고 말이 많은 사람이지만 말로 인한 구설을 달고 다닐 수 있습니다. 부지런하고 적극적으로 일하는 사람이지만 잘 덤벙거리고 실수를 잘하고 깜빡하며 잊기도 잘해 꼼꼼하고 야무지지는 못합니다.

병신 일주는 사람이 좋아 나눠 주기도 잘하고 사람들과 어울려 잘 먹고 잘 노는 사람입니다. 말이 많다 보니 속에 마음을 잘 담아 두지를 못하는 성격이라 직설적이고 비밀은 단 하루를 못 넘기고 다 말해 버리는 성격입니다. 아마 병신 일주에게 말하지 말고 방 안에 꼼짝 말고 있으라고 하면 답답해서 힘들 것입니다.

병에 놓인 식신이 록에 놓인 재성을 생하면 세상 어디에서 무엇을 하든지 성공할 수 있으며 식신생재, 재생관으로 흐르면 부와 귀를 다 누리는 사람으로 성공의 가능성이 타고난 사람입니다.

병신 일주 여자의 자녀는 일찍 유학을 가거나 먼 학교로 진학해서 떨어져 살 수 있으며 헤어질 수도 있습니다. 병은 말 그대로 병(病)이기 때문에 병궁병이라 병이 깊어 자녀가 아플 수도 있습니다.

식신은 나의 활동성이기에 나의 몸을 나타냅니다. 그래서 식신의 병이 깊기에 병신 일주는 병이 들면 큰 병에 걸리게 됩니다.

여자는 식신의 역마성이 남편으로 향하면 식신제관이 되어 남편에게 바가지 긁는 모습이 되어 남편에게 언성을 높이고 폭언을 하게 됩니다. 이는 대개 남편의 바람기나 음주, 도박 등의 이유 때문입니다.

丙　　　　　　　甲
申　　인종　　　申
병(病)　　　　　절(絶)

병신 일주의 인성 갑목은 절로 인종되어 병궁절종합니다.

병신 일주는 모친과의 연이 부족해 헤어지거나 떨어져 살게 되는데, 이렇게 절에 들면 먼 학교로 진학 하거나 직장 일로 서로 떨어져 사는 것이 오히려 좋습니다. 병궁절종이기에 말 그대로 병으로 헤어진다는 의미가 있으므로 서로 한집에 같이 살면 모친이 아프거나 모친의 일이 안 풀리거나 모자(녀)지간에 갈등이 생기게 됩니다.

인성이 절에 들어 병신 일주는 똑똑하고 성적은 우수하지만 공부를 원하는 만큼 제대로 마치지 못하고 공부로서 성공하기는 힘든 모습입니다.

인성이 절태에 놓이고 식신, 재성, 관성이 록과 생을 둔 만큼 병신 일주는 모친에 비해 상대적으로 부친의 덕이 있으며 자수성가해야 하는 사람입니다.

병신 일주 비견 역시 병으로 인종하여 병궁병종하며 병신 일주는 형제와 멀리 떨어져 살게 되고 형제의 덕을 바라기는 힘듭니다. 병화는 비견을 꺼리는데다 서로가 병을 놓고 있으니 서로 멀리 떨어져 사는 것이 오히려 우애가 좋다 하겠습니다. 함께 붙어 있으면 다투게 되거나 둘 중 하나는 아프게 되니, 명절날 가끔씩 만나면 반갑고 우애도 더 깊어질 것입니다.

병신 일주는 친구 동료와 어울려 먹고 노는 것은 좋으나 동업은 실패합니다. 인성은 병궁절종하고 비견이 병궁병종이라서 상사의 덕, 친구 형제의 덕은 부족하다고 하겠습니다. 그래서 병신 일주가 부자라면 그 재산을 모으기까지 많은 고생과 노력이 있었음을 알아야 합니다.

병신 일주는 식상, 재성, 관살의 기운은 좋고 인성과 비겁의 기운은 상대적으로 약하니 본인의 능력으로 자수성가해야 할 사람입니다. 식복은 타고났는데 인복은 부족하니, 횡재수나 남에게 의지하지 말고 본인이 열심히 노력한다면 노력한 만큼 성과를 다 가져갈 수 있습니다.

성격이 활달하고 부지런해 대인관계도 좋고 역마와 생, 록의 조합으로 잘 먹고 잘 놀고 사교성이 좋고 이성에게 인기도 있습니다. 그러나 이성 문제로 구설이 생길 수 있으며 잘못되면 부부 생활에 금이 갈 수도 있습니다.

신(申)금은 고성(孤星)이라 외롭고 쓸쓸함이 묻어나는데 일간은 병화라 겉으로 드러나지는 않습니다.

병신은 커다란 쇳덩이를 녹이는 불길이니 다재다능하고 재물을 만들어 내는 능력이 있어 부자가 많으며 신금 쇳덩이가 불에 녹아 쇳물이 되어 흐르는 모습이라 성욕이 강하고 정력도 강한 사람이 많습니다. 그리고 병신은 북한산 인수봉처럼 우뚝 솟은 바위에 태양이 비추어 호남과 미녀가 많으며, 성격이 호탕하고 풍류를 즐기며 예술적인 감각도 뛰어납니다.

하지만 태양이 가려져 어두워지면 아무도 찾는 이가 없으니 외롭고 쓸쓸합니다. 그래서 병신 일주는 자기 능력을 믿고 젊은 시절 강한 역마의 기운으로 히피처럼 자유분방하게 세월을 보내다 때를 놓쳐 중년 이후 외롭고 힘든 삶을 살 수 있으니 주의해야 합니다.

병신 일주는 젊은 시절 자기 관리만 잘한다면 부와 귀를 다 누릴 수 있습니다.

정 유

丁酉

　정유 일주는 재성을 깔고 귀인을 둔 60갑자 중 가장 복이 많은 일주 중의 하나입니다. 천을귀인이며 문창귀인, 학당귀인까지 두고 거기에다 장생까지 둔 귀명(貴命) 중의 귀명입니다.

　일지에 귀인을 셋이나 두어서 타고난 복이 기본적으로 셋은 된다는 말이 있을 정도로 정유 일주는 복이 많은 일주라고 하겠습니다. 이렇게 세 가지 귀인을 둔 일주로는 정유와 계묘로 두 일주뿐입니다. 하지만 복이 너무 많아도 과유불급이라 어떤 경우에는 문제가 되기도 합니다.

　정유 일주는 일지가 천을귀인으로 배우자가 귀인이 됩니다. 배우자가 귀인으로 들어왔다는 것은 두 가지 의미를 지니는데, 좋은 배필을 만난다는 의미가 있고 또 하나는 배필감이 많다는 의미도 있습니다.

　그래서 천을귀인 일주들이 의외로 이성 관계가 복잡하거나 이성·배우자 문제로 삶의 기복을 심하게 겪는 경우가 많습니다. 만약 배우자 문제로 이혼을 한다 해도 결국에는 귀인이 되는 배필을 만나 행복한 가정을 꾸미게 됩니다.

정유 일주는 일지에 문창과 학당을 놓아 아주 똑똑하고 지혜로우며 늘 책을 가까이하는 사람이며 잘생긴 미남·미녀가 많습니다. 공부를 잘하고 가르치는 일에 소질이 있어 교사나 교수가 많고 학원업을 하는 사람도 많습니다. 남녀 모두 지성미가 있으며 한국적인 미남·미녀가 많습니다.

丁

酉　　　편재

장생(生)

정유 일주는 일지 장생을 놓은 데다가 귀인이라 인덕이 있어 살아가면서 어려움에 처할 때면 귀인의 도움으로 어려움을 벗어나게 됩니다.

60갑자 중 천을귀인 일주는 정유를 포함해 정해, 계사, 계묘 딱 네 일주로 전생에 공덕을 많이 쌓았거나 조상의 공덕이 많아 천우신조의 도움이 있으며 하늘의 음덕이 있다고 합니다. 천을귀인이 있으면 길(吉)은 더해지고 흉(凶)은 감해지는 길신 중의 길신입니다.

일지에 재성을 놓으면 기본적인 재물복은 가지고 태어났다고 하는데, 정유는 재성 귀인에 장생을 놓아 재물이 마르지 않는 샘물처럼 솟아나는 모습입니다. 재복을 타고나 아무리 어려워도 굶어 죽는 법은 없으며 부자가 많은 것은 당연합니다.

재성 생지를 놓아 부모 복이 있어 살아가며 어려운 일이 있을 때마다 부모님으로부터 경제적인 도움을 받게 되며, 나중에 유산도 물려받게 됩니다. 물려받은 유산만으로 평생 잘 먹고 잘사는 사람도 많습니다.

남자의 경우, 배우자 궁에 천을귀인 재성이 들어 처복이 타고났습니다. 처가 귀인, 문창, 학당이니 똑똑하고 미인입니다. 능력 있는 아내를 만나고 처가 귀인에 장생으로 나를 먹여 살려 처가 가장 역할을 하며 처덕에 사는 남자도 많습니다.

여자의 경우, 결혼 후 시댁과 가깝게 지내게 되는데 시어머니를 모시고 살수 있고 시댁으로부터 경제적 도움을 받을 수 있습니다. 또한 천을귀인 며느리가 시집오면 시댁이 발전하게 됩니다.

대개 천을귀인 일주는 모임에서 주목받고 주인공이 되며 직장에서 승진도 잘합니다. 천을귀인 주위엔 자연스레 사람들이 많이 모이고 인기가 좋아 사람들이 따르게 됩니다.

정유 일주는 일지 유금 속에 정재와 편재만을 가지고 있습니다. 배우자궁에 정, 편재가 혼잡한 것은 현실에서 다양한 모습으로 나타나는데 우선 생궁에 록왕으로 들어 재복은 타고났습니다. 정재, 편재가 왕기를 띠어 직장 생활도 잘하고 장사나 사업 수완도 좋습니다. 마르지 않는 샘물처럼 재물이 들어와 경제적으로 부유한 삶을 사는 사람이 많습니다.

재성이 생궁록왕이라 부친의 복이 있어 부모님으로부터 거액의 유산을 물려받는 경우도 흔합니다. 반면에 이렇게 재복을 타고나다 보니 넘치면 모자라는 것만 못한 것처럼 오히려 경제적으로 궁핍하게 사는 경우도 많게 되는데, 그럴 때는 대부분 이성 문제나 배우자 문제 때문입니다.

우선 남자의 경우, 배우자궁 속에 재성이 혼잡해 있으니 아내가 둘이라는 의미가 됩니다. 거기다가 생을 받으니 젊어서부터 이성 관계가 복잡한 경우가 많아 정유 일주 남자는 카사노바 같은 바람둥이 한량이 되기 쉽습니다.

끝없이 샘솟는 재성은 남자에게 욕정이 되고 술이 되며 재물에 대한 집착이 되어 복잡한 이성 관계와 음주, 가무, 도박에 빠지기 쉽습니다. 재궁 속에 정편재가 함께 있어 본처를 두고 내연녀를 따로 둘 수도 있습니다.

그래서 정유 일주 남자는 젊어서부터 이성 관계를 잘 정리해야 하며, 만일 자기 관리를 못하면 주색에 빠져 허송세월을 보내고 가정도 깨지고 재산도 다 날려 버릴 수 있습니다. 그런데 그렇다 해도 타고난 복이 있어 굶어 죽지는 않습니다.

처덕이 있어 처가 경제적 능력이 있거나 처가의 도움을 받는 경우가 많은데, 이것이 과하면 남자는 일 없이 놀고 처가 직장을 나가 가정을 꾸려 처덕에 먹고 사는 한량이 되기도 합니다.

여자의 경우도 재성이 혼잡한 것은 시어머니가 둘이라는 의미가 되므로 결혼 생활에 어려움을 겪거나 첫 결혼에 실패하는 경우가 많습니다.

천을귀인 여성이 시집가면 시댁에 복이 들어와 시댁이 잘되거나 화목하게 되며 시모와 사이도 좋습니다. 배우자궁에 시모가 앉아 있어 시모를 모시고 살거나 가깝게 지내게 되며, 장생에 귀인이라 시모가 경제적으로 도움을 주거나 유산을 물려주게 됩니다.

남녀 모두 첫 결혼 생활에 실패한다 해도 결국은 귀인이 되는 배우자를 만나 만년에는 행복을 누리게 됩니다.

정유 일주는 이성 문제만 잘 관리하면 대부분은 편안한 삶을 사는 경우가 많은데, 재성귀인이라 어려움에 처하거나 난관에 부딪힐 때 부모님이나 귀인의 도움이 있어 무사히 넘어가게 됩니다.

정유 일주의 식신 기토는 생궁생종합니다.

식신이 생을 겹쳐 식복이 타고난 정유 일주는 미식가들이 많고 성격이 밝고 활기차며 말을 잘하고 목소리가 매력적입니다. 생기가 넘치는 식신으로 인해 어디를 가든 사람들의 관심을 받고 주인공이 되며 주변에 사람이 모여듭니다.

식신 역시 장생에 문창, 학당이라 정유 일주는 아주 똑똑하고 지혜롭고 수재가 많은 데 반해 공부로 큰 성공을 하는 사람은 드문데 인성이 절, 태에 놓였기 때문입니다.

식신이 귀인에 생궁생이라 베풀기를 좋아하고 인기를 얻으며, 어느 모임이든 정유 일주가 참석하면 모임이 화기애애해지고 생기가 넘쳐납니다. 미남·미녀에다 말도 잘하고 매력이 넘치다 보니 이성의 관심을 받는 것은 당연하다 하겠습니다.

식신이 생이라 근면 성실하면서도 풍류를 즐기는데, 록왕을 얻은 재성에 식신이 생을 얻으니 열심히 돈을 벌고 모아 부자가 되는 사람이 많습니다. 반면에 남자의 경우에는 재성과 식신이 자칫 음주 가무에 문란한 이성 관계로 오히려 복이 화가 되어 곤란에 처해지는 경우도 있습니다. 그러니 특히 남자는 자기 관리에 신경 써야 합니다.

정유 일주는 타고난 식신과 재성으로 식신생재하여 열심히 노력해서 큰 부자가 되는 일주로서 뛰어난 재치와 수완이 있어 조직에서 인정받고 성공하게 됩니다. 이렇게 자기만 노력하면 얼마든지 성공할 수 있는데, 토끼와 거북이 이야기 속 토끼처럼 타고난 재주와 복이 너무 많아 자만하고 주색으로 아까운 재능을 쏟게 되는 경우가 많아 안타깝습니다.

여자는 식신이 생궁생이라 자녀들이 엄마를 닮아 아주 똑똑하고 잘생긴 자녀를 두게 되며 문창, 학당이 겹쳐 수재가 많고 공부로서 성공하게 됩니다.

재성과 식신이 생을 놓은 것은 좋으나 그만큼 설기를 많이 시키게 되므로 인성 갑목의 도움이 필요합니다. 식신, 재성이 생을 둔 정유 일주는 식복, 재복이 타고나 아무리 힘들다 해도 귀인의 도움과 보이지 않는 음덕이 있어 천복이 타고난 사람임에는 분명합니다.

정유 일주는 편관 계수가 인종되어 생궁병종하게 됩니다.

직장에서 동분서주하며 열심히 일하는 모습으로 출장을 자주 가거나 자율적으로 일하는 직장에서 능력을 더욱 발휘하게 됩니다. 왕한 재성이 관을 생하여 직장에서 능력을 발휘하며 승진도 잘하게 됩니다.

식재관이 장생을 받고 열심히 일하는 것은 좋으나, 설기가 심해 인성의 도움이 있다면 금상첨화가 됩니다. 신약한데 인성의 도움이 없다면 병약한 몸이 되어 그때는 말 그대로 병(病)이 되어 직장 생활이 힘들어질 수 있습니다.

여자의 경우, 남편은 바쁘고 능력이 많은 사람이며 역마에 놓여 타지에서 만난 사람이거나 아니면 결혼하고 난 후 타향에서 살게 됩니다. 생궁병종하니 남편이 아프더라도 완쾌되어 다시 회복하게 됩니다.

남자는 자녀와 일찍 떨어져 살게 되는데, 멀리 유학을 가는 경우가 많거나 아니면 대개 어떤 형태이든 이별하는 경우가 많습니다.

정유 일주의 식신, 재성은 생, 록, 왕을 얻고 재성이 다시 관을 생하게 되어 직장 생활도 잘하고 전문직이나 자영업으로 성공하는 사람도 많습니다. 다만 재관을 잘 쓰기 위해선 인성의 도움이 있어야 좋습니다.

丁　　　　　　　乙
酉　　인종　　　酉
　　　　──→　　
생(生)　　　　　절(絶)

정유 일주의 인성은 을목을 인종해서 생궁절종하게 됩니다.

정유 일주는 똑똑하고 책을 가까이하여 학교 성적이 우수하지만 의외로 사회에서 공부로 성공을 거두는 사람이 드문 것은 인성이 절로 인종되기 때문입니다. 인성이 절에 들지라도 정유 일주에게는 인성이 꼭 필요한데, 인성의 도움이 있어야 강한 식신과 재성을 제대로 쓸 수 있기 때문입니다.

결국 정유 일주의 성패는 인성의 유무에 있다고 해도 과언이 아닌데, 인성 목의 도움이 있어야 정화의 뜨거운 열기로 재성인 금을 녹여 부귀를 얻을 수 있습니다. 하지만 그렇지 못하면 타고난 재복도 그림의 떡이 되어 재물이 새어 나가거나 돈은 있는데 건강이 나빠지게 됩니다.

신약한데 인성의 도움이 미약한 경우, 정화는 뜨거운 불이 아닌 어둠을 밝

丁酉 ___

히는 빛과 같은 삶을 살게 됩니다. 이럴 경우에는 부는 없을지라도 귀가 있어 사람들의 존경을 받게 됩니다. 대부분의 정화 일주가 그렇지만, 특히 정유 일주는 인성의 도움이 있으면 재성 금을 녹여 부유한 삶을 사는 경우가 많고 인성의 도움이 없거나 미약하면 빛이 되어 세속적인 것에는 관심이 없고 종교나 철학, 활인 관련 쪽으로 관심을 가지게 됩니다.

정유 일주는 재성이 강하고 인성이 약하여 부친의 덕에 비해 상대적으로 모친의 덕이 부족하거나 모친이 아픈 경우가 많습니다. 그리고 재성이 정, 편이 함께 있으니 모친이 재가할 수도 있습니다. 비록 인성이 절로 인종된다 하더라도 생궁에 들었기 때문에 기본적으로 부모의 덕이 있습니다.

정유 일주는 생궁생종하여 대개 형제와 우애가 있는데, 정유는 촛불로서 함께 있으면 쌍촛불이 되어 더욱 밝아지기 때문입니다. 그래서 어떤 모임이나 조직에서든지 융화를 잘하고 모임을 빛냅니다.

하지만 정유는 재성 혼잡에 록왕을 두어 재물에 욕심이 있게 되는데, 형제 역시 같은 모습이라 결국 부모님 유산을 두고 일촉즉발의 상태를 보입니다. 그래서 대부분 정유 일주는 부모님 유산 문제가 있기 전까지는 우애 있게 잘 지내지만 나중에 유산 문제로 멀어지는 경우가 흔합니다.

대개 정유 일주는 둘 중 하나의 삶을 사는데 첫째는 촛불의 물상으로 어둠을 밝히는 빛의 삶을 사는 것이고, 둘째는 정화의 불로 유금을 녹이는 이재

_____ 피클 일주론 사주명리학의 꽃

에 밝은 삶을 사는 것입니다. 빛의 삶을 사는 사람은 귀(貴)가 있어 세상의 출세보다는 정신적인 만족을 추구하고, 촛불에 촛농이 떨어지듯 눈물이 많고 이타적이고 선량하여 활인에 관심이 많고 종교적인 삶을 사는 경우가 많습니다. 금을 제련하는 불로 사는 사람은 입신양명하여 부와 명예를 누리는데, 이때는 반드시 인성의 도움이 필요합니다.

정유 일주는 타고난 복이 넘치는 사람인데, 특히 남자는 이성 문제가 있다면 들어온 복을 차 버리거나 사서 고생할 수 있음을 알아야 합니다. 그리고 정유 일주는 유난히 눈이 빛나고 아름다워 멀리서도 알아볼 수 있을 정도입니다. 다만, 유금이 일지에 놓이면 일생에 한 번은 큰 수술을 받게 되며 몸에 흉터나 수술 자국이 남게 됩니다.

사주에 천을귀인이 있다고 해서 행복한 것은 아닙니다. 옛날 왕실에 태어난 왕자와 공주들이 사주에 천을귀인을 많이 가지고 태어났으며, 현대 사회에선 재벌가의 자녀들이 천을귀인을 많이 가지고 태어납니다. 역사를 보더라도 왕이 되지 못한 왕자들은 제명에 못 살고 죽임을 당하는 경우가 많으며, 주색에 빠져 음주가무로 세월을 보낸 경우도 허다합니다.

이렇게 천을귀인이라 해도 본인의 노력과 마음이 더하지 않으면 아무 쓸모가 없을뿐더러 오히려 독이 될 수도 있습니다.

무 술

戊戌

    무술 일주는 괴강의 대표적인 일주입니다. 그만큼 성정이 강해 다소 언행이 거칠고 독불장군처럼 고집이 세며 직설적인 성격으로 나 잘난 맛에 사는 사람입니다.

    속마음을 숨기지 못해 직설적으로 표현해 버리고 구속받기를 싫어해 내가 하고 싶은 대로 해야만 직성이 풀리는 반면, 한번 친해지면 정이 많아 다 내어 주고도 자기 힘든 건 말 못하고 속으로 끙끙 앓는 사람이기도 합니다.

    신강한 무술 일주는 무엇보다도 자존심이 무척 강한데, 다른 것은 다 참아도 자존심 상하는 것은 못 참는 사람들로서 자존심을 버리라는 것은 죽으라는 것과 마찬가지입니다.

    고난이 와도 결코 좌절하지 않는 백절불굴의 기개가 있으며 일머리가 잘 돌아가고 미남·미녀가 많은 일주이기도 합니다.

    무술은 큰 산에 비유됩니다. 비슷한 무진과 비교되는데, 무진이 지리산과 같은 계곡에 맑은 물이 흐르고 숲이 우거진 큰 산이라면 무술은 설악산의 울산바위나 북한산 인수봉처럼 건조하고 큰 바위가 솟아 있는 악산(岳山)에 비유됩니다.

무진은 백호살이고 무술은 괴강살로 둘 다 강한 성정을 드러내지만, 그나마 무진은 물이 흐르고 생명이 자라는 땅이라 융통성이 있고 물러설 줄 알지만 무술은 그런 타협의 여지가 없이 '못 먹어도 고'를 외쳐 실제 성정은 무진보단 무술이 더 강하게 나타납니다. 이렇듯 무술과 무진은 닮으면서 달라 서로를 무척 싫어하는데, 두 일주가 만나 싸운다면 시한폭탄과 같아 언제 큰 사단이 날지 모르며 운에서 만난다면 각종 사건·사고로 인생의 큰 변화가 생기게 됩니다.

무술이란 큰 악산은 무토가 겹쳐 있어 산맥으로도 비유됩니다. 태백산맥과 같은 큰 산맥이라 남녀 모두 대범하고 겁이 없으며 호탕한 기질을 보이게 됩니다. 또 사주에서 일주가 무술이면 시와 년월을 일주 무술이 산맥처럼 가로막고 있는 형상이라 시에 있는 가족과 년월에 있는 가족이 떨어지게 된다는 의미가 있습니다.

무술은 높고 깊은 악산이라 아름답고 멋진 산으로 미남·미녀에다 거친 야성미가 넘치는 사람들로 인기를 많이 얻게 됩니다. 그러나 악산은 보기엔 멋있지만 오르기가 쉽지 않는 것처럼 무술은 주위에 사람들이 많아도 고독한 사람이 많고 쉽게 자신의 속마음을 보여 주지 않으며, 부러질지언정 휘지 않는 사람이라 그만큼 많은 고생을 사서 하게 됩니다.

戊

戊   비견

묘(墓)

무술 일주는 비견을 묘에 놓아 간여지동인 동시에 자좌입묘(自坐入墓)하는 특이한 일주입니다.

다시 한 번 무술과 무진을 비교하면 무토 일간이 간여지동으로 비슷한 면이 있지만, 그 속은 완전히 다릅니다. 무진은 水의 창고가 있어 재고를 두었고 무토라는 큰 산에 계곡이 흐르는 모습인 데 반해, 무술 일주는 본인이 입묘되고 인성도 입묘되는 데다 한 점 水기가 없이 뜨거운 사막 같은 황량한 산이 되어 삶의 희로애락의 편차가 무진 일주보다 무술 일주가 더 크게 나타나는 것이 현실입니다.

자좌입묘하고 火의 창고를 두고 있는 무술 일주는 "갑자기", "크게"라는 단어가 삶에 자주 등장하게 되는데 병에 걸리면 갑자기 아프게 되고 큰 병에 걸리며, 사고가 터지면 갑자기 터지고 또한 크게 터집니다. 그래서 간여지동의 무술 일주는 평소 아주 건강하고 하늘 높은 줄 모르게 자존심을 세우지만, 너무 강하면 부러지는 것처럼 어느 날 갑자기 나락으로 떨어질 수 있으니 평소에 건강 관리, 재산 관리에 신경 써야 합니다.

자좌입묘 일주는 병술, 무술, 정축, 기축, 임진, 계미 이렇게 여섯 일주입니다. 이들은 본인들이 묘 속으로 들어가는 일주이기 때문에 특히 감정의 기복이 심한데, 많이 심하게 되면 정신적 질환으로 치료를 받거나 무속의 길을 걷게 되는 사람도 많으니 감정을 잘 다스리고 조절하는 것이 평생의 숙제입니다.

일간이 입묘한다는 것은 비견도 입묘한다는 의미라 무술은 형제와의 인연은 박합니다. 만일 본인이 건강하다면 모친이 낙태나 유산한 경우가 많습니다. 내가 입묘가 되거나 형제가 입묘가 되거나 둘 중 하나입니다. 그래서 내가 건강하고 잘 산다면 형제 중에 아프거나 경제적으로 힘들게 사는 형제가 있기 마련입니다. 그런 형제가 있다면 나 대신 아픈 거라 생각하고 도와주고 베풀어야 합니다.

戊

戊 ⟶ 戊비견, 丁인성, 辛상관

묘(墓)

술토는 火의 묘지이고 土의 묘지가 되니 인성과 비겁의 입묘현상이 있게 되어, 부모·형제와의 인연이 부족하다는 의미가 있습니다. 그래서 부모님과 일찍 헤어지고 형제와 단절될 수 있어 가족사에 아픔이 있는 경우가 많습니다. 무술 일주는 일지 묘궁 속에 비견, 인성, 상관이 들어 있어 형제·부모·자녀가 묘 속에 든 형국이라 남다른 가족사를 간직하게 됩니다.

비견이 배우자궁에 들어 의리를 중시하고 친구를 소중히 여기지만 인성과 함께 있으니 시기·질투도 강해 의절하는 친구도 있게 됩니다. 괴강살에 비견을 둔 간여지동이라 자존심 빼면 시체인 사람입니다.

인성과 상관이 손을 잡는 모습이라 머리 회전이 비상한 사람으로, 잡기에 상관이 빛을 발해 다재다능합니다. 기술이 좋으며 똑똑하기까지 하니 결국 전문직이나 기술직으로 가야 한다는 것과 절대로 동업을 해서는 안 되는 사람임을 알 수 있습니다.

인성이 비견을 생해 주어 실컷 고생하고서는 칭찬도 못 듣고 남 좋은 일만 해 주는 꼴이 될 수 있고, 나중에 부모님 유산 문제로 형제와 한판 크게 전쟁을 치르게 될 수 있습니다.

인성이 비견을 생하고 다시 비견이 나의 상관을 생해 주면 비견은 협력자 귀인이 되어 형제와는 좋은 관계를 유지하게 됩니다. 하지만 비견과 상관이 멀리 떨어져 있어 아무래도 어려워 보입니다. 그러니 무술 일주 자녀를 둔 부모님은 자식들에게 재산을 한 푼도 물려주지 말든지 아니면 자식들의 우애가 깨지지 않도록 공평하게 나누어 주어야겠습니다.

무술 일주의 비견 무토는 묘궁묘좌합니다.

형제가 무덤 속 깊이 들어간 모습이니 아마 일찍 떠난 형제가 있는 모습이 됩니다. 어머니께서 유산이나 낙태한 경우가 있으면 나는 입묘 현상을 겪지 않고 건강하게 장수하게 되며, 형제가 있다면 형제와도 가깝게 지내게 됩니다. 다만 나중에 유산 문제를 두고 형제와의 갈등은 피하기가 힘드니, 내가 먼저 형제에게 양보하는 미덕을 보이거나 좋게 대화를 통해 서로가 공평하게 나누어 화목한 가족이 되길 바랍니다.

간여지동에 괴강이라 무술은 강하디강한 사람인데 속을 들여다보면 묘궁을 두고 비견도 묘에 좌해 강한 성격의 소유자지만 실제로 가슴 속은 정과 눈물이 많은 사람입니다. 그래서 무술 일주에게 부탁할 일이 있을 때는 힘든 척, 아픈 척하면 마음이 약한 무술 일주가 기꺼이 도와줄 것입니다.

일간과 비견이 동시에 입묘되어 나와 형제 중 누군가는 아프거나 삶의 고난을 혹독하게 겪을 수 있는데, 만약 내 형제가 그렇다면 나 대신 고통받는다는 생각으로 고맙게 여겨 형제에게 더욱 잘해 주어야 합니다.

戊		丁
戊	좌법 ⟶	戊
묘(墓)		양(養)

무술 일주의 인성 정화는 묘궁양좌합니다.

인성이 양(養)에 놓여 무술 일주는 어머니와 특별한 관계가 되는데, 양은 천살(天殺)에 해당하여 전생부터 이어져 온 숙명의 관계로 이번 생에 전생의 업을 풀기 위해 만난 관계가 됩니다. 모친이 묘궁 양이라 아플 수 있으니, 모친께서 병환에 계실 때 모친을 간호하고 부양해야 하는 숙제가 있음을 알고 지극정성으로 어머니를 돌봐야 합니다. 만일 모친이 의약업이나 교육, 활인 쪽에 종사하신다면 업상대체가 되니 오히려 건강하고 장수하게 됩니다.

머리가 똑똑하여 공부도 잘하지만 의외로 공부로서 큰 성공을 거두는 사람이 드문데, 그 이유는 일지 비견이 있어 친구들과 어울리길 좋아하고 병화 인성 또한 입묘되기 때문입니다. 이처럼 조열한 사주에는 水기가 필요한데, 조후 용신인 수기가 인성을 극하는 모습이 나오게 되면 공부보다는 돈이나 이성에게 관심이 가게 됩니다.

무술 일주는 늦게야 공부에 불을 켜는 사람이 많아 만학도가 많은데, 술중 정화가 묘궁양이라 마치 온돌방에 불을 지피듯 천천히 늦게 따뜻해지기 때문입니다.

무술 일주는 인성이 양에 놓여 모친으로부터 경제적인 도움이나 유산상속을 받을 수 있는데, 이럴 경우 형제와 사이좋게 잘 나누어야 합니다.

戊　　　　　　　　　辛

　　　　　좌법
戊　　　　━━━━━▶　　　戊

묘(墓)　　　　　　　　관대(墓)

　무술 일주는 술중 신금 상관을 묘궁대좌합니다.

　무술 일주가 말과 행동이 거친 면이 있고 나도 모르게 상대방에게 비수를 꽂는 듯한 말을 잘하는 것은 상관 辛을 품고 있기 때문입니다. 비견이 상관을 생해 주어 상관의 기세가 강하여 안하무인에 독불장군이 되기 쉬운데, 다행히 인성이 함께 있어 인성으로 상관을 제어하는 상관패인의 흐름으로 간다면 뛰어난 머리와 남다른 재능으로 사회에서 성공을 거두고도 남음이 있습니다.

　하지만 상관이 관대를 놓아 상관의 칼날이 강한 데 반해 인성은 입묘되고 양에 든 데다 인성이 비견을 생하고 비견이 다시 상관을 생하게 된다면 상관의 기운이 강해 땅을 뚫고 나오게 됩니다. 이처럼 관대에 놓인 상관이라 무례하고 권위적이며 오만한 모습을 보이게 됩니다.

　여자의 경우에는 자녀를 구속하려는 성향이 강한데, 사랑이 지나쳐서 오히려 자녀의 입장에서는 모친의 구속으로 느끼게 됩니다. 또한 자녀가 아프거나 자녀로 인한 남모르는 아픔이 있을 수 있는데, 대개 유산이나 낙태한 경우가 많습니다.

　거친 상관의 기운을 인성으로 잘 다스리면 똑똑하여 교육자나 의약 계통에서 활약하는 사람이 많지만, 그렇지 못하면 부부 관계가 해로하기 힘들고 관재구설이 따를 수 있습니다. 그렇기 때문에 본인 스스로 印星은 人性임을 알고 마음을 잘 닦길 바랍니다.

戊
戌
묘(墓)

→ 인종 →

壬
戌
관대(墓)

무술 일주의 임수 재성은 묘궁대종합니다.

무술 일주 남자는 아내가 무덤 속에 염을 하고 누워 있는 모습이라 아내가 아플 수 있는데, 술중 정화와 암합을 하니 구생의 기운이 있어 치료를 받고 다시 건강한 모습을 찾게 됩니다.

하지만 아내와 잠자리에 문제가 있는 것은 어쩔 수 없는데, 아내와의 관계에서 흥미를 못 느끼게 되어 밖으로 눈이 돌아갈 수 있어 외도로 인해 가정이 불화할 수 있습니다. 특히 무술은 조열하여 물을 찾게 되니 남자는 여자나 술에 빠져 가정이 어려워질 수 있으니 스스로 조심해야 합니다.

부친은 상당히 보수적이고 엄한 분으로 갈등이 있거나 일찍 헤어질 수 있습니다. 옛날에는 이럴 경우 사별하는 경우가 많았는데, 요즘은 부모님의 이혼으로 헤어지는 경우가 많습니다.

재성이 암합을 하여 무술 일주 남자는 연애결혼이 대다수이고 혼전 임신하는 경우도 많은데, 신(辛)금의 영향으로 대부분은 낙태를 하게 됩니다.

戊
戌
묘(墓)

→ 인종 →

甲
戌
양(養)

무술 일주의 관성은 을목이 아닌 갑목을 인종하는데 그것은 술토와 짝을 맞춰야 하기 때문입니다.

관살 갑목은 묘궁양종하게 되어 여자의 경우 남편과의 결혼 생활에 위기를 맞게 되면 남편이 아프거나 경제적인 무능으로 내가 가장 역할을 해야만 할 수 있습니다. 그러나 만일 남편이 의약이나 교육, 활인, 군·검경에 직업을 가졌다면 부부 관계가 원만하고 무탈하게 됩니다. 그리고 남편과 나이 차이가 많이 나거나 연하라면 양을 물상대체하여 원만한 부부 관계를 가지게 됩니다.

근본적으로 술중에 신금으로 인해 관성인 木은 술토에 뿌리내리기가 힘들어 어느 정도의 부부 갈등은 피하기 힘듭니다. 관살 남편이 아내에게 가까이 다가가려 해도 아내의 상관 신금이 쿡쿡 찌르는 모습이 되니 아내에게 불만이 생길 수밖에 없고, 무술 아내는 아내대로 잠자리에 불만이 있을 수밖에 없어 서로가 불만을 가지고 살게 됩니다.

무술 일주는 자좌입묘에 일간이 공망이라 영감이 아주 뛰어나고 꿈도 잘 꿉니다. 따라서 정신 건강에 신경을 써야 하는데, 조열한 일주임에도 병화가 입묘되고 사라져 늘 마음 한편에 그늘이 져 있는 사람이 많습니다. 그 이유는 일지에 묘를 두어 가족 관계의 남모를 아픔이 그 원인이 되기 때문입니다.

무술 일주를 한마디로 표현하면 외로운 킬리만자로의 표범으로 무술이라는 큰 산에 무토 표범의 자존심, 노을의 외로움에 술토의 의리와 용맹함이 함께 있는 사람입니다. 아무리 배가 고파도 썩은 고기를 먹지 않는 킬리만자로의 표범처럼 아무리 힘들어도 내색 않고 자존심을 굽히지 않으며 가슴속에 상처를 안고 살아가는 사람이 무술 일주입니다.

무술 일주는 재성과 암합을 하는데 임수는 정화와 암합하고, 계수는 무토와 암합을 하여 경제적인 큰 어려움 없이 잘사는 사람이 많습니다. 다만, 남자의 경우 임계수 재성이 주색이 되어 자칫하면 주색잡기로 인생을 망칠 수 있음을 늘 경계해야 합니다.

무술은 워낙 조열하고 스펀지처럼 물을 빨아들이는 성질이라 물을 자주 마셔야 합니다. 남자들은 물 대신 술을 찾는 사람이 많아 알코올중독이 되는 경우가 많고 도박이나 섹스에 중독되는 사람도 많습니다.

己亥

기해 일주는 60갑자 중에 유독 돈 때문에 웃고 우는 일주입니다. 기해 일주는 재복이 있어 부자가 많은데, 돈을 많이 벌었다가도 보증이나 사기 등으로 한 번에 다 날려 버리기도 잘하기 때문입니다. 그래서 기해 일주는 잘살거나 못살거나 둘 중 하나이지, 중간을 찾기는 어렵습니다.

기토는 구름이고 해수는 흐르는 강이라 기해 일주 역시 강한 역마성을 보입니다. 기토는 논밭으로 농사를 짓기 위해선 물이 필요한데, 해수라는 강이 있어 언제든지 필요한 물을 가져다 농사를 지어 수확할 수 있는 땅이라 기해 일주 중에 거부가 많이 나오는 것은 당연하다 하겠습니다. 반면에 강물이 범람하면 논밭이 물에 잠기고 농작물이 쓸려가 버리듯이 열심히 노력해서 이루어 놓은 것들을 하루아침에 날려 버리기도 합니다.

풍수에서 물은 돈과 관련이 있습니다. 사주에서 물이 깨끗하거나 쓰임이 있으면 돈이 많은 사람이 되는데, 기해는 해수가 바로 재성이니 돈복은 기본적

____ 피클 일주론 사주명리학의 꽃

으로 가지고 태어난 사람입니다. 다만 해수라는 큰물을 기토라는 작은 제방으로 막기가 벅차 보이고 자칫하면 오히려 기토가 물에 휩쓸려 갈 수도 있습니다.

그래서 기해 일주는 열심히 노력하고 결과에 만족하면 결국엔 부자가 되는데, 욕심으로 일확천금을 노리거나 투기에 손을 대면 재성 해수가 오히려 쓰나미로 덮쳐 돈으로 고통받는 삶을 살게 됩니다.

己

亥　　　재성

태(胎)

기해 일주는 일지에 재성을 태(胎)로 놓고 있습니다.

일지 배우자궁이 태궁이라 기발한 아이디어를 잘 내고 기획하고 일을 준비하고 시작하기를 잘합니다. 하지만 태는 절의 기운을 품고 있다 보니 생과 다르게 아직은 그 힘이 미약하므로 일이 난관에 부딪히거나 계획대로 안 될 때 쉽게 포기해 버리는 경향이 있습니다. 이렇게 일을 도모하고 중단하기를 반복하게 되면 유시무종이 됩니다.

태에 놓이면 신경이 예민하여 불면증에 시달리는 사람이 많고, 태는 재살(災殺)로 수옥살에 해당되어 배우자를 의심하는 증상이 생겨 의처증·의부증인 사람이 특히 많습니다.

태는 아이를 밴다는 의미가 있는데 기해는 태궁 속에 재성, 관성이 들어 있어 남녀 모두 일찍 이성에 눈을 뜨게 됩니다. 따라서 사춘기 시절부터 몸가짐을 주의해야 하며 부모님이 관심을 가지고 조금은 엄하게 키워야 할 필요도 있습니다. 그리고 남자는 술·섹스·도박에 빠지고 여자는 유산·낙태의 위험이 숨어 있어 결혼 후 자녀를 가지면 출산 때까지 몸가짐을 조심해야 합니다.

기해 일주는 태궁이라 머리가 비상하여 공부를 잘하며, 재성이 태궁에 들어 부모님으로부터 유산을 물려받게 됩니다. 기본적으로 돈을 만드는 능력이 탁월한데, 문제는 유지 관리를 못해 힘들게 모은 돈을 너무 쉽게 날려 버린다는 것입니다. 또한 팔랑귀가 많아 남이 좋다 하면 앞뒤 안 가리고 투자하거나 구매해 사기도 잘 맞고 돈을 빌려주고 못 받는 일도 많습니다. 결국 기해 일주는 돈 관리만 잘하면 충분히 경제적으로 여유 있는 삶을 살 수 있습니다.

己

亥　　　　━━━━━▶　　壬재성, 甲관성, 戊겁재

태(胎)

기해 일주는 재성이 관성을 생하여 재관이 발달하였고 무토 겁재가 숨어 있어 개인 사업이나 장사에도 재능이 있지만, 굳이 따지면 겁재로 인해 직장 생활이 더 안정되고 어울리는 모습입니다.

겁재가 호시탐탐 재성을 노리고 있어 기해 일주는 동업하면 필패하게 되며, 형제와도 돈 문제나 부모님 유산 문제로 분쟁이 생기게 된다는 것을 알 수 있습니다. 그러나 다행히도 관성이 있어 관성 갑목으로 겁재를 제압하니, 기해 일주는 원칙을 중요시하고 법대로 살아야 재물을 지키고 가정도 지키게 되며 내 건강까지 지키게 됩니다.

돈을 조금 더 벌자고 편법·탈법적인 일을 했다가는 관이 망가져 겁재가 살아나 오히려 전 재산을 다 날릴 수 있기 때문에 항상 합법적이고 규칙대로 해야 일이 잘되고 재산도 지킬 수 있습니다. 나중에 형제와 유산 다툼이 생길 때도 관을 이용해 법대로 원칙대로 하면 별 문제없이 해결될 것입니다.

기해 일주에겐 관이 생명과 같아 여자는 남편 덕이 있어 결혼한 후부터 모든 면에서 삶이 나아지게 됩니다. 재생관으로 시모로부터 경제적인 도움도 받게 됩니다.

남자는 대부분 연애결혼을 하게 되며, 혼전 임신을 하는 경우가 흔합니다. 자녀가 생기고 난 후부터 직장에서 승진도 하고 재산이 조금씩 늘어나게 됩니다.

이렇게 재관이 발달하면 사회에서 출세하는 사람이 많은데, 기해 일주는 재관쌍미와 비슷한 기운이 있어 부와 명예를 다 가지는 사람이 많습니다. 하지만 호사다마란 말처럼 겁재라는 호랑이가 있어 하늘 높은 줄 모르던 부귀영화가 내가 편법이나 원칙을 지키지 않을 때 겁재 호랑이가 살아나 한순간에 다 사라질 수 있습니다. 기해는 태궁을 놓아 특히 더 그렇습니다.

여성의 경우 관성 갑목이 일간 기토와 암명합을 하면서도 옆에 겁재에게도 눈길을 주는 모습이라, 남편 주위의 여자 문제로 속을 썩게 됩니다. 하지만 일간과 암명합하고 있어 웬만해선 헤어지는 일은 없습니다.

기해 일주의 재성 임수는 록에 놓여 태궁록좌합니다.

재성이 태와 록의 조합이 되면 거부가 많습니다. 록은 글자 자체로 돈을 의미하며 돈을 만드는 힘이 강하다는 의미인데, 록이 태궁에 들어 있으니 암탉이 알을 낳듯이 록은 재물을 계속 잉태시키는 모습이 됩니다. 그리하여 돈이 계속 불어나게 되어 큰 부자가 되는 재복이 넘치는 사람이 됩니다.

하지만 태는 잉태도 되지만 낙태도 됩니다. 달걀이 부화를 해야 병아리가 되듯이 부화하기 전에는 언제 깨질지 모르는 불안한 상태입니다.

돈을 버는 듯한데 통장에 잔고가 없는 현상이 일어나는 것은 돈 관리를 못하기 때문이며, 겁재로 인해 돈이 새어 나가는 구멍이 많다는 것입니다. 그래서 기해 일주는 매달 정기적으로 돈이 들어오는 직장 생활이 잘 맞습니다. 그리고 재성 록은 정기적으로 들어오는 돈을 의미하니 직장 생활을 열심히 해서 알뜰히 재산을 불려 나가는 모습입니다.

기해 일주 남성은 아내 재성이 록이기 때문에 맞벌이를 하며 처복이 있어 현모양처를 만납니다. 결혼하면 돈 관리는 무조건 아내에게 맡겨야 하며, 록에 놓인 아내가 알뜰히 재산을 불려 나갈 것입니다. 이렇게 복덩이 아내를 두고 다른 여자에게 눈이 돌아갈 수 있는데 재성 록을 태로 계속 만드는 모습이 이 여자, 저 여자 안 가리고 바람피우는 모습도 되기 때문입니다.

기해 일주 남자가 바람을 피우는 것으로 재성 록을 사용한다면 결국은 있는 재산도 다 날리고 가정도 깨지게 될 것입니다. 아무리 재성이 좋아도 여자·술·도박 등에 재성을 쓰는 것은 겁재의 탈재를 결코 막을 수 없으며, 특히 태궁을 놓은 기해 일주는 더욱 조심해야 합니다.

여자는 재성인 시어머니가 남편궁을 차지하고 있는 데다 록이라 기세도 강해 시모의 영향력이 강하니, 시모와 가깝게 지내게 되며 시모를 모시고 살 수 있습니다. 또한 시모의 지나친 간섭이 고부 갈등의 원인이 됩니다. 그러나 시모 재성을 참고 잘 봉양하면 시모의 모든 것은 결국 남편에게 흘러가니 경제적인 도움을 받게 되고 시모의 모든 재산도 다 물려받게 됩니다.

己　　　　　　　　　　　甲

亥　　　좌법　　　　　亥

태(胎)　　　　　　　　생(生)

　　기해 일주의 관살 갑목은 태궁생좌합니다. 일간 기토는 일지 해수 속 갑목과 암명합하는 모습을 보입니다. 관이 생에 놓여서 기해 일주 여자는 잘생기고 똑똑하고 능력 있는 남편을 만납니다.

　　관이 생으로 좌해 부부금슬도 좋은 듯하지만 암명합하여 남편에게 집착하는 모습이 나타날 수 있습니다. 물론 본인은 사랑이라고 말하겠지만 남편 입장에서는 구속으로 느껴지는 것이 당연한데, 태궁에 놓인 데다 암명합까지 해 남편을 향한 사랑이 넘쳐 남편을 구속하고 간섭하려는 마음이 강해지고 심하면 의부증으로까지 발전할 수 있으니 스스로 주의해야 합니다.

　　기해 일주 남자 역시 비슷한 성향이 있으니 주의를 요합니다. 이렇게 암명합하면 관심과 사랑이 집착으로 변할 수 있는데, 그런 갈등이 있지만 쉽게 헤어지지 않는 것 또한 질긴 암명합의 작용 때문입니다.

　　기해 일주에게 관살 갑목은 아주 중요한 역할을 하는데 강한 재성을 재생관으로 설기하는 역할을 하면서 겁재 무토를 제어해 주는 역할까지 하는 사주의 핵이 됩니다. 그래서 기해 일주 여자는 결혼하고 나면 건강도 좋아지고 재물도 모이는 등 여러모로 좋아지니 남편 복이 있다고 할 수 있으며, 반면에 이혼을 한다면 관이 사라지게 되니 겁재의 탈재를 겪게 되어 돈도 사라지고 건강도 나빠지는 등 여러모로 상황이 나빠집니다.

　　기해 일주 남자에게 관은 자녀에 해당하니, 자녀가 생기고 난 후부터 돈도 모이고 건강도 좋아집니다. 생으로 든 자녀라 똑똑하고 예쁘며 암명합으로

己亥 ____

인해 자녀를 향한 사랑이 깊다고 하겠습니다.

기해 일주는 남녀 모두 직장을 가지는 것이 좋으며 직장에서 능력을 인정받고 승진도 잘하며 상사의 도움까지 있습니다. 직장에서 귀인을 만나게 되는데, 여자에게는 남편일 수 있고 남자에게는 나를 믿어 주고 도와주는 상사가 되어 남들보다 빨리 승진하고 고위직까지 올라갈 수 있습니다. 기해 일주는 한마디로 직장 운과 승진 운이 있습니다.

재관쌍미처럼 재관의 기운이 좋아 부와 명예를 다 가지고 있기에 부모님 덕으로 많은 유산을 물려받고 평생 잘 먹고 잘사는 사람도 많습니다.

기해 일주의 무토 겁재는 태궁절좌합니다.

일찍 헤어진 형제가 있거나 형제와 단절되기 쉬운데, 모친께서 유산이나 낙태를 했을 가능성이 높으며 그렇다면 지금 형제와의 단절을 겪진 않습니다.

일지에 있는 겁재는 아무래도 나의 재성을 분탈하는 부담스런 존재인 동시에 일간의 뿌리가 되어 주는 든든한 버팀목 역할까지 하는 두 가지 면을 가지고 있습니다. 대개 신강한 사주는 겁재의 역할이 강하지만, 신약하거나 일지가 일간의 유일한 뿌리가 된다면 후자가 될 가능성이 높습니다.

후자라 하더라도 겁재가 재성을 보면 탈재의 작용이 일어날 수밖에 없으니 기해 일주는 형제나 동료와 구설 시비를 겪게 되고 때로는 의절할 수도 있는데, 부모님 유산 문제로 형제와 사이가 멀어지게 됩니다.

이렇게 재성과 겁재가 함께 있는 기해 일주는 욕심이 많고 경쟁심도 강해 시기와 질투도 잘하게 됩니다.

己　　　　　　　　　　丁
亥　　　　인종　　　　亥
　　　　————→
태(胎)　　　　　　　　태(胎)

기해 일주의 인성 정화는 태궁태종합니다. 머리가 똑똑하여 공부를 잘하지만 중단 수가 있어 내가 원하는 만큼 공부를 마치기 힘들며 어렵게 공부를 이어 나가게 됩니다.

모친은 똑똑하고 미인이신데 재성에 비해 상대적으로 인성의 힘이 약해 모친이 병약하거나 헤어질 수 있습니다. 태가 겹치고 재성과 편인이 암합하는 모습이라 부모님께서 재가를 하실 수 있습니다.

재성과 인성이 합을 만들어 부동산으로 재산을 불려 나가며 부동산업을 하여도 성공할 수 있습니다. 또한 인성은 자격증이 되어 자격증으로 돈을 버는 모습이 됩니다.

己　　　　　　　　　　辛
亥　　　　인종　　　　亥
　　　　————→
태(胎)　　　　　　　　욕(浴)

기해 일주의 식신은 辛금으로 태궁욕종합니다. 활달한 성격과 아이 같은 행

x

己亥 ____

제
4
부

갑
오
순
―
辰
巳
공
망
―

365

동을 잘하고 미남·미녀가 많아 어려서부터 이성의 인기를 끄는 경우가 많습니다.

여자는 잘생기고 귀엽고 똑똑한 자녀를 두게 됩니다. 기해 일주는 남녀 모두 연애결혼을 하고 혼전 임신이 많은데, 이는 태궁 속에 재와 관이 함께 있고 식신이 도화로 들기 때문입니다. 농담도 잘하고 사람에 따라 육두문자를 잘 쓰기도 합니다.

사(巳)화가 일지 해(亥)수를 충을 하면 소중한 갑목이 사라져 겁재 무토가 재성 임수를 가져가게 되므로 재물 손실이 일어나고 직장에 변화가 생기고 부부 사이에 문제가 생기게 됩니다.

기해 일주는 일간이 공망인 데다 태궁을 놓아 꿈을 잘 꾸며 영감이 발달해 있습니다. 무언가에 한 번 빠지면 중독될 정도로 빠지게 되어 일상생활에 지장을 줄 정도입니다.

기토는 구름이고 해수는 큰 강이라, 기해는 타고난 역마로 인해 일찍 유학을 떠나거나 타향에서 생활하게 됩니다. 해수는 천라이고 태지는 수옥살이라 본인이나 배우자가 형살을 쓰는 기관이나 의료, 활인업에 종사하게 되는데 그렇지 않다면 본인이 액을 당한다는 암시가 있습니다. 반면에 기해 일주는 지극한 마음으로 기도하면 잘 이루어지는 강한 힘도 가지고 있습니다.

경　자

庚子

경자 일주는 머리가 비상하여 공부를 잘하는 수재들이 많으며 한 가지 분야에서 천재적인 재능을 보이는 사람들이 많습니다. 그 이유는 금수상관의 특징 때문이며, 언변이 청산유수로 막힘이 없고 화술이 뛰어나 말로 당해 낼 수가 없습니다.

경자는 깊은 산속에 맑고 깊은 계곡물이 바위 사이를 흘러내리는 아름다운 풍광의 물상을 가집니다. 그래서 경자 일주는 미남·미녀가 많으며 흐르는 계곡물 소리처럼 목소리도 매력적이고 아름답습니다.

너무 맑은 물에는 고기가 살지 못하듯이 경자는 깨끗한 것을 좋아해 이것이 심하면 결벽증이 되기 쉽고, 차가운 계곡물처럼 마음이 차갑게 식어 우울증이나 공황증 같은 정신적인 고통을 겪는 사람도 많습니다.

경자는 금수상관이라 아주 차가운 기운을 가져 조후를 해결하는 것이 급선무입니다. 火의 기운이 있어 따뜻하게 해 준다면 경자 일주는 명석한 두뇌와 재주로 반드시 출세하게 됩니다.

단단한 바위 아래 물이 있어 경자 일주는 겉으로는 강한 것 같지만 알고 보면 마음이 여리고 정이 많은 사람입니다. 그리고 子는 검은 연못이라 속이 보이지 않아 경자 일주는 남모르는 비밀이 많은 사람이며 아픈 사연을 간직한 사람입니다.

경자는 흰쥐로 청개구리 기질이 있어 남들과 다른 말과 행동을 잘합니다. 또 외모가 깨끗하고 잘생긴 미남·미녀가 많으며 옷을 잘 입고 신사·숙녀가 많습니다.

庚

子　　　　**상관**

사(死)

상관은 정관을 상하게 한다고 해서 무조건 안 좋게 보는 경우가 있는데, 절대 그렇지 않습니다.

고서에서 이르길 상관을 수기(秀氣)라고 하여 기운이 빼어나 훌륭한 인물이 많이 나온다고 하였습니다. 상관 중에서도 특히 금수상관과 목화상관이 유독 그 기운이 빼어나 인물이 넘치도록 많이 나옵니다.

금수상관 일주는 경자, 신해이며 목화상관 일주는 갑오, 을사 두 일주입니다. 이들은 비상한 두뇌를 자랑하여 수재가 많습니다. 공부로 출세하여 대학 교수나 연구원이 많으며 의사나 변호사 같은 전문직으로 잘나가는 사람도 많습니다. 더구나 경자 일주는 상관이 사지에 놓여 한 분야에서 천재적인 재능을 보이는 사람들이 많습니다. 그러므로 만약 자녀가 이런 상관일주거나 상관격이라면 무조건 공부를 시켜야 합니다.

목화상관은 뜨거워 水를 필요로 하고, 금수상관은 기운이 차가워 火를 필요로 합니다. 그래서 경자 일주 역시 화를 반겨 상관이 강함에도 불구하고 관성이 희신이 되고 관이 귀인이 됩니다. 경자 일주는 일지에 상관을 두어 무엇이든지 나누고 베풀기를 좋아하고, 봉사나 모임에서 궂은일도 도맡아 잘합니다.

여자는 배우자궁에 상관이 놓이니 남편인 관을 밀치는 힘이 강합니다. 그래서 밖에서는 살신성인하고 희생·봉사하는 마음씨 좋은 주부이지만, 정작 집에 들어오면 남편에게는 밥도 잘 안 차려 주거나 바가지를 긁고 불평불만을 쏟아 내는 악처가 되기 쉽습니다. 이렇게 경자 일주 여자는 밖에서는 천사로 불리지만, 집 안에서 남편에게는 전혀 다른 사람으로 변하게 됩니다.

하지만 자녀에게는 무한한 애정과 사랑을 주고 자녀를 위해서라면 모든 것을 다 내어주고 희생하는 어머니의 모습을 보여 남편과 자녀를 대하는 모습이 확연히 차이가 있습니다. 대개는 결혼 후 단단했던 부부 사이였으나 아이가 태어나고부터는 점점 멀어지는 경우가 많습니다.

경자는 상관이 사(死)지에 들어 아주 비상한 두뇌의 소유자들로 수재들이 많습니다. 아인슈타인이나 스티브 잡스처럼 비상한 두뇌와 아이디어로 남들이 생각지도 못한 것을 만들어 내고 한 분야에서 천재적인 재능을 발휘하는 사람이 많습니다. 이런 재능을 살려 경자 일주는 어릴 적부터 무조건 공부를 시켜야 공부로 성공하게 됩니다. 하지만 상관을 두어 반항심이 크다 보니 부모 속을 썩이게 됩니다.

사궁을 두어 생각이나 행동이 엉뚱한 면이 있으며 종교 생활을 열심히 하거나 사주, 역학이나 최면, 무속에도 관심을 가지게 됩니다. 일지에 사지를 놓으면 종교나 정신세계에 관심을 가지고 그쪽으로 재능이 발달하는 경우가 많아 경자 일주는 꿈을 잘 꾸고 꿈이 잘 맞으며, 사주가 차가우면 질병이나 무병을 앓을 수도 있습니다.

庚　　　　　　　　　癸　　　壬
　　　　　좌법
子　　　　 ──────▶ 　　子　　　子
사(死)　　　　　　　　록(祿)　　왕(旺)

　경자는 배우자궁에 상관과 식신만을 두었으며 식신과 상관이 록왕을 얻어 기운이 아주 강합니다. 식상이 강해 잘 펴 주는 인심이 좋은 사람으로, 말만 잘하면 다 내어 줍니다. 오지랖이 넓어 남의 일에 참견도 잘합니다.

　식상이 혼잡하고 강해 상관보다 더 강한 상관의 기질을 보여 화가 나면 전혀 다른 사람으로 돌변하는 모습을 보입니다. 그리고 잘난 체하는 꼴을 못 보며 권위적인 것을 싫어합니다. 이렇듯 강자에게는 강하고 약자에게는 약한 사람이라 직장에서도 부하 직원이나 후배들에게는 좋은 형, 누나가 되지만 상사에게는 바른 소리하는 까칠한 부하 직원이 되어 직장 생활을 힘들게 하는 경우가 많습니다.

　이렇게 상관의 기운이 강하지만 '금수상관 희견관'하여 火의 기운이 차가운 사주를 따뜻하게 해 준다면 관이 용신이 되어 오히려 직장에서 능력을 인정받고 승진도 잘하며, 공직이나 전문직으로 나가 출세하는 사람도 많습니다.

　일지는 배우자궁인데 상관이 강하게 있어 여자의 경우 남편을 극할 수밖에 없습니다. 남편이 있어야 할 자리에 자녀가 들어와 있어 경자 일주 여자는 남편보다는 자녀를 더 아끼고 사랑하여 득자부별(得子夫別)하는 경우가 많습니다.

이렇게 식상이 강한 여성은 식상생재하여 다시 재생관으로 통관시키는 것이 개운의 방법이 됩니다. 즉, 맞벌이를 하면 식상이 생재를 하여 부부 사이에 많은 도움이 되며 전업주부라면 집 안에만 있기보단 취미 생활이나 바깥활동을 하는 것이 도움이 됩니다. 재성 시모에게 잘하는 것도 부부 관계에 큰 도움이 됩니다.

식상이 록왕을 얻은 경자 일주는 부지런한 사람으로 자신의 뛰어난 머리로 식상을 쓴다면 반드시 성공하게 될 것입니다. 발달한 식상으로 열심히 일하면 자연히 생재가 되어 재물을 모으게 됩니다. 경자는 자기만 노력하면 얼마든지 부자가 되고 성공할 수 있습니다.

어느 일간이든지 여자가 일지에 子가 있으면 재성이든 관성이든 식신이든 상관없이 자궁 혹은 자녀에 해당하는데, 경자는 상관이니 자녀가 틀림없습니다. 상관 子가 사(死)궁에 놓여 있어 유산·낙태를 했거나 아픈 자식이 있다는 암시가 됩니다. 식상이 록왕에 좌해 경자 일주 여자의 자식은 똑똑하고 능력이 출중합니다.

경자 일주는 오지랖이 넓고 부지런하며 정이 넘치고 베풀기도 잘하는 마음씨 좋은 사람입니다. 식상이 혼잡하여 말이 많고, 록왕으로 힘이 있어 말을 잘합니다.

庚　　　인종　　→　　**甲**

子　　　　　　　　　　**子**

사(死)　　　　　　　　　욕(浴)

경자 일주의 재성 갑목은 사궁욕종합니다.

금수상관의 일주여서 머리가 아주 비상하고 특출 난 재주를 지닌 경자 일주는 상관이 발달해 생재를 잘하고 재성이 욕으로 인종해 욕심도 많아 부자가 될 가능성이 높습니다.

이렇게 돈에 욕심이 많지만 사궁에 놓여 있어 너무 큰 욕심을 부리면 오히려 돈을 잃기 쉽습니다. 한 번에 큰돈을 벌기보다는 왕한 식상을 이용해 열심히 노력해서 차곡차곡 돈을 모아 가야 부자가 될 수 있습니다.

식상은 왕한데 상대적으로 재성은 약해 일을 시작하고 잘하다가도 끝에 가서 마무리를 잘 못하는 특성이 있습니다. 돈 욕심이 많은 데다 성격까지 급해 자세히 알아보지 않고 무턱대고 투자를 하거나 일을 벌려 손해를 보기 일쑤입니다. 경자 일주는 열심히 노력해서 저축하는 것이 부자가 되는 가장 빠른 지름길입니다.

경자 일주의 부친은 인물이 훤칠하신 분으로 한량끼가 있어 어머니의 속을 태우신 분입니다. 경자는 상관으로 생재를 잘하여 효자 · 효녀들이 많습니다.

경자 일주 남자는 미인 아내를 만나는데, 재성이 도화라 자칫 잘못하면 술과 여자에 빠져 방탕해질 수 있으니 자기 관리를 잘해야 합니다. 또한 사궁을 놓고 재성이 욕종하여 성적 취향이 유별난 사람이 많아 아내와 성적 취향이 맞지 않으면 외도로 이어지는 경우가 많습니다.

庚   인종   **丙**

子   ⟶   **子**

사(死)   태(胎)

경자 일주의 관살 병화는 사궁태종합니다.

관이 절, 태에 놓이면 일반적인 직장 생활은 힘들며, 직장을 자주 옮기고 직업을 바꾸게 됩니다. 시간과 장소에 구속을 덜 받는 자유분방한 직업이나 전문 자격증을 취득하여 전문직을 가지는 것이 상책이며, 사무실 안에 가만히 있기보다는 여기저기 돌아다니거나 움직이는 일이 적성에 맞습니다. 또한 창작이나 아이디어를 활용하거나 문화ㆍ예술 분야에서 특출한 재능을 보이는 사람이 많습니다.

경자 일주 여성은 상관이 강한 데다 관살까지 절, 태로 놓여 있어 남편과의 생리사별을 겪게 되거나, 초혼에 실패하는 경우가 많습니다. 그러나 재혼해서 행복한 새 가정을 꾸리는 경우도 많습니다. 그래서 경자 일주 여성은 주말부부를 하는 것이 좋으며 결혼 전에 연애 경험을 많이 쌓을수록 좋습니다.

경자는 금수상관으로 관살의 도움이 필요해 관살이 절태로 들었음에도 불구하고 관이 빛나게 됩니다. 이렇게 관의 火氣가 조후 용신 역할을 한다면 좋은 머리로 열심히 공부해 남들이 부러워하는 직장을 가지게 되며 사회에 명성을 떨치고 출세하게 됩니다. 또 이럴 때는 경자 일주 여성은 남편의 덕이 있어 결혼하고 나서부터 삶이 윤택해지며 행복한 결혼 생활을 이어 가게 됩니다. 관이 용신이 되어 남들이 부러워할 만한 직업을 가지며 부와 명예를 다 가지게 됩니다.

경자 일주 남자는 똑똑한 자녀를 두게 되는데, 자녀와 떨어져 살거나 유산ㆍ낙태한 자녀가 있습니다. 마찬가지로 상관의 기운이 차가워 관이 용신이 된다면 자녀 복이 있어 자녀를 낳고부터 일이 잘되고 자녀 덕에 나의 명예도 올라가게 됩니다.

경자 일주는 남녀 모두 성생활을 즐기는데, 취향이 남달라 만약에 잠자리가 잘 맞는다면 부부 싸움을 심하게 해도 헤어지지 않고 끝까지 해로하게 됩니다.

庚　　　　　　　　　戊
子　　　인종　→　　子
사(死)　　　　　　　태(胎)

경자 일주 인성 역시 관살과 마찬가지로 사궁태종합니다.

인성이 태종하여 경자 일주는 머리가 아주 똑똑하고 비상한 재능을 가졌음에도 불구하고 본인이 원하는 만큼의 공부를 마치기에는 힘이 벅찬 모습입니다. 일찍 전문 자격증을 취득하거나 식상을 활용하는 기술을 배우는 것이 도움이 됩니다. 반면에 아주 비상한 머리로 공부에 파고들어 공부로 승부를 거는 것도 괜찮은데, 다만 부모님의 지원이 부족해 본인의 부단한 노력이 필요합니다.

인성이 절태로 들어 자수성가해야 하며 일찍 모친과 헤어지거나 모친이 아픈 경우가 많습니다. 결국 경자 일주는 빼어난 상관의 힘에 의지해 살아야 하며, 잘될 경우에는 크게 성공하게 됩니다. 왜냐하면 인성 역시 상관 사와 인성 태의 조합으로 천재적인 두뇌의 소유자가 많기 때문입니다.

庚　　　　　　　　　庚
子　　　인종　→　　子
사(死)　　　　　　　사(死)

경자 일주의 비견은 사에 들고 겁재 辛은 생으로 종해 경자 일주는 대개 동성보다는 이성과 더 가깝게 지내게 되고 이성으로부터 도움도 받게 됩니다.

경자는 금수상관이라 사주에 火를 보아야 합니다. 火를 보면 상관과 관의

_____ 피클 일주론 사주명리학의 꽃

조합으로 비상한 머리를 활용해 명예와 직위가 높아 교수나 의사가 많으며 전문직에서 재능을 떨치는 사람이 많습니다. 만약 사주에 火가 없고 水가 많아 한습한 사주라면 몸이 차 질병에 시달리거나 술이나 여자에 빠져 지낼 수 있습니다.

그러므로 사주에 火가 없다면 몸을 따뜻하게 하고 火를 쓰는 직업을 가지는 것이 도움이 되며, 방에 태양이 이글거리는 사진을 붙여 놓은 것도 도움이 됩니다. 경자 일주의 여자의 경우, 火는 남자에 해당하므로 어떤 남편을 만나느냐에 따라 인생의 향배가 결정된다 해도 과언이 아닙니다.

경자를 볼 때 겉은 경금으로 강한 듯해 보이지만 속은 자수로 마음이 여린 사람이며 남모르는 비밀과 애환을 간직한 사람입니다. 예부터 子는 귀(貴)성으로 일지에 子를 두면 품위가 있고 사람들의 인기와 존경을 받는 사람이 많습니다.

신　축

辛丑

　신축 일주 중에는 부자가 많은데, 수월하게 부자가 된 사람들은 드물고 하나같이 온갖 역경과 상처를 입으며 힘들게 자수성가한 사람들로서 대부분 가슴속에는 남모를 상처와 눈물이 많습니다.

　신축의 물상은 한마디로 석전경우(石田耕牛)로 자갈밭을 갈아 옥토로 만드는 소가 됩니다. 丑은 소와 자갈밭이 되고 辛은 쟁기가 되어 부지런하고 끈기와 인내가 대단한 사람으로, 남들은 포기하는 일을 우직하게 밀어붙여 결국엔 성공하고 맙니다.

　辛丑은 소의 뿔도 되므로 辛丑의 고집은 대단한 소고집입니다. 평소에는 조용하고 온순해 보이지만 한번 고집을 피우면 아무도 꺾을 수 없으며, 소가 뿔로 들이받듯이 화가 나면 딴 사람으로 변해 너 죽고 나 죽자는 식으로 덤벼 아무도 못 말립니다.

　신축 일주가 화를 내면 제 풀에 꺾일 때까지 가만히 내버려 두는 것이 상책입니다. 그리고 신축 일주는 불만이나 서운한 감정이 생기면 오랫동안 말 안하고 가슴에 품고 있다가 어느 날 갑자기 터져 나오게 됩니다.

신축은 부동산과 관련되거나 건설업에 종사하는 사람이 많고, 건축 · 토목 · 부동산 · 건설업 등과 관련된 일로 부자가 되는 사람도 아주 많습니다. 丑은 층층이 올라간 아파트, 건축물이며 辛은 철근, 콘크리트를 세우고 높이 올라가는 모습이 되기 때문입니다.

丑은 金의 고(庫)지라서 비겁을 자신의 밑에 가두는 사람으로 대개 장남 · 장녀가 많으며 막내라 하더라도 본인이 장남 · 장녀 역할을 하게 됩니다.

비겁을 땅에 묻었다는 것은 일찍 떠난 형제가 있다는 말이 되어 어머니께서 유산 낙태를 한 경우가 많으며, 이럴 경우에 오히려 나는 오래도록 건강하게 살게 됩니다.

내색은 하지 않지만 경쟁심과 질투가 강해 경쟁에 지고는 못 사는 사람으로, 이런 연유로 주변 동료와 시비가 있거나 형제와 싸우게 됩니다. 특히 부모님 유산 문제로 한바탕 크게 싸우게 되며 심하면 의절하는 경우도 많습니다.

辛

丑   인성

양(養)

신축 일주는 일지에 인성이 들어 모친과 가깝게 지내는데, 이렇게 인성이 배우자궁에 들면 남자의 경우 아내 역할을 모친이 한다는 의미가 되어 아내와 고부 갈등이 일어납니다. 대부분 모친의 지나친 간섭이 갈등의 원인이 됩니다.

양(養)궁을 두면 부모님으로부터 많든 적든 유산을 받게 되는데 비견이 함께 있어 형제와 나누게 됩니다. 또 모친을 봉양하거나 아픈 모친을 간호하고 돌보는 효자·효녀가 많습니다. 마마보이가 많지만 신축 일주 입장에선 모친이 양으로 배우자궁에 있어 엄마와 함께 있으면 건강도 좋아지고 마음도 편안해집니다. 스트레스를 받거나 건강이 안 좋다면 엄마 집에 가 며칠 쉬고 나면 몸이 한결 가벼워집니다.

인성 양궁이라 소위 가방끈이 긴 사람이 많고 똑똑해서 공부도 잘합니다. 공부로 출세하는 사람이 많으며 부동산과도 깊은 관련이 있어 부동산 부자가 많습니다. 그러므로 신축 일주 자녀가 있다면 조금 엄하게 키우더라도 공부시켜야 합니다.

신축 일주는 인성, 비견, 식신을 차례로 두어 서로 상생하니 본인만 노력하면 얼마든지 사회에서 성공할 수 있는 자질을 갖춘 사람입니다.

식신으로 기(氣)가 맺히는 구조라서 식복이 있고 성품이 착하고 잘 먹고 잘 놀고 똑똑하고 부지런합니다. 부모님의 도움도 있지만 자기 힘으로 자수성가하여 부자가 됩니다. 반면에 가족사에 얽힌 아픈 사연이 있게 되는데, 축토 속에 겹겹이 묻어 두어 자신의 고통과 아픔을 내색하지 않습니다.

인성이 비견을 생하고 다시 비견이 식신을 생해 인성과 식신이 연결되어 배운 것을 잘 활용하는 사람이 됩니다. 그래서 전공을 잘 살려 성공할 수 있으며, 배운 지식을 나누는 직업으로 교사나 가르치는 일에 종사하는 사람이 많습니다.

인성이 비견을 생해 부모님 유산을 두고 형제와 나누게 되는데, 비견이 다시 식신을 생하므로 유산 문제로 형제와 다투지 않으며 형제와는 좋은 관계를 유지하게 됩니다.

신축은 비견이 없으면 인성이 식신을 극하여 도식현상이 일어납니다. 그래서 내 밥그릇뿐만 아니라 남의 밥그릇 엎는 일을 잘해 경제적으로 어렵게 살게 되고 주변 사람들로부터 원망을 듣게 됩니다. 그래서 신축 일주의 운을 보려면 그 사람이 형제와 어떤 관계인지를 보면 대략 알 수 있을 정도입니다.

辛　　　　　　　己
丑　　좌법　　　　丑
양(養)　　　　　　묘(墓)

신축 일주의 인성 기토는 양궁묘좌합니다.

인성이 묘에 들면 머리가 비상해 수재들이 많은데, 양궁에 들어 만학도가 많아 늘 책을 가까이하고 배우기를 즐기는 사람입니다. 인성이 비견을 생하고 식신으로 가는 흐름이라 열심히 공부해 전공을 살려 사회에서 일하며 성공하게 됩니다. 똑똑한 머리를 두었으니 열심히 공부해 공부로 성공하는 것이 최선입니다.

모친이 묘에 좌해 병약하여 치료를 받는 분이거나 반대로 의약·활인 계통에 종사하는 분일 수 있습니다. 인성 어머니가 축토 속에 계시니 어머니가 농사를 짓거나 텃밭을 가꾸는 등 땅을 가까이하거나 시골에서 조용히 요양하시면 건강이 좋아지며, 평소에 종교 생활을 열심히 하여도 건강에 많은 도움이 됩니다.

그리고 이렇게 인성이 묘에 든 사람들은 친구들과 함께 공부하는 것보다는 혼자 공부하는 것이 훨씬 공부가 잘됩니다.

신축 일주는 비견을 양궁양좌하며 지장간에 품고 있어 주관이 뚜렷하고 고집이 세며 어려운 난관에도 열심히 노력해 이겨 내는 힘이 있는 사람입니다. 비견을 품어 욕심도 있지만 공평하게 나눌 줄도 알며, 만약 불공평한 대우를 받게 되면 참지 못하는 성미입니다. 또 인성과 비견을 두어 신강한 기운에 소 같은 사람이라 체력이 좋아 아무리 일해도 지치지 않는 사람입니다.

인성이 비견을 생하는 것은 모친이 나보다 형제에게 관심을 더 주거나 유산을 더 많이 주는 것이 되므로 자연적으로 갈등이 발생합니다. 모친을 봉양하고 아픈 모친을 돌보는 것은 나인데 유산은 형제가 더 많이 받거나 불공평하게 나누게 되니, 이 일로 불만이 생기고 형제와 다툴 수 있지만 비견은 나의 식신을 생하는 협력자로 다시 화해하고 좋은 관계를 유지하게 됩니다.

비견이 양에 좌한 것은 형제와 전생의 인연으로 만난 사이라는 의미이니, 형제와 다투지 말고 전생의 빚을 갚는다는 마음으로 양보하여 형제와 좋은 인연으로 만들어 가야 합니다. 비견이 양에 들어 아픈 형제가 있게 되는데, 이때 내가 도와주고 돌보는 것이 형제와 나 사이에 얽힌 카르마를 푸는 길임을 명심하여 지극정성으로 돌보고 도와주어야 합니다.

_____ 피클 일주론 사주명리학의 꽃

양(養)은 전생업과 관련 있으니 선업이든 악업이든 이번 생에서 풀기 위해 만난 사이입니다. 이렇듯 신축 일주는 형제와 전생 인연으로 만난 사이라서 보통 형제들과는 다릅니다.

신축 일주의 식신 계수는 양궁대좌합니다.

인성이 비견을 생하고 비견이 다시 식신을 생하는 구조여서 식신이 잘 쓰이면 식복이 있고 활동적이고 부지런하며 미식가입니다. 식신은 일간을 설기시키는데 인성의 도움을 받는 비견이 있어 아무리 식신을 써도 일간이 설기되지 않으므로 신축 일주는 타고난 체력을 자랑하는데, 다만 축토가 金의 고(庫)지여서 한번 아프거나 다치면 큰 병에 걸리고 크게 다친다는 특성이 있습니다.

식신이 강해 직장보다는 장사나 사업이 더 잘 맞으며 관대를 입고 양(養)의 일을 하니 복지·의약·종교·활인업이며, 교육·학원업·요식업도 잘 맞습니다. 특히 일지에 양궁을 놓고 식신이 관대에 좌해 종교·영성·무속 쪽에 관심이 많아 사주를 보고 굿을 하는 사람이 많으며, 신앙생활을 열심히 하고 봉사 활동이나 사회의 모임 활동에도 적극적입니다.

남녀 모두 바깥 활동에서 만나는 사람들에게는 너무 다정하고 천사 같은 사람인데 정작 집에 들어오면 남편·아내에게는 밖에서 하던 것의 반도 안 합니다.

신축 일주 여자는 똑똑한 자녀를 두어 자녀가 공부를 잘해 좋은 대학에 진학하며 좋은 직업을 가지고 효도하여 자녀 덕에 내 이름이 빛나게 됩니다. 하지만 자녀가 어려서는 병치레를 겪어 어머니의 마음을 애태우기도 합니다.

신축 일주 재성 을목은 양궁쇠종합니다.

자갈밭을 갈아 농작물을 키워 내는 모습으로 갖은 고생 끝에 부단한 노력으로 마침내 성공을 하여 노후에는 경제적으로 안정된 삶을 살아가게 됩니다. 인, 비, 식으로 이어지는 흐름이 식신생재로까지 이어져 일확천금을 바라기보다는 자신의 노력과 근면 성실함으로 한 계단 한 계단씩 발전해 나가는 사람입니다.

丑은 비견 辛을 품고 있어 그만큼 돈을 모으는 데 어려움이 있다는 의미로, 돈이 들어오는 만큼 새는 구멍도 있습니다. 따라서 단시간에 큰돈을 바라기보다는 조금씩 모아 가야 하며, 내가 먼저 베풀고 보시하면 돈 새는 구멍이 줄어들어 오히려 재물이 늘어나게 됩니다.

신축 일주 남자는 처덕이 있어 아내가 경제적인 능력이 있거나 처가가 재력이 있는 집입니다. 하지만 신혼 때는 잉꼬부부였지만 시간이 흐를수록 사이가 점점 멀어지는데, 아내가 나를 멀리하거나 그렇지 않으면 아프거나 정신적인 문제로 고통받을 수 있습니다.

아내 乙목은 처음에는 癸수가 흐르는 丑토를 좋아해 뿌리를 내리지만, 얼마 안 가 축중 辛금에게 뿌리가 잘리게 되니 점점 멀리하게 됩니다. 따라서 신축 일주 남자의 차가운 성격과 말투로 인해 아내가 떠나는 것이니 평소 아

_____ 피클 일주론 사주명리학의 꽃

내에게 따뜻한 말과 사랑이 담긴 선물을 자주 해야 합니다.

　신축 일주의 부친은 근면 성실하고 능력 있는 분이시지만 부친과의 관계는 그렇게 썩 원만하지 못합니다. 이 역시 축중 신금이 을목을 밀어내기 때문입니다. 축중 신금과 일간 신금이 함께 을목을 자르니, 신축 일주가 태어나고 부친이 아프거나 부모님 사이가 점점 멀어져 헤어지는 경우도 많습니다.

辛　　　　인종 →　　丁
丑　　　　　　　　丑
양(養)　　　　　　　묘(墓)

　신축 일주의 관살 정화는 양궁묘종하여 신축 일주는 활인·종교·의약업과 관련이 많은 사람으로, 묘로 땅에 묻고 양으로 기르는 것은 농부가 땀 흘려 농사를 짓는 모습으로 대기만성합니다.

　묘는 한 장소에 오랜 시간 머무르며 양은 기르고 보살피는 것이니 역마로 이동을 많이 하는 일보다는 사무실이나 직장에서 하루 종일 일하는 것이 더 어울립니다. 묘는 가둔다는 의미가 있고 辛丑 또한 쇠창살의 모습으로 교도소, 군부대, 경찰서 등과 관련이 있습니다.

　신축 일주 여자는 남편에게 잠자리 불만이 있게 되는데, 남편이 무덤 속에 들어 꼼짝 않는 모습이라 힘을 못 쓰기 때문입니다. 남편이나 내가 위에 말한 직업군에 속하지 않는다면 대개 남편이 병약하고 헤어질 수 있으니, 그럴 때는 농사일에 취미를 가지거나 종교 생활을 열심히 하는 것이 도움이 됩니다.

　辛丑은 흰 소로 불교에서는 깨달음의 상징이며 윤회와 조상을 상징하고 종교와 깊은 관련이 있습니다. 또 양궁을 놓아 전생의 업을 인연으로 갖고 태어난 사람이라 살아가면서 묵은 카르마를 벗겨 내야 하는 숙명으로 태어났습니다.

그래서 신축 일주는 살아가면서 힘든 일을 겪거나 병으로 아플 때 종교에 의지해 기도하거나 조상께 기도하면 병이 낫거나 어려운 일이 해결되는 일을 경험하게 됩니다. 만약 누군가를 미워하거나 저주하면 반대로 나에게 몇 배의 큰 화로 닥치게 됨을 잊어서는 안 됩니다.

辛丑은 진흙에 떨어진 보석으로 타고난 재능이나 능력은 뛰어나지만 사람들로부터 인정받지 못하다가 시간이 흘러 때를 만나면 비로소 나의 가치를 인정받게 됩니다. 그러니 묵묵히 참고 인내하며 소걸음으로 천 리를 가듯 걸어가면 결국 대기만성하게 됩니다.

辛丑은 소의 뿔이니 건강한 황소로 힘과 남성성을 상징하며 젖은 땅에 쇠말뚝을 박은 모습으로 성욕이 강한 사람입니다. 부부 관계에서 잠자리가 큰 부분을 차지하게 되는데, 대부분은 배우자가 맞춰 주지를 못해 이로 인한 남모르는 스트레스가 있습니다.

丑중 辛금은 가슴에 칼을 품고 있는 모습으로 한번 앙심을 품으면 반드시 앙갚음을 해야 직성이 풀리는 성향이 있습니다.

싸우면 둘 중 하나가 죽을 때까지 사생결단을 내려고 하며, 평소의 점잖은 모습과 전혀 딴 사람이 되어 버립니다. 결국 애써 쌓은 공덕이 하루아침에 사라져 버리고 주변 사람들로부터 모질다는 소리를 듣고 사람들이 곁을 떠나게 됩니다. 이런 성격을 인지하고 스스로 마음을 수양하여 잘 다스릴 수 있다면 결국은 만년에 빛나는 보석이 될 것입니다.

신축은 흰 소로 종교와 관련이 깊습니다. 불교에서 흰 소는 수행과 깨달음의 상징으로 신축 일주의 삶이 이런 수행의 삶과 비슷한 면이 있습니다. 이렇게 흰 동물의 상으로 태어난 사람은 대개가 종교와 관련이 깊으며, 전생에 수행자의 삶을 살아 이번 생에는 아주 영적인 인생을 사는 경우가 많습니다.

壬寅

임 인

    임인 일주는 멋쟁이에 똑똑하고 성격 좋고 부지런하고 마음씨 좋은 사람으로, 어딜 가나 인기가 있고 타고난 복이 있어 잘 먹고 잘 사는 사람이 많습니다. 임인은 식신 문창성을 두어 얼굴도 잘생기고 성격도 좋은 데다 똑똑해서 공부도 잘합니다. 미남 · 미녀인 데다 목소리도 좋고 말을 잘해 이성의 인기가 높은 건 당연하다 하겠습니다.

    갑목 일간과 임수 일간은 장남 · 장녀가 유독 많은데 갑목은 십간의 첫 번째라는 의미가 있고 임수는 바다로서 어머니 같기 때문입니다. 그중에서 임인은 임수와 갑목이 합해져 더욱 장남 · 장녀가 많은데 임수는 바다 같은 성품으로 장남 · 장녀가 아니더라도 집안에서 장남 · 장녀의 역할을 하게 됩니다.

    물가의 호랑이라서 여유가 있고 호탕하며 외모에 관심이 많아 옷을 잘 입으며, 역마가 강해 한곳에 가만히 못 있고 돌아다니기를 좋아하는 사람입니다.

    물이 가득한 연못에 자라는 왕버들나무의 형상으로 한 폭의 동양화같이 멋이 있고 매력이 넘치는 사람으로, 타고난 예술성과 끼를 가졌습니다. 풍류를 즐기는 등 남자는 한량이 많고, 여자는 멋쟁이 커리어우먼이 많습니다.

임수라는 큰물에 인목은 산소 역할을 해 임인의 물은 생명이 가득한 맑은 1급수가 됩니다. 그래서 임인 일주는 두뇌 회전이 빠르고 인상이 좋고 성격이 밝아 사람을 끌어들이는 매력이 있습니다.

壬
寅　　　식신
병(病)

임인 일주는 일주에 식신을 놓아 식복이 많은 사람입니다.

역마와 어우러져 먹고살기 위해 동분서주하며 열심히 사는 모습을 보이게 되고, 여행도 좋아하고 먹고 놀기도 잘하는 사람이기도 합니다. 지지에 식신은 문창성에 해당하니 일지 배우자궁에 문창성을 놓아 똑똑하고 꾀가 많으며 인상이 좋고 식복이 있어 잘 먹고 잘 놀고 일도 잘하는 미식가들입니다. 식신 역마를 깔아 먹는 것에 무척 관심이 많으니 유명한 맛집을 찾아 먼 곳까지 가는 것도 마다하지 않습니다.

임인 일주 여자는 식신이 발달해 음식을 잘하고 생활력이 강합니다. 웬만한 남자 못지않을 정도로 배포가 크고 일을 잘하며 능력이 출중해 집안에서 가장 역할을 하는 여성도 많습니다.

배우자궁에 식신이 자리 잡아 자식에 대한 애정이 지극해서 언제나 자식을 우선시합니다. 남편보다 자식이 우선이다 보니 남편과 갈등의 원인이 되며, 강한 식신으로 남편을 밀쳐내는 힘이 강해 남편과는 긴장 관계가 펼쳐집니다.

자녀에게는 천사 같은 엄마이고 남편에게는 바가지 긁는 악처가 될 수 있지만, 실제로 임인 일주 여성은 현모양처 조강지처가 많습니다. 식신궁을 두어 언제나 남편보단 자녀가 우선인 것도 맞고 남편에게 바가지를 긁는 것도 맞지만, 임인은 식신이 생재하고 다시 재생관하여 식신으로 오히려 남편인 관을 살려 주는 역할을 합니다. 그래서 임인 일주 여성은 애교도 있고 살림도 잘하고 지혜가 있어 남편과 좋은 부부 관계를 유지하게 됩니다.

　일지에 식신을 두어 남녀 모두 마음씨가 착한데, 역마와 어우러져 오지랖이 되어 버리게 되면 못 줘서 안달이며 남의 일에 관심이 많아 이것이 때론 참견으로 비춰져 오해를 사기도 합니다.

　모임에 참여하는 것도 좋아하며 늘 앞장서서 활동하여 모임의 장을 잘 맡습니다. 밖에서 이렇게 착하고 부지런하고 사람들에게 베푸느라 바쁜 사람이면서 집에서도 좋은 엄마, 좋은 아내로 바쁘게 살아가게 됩니다.

　임인 일주는 남녀 모두 팔방미인입니다. 친목 모임도 열심히 하고 놀기도 잘하지만 일할 때도 역시 땀 흘리며 바쁘게 살아가는 사람입니다. 역마를 두어 동서남북으로 오가며 활동적으로 사는 사람입니다. 이런 부지런함과 능력이 있어 사업으로 부자가 되는 사람이 많습니다.

　임인 일주는 식신과 역마로 자기만 노력하면 얼마든지 성공할 수 있는 역량을 갖춘 사람이기에 잘 먹고 잘 사는 대표적인 일주 중 하나입니다.

　하지만 남자의 경우, 이렇게 식신을 잘 쓰면서 역마로 여기저기 다니다 보니 자연스럽게 이성과의 관계가 이루어지기가 쉬워 바람을 피우기도 쉽습니다. 식욕이 왕성하면 성욕도 왕성한 법이라 한 여자에게 만족 못하고 여기저기 염문을 뿌리다 결국 가정도 잃고 돈도 잃게 되니 스스로 주의를 해야 합니다.

　임인 일주는 남녀 모두 연애결혼을 하는데, 선임신 후결혼을 하게 되는 경우가 많습니다.

　임인 일주의 역마끼는 대단한데 식신의 역마라 웬만한 역마보다 훨씬 강합니다. 역마와 병(病)은 서로 통하니 만약 임인 일주가 집에만 있다면 아픈 사람이며, 역마를 안 쓰면 병이 나는 사람입니다. 반면에 웬만한 병은 역마로 치유되어 열심히 일하는 것과 여행이 가장 좋은 약입니다.

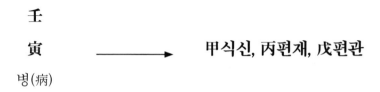

壬
寅　　　　━━━━→　　甲식신, 丙편재, 戊편관
병(病)

　임인 일주는 식재관을 고루 품고 있어 복이 많은 사람입니다. 식재관이 모두 록과 생을 받아 식복, 재복, 관복을 다 갖추고 있어, 임인 일주치고 못 사는 사람을 찾기가 더 어려울 정도입니다.

　식신이 재성을 생하고 재성은 다시 관을 생하여 서로 상생하는 흐름이라 임인 일주는 성격이 밝고 인상이 좋습니다. 그리고 육친의 덕이 있어 아내 복, 남편 복, 부모 복, 자식 복을 두루 갖춘 부러운 사람들입니다.

　식재관으로 흐르니 마지막 편관으로 기가 모여 직위가 높이 올라가 부와 권위를 다 가지게 됩니다. 식신생재되어 자수성가하는 사람이며 재생관이 되어 관운도 따라 줘서 직장에선 승진하고, 한편으론 사업 능력도 있어 사회 각 분야에서 성공한 사람이 많은 일주입니다.

　남자는 처복과 자식 복이 있고 여자는 남편 복과 자식 복이 있습니다. 남녀 모두 연애결혼을 하고 혼전 임신을 하게 되는데 배우자궁 속에 남자는 재성과 관성, 여자는 관성과 식신을 가졌기 때문입니다.

壬　　　　좌법　　　　甲
寅　　————▶　　寅
병(病)　　　　　　록(祿)

임인 일주의 식신 갑목은 병궁록으로 좌합니다.

말을 아주 잘하고 말이 많으며 목소리가 예쁜 사람이 많습니다. 식신의 기운이 강해 성격이 시원시원하고 성격이 급하고 잘생기고 똑똑한 사람으로 일머리가 좋아 계산이 빠르고 행동이 민첩하고 일처리가 뛰어납니다.

미식가이며 요리를 잘하고 역마 식신을 써서 없던 일도 만들어서 하고 여기저기 참견 안 하는 데가 없고 마음이 착해 다 퍼 줍니다. 그리고 강자 앞에서는 강하지만 약자 앞에서는 약하며, 가만히 내버려 두면 자기가 알아서 스스로 잘하는 사람입니다.

역마가 강해 안 가 본 곳이 없으며 이사를 자주 다니고 타향에서 살게 되며 자연히 직장의 변동이 많아 이직을 하거나 개인 사업을 한다며 직장을 그만두고 창업을 하게 됩니다. 집에 있더라도 음식을 만들든지 취미 생활을 하든지 가만히 있는 경우가 드뭅니다.

식신이 강해 근면 성실한 사람이라 직장에서 인정받게 되고 관이 장생에 좌하고 재성이 관을 생해 직장에서도 일을 잘해 승진도 잘합니다. 식신이 재성을 생해 자신의 능력과 노력으로 자수성가하며, 수완과 자질이 뛰어나니 사업으로 큰 부자가 되는 사람이 많습니다. 이렇게 직장 생활도 잘하고 개인 사업도 잘하는 능력이 뛰어난 사람으로, 직장 생활을 하면서도 늘 마음속에는 창업을 꿈꿉니다.

임인 일주 여자의 경우 똑똑하고 잘생긴 자녀를 두는데, 이는 자녀가 문창 식신이기 때문입니다. 남편보다 자식을 우선시해 자식 보는 낙으로 산다고 해도 과언이 아닙니다. 자녀가 유학을 가거나 먼 곳으로 진학해 일찍 부모와 떨어져 독립하게 되며, 자녀에게 쏟는 관심의 절반만이라도 남편에게 쏟는다면 행복한 부부가 될 것입니다.

　여자가 식신이 이렇게 강하면 관을 극해서 남편과 헤어지는 경우가 흔한데, 임인 일주 여자는 오히려 이혼하는 경우가 드뭅니다. 그것은 식신과 관살 사이에 재성이 자리하고 있어 식신생재, 재생관으로 결국 식신이 관을 생해 주는 모습이 되기 때문입니다.

壬　　　　　　　　　丙

寅　　좌법　　　　　寅

병(病)　　　　　　　장생(生)

　임인 일주 재성 병화는 병궁생좌하여 임인 일주는 복록을 타고난 사람입니다. 식신이 재성을 생하고 재성은 장생에 좌해 큰 어려움 없이 복을 누리고 사는 사람이 많고, 사업으로 성공하여 자수성가한 부자가 많습니다. 역마궁에 생을 받아 임인 일주는 본인만 노력하면 돈이 들어오는 구조여서 부자가 많은 일주 중 하나입니다.

　임인 일주 남자는 똑똑하고 예쁜 현모양처를 얻는데 그것과는 별개로 재성이 공망임에도 식신생재를 잘하고 역마까지 강해 예쁜 아내를 두고도 다른 여자에게 한눈을 팔 수 있습니다. 심한 경우 아예 딴살림을 차리고서는 아이까지 낳아 키울 수도 있으니 스스로 주의하여 가정을 잘 지켜야 할 것입니다.

　또한 임인 일주 남자는 재생관을 하여 자녀에게 잘하는 아빠로 여자 문제만 아니면 좋은 남편, 좋은 아빠로 행복한 가정을 일구게 됩니다.

재성이 장생에 좌해서 부친이 미남이고 똑똑한 분이고 부친의 덕이 있으니, 경제적인 지원을 받고 유산도 물려받게 됩니다.

임인 일주 무토 관살 역시 병궁에 장생으로 좌합니다. 장생받은 관살이라 귀(貴)한 관이 되어 권위와 명예가 높아 직장에서 인정받고 승진이 빠르며 최고위직까지 오르거나 재생관으로 사업이 번창하게 됩니다.

임인 일주는 재물이 늘어나면 자연히 명예직에 관심이 가니 선거에 출마하거나 모임의 장을 맡게 됩니다. 식신생재, 재생관으로 결국 관에서 기운이 맺히게 되어 직장, 일에 올인하는 사람이 많으며 장생에 놓인 재관이 빼어나 입신양명하여 부귀를 누리는 사람이 많습니다.

임인 일주 남자는 재성 아내가 관을 생하므로 내조를 잘하는 아내이고 자녀에게 헌신하는 아내이며, 잘생기고 똑똑한 자녀를 두어 자녀 덕에 나의 명예가 올라가게 됩니다.

임인 일주 여자는 재성 시모가 남편 관을 생해 시모의 자식 사랑이 대단한데, 시모로부터 남편이 유산을 물려받게 돼서 남편 덕이 있으니 주변으로부터 결혼 잘했다는 말을 듣게 됩니다.

만약 임인 일주가 많이 신약하여 식재관으로 설기를 심하게 당한다면 일지의 병은 말 그대로 병(病)이 되어 타고난 복록을 누리지도 못하고 아파서 병원 치료를 받게 됩니다. 만일 건강하다 해도 식신을 잘 못 쓰는 사람이라 식신생재, 재생관도 잘 안 되어 범인(凡人)의 삶을 살아가게 됩니다.

설기가 심한 임인 일주는 인성의 도움을 받으면 좋겠지만, 인성이 병궁에 절(絶)로 인종해 도움을 받기에는 한계가 있습니다.

식재관 삼자가 빼어나지만 딱 하나 부족한 것이 인성이라서 똑똑하여 공부를 잘하지만 학업을 원하는 만큼 마치기가 힘들며 부친에 비해 모친의 덕이 약해 모친이 아프거나 떨어져 살 수 있습니다. 사실 이렇게 절에 놓이면 떨어져 살게 되면 정이 깊어지고, 붙어 살면 서로가 스트레스를 받게 되니 성인이 되면 부모와 떨어져 사는 것이 서로에게 좋습니다.

임인 일주의 비견은 병궁병종하며 형제와는 멀리 떨어져 살거나 아픈 형제가 있게 됩니다. 형제도 나만큼 예쁘고 멋쟁이며 오지랖도 넓습니다. 식신이 강한 데다 식신생재가 잘되어 형제와는 부모님 유산 문제로 싸우기보다는 공평하게 나누게 됩니다.

　임인 일주는 일지 寅의 지장간이 워낙 좋아 충을 꺼리게 되는데 만약 충(冲)이 일어나면 甲식신이 잘리고 丙재성이 꺼져 힘든 상황을 맞게 됩니다.

　일간의 임수는 부드럽고 바다와 같이 마음이 넓은 사람이며, 일지 인목은 호랑이라 속마음은 용맹하고 진취적인 사람으로 외유내강한 사람입니다.

　인목은 탕화살이라 인사신(寅巳申)운에 탕화살이 작동하여 감정의 기복이 심해져 사건·사고가 일어나거나 구설시비를 타게 되니 스스로의 마음을 잘 다스려야 합니다.

　결국 임인 일주는 타고난 복이 많아 잘 먹고 잘사는 사람이 많으며, 역마가 아주 강해 이사를 자주 다니고 타고난 부지런함과 능력으로 얼마든지 자수성가할 수 있는 일주입니다.

계 묘

癸卯

　계묘 일주는 천을귀인 일주로 정유, 정해, 계사와 더불어 천복(天福)을 타고 태어난 사주입니다. 하늘의 음덕이 있으니 어려움이 닥치면 귀인의 도움으로 어려움을 이겨 내고, 길(吉)일 때는 귀인의 도움을 받아 더 잘되고 나쁜 흉(凶)일 때는 오히려 흉이 삭감되고 덜어지는 복 많은 사주입니다.

　복중의 복은 부모 복으로, 현실 세상을 살아가는 데 있어 내가 아프고 힘들 때 아낌없이 내어 주고 도움을 주는 사람은 부모가 됩니다. 따라서 천을귀인을 둔 사주는 대개 부모 복이 있어 유산을 물려받게 되며 어려운 일이 생길 때마다 부모님이 해결사 역할을 해 주게 됩니다.

　일지 배우자궁이 천을귀인이니 배우자 복이 있게 됩니다. 그러나 경우에 따라 사주에 천을귀인을 비롯한 귀인이 너무 많으면 오히려 문제가 되는데, 남성의 경우 한량이 되어 많은 여자와 인연을 맺게 되고 여성의 경우엔 남자로 인한 풍파가 있어 오히려 남편으로 인해 고통을 겪는 경우가 많습니다.

천을귀인은 형제와 나눌 수는 없는 것이기에 형제와는 가깝고도 먼 사이가 되며 특히 부모님 유산을 두고서 남이 되는 경우가 많습니다. 옛날 왕실의 왕자들이 사주에 천을귀인이 많았는데, 귀인 왕자들 중 단 한 명만 왕이 되듯이 천을귀인도 이와 같습니다. 결국 부모님의 현명한 지혜가 필요합니다.

계묘의 계수는 봄비를 말하고 묘는 봄철 어린 나무로 봄비를 맞으며 무럭무럭 자라나는 신록의 나무, 화초의 모습인 계묘 일주는 생기가 넘치고 성격이 밝고 순수하고 착한 사람이 많습니다.

癸卯의 자형(字刑)이 빗물이 흘러내리는 물상이라 늘씬한 미남·미녀가 많으며 계묘 일주 치고 살찐 사람을 찾기 힘들고 머릿결이 곱고 윤이 나는 검은 머리를 가진 사람이 많습니다. 계묘는 물속에서 피어난 꽃으로 연꽃의 물상이 되니 기품이 있으며 도도한 외모와 말씨의 소유자로 가만히 있어도 주변의 사람이 모여드는 매력이 있습니다.

하지만 너무 과한 것은 모자람만 못한 것처럼 이런 장점들로 인해 이성 관계의 구설을 타거나 고통을 받게 되는 경우가 많아 첫 결혼에 실패하고 재혼·삼혼을 하는 경우가 많습니다.

일지에 천을귀인을 두었다는 것은 당연히 배우자 복이 있다는 뜻으로 좋은 배우자를 만난다는 의미도 있으며, 또한 배우자 인연이 많다는 의미도 있습니다. 더구나 卯는 파(破)성으로 살아가며 한번은 결혼 위기나 경제적인 위기를 겪게 되는데, 계묘 일주는 천을귀인이 있어 무사히 넘기거나 전화위복돼서 헤어지거나 파산이 되었다 해도 더 좋은 인연을 만나게 됩니다.

癸

卯　　　식신

장생(生)

천을귀인 일주들이 다 복이 많지만 계묘 일주는 심성이 착한 사람으로 식신 장생을 놓아서 식복까지 타고난 사람입니다. 식신 문창귀인, 장생 학당귀인 거기다 천을귀인까지 일주만으로 귀인을 셋이나 두어 정유 일주와 더불어 귀인이 가장 많은 일주입니다.

문창, 학당을 두어 똑똑하고 잘생긴 것은 말할 나위가 없으며 식신장생으로 말도 청산유수이고 요리 · 원예 · 창작 등 손재주도 좋습니다. 특히 아름답고 매혹적인 외모와 얼굴의 소유자로 윤기 흐르는 머릿결, 아주 검고 빛나는 눈동자를 지녀 사람을 빠져들게 만드는 매력이 있습니다.

문창 학당으로 공부를 잘하고 배우며 가르치는 데 소질이 있어 교사나 강사가 많습니다. 이렇듯 공부로 출세하는 사람이 되므로 첫 째도 공부, 둘째도 공부가 됩니다.

식신의 생지를 두어 식복뿐만 아니라 심성이 착하다 보니 남에게 퍼 주는 것을 좋아합니다. 그래서 오지랖이 넓어 못 줘서 안달이고 여기저기 관여하느라 늘 바쁩니다.

식신을 잘 써서 부지런하고 인내심도 대단한 사람인데, 본인이 조금만 노력하면 사회에서 얼마든지 잘 먹고 잘살 수 있는 사람이기에 부모 복도 타고났지만 자신의 능력으로 자수성가하는 사람도 많습니다.

이렇듯 복이 많은 것은 좋으나 복이 넘쳐흐르면 도리어 화가 되는 것도 있습니다. 앞서 말한 것처럼 귀인이 너무 많으면 남자의 경우 한량이 되어 주색을 탐하거나 먹고 노는 사람이 많으며, 여자의 경우는 남자로 인해 고통받는 사람이 많습니다.

그리고 식신이 장생에 놓여 생재를 잘하게 되면 남자는 얼굴도 잘생기고 성격도 좋으며 말도 잘해 자연히 여자들에게 인기가 높은데, 왕성한 식신의 힘은 성욕과도 연결되어 자칫하면 외도로 이어질 수 있습니다. 그래서 계묘 일주 남자는 스스로 자기 관리를 해야 합니다.

여자는 왕한 식신의 기운이 관을 극해 득자부별(得子夫別)하는 경우가 많아 자녀를 낳고부터 점점 남편과 다투고 갈등하게 됩니다. 남녀 모두 배우자궁이 천을귀인이라 첫 결혼에 실패한다 해도 결국엔 나의 천을귀인 소울메이트 배우자를 만나 말년은 행복하게 보내게 됩니다.

계묘 일주는 식신 생궁 속에 식신, 상관만을 두고 록왕으로 좌해 식상의 힘이 아주 강한 일주로서 식상이 혼잡하여 강한 상관의 기질을 보이게 됩니다. 비상한 머리와 화려한 언변과 특출 난 재주 그리고 오지랖을 소유한 사람으로, 관을 깨는 힘이 강하니 개혁적이고 창조적인 사람이 됩니다.

강자 앞에 강하고 약자 앞에 약한 사람으로 누구라도 잘난 체하는 꼴을 못 보지만, 반면 약해 보이고 불쌍해 보이는 사람이 부탁을 하면 아무리 어려운 부탁이라도 거절을 못해 돈 빌려주고 심지어 떼이기까지 하는 것은 흔한 일이 됩니다.

식신이 록왕이라 일할 때는 열심히 일하고 놀 때는 열심히 노는 사람으로 장생, 귀인이라 일할 때 귀인의 도움이 있으니 직장에서 동료나 부하 직원의 도움으로 승진을 하는 등 하는 일이 번창하게 됩니다. 왕한 식상에 생궁을 놓아 근면 성실함만으로도 성공할 수 있으며, 거기에 비상한 두뇌와 재주까지 더하니 큰 부자가 많습니다.

여자의 경우 식상이 혼잡하면 상관보다 더한 상관의 기질을 보여 남편인 관을 극하게 됩니다. 반면에 자녀를 위해선 과할 정도로 헌신하며 집착하는 어머니가 되어 자녀 보는 낙으로 살게 됩니다.

남편에게는 자녀에게 쏟는 애정의 절반도 안 주면서 바가지를 심하게 긁게 되니, 아무리 귀인 남편이라 해도 결국 못 버티고 헤어져 첫 번째 결혼은 실패하는 경우가 많게 됩니다. 따라서 자녀에게 쏟는 관심과 사랑을 반만이라도 남편에게 쏟으면 부부 사이가 많이 좋아질 것입니다.

식신 천을귀인 장생이라 남자는 장모의 덕을 볼 수 있고, 여자는 자녀 복이 있어 잘생기고 똑똑한 자녀를 두게 되며 자녀로 인해 말년이 귀하게 됩니다.

이렇게 식신이 왕하면 식욕이 강하고 장수하는 사람이 많은데, 맛있는 음식을 찾아다니면서 잘 먹고 활동이 많게 되니 자연히 건강하고 장수하게 됩니다.

계묘 일주 재성 정화는 병으로 인종해 생궁병종합니다. 왕한 식상으로 생재를 잘하니 부자가 많은데, 재성이 역마로 들어 열심히 동분서주해서 일하면 일한 만큼 돈이 되어 식복과 함께 재복도 갖추게 됩니다.

부친은 몹시 바쁘게 사시는 분으로 이사를 자주 다니고 가족을 부양하느라 힘들게 사신 까닭에 살면서 한두 번은 큰 병으로 수술을 받으시지만 다시 완쾌가 되시는 분입니다.

계묘 일주 남자는 능력 있는 아내를 만나 맞벌이를 하는 경우가 많고, 아내가 살림만 한다 해도 한시도 집에 가만히 있지 않고 바깥 활동을 하는 사람입니다.

재성이 역마로 들고 생궁을 놓은 데다 식상까지 왕하니 자수성가한 거부가 많은데, 역마가 곧 돈이 돼서 장사나 사업에 소질이 있고 생궁에 식신생재되어 갈수록 사업이 번창해 가는 모습이 됩니다.

계묘 일주 남자는 자기 관리를 못하면 바람둥이가 되고 딴살림을 차리기도 합니다. 이는 재성 역마라 아내 외에 바깥에서 따로 여자를 만나기 쉽고 생궁이라 한둘이 아니며 한 여자와 헤어지면 얼마 안 가 또 다른 여자가 생기는 식입니다. 그래서 계묘 일주 남자는 인물값을 하게 되어 아내 속을 썩이게 되므로 이렇게 재복을 여색을 밝히는 데 쓰다 보면 결국 가정도 깨지고 재물까지 깨져 말년이 비참해지니, 지금 옆에 있는 아내가 나와 마지막까지 함께 있을 유일한 여자임을 알고 가정에 충실해야 합니다.

어떤 사주의 남자든지 보편적인 진리가 있습니다. 그것은 남자는 아내를 사랑하고 지혜로운 아내를 얻을 때 재산이 불어나고 그 재산을 지키게 되며, 재생관으로 이어져 직장에서도 승진하고 권위도 높아진다는 것입니다.

계묘 일주 관살 기토 역시 생궁병종합니다. 재관이 모두 역마로 들어 바쁘고 열심히 사는 사람이며 직장에서도 능력을 인정받고 일에 빠져 사는 사람입니다.

다만 식상이 강해 윗사람한테 머리 숙이고 받드는 것을 잘 못하고 오히려 내 의견과 다르면 상사일지라도 따지고 대들 수 있어 마찰이 생기게 됩니다. 반면에, 직장 후배나 부하 직원에게는 마음씨 좋은 선배·상사로서의 모습을 보입니다.

그래서 능력이 있음에도 불구하고 직장의 이동과 변화가 잦게 되는데, 생궁속에 있어 금방 새 직장을 구하게 됩니다. 그리고 직장보다는 포장마차를 하더라도 자기 사업을 꿈꾸는 사람이며 성공할 능력도 충분한 사람입니다.

계묘 일주 남자는 현달한 자녀를 두고 자녀가 유학을 가거나 일찍 독립하게 됩니다. 강한 식상이 자녀인 관과 부딪혀 자녀와 갈등이 있게 되니 자녀와 떨어져 사는 것이 오히려 관계에 더 낫습니다.

계묘 일주 여자는 남편이 잘생기고 능력이 있는 사람인데, 역마에 들어 남편과 주말부부를 할 수 있고 남편이 직장 일로 출장을 자주 다니게 됩니다. 남편이 직장보다는 장사나 사업이 더 잘 맞으며, 이때는 아내인 내가 직간접으로 도움을 주게 됩니다.

배우자궁이 천을귀인이라고 하나 식상의 기운이 강하다 보니 남편에게 심한 잔소리를 하게 되기 쉽습니다. 남편은 그런 아내가 부담스러워 밖으로 나돌게 되어 결국은 돌아올 수 없는 강을 건너게 될 수 있으니, 계묘 일주 여자는 남편에게 특히 말을 조심히 하고 배려와 존중을 해 주어야 할 것입니다.

일지에 식상이 혼잡하고 록왕으로 든 일주는 갑오, 기유, 경자, 계묘 이렇게 네 일주가 해당됩니다. 이들 모두가 똑똑하고 말을 잘하고 예쁜 사람들임은 분명하지만 여자들은 하나같이 결혼 생활에 문제가 생깁니다. 대부분 남편을 무시하고 상관견관하기 때문에, 결국은 헤어지고 홀로 아이를 키우며 사는 경우가 많습니다.

남녀 모두 아무리 천을귀인에 장생을 둔 복이 많은 사주라 해도 가정이 시끄럽고 불화하면 복이 나가고 마(魔)가 들어 재물이 나가고 말년이 외롭게 됩니다. 따라서 부부 사이에 웬만한 흠은 덮어 주고 못 본 척 넘어가고, 아무리 화가 나더라도 배우자의 가족에 대해 험담을 하거나 자존심을 상하게 해선 안 됩니다.

계묘 일주는 재관이 역마로 들었으니 남녀 모두 배우자와 여행을 자주 다니면 부부 관계에 많은 도움이 됩니다. 그러므로 쉬는 날 집에만 있지 말고 함께 가까운 산이라도 다녀오는 것이 좋겠습니다.

계묘 일주는 학당, 문창을 두었음에도 아이러니하게 인성이 절(絶)로 인종되어 생궁절종합니다.

천을귀인이라 부모덕은 있지만 인성이 절종하여 모친과는 가깝지만 갈등이 있게 되는데, 이럴 때는 서로 떨어져 사는 것이 서로에게 좋으며 관계도 나아집니다. 어머니와 일찍 헤어질 수도 있으며 그렇다 해도 관계는 유지하게 됩니다.

문창, 학당을 두어 똑똑하지만 인성이 절에 놓여 공부의 위기가 오게 되는데 그렇다 해도 절대 굴하지 말고 끝까지 공부를 마쳐야 합니다. 공부만 열심히 해도 계묘 일주는 얼마든지 사회에서 성공할 수 있는 자질을 갖춘 사람임을 알고, 고비가 있더라도 절대 공부를 포기해서는 안 됩니다.

계묘는 식상이 왕해 설기가 심하여 이럴 때는 인성의 도움이 절실한데, 인성이 절에 들어 별 도움을 주지 못하니 허약한 체질이거나 살면서 어려움에 부닥쳤을 때 돌파할 힘이 부족하여 본의 아니게 중도에 포기하거나 쉬어 가게 됩니다. 그래도 다행히 천을귀인 일주라서 그런 어려움에 처할 때마다 반드시 귀인의 도움이 있게 되어 아무리 어려운 일이라 하더라도 무사히 넘기게 됩니다.

생궁생종하는 비견 역시 나처럼 장생에 천을귀인을 두었습니다.

형제 역시 나만큼 잘난사람이며 묘파성이 만나 가까우면 껄끄럽고 멀어지면 생각나는 그런 관계가 많습니다. 임계수 일간은 다른 일간에 비해 형제들과 사이가 멀어진다 해도 원수지간까지 되지는 않는데, 그것은 임계수는 물이라 잘 섞이고 합해지기 때문입니다.

계묘는 비에 젖은 꽃으로 남녀 모두 예쁘고 잘생겼지만 오히려 그것이 화가 되어 이성으로 인한 문제가 생기기 쉽습니다. 묘는 파(破)성이라 재물이든 부부 관계든 둘 중 하나는 깨지기 쉽지만, 평소에 부부 함께 여행을 자주 다니고 주위 이웃 친지 동료들에게 넉넉히 베푸는 삶을 산다면 아무 문제없이 둘 다 지키게 됩니다.

천을귀인의 장생을 놓은 일주는 계묘와 정유 단 두 일주뿐으로, 이 두 일주는 본인이 타고난 복도 있지만 이들이 속한 직장이나 모임에 생기를 불어넣어 주고 번창시키는 힘이 있어 복을 가져다주는 존재가 됩니다. 그래서 천을귀인 며느리가 들어오면 집안에 복이 들어오는 것과 같습니다.

_____ 피클 일주론 사주명리학의 꽃

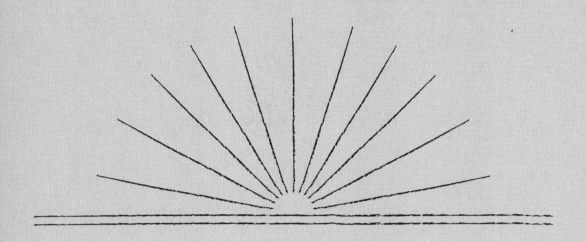

5부
갑진순 - 寅卯 공망

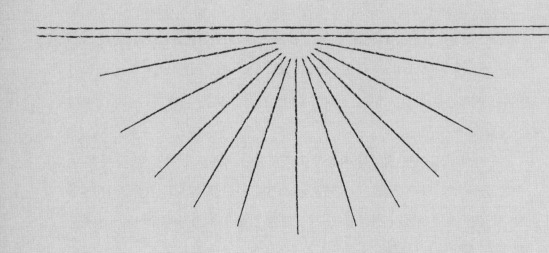

갑　진
甲辰

　갑진은 백호대살 일주입니다. 백호살은 혈광지신이라 하여 일명 피를 보는 의미가 있을 정도로 강한 살입니다. 백호살은 기문둔갑에서 나왔는데 구궁(九宮)의 중앙에 위치한 중궁(中宮)에 놓이는 일곱 글자가 해당됩니다.

　중궁은 주변의 여덟 개의 궁을 제압할 정도로 힘이 매우 강해서 이 힘을 통제하지 못하면 본인이 다치게 되어 오히려 화를 입게 된다는 살입니다. 서슬 퍼런 칼날을 잘못 사용하면 오히려 자신의 손을 베게 되는 것과 같은 이치입니다. 백호살은 무진, 정축, 병술, 을미, 갑진, 계축, 임술 등 일곱 글자가 해당됩니다.

　일주가 백호살이면 책임감이 강하고 어려움이 닥쳐도 굴하지 않고 헤쳐 나가는 불굴의 기개가 있습니다. 형살을 쓰거나 자르고 찌르고 피를 보는 직업을 가지면 그 분야에서 성공을 거두고 강한 기운으로 사업을 일으켜 큰 부자가 되는 사람도 많습니다.

하지만 기운이 강하다 보니 고집과 자존심이 세고 평소에는 조용하고 순한 양처럼 살아가다가 한번 화나면 호랑이로 돌변해 말과 행동이 난폭해지기 쉽습니다. 감정이 앞서 관재구설을 당하기 쉽고 언행이 거칠지만, 뒤돌아서면 언제 그랬느냐는 듯이 금방 잊어버리기도 잘합니다. 사주에 백호살이 많으면 사건·사고를 늘 조심해야 하며 육친과 관련된 흉액과 아픔이 생기기 쉽습니다.

갑진 일주는 갑자기 성격이 돌변하는데, 갑목이 천둥번개의 물상이고 진토는 용이라 변화무쌍한 동물이기 때문입니다. 이런 감정의 기복 때문에 주위 사람을 힘들게 하며 무엇보다 본인 스스로가 힘들게 됩니다. 갑진은 감정을 다스리지 못하면 가정에서도 사회에서도 여러 문제에 부닥치게 되니 스스로 마음을 가라앉히는 수양이 필요합니다.

진토는 水 인성의 고지여서 어릴 적 어려운 환경에 자라거나 가족사에 남모르는 아픔이 있게 되는데, 일지에 재성 쇠궁을 두고 있어 결혼 이후 자수성가해 잘 먹고 잘살게 됩니다.

甲
辰　　　재성
쇠(衰)

갑진은 재성을 두어 일단 재물의 성취 쪽으로 유리한 점이 많은 일주입니다.

일지에 재성을 두면 남자는 처궁에 처가 앉아 있는 모습이라 남들 보기에 그래도 괜찮은 아내를 두게 됩니다. 본인은 비록 아내에게 불만이 많을지라도 주변 사람들 보기에는 괜찮은 아내라는 말입니다.

또 여자는 남편궁에 시어머니가 앉아 있는 형상이라 결혼하면 시어머니를 모시고 살거나 시댁과 가깝게 지내게 됩니다. 일지 재성이 쇠(衰)지에 놓여 갑진 일주 남자는 능력 있는 아내를 두거나 처갓집이 능력이 있게 되고, 갑진 일주 여자는 시어머니의 영향력이 강한 능력 있고 귀부인 같은 시어머니를 모시게 됩니다.

甲

辰   ⟶   戊재성, 癸인성, 乙겁재

쇠(衰)

재성과 인성이 암합을 하고 火 식상을 만들어 내기에 갑진 일주는 식복이 있으니 굶어 죽으란 법은 없습니다. 재성 부친과 인성 모친이 합을 하며 나의 식신 밥그릇을 만들어 주어 살아가면서 많든 적든 부모님의 사랑과 도움을 받게 됩니다.

재성, 인성과 함께 겁재가 있어 나중에 부모님의 유산을 두고 형제와 혈투를 벌이게 되는 상황이 오게 되며 나아가 의절을 할 수 있습니다. 그러니 갑진 일주 자녀를 둔 부모는 자녀들이 우애 상하지 않도록 공평하게 나누어 주어야 합니다.

또한 일지 진(辰)은 수(水)의 고(庫)지에 해당되어 물창고를 둔 갑진은 부자가 많으며, 만약 이 물이 넘치거나 탁하면 갑목이 썩게 되어 건강에 이상이 생기거나 경제적으로도 궁핍해집니다.

甲　　　　　　　　　　　戊

辰　　　좌법　　　　　　辰
　　　———→

쇠(衰)　　　　　　　　관대(帶)

진(辰)중 무토 재성은 쇠궁에 관대로 좌하여 쇠궁대좌합니다. 그래서 갑진 일주는 열심히 땀 흘리며 노력하여 돈을 벌기보다는 한 번에 큰돈을 벌려고 합니다. 다시 말하면 예금이나 적금을 들기보다는 투자·투기적인 것으로 대박을 노리는 사람들이 많습니다.

　갑진 일주의 아내는 옷을 잘 입는 멋쟁이이며 능력이나 재력을 겸비했는데, 백호살의 강한 성정 때문에 부부가 불화하기 쉽습니다. 그렇기 때문에 부부 싸움이 일어나면 고성이 오가고 심하면 폭력을 휘두를 수 있으니 서로가 조심해야 합니다.

　진(辰)중 무(戊)토는 같은 지장간 속 계(癸)수와 암합을 합니다. 12지지 중에서 지장간끼리 합을 하는 것은 辰이 유일한데, 지장간 속에서 암합하는 무계합으로 인하여 진토를 놓은 일주는 많은 변화를 겪게 됩니다.

　갑진 일주가 부동산 투자로 큰 부를 이루는 사람이 많은 것은 재성 무토가 계수 인성과 암합하기 때문입니다. 갑진은 재성이 쇠궁에 놓인 데다가 백호살 재성이기에 재물을 취하는 능력이 남다른 데가 있습니다. 자본주의 사회에서 재물을 취하기 위해서는 남과의 경쟁에서 이기는 강인함이 필요한데, 어쩌면 백호살이나 괴강살처럼 아주 센 일주들이 자본주의에 잘 맞다고 할 수 있겠습니다.

　하지만 이렇게 재성 백호살을 일지에 두었다는 것은 남과의 경쟁에서 이겨 재물을 뺏어 온다는 의미가 있는 동시에 재물로 인하여 살을 맞는다는 의미도

제5부

갑진순 – 寅卯 공망

甲辰 ___　　　　　　　　　　　　　　　　　　　　　　　　　**407**

함께 내포되어 있습니다. 그래서 갑진 일주는 재물로 흥하거나 돈 때문에 살을 맞거나 둘 중 하나가 됩니다. 살을 피하기 위해서는 평소에 잘 베풀고 보시해야 하며, 돈 때문에 남에게 원망을 사는 일이 없도록 늘 자신을 돌아봐야 합니다.

진(辰)중 계(癸)수는 양(養)에 놓여 쇠궁양좌합니다. 인수가 양에 놓여 있어 갑진 일주는 만학도가 많고 교육 분야에 진출하는 사람이 많습니다.

양은 12신살에서 천살(天殺)에 해당되어 갑진 일주는 대개가 모친과 각별한 관계를 지니게 됩니다. 천살은 숙명이자 전생의 업이니 모친과는 전생 인연으로 엮어진 관계로 현생에서 업을 풀기 위한 관계란 것을 알 수 있습니다.

또한 천살은 하늘(天)의 뜻이니 갑진 일주는 어머니께 효도해야 하며 그렇게 해야만 본인의 건강도 좋아지고 하는 일도 잘될 것입니다. 어려운 일이 있으면 어머니와 상의하고 어머니가 시키는 대로 하면 자다가도 떡이 나올 정도로 일이 잘 해결됩니다. 만약 어머니의 말을 안 듣거나 모친의 속을 썩이고 불효한다면 곧 하늘의 뜻을 어기는 것이니, 하는 일이 좌절되고 결국에는 본인의 건강도 나빠지게 됩니다.

인수가 쇠궁양좌하여 갑진 일주는 대개 어머니와의 깊은 인연임에도 불구하고 어머니와 떨어져 사는 경우가 많고 일찍 이별하는 경우도 많습니다. 왜냐하면 진은 水 인성의 묘지이고 쇠와 양은 서로 충하는 관계이기 때문인데, 성인이 되어서도 모친과 가깝게 살면 오히려 본인이든 어머니이든 둘 중 하나가 아플 수 있게 되는 것도 쇠와 양의 관계 때문입니다.

인성 계수는 재성 무토와 암합을 합니다. 12지지 중에서 지장간끼리 암합을 하는 것은 辰이 유일합니다. 인성과 재성이 합을 한다는 것은 문서나 서류가 돈이 된다는 뜻이니 갑진 일주는 부동산으로 재산을 축적하는 사람이 많습니다. 또한 인성은 자격증이니 전문자격증을 따서 전문직으로 성공하는 사람들도 많습니다.

인성은 양지에 놓이고 재성은 관대에 놓여 있어 합이 되었으니 이는 교육물상이고 의사 · 약사 · 간호사와 같은 의약 · 의료계 물상입니다.

갑진 일주 남자는 모친과 아내와의 관계가 특별한데, 결혼 생활 초기에는 고부지간이 무계합의 영향으로 사이가 좋습니다. 그러다가 세월이 흐를수록 고부지간이 멀어지게 되는데, 그것은 일지 재성이 쇠궁 반안에 앉았고 인성 계수가 양 천살에 앉아 있기 때문입니다.

인성과 재성이 합을 하여 갑진 일주는 인문학과 같은 학문보다는 돈에 관련된 취업에 유리한 경제 공부 쪽으로 관심을 가지게 됩니다. 따라서 격국에서 재격패인과 비슷한 성향을 보이게 되어 돈과 명예를 한꺼번에 가지거나 재물이 모이면 필히 명예를 추구합니다.

무계합은 미약하나마 화(火)를 만들어 내어 식신이 생겨나 식신생재하게 되니 돈을 버는 데 더 유리해진 모습입니다. 거기다가 辰은 수고(水庫)에다 인성의 창고를 가진 사람이라 부동산 거부가 많은 것은 당연하다 할 수 있겠습니다.

辰중 乙은 겁재로서 쇠궁대좌하였습니다. 일지에 겁재를 품고 있어 욕심이 많고 경쟁심이 강합니다. 이렇게 일지 속에 겁재가 있으면 어딜 가나 나의 경쟁자가 있기 마련입니다.

겁재가 쇠궁대좌하여 사회에서 잘 나가는 형제가 있는데 나중에 부모님 유산을 두고 형제간 다툼이 있을 가능성이 크고, 나보다는 형제가 유산을 더 많이 받거나 우선해서 받게 됩니다. 이 때문에 유산 다툼으로 형제와 등지게 될 수 있으니 유념하고, 형제와 서로 양보하며 우애 있게 지내야 합니다.

배우자궁에 겁재가 숨어 나의 재성을 호시탐탐 노리고 있으니 갑진 일주는 보증이나 사기 등으로 주변 지인 때문에 재물의 손실이 생길 수 있습니다.

갑진 일주 남자는 본인의 잘못된 언행으로 처가 떠날 수 있음을 알고 평소에 아내에게 잘해 줘야 합니다.

지장간에 식상과 관살이 없으니 이 둘은 인종하게 됩니다. 인종은 지지와 음양의 짝을 맞추어 인종을 해야 하는데, 식상을 인종할 때 丙이나 丁이 식상이므로 인종해야 하나 辰과 음양이 짝을 이루는 것은 丁이 아닌 丙이 됩니다. 즉, 60갑자 중에 丙辰은 있어도 丁辰은 없다는 말입니다. 그래서 식상을 인종할 때 丙을 인종하여 식신 丙이 辰을 보니 관대에 놓이게 됩니다.

그래서 갑진의 식신 丙은 쇠궁대종합니다. 만약 원국에 병화가 투간되어 있다면 목화통명이 되어 똑똑한 사람이며 근면 성실하고 언변도 좋은 사람이 틀림없습니다.

식상과 재성이 모두 쇠중에 관대로 놓여 있어 갑진 일주는 전문직으로 출세하는 사람이 많고, 아무리 돈이 없어도 옷은 메이커 아니면 안 입는 사람들로 그만큼 남의 이목을 중요시합니다.

갑진 일주 여자는 자식 덕을 보게 되는데, 관대는 사모관대의 줄임말로 옛날에는 과거급제를 하거나 장가갈 때 쓰던 모자와 허리에 두르는 띠를 일컫습니다. 식신이 관대에 놓였다는 것은 자식이 과거급제 한다는 말이 되니, 즉 시험 운이 있다는 의미입니다. 자녀가 좋은 대학에 들어가고 좋은 회사에 취직한다는 의미가 있어 식신을 관대로 두고 쇠궁을 놓은 갑진 일주 여자는 자식 덕을 볼 확률이 높다 하겠습니다.

갑진 일주 남자에게 식신은 장모에 해당되니, 결혼하면 장모님이 옷을 잘 입는 멋쟁이고 쇠궁 속 관대이기 때문에 장모님이 귀티가 있고 자존심이 강한 분입니다.

식상이 관대에 놓이면 가끔 주변 사람들과 시비가 생기거나 구설에 오르내릴 수 있습니다. 이는 관대라는 것이 과거급제라는 의미 속에 오만하여 자기보다 직위가 낮거나 못 가진 사람을 업신여긴다는 숨은 의미가 있기 때문입니다. 그래서 갑진 일주는 잘나갈수록 남을 배려하고 존중하는 마음을 가져야 합니다.

갑진 일주의 관살은 경금이 인종되어 관이 쇠궁양종하게 됩니다.

인성과 함께 쇠궁 속에 양으로 인종되기 때문에 교육업에 종사하는 사람이 많고 의약·종교·활인 방면으로도 두각을 나타냅니다. 요식업으로 성공을 거두는 사람도 많은데, 양(養)은 요양·교육과 기른다는 의미가 있어 사람들에게 음식을 제공하는 의미가 있기 때문입니다.

식신이 관대에 놓이고 편관은 양에 놓여 갑진은 옷을 반듯하게 차려입거나 제복을 입고 전생 인연과 관련된 직업에 종사하는 사람입니다. 그래서 갑진 일주는 일을 할 때 전생의 업을 푼다는 마음으로 봉사하듯 일을 하여야 합니다.

양은 전생 인연이고 업(業)이기 때문에 갑진 일주 여자는 남편과 전생업으로 만난 사이라 부부 사이가 남다른 데가 있습니다. 선업이면 이보다 더한 잉꼬부부가 없을 테지만 악업이면 부부 중 한 명이 아프거나 힘들 수 있습니다.

그럴 때는 전생의 빚을 갚는다 생각하고 원망이나 미움을 내려놓고 성심성의를 다해 잘해 주어야 합니다. 그래야만 묵은 업장이 해소되어 둘의 악연이 이번 생으로 끝나고 다음 생부터는 좋은 인연으로 다시 만나거나 인연이 다하여 다시는 만나지 않게 됩니다. 하지만 원망과 미움을 가지면 이것이 씨앗이 되어 다음 생에 또 악연으로 다시 만나게 되니, 이번 생에 묵은 업을 모두 푸시고 가시길 바랍니다.

경금 칠살은 辰中의 乙과 암합을 합니다. 나의 관이 겁재와 몰래 합을 하는 모습이라 갑진 일주 여자는 남편이 재물 손실을 겪거나 이성 문제로 불화할 수 있는데, 너무 심하지 않으면 액땜했다 생각하고 용서하면 좋습니다.

남편 경금이 양으로 인종되다 보니 남편이 병약하거나 남편에게 불만이 있게 됩니다. 남편 입장에서는 나를 존중하지 않는 아내보다는 나를 존중해 주고 인정해 주는 乙 겁재에게 마음이 가는 것은 당연하다고 할 수 있겠습니다.

남편이 아무리 밉다 해도 남편은 천살이라 남편을 이기긴 쉽지 않으며, 오히려 남편에게 화를 내거나 미워하면 내가 몸이 아프거나 하는 일이 잘 안 풀릴 수 있습니다. 천살로 엮인 남편이라 질긴 업이 서로를 꽁꽁 묶어 놓고 있어 헤어지기도 쉽지 않습니다.

남자에게는 자식이 양지에 놓였으니 전생업연으로 만난 숙명의 관계라는 것을 알 수 있습니다. 역시 마찬가지로 자식을 사랑으로 키우고 보살펴 묵은 업을 잘 해소하길 바랍니다.

갑진은 청룡(靑龍)으로 아주 강하고 변화무쌍한 모습입니다. 백호살에 청룡의 기운으로 최고의 자리에 오를 수 있는 기운인데, 만약 본인이 강한 기운을 감당해 내지 못한다면 오히려 본인이 다쳐 사고나 아플 수 있습니다. 이는 정신적인 문제로도 잘 나타나니 유의해야 합니다.

갑진은 첫 번째 용으로 갑룡에 해당해 왕(王)을 상징하고, 갑은 천문지리로 천둥 우뢰에 해당하여 용이 천둥 번개를 치는 모습입니다. 따라서 권력·형살을 쓰는 계통에서 승승장구하여 최고의 자리에 오르게 됩니다.

하지만 화가 나면 이성을 잃을 정도로 화를 내고 목소리가 크고 변덕이 심합니다. 이 때문에 평소에는 능력 있고 부지런해서 인정을 받지만 한순간의 실수로 그동안 쌓아 놓은 평판을 다 잃어버리게 되어 추락하는 용이 되고 맙니다.

용과 뱀은 현침을 싫어하는데, 甲이라는 글자가 용의 뿔도 되지만 용의 머리를 누르는 현침이 될 수 있음을 명심하고 평소에 술을 조심하고 화내는 습관도 고쳐야 사회에서 성공할 수 있습니다.

갑진의 강한 기운은 남과의 경쟁이나 고난을 이겨 내는 데 유리하여 성공하는 사람이 많은 반면, 승천하는 용이 벼락을 맞고 땅으로 추락하듯이 성공가도를 달리다가 한순간의 실수나 잘못으로 실패하고 좌절하거나 생각지 않은 갑작스런 사고나 병이 들 수도 있는 기복이 큰 일주입니다. 결국 갑진 일주는 자신의 감정만 잘 다스려도 사회에서 성공하는 데 유리한 일주라 할 수 있겠습니다.

갑진은 일간이 공망이 되어 본인이 공망(自空亡)을 맞았습니다. 그래서 가끔 엉뚱한 말이나 행동을 잘하고 영감이 발달된 사람들이 많으며, 심하면 무속인의 길을 걷는 사람도 많습니다.

을　사
乙巳

　을사 일주는 을목 화초가 지지에 사화를 두어 마른 풀이 불타는 모습입니다. 그래서 을사 일주는 사화의 불길을 제어하는 것이 가장 급선무입니다. 사화의 불길을 식혀 줄 수기(水氣)가 필요하여 을사 일주는 대개 비를 좋아하고 물을 많이 마시게 되면 건강에도 좋습니다.

　수는 을목에게 인성이 되니 을사 일주는 모친의 덕이 있고 공부를 잘합니다.

　만약 을사 일주가 사주에서 수기(水氣)를 만나지 못한다면 을목은 사화의 불길에 타 버리기 때문에 많은 문제를 안고 살아가게 됩니다. 그중 가장 큰 문제는 이성의 문제와 정신적인 문제인데, 그 이유는 사화가 12운성의 욕(浴)에 해당하기 때문입니다. 즉 욕정(欲情)의 불길이 되기 쉬우니 을사 일주는 사춘기 시절부터 몸가짐, 이성 관계에 주의를 해야 하며 을목이 불타서 자칫하면 정신적인 문제로 나타나기 쉽습니다.

일지에 사화를 둔 일주는 물상으로 뱀에 비유하는데, 을사는 꽃뱀이 됩니다. 신사는 살모사, 계사는 물뱀, 정사는 불독사, 기사는 구렁이입니다. 을사는 꽃뱀처럼 외모가 수려하고 옷을 잘 입는 사람들이며, 가장 흔하고 사람을 헤치지 않는 뱀인 것처럼 착하고 정이 많은 사람들이며 예쁜 만큼 남녀 모두 이성으로 인한 구설과 고난이 생기기 쉽습니다.

巳는 문성(文星)으로 일지에 巳를 둔 사람들은 머리가 좋고 책을 가까이한다는 특성이 있으며 지성미가 있습니다.

乙
巳 　　　　상관
욕(浴)

을사 일주는 일지에 욕(浴)을 두어 미남·미녀가 많고 피부가 매끄럽고 화기를 받아 얼굴에 홍조를 띠고 윤이 나며 머릿결 또한 윤기가 흐르며 체형도 늘씬한 사람이 많습니다.

을사처럼 일지에 욕지를 둔 것을 나체도화라 하는데, 갑자, 을사, 경오, 신해 이렇게 네 일주가 나체도화에 해당됩니다. 나체도화라 미남·미녀인 것이 당연하고 똑똑하여 공부를 잘하고 한 분야에서 열심히 노력하여 성공하고 인기를 얻는 매력적인 사람들입니다. 그리고 도화를 깔고 있어 이성으로부터 인기를 얻는데, 지나치면 이성 문제로 인한 구설에 오를 수 있으니 언행에 주의해야 합니다.

을사 일주는 일지 상관을 둔 목화상관 일주로서 대개 머리가 비상하고 언변이 뛰어나고 화려합니다. 갑오, 을사, 경자, 신해 이렇게 네 일주가 상관일주로 상관은 고서에서 이르길 기운이 아주 **빼어나** 수기(秀氣)라고 하였습니다.

을사 일주 중에는 수재가 많으며 재주가 뛰어난 사람이 많고 한 분야에서 특출한 재능을 보이는 사람이 많습니다. 가령 수학영재나 음악, 미술, 외국어등 한 분야에 남다른 재능을 보이기도 하며 스티브잡스, 아인슈타인과 같은 유형의 천재적인 인재가 많습니다.

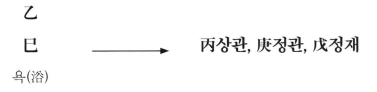

을사 일주는 지장간에 상관, 재성, 관성을 두어 자기 재능으로 열심히 노력하여 사회에서 큰 성공을 거두는 사람이 많습니다. 특히 재관이 록과 생을 얻어 재관쌍미와 비슷한 기운이 있어 을사 일주는 사회 각 분야에서 성공하고 명성을 떨치는 사람이 많으며 관록과 재물을 다 가진 사람이 많습니다.

이렇게 재관을 가지기 위해선 반드시 상관생재하고 재생관으로 흘러야 하며 만약 상관이 재성을 생하지 않고 정관을 극하는 상관견관으로 흐르면 궁핍한 생활을 면하기 힘듭니다. 즉, 편법이나 불법을 저지르거나 상식과 도리에 맞지 않는 일을 한다면 관이 깨져 가정이 깨지고 경제적으로도 어렵게 됩니다.

상관과 관성은 가깝고 재성은 떨어져 있어 상관생재보단 상관견관으로 흐를 가능성이 높으니 본인이 알고 노력해야 합니다. 상관과 관성이 함께 동주하여 직장 생활의 어려움이 엿보이고, 여자는 부부 생활에 갈등 불화와 같은 어려움이 있을 것이 예상됩니다.

乙巳 ___

남녀 모두 연애결혼을 하며 혼전 임신을 하게 됩니다. 남자는 재성 여자와 관성 자녀가 배우자궁에 들었기 때문이며, 여자는 관성 남자와 식상 자녀가 함께 있기 때문입니다. 혼전 임신을 하더라도 결혼을 하면 별문제가 없지만 그렇지 않은 경우엔 낙태를 하는 등 여러모로 어려움이 있게 되니, 을사 일주는 연애하는 것은 좋은데 반드시 피임에 신경 써야 합니다.

을사 일주의 상관 병화는 록(祿)으로 들어 욕궁록좌합니다. 일지에 상관을 놓고 록으로 좌해 상관의 힘이 아주 강합니다. 강한 상관이 욕(浴)을 더욱 자극해 을사 일주는 도화의 기운이 아주 강한 일주입니다.

도화는 프로 기질을 발휘하여 자기가 원하는 일에서 열심히 노력하고 갈고 닦아 결국 성공으로 이끄는 힘이 됩니다. 또한 강한 도화는 묘한 매력을 발휘해 이성의 인기를 얻는데, 마치 꽃은 가만히 있어도 저절로 벌과 나비가 모여드는 것과 같습니다.

그래서 자칫 잘못하면 이성으로 인한 사건·사고가 발생하고 구설에 오르게 됩니다. 열심히 공부해야 할 시기에 이성 문제로 때를 놓쳐 뛰어난 머리와 재능을 가졌음에도 불구하고 꽃을 피어 보지 못하고 비바람에 지는 것처럼 재능을 펼치지 못하고 인생의 중요한 때를 놓치는 경우가 많으니, 스스로 몸가짐을 잘해야 합니다.

이렇게 강한 상관은 관을 극하게 되어 여자는 결혼 생활에 어려움을 겪을 수밖에 없습니다. 도화로 이성에 관심이 많고 인기를 얻지만 오히려 곁에 있는 이성은 상관의 기운으로 밀어내는 이중적인 모습을 보이기 때문입니다.

상관을 록에 놓아 부지런하고 근면 성실하며 화술이 뛰어나 입에서 불을 뿜는 모습이 되니 을사 일주를 말로써 이길 생각은 말아야 합니다.

남녀 모두 직장에서 능력 있고 근면한 사람으로 인정받는데, 강한 상관이 관을 극하다 보니 결국은 사표를 던지고 나오게 됩니다. 그래서 결국 을사 일주는 직장보다는 자영업이나 전문직으로 나가게 됩니다.

을사 일주 여자는 현달한 자녀를 갖게 되고 아이도 엄마를 닮아 예쁘고 똑똑합니다. 을사 일주 여자는 자녀만 보고 살게 되는데, 남편의 아침밥은 안 차려주어도 아이들 간식은 반드시 챙겨주는 등 자식에게 모든 사랑과 정성을 다 쏟게 됩니다. 자녀에게 쏟는 관심과 정성의 반의반만큼이라도 남편에게 쏟는다면 결혼 생활도 무난하게 해로할 수 있을 것입니다.

강한 상관의 불길이 어디로 향하느냐에 따라 을사 일주는 삶의 향방이 결정나게 됩니다. 상관이 관으로 향하기보다는 재성으로 방향을 바꿔 상관생재, 재생관으로 돌린다면 재물도 얻고 행복한 가정도 함께 누릴 수 있습니다.

을사 일주는 정관 경금이 생(生)으로 들어 욕궁생좌합니다. 욕궁생으로 든 남편이라 을사 일주 아내 못지않게 남편도 한 인물 합니다. 남편은 사회성이 좋고 노는 것을 좋아하여 이로 인해 부부 싸움이 일어나기 쉽고, 이성 문제로 구설을 탈 수도 있습니다.

남편 경금 입장에서 사화는 자신을 극하는 편관이 됩니다. 을목 입장에서 사화는 상관 자식이 되니, 을사 일주 여자는 자식을 낳은 후부터 결혼 생활에 문제가 생기게 됨을 알 수 있습니다. 하지만 사화는 경금의 생지에 해당합니다. 결국 경금은 자신을 극하기도 하고 살리기도 하는 사화에게 이러지도 저러지도 못하는 모습을 연출해 을사 일주 남편은 자녀와의 관계가 멀었다가 가까워졌다를 반복하게 됩니다.

경금은 일간 을목과 합을 합니다. 그래서 을사 일주 여자는 남편과 애증의 관계이기는 하나 쉽게 헤어지지는 않습니다. 나의 일지 사화가 남편 경금을 생하고 욕궁이라 을사 일주 여자의 남편은 한량 기질이 있다 보니 여자가 가장 역할을 할 수도 있고, 아내 한 사람을 사이에 두고 자녀와 경쟁하는 철없는 어린아이와 같은 모습을 보이기도 합니다.

남자에게 관은 자식에 해당되니 을사 일주 남자는 귀엽고 잘생긴 자녀를 두며, 재생관하기 때문에 자녀들이 아빠보다는 엄마와 가깝게 지내는 것은 당연한 일입니다.

남녀 모두 직장 생활을 잘하여 능력을 인정받습니다. 하지만 강한 상관 병화의 힘으로 직장에서 동료와 마찰이 있고 자유분방한 성격으로 인하여 구속되는 것을 싫어하니, 결국 직장을 그만두게 되는 경우가 대부분입니다.

관이 욕궁생지에 놓인 데다가 암명합하여 직장이든 모임이든지 항상 인기가 있는 사람이고 근면 성실합니다. 다만 조심할 것은 이성 문제로 인해 괜한 구설에 오를 수 있으니 각별히 조심해야 합니다.

직장을 그만둔다 해도 금방 다른 직장을 구해 일을 하거나 아니면 장사나 사업을 하는 것도 관을 생하고 일간과 암합하기 때문입니다.

$$乙 \quad \xrightarrow{좌법} \quad 戊$$

$$巳 \qquad\qquad 巳$$

욕(浴) 　　　　　　　 록(祿)

을사 일주의 사화 속 무토 재성은 록으로 놓여 욕궁록좌합니다. 재성 록을 둔 을사 일주는 기본적으로 식복은 타고난 사람들입니다. 상관과 함께 재성이 록을 두어 장사나 사업으로 큰 부를 이루는 사람이 많고, 욕궁에 들어 전문 분야나 예능 계통에서 성공하는 사람도 많습니다.

을사 일주는 상관생재하고 상관과 재성 둘 다 록을 놓아 타고난 사업가의 모습이니 직장 생활을 하는 중에도 자기 사업을 꿈꿉니다. 그래서 기회가 된다면 사표 내고 나오려는 마음으로 늘 사직서를 품고 다닙니다.

남자는 처복이 있어 아내의 능력이 출중하여 맞벌이가 많고, 아내가 수입이 더 많을 수도 있습니다. 상관생재를 해야 재생관이 될 수 있으니 을사 일주 남성은 아내에게 잘해야 합니다. 사회에서 잘나가다가도 이혼을 하거나 부부 관계가 엉망이 되면 그때부터 하던 일이 안되고 재물도 빠져나가게 됩니다.

상관생재하는 모습으로 을사 일주는 본인이 노력하면 노력한 만큼 재물을 벌어들이는 사람들이며, 욕궁에 놓여 있어 놀고 즐기는 것도 좋아하여 잘 벌고 잘 쓰는 사람입니다.

여자의 경우 재성은 시어머니가 되니, 시어머니가 경제적인 능력이 있거나 경제적인 활동을 하는 분이며 유산이나 증여 같은 경제적인 도움도 받습니다. 상관생재하므로 을사 일주 여자는 자녀를 낳고 나면 시어머니가 아주 기뻐하여 손주 사랑에 시어머니가 경제적인 도움도 주게 됩니다.

남녀 모두 부모님 덕이 있어 부모님으로부터 유산을 상속받게 되는데, 심지어 어려움에 처하면 부모님의 도움을 받게 됩니다.

을사 일주의 인성은 계수를 인종하여 욕궁태종하게 됩니다.

을사 일주는 머리가 좋으나 공부와는 인연이 멀어 원하는 학업을 모두 다 마치기는 힘든 모습입니다. 하지만 목화상관 희견수라 하여 을사 일주는 수(水)를 필요로 하므로 만약 사주가 조열하여 수를 필요로 하는데 인수에 해당하는 글자가 있다면 원하는 공부를 다 마치고 공부로써 성공하는 사람이 됩니다. 이러한 경우 교육업에서 성공하여 교수나 유명 학원 강사가 많으며 연구직도 많습니다.

인성은 모친이니 을사 일주는 부친에 비해 모친과의 인연이 박하여 일찍 헤어지거나 어머니가 편찮을 수 있습니다. 이 역시 사주에서 인수가 조후용신으로 든다면 오히려 모친의 덕이 많아 어려서부터 어머니의 사랑을 받고 공부도 잘하는 우등생으로 자라게 됩니다.

乙　　　　　　　　　乙
巳　──인종──→　　巳
욕(浴)　　　　　　　욕(浴)

을목은 같은 을목을 태생적으로 꺼리는데, 비견 을목이 욕궁욕종하기 때문에 친구들과 어울려 노는 모습이 연출됩니다. 그래서 을사 일주는 어려서 나쁜 친구와 어울려 잘못된 길로 빠져 평생 후회할 수 있으니, 부모님이 어려서부터 잘 인도해 주어야 합니다.

비견 을목은 지장간 속 경금과 암합을 하니 나의 관을 뺏어 가는 경쟁자가 되거나 여자의 경우 남편과 삼각관계에 놓일 수도 있습니다.

욕이 겹쳐 있어 친구나 동료와 함께 무언가 열심히 연습하고 노력하는 모습이 되어 함께 춤 연습을 하거나 운동을 하는 모습도 되며 함께 공부하는 모습도 됩니다. 친구와 형제도 나처럼 예쁘고 잘생겼습니다.

앞서 이야기했듯이 을사 일주는 남녀 모두 혼전 임신이 많습니다. 내가 원하는 상대라면 문제가 없겠지만, 만약 내가 원하는 짝이 아닌데 임신으로 인하여 어쩔 수 없이 결혼하게 된다면 결국 그 결혼 생활은 불행하게 될 가능성이 높습니다. 따라서 을사 일주는 연애를 하는 것은 좋으나 임신이 되지 않도록 각별히 주의가 필요합니다.

만약 유(酉)금이 와서 사유합을 하면 건강에 문제가 생기거나 하는 일에 난관이 닥칠 수 있습니다. 유금은 을목의 절지에 놓이고 사유합으로 일지 사화가 금으로 바뀌어 을목의 뿌리가 잘려 나가는 모습이기 때문입니다.

을사 일주는 간지가 곡각살이라 관절 신경통에 주의하여야 하고, 을사는 고란살이라 여자의 경우 결혼 생활이 평탄치 않아 노년이 외로울 수 있으며 연애는 많이 하지만 결혼으로 이어지지 않아 오히려 늦게 결혼하는 경우도 많습니다.

을사 일주는 역마를 타고나 여행을 즐기는데, 욕을 깔아 타지(他地)에서 만난 이성과 인연이 되는 경우가 많습니다.

을사 일주는 사화의 불길을 잘 억제하면 타고난 미모와 능력으로 열심히 노력하여 식복을 누리며 즐겁게 살게 됩니다.

병   오

丙午

    병오 일주는 한낮의 태양으로 하루 중 태양이 가장 뜨겁고 가장 높이 떠오른 모습입니다.

    병화일간은 자존심이 세고 천상천하 유아독존으로 자기 잘난 맛에 사는 사람이지만, 그중에서도 병오 일주는 병화 중의 병화라고 할 만큼 자존심이 강하고 자기 주체성이 강한 사람입니다. 병오 일주는 돈 떼먹는 것은 참아도 자존심 상하는 것은 못 참는 사람입니다. 그러므로 절대 병오 일주의 자존심을 상하게 해선 안 됩니다.

    이렇게 지존 같은 태양의 물상이라 자존심과 자존감이 높아 좋게 보면 낙천적이고 좋은 친구가 되니, 정에 약해 돈 빌려 달라는 요청에 거절을 잘 못하고 술 마시면 술값은 본인이 계산해야 마음이 편합니다. 그야말로 폼생폼사하게 되어 실속을 챙기지 못하고 밖에서는 좋은 친구지만 집안에선 나쁜 남편이 되기 일쑤입니다.

병오는 이글거리는 염상(炎上)의 모습으로 치솟는 불길에 모든 것을 다 태워 버리므로 맹렬한 화기를 어떻게 다스리고 쓸 것인가가 인생의 성패를 가르는 기준이라 해도 과언이 아닙니다. 불같은 성격 때문에 자기 발등 찍는 행동과 말을 잘하고 주위 사람들을 힘들게 하지만, 정작 본인은 언제 그랬냐는 듯이 돌아서면 잊어버립니다.

병오 일주는 간여지동에 일지 양인을 두어 그 기세가 어마어마합니다. 60갑자 중에 양인 일주는 병오와 임자 이렇게 두 일주밖에는 없는데 제아무리 괴강살, 백호살이 세다 해도 양인에 비하면 온순한 양에 불과합니다.

60갑자 중에 가장 강한 일주는 병오와 임자 두 양인 일주라 할 수 있겠습니다. 그래서 병오 일주와 맞서 싸우는 것은 어리석은 짓입니다. 병오 일주는 채찍보단 당근으로 유혹해야 합니다. 달래고 칭찬하면 화내다가도 금방 풀어지고 약간의 아부를 더하면 기분이 좋아서 부탁하는 건 다 들어줍니다.

병오 일주는 불타는 말로 적토마에 해당합니다. 어디에도 구속되지 않고 누구 말도 안 들으며 자기 고집대로 자기 하고 싶은 대로 하면서 자유롭고 낙천적인 삶을 살아가게 됩니다.

일지에 오화를 두면 그 자체로 역마의 기운을 가져 활동적이며 성욕이 왕성하게 되는데, 병오 일주는 불타는 욕정을 가져 자칫 잘못하면 욕정을 다스리지 못해 가정이 깨지고 건강까지 해칠 수 있습니다.

丙

午 **양인(겁재)**

왕(旺)

병오 일주는 일지에 양인을 두었습니다. 양간의 겁재를 양인(陽刃)이라 부르는데, 칼날인(刃)자가 들어가는 만큼 살기(殺氣)를 품고 있어 성정이 매우 강하고 독합니다. 이렇게 양인을 두게 되면 일반적인 직장 생활은 힘들며 살(殺)을 쓰는 직업이 잘 맞으며 그런 직업에서 대발하게 됩니다.

다른 사람들과 화합하기가 힘들어 독불장군이 많고 직장 생활이나 조직에서 항상 치열한 경쟁을 하게 되는데, 경쟁자가 양인이라 만만치 않습니다. 그래서 혼자 하는 일이나 자율적인 일이 잘 맞으며 직장 생활보단 포장마차를 하더라도 내 사업, 내 장사를 하는 게 적성에 맞습니다.

일지에 양인을 두어 병오 일주는 배우자와의 인연이 힘들 수밖에 없습니다. 성정이 너무 강하고 자기중심적이라 어떤 배우자와도 쉽게 화합하지 못하고 결국 헤어지게 되기 때문입니다. 배우자뿐만 아니라 강한 성정과 고집으로 조직 생활이 힘들어 주변 사람들과 충돌도 자주 일어나게 됩니다. 따라서 병오 일주는 뜨거운 열기를 어떻게 다스리느냐가 삶의 큰 과제가 됩니다.

12운성에 가장 강한 것이 왕(旺)인데, 그중에서도 병오는 양기(陽氣)가 가장 강한 일주로 넘치는 양기를 쏟아부을 음기(陰氣)를 자연히 찾게 됩니다. 이 때문에 남자는 색정에 빠지거나 술에 빠질 수 있으며, 여자는 아무리 신약해도 남자 같은 성격을 지니게 되어 오히려 여성스러운 남자와 잘 맞는데 문제는 속궁합이 잘 맞아야 한다는 것입니다.

병오 일주는 물을 자주 마시고 집 안에 바다나 호수 같은 물과 관련된 그림을 걸어 놓으면 건강과 감정 조절에 많은 도움이 됩니다.

丙
午 ——→ 丁겁재, 己상관, 丙비견
왕(旺)

병오 일주는 비견과 겁재가 록왕으로 들어 고집과 자존심이 하늘을 찌를 듯하여 다른 것은 다 참아도 자존심 상하는 것은 못 참는 사람입니다. 고집과 자존심이 잘 쓰이면 어떤 고난과 위협에도 굴복하지 않는 기개가 있어 조직의 지도자가 되고 혁명가가 되어 만인의 존경을 받게 됩니다. 하지만 잘못 쓰이면 독불장군에 안하무인이 되어 조직에 융화되지 못하고 사고만 일으키는 사고뭉치 외톨이가 될 수 있습니다.

비겁이 혼잡해 친구들과 어울리는 것을 좋아하는데, 친구와 돈거래를 하거나 동업을 하면 친구가 원수로 바뀌게 됩니다. 이렇게 오화 겁재 속에 비겁이 함께 있는 것은 이복형제가 있다는 의미도 있으며 부모님 중 한 분이 재가를 하셨다는 의미도 됩니다.

상관 기토의 역할이 중요한데, 뜨거운 화기를 배출시키는 역할을 해 상관 기토는 병오 일주에겐 보석과 같은 귀한 존재입니다. 이렇게 열기를 내뿜는 상관으로 인해 병오 일주는 화나면 열기가 폭발하고 말할 때 입에서 불이 나듯이 말을 잘하고 말이 빠르고 목소리가 큽니다. 때론 상관의 기질이 더해져 말과 행동이 거칠어 주위의 원성을 살 수 있습니다.

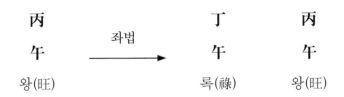

<table>
<tr><td>丙</td><td></td><td>丁</td><td>丙</td></tr>
<tr><td>午</td><td>좌법</td><td>午</td><td>午</td></tr>
<tr><td>왕(旺)</td><td></td><td>록(祿)</td><td>왕(旺)</td></tr>
</table>

병오 일주는 일지 배우자궁이 양인으로 놓인 데다가 비겁이 록왕으로 좌해서 병오 일주 본인도 대단한 성정이지만 배우자 역시 만만치 않은 성격의 소유자임을 알 수 있습니다. 병오 일주의 형제도 대단한 성정의 소유자이고 배

우자궁에 비겁이 있어 가정보단 친구와 체면을 더 가까이하고 소중하게 여기는 사람입니다. 직장이나 사회생활에서 늘 경쟁자가 따라다니게 되어 배우자, 형제, 동료와 갈등이 생기게 됩니다.

이렇게 비겁이 강하게 되면 비겁의 탈재를 피하기 힘들어 어렵게 번 돈을 관리를 못해 날려 버리기 쉬운데, 돈을 빌려주면 못 받게 되고 지인의 소개로 투자했다가는 실패하고 사기당하게 되고 친구 따라 다단계나 사이비 종교에 나가기 쉽습니다. 왕한 비겁과 오 중 기토 상관의 조합으로 투기성이 일어나 일확천금을 노리고 요행을 바라게 되어 도박에 손을 대는 경우도 많습니다. 부모님 유산을 두고 형제와 갈등을 빚게 되는데, 둘 다 성정이 강하여 큰 다툼으로 번지게 되기도 합니다.

결국 병오 일주는 대인관계에서 갈등이 생겨 직장이나 조직 생활이 힘들다보니 혼자 하는 일이나 독립성이 보장된 일이 잘 맞습니다. 그래서 직장을 다니면서 늘 독립할 기회만 엿보게 됩니다. 일주가 워낙 강해 본인만 성실하게 노력하면 무엇을 해도 성공할 힘이 있는 사람입니다.

병오 일주는 주변의 도움 없이 죽든 살든 혼자의 힘으로 세상을 헤쳐 나가는 독불 장군이자 독산고목과 같은 자수성가의 명입니다.

병오 일주는 오중 기토 상관이 록에 드니 왕궁록좌합니다.

상관 기토는 귀하게 쓰이는데, 맹렬한 화기를 화생토하여 화기를 빼주고 기토는 습토로서 일정 부분 조후를 조절해 주는 역할도 하게 됩니다. 맹렬한 화기에 비해 기토는 음토라서 화기를 설기하기에는 힘에 부친 모습이지만 기토가 록에 좌해 만만치 않은 힘을 가지고 있으니 병오 일주에게 상관 기토는 사막에서 오아시스를 만난 것과도 같습니다.

병오 일주가 화염의 물상으로 성미가 불같지만 한편으로 인정이 넘치고 사람들에게 베풀기도 잘하는 것은 상관 기토의 역할 때문입니다.

병오 일주는 비겁과 상관이 왕해 왕성한 활동력을 보이며 스태미나가 넘쳐 건강하고 운동을 잘하는 사람이 많고, 잘 먹고 잘 놀고 열심히 일하는 사람입니다.

상관이 록을 얻어 말을 잘하는 달변가들인데, 상관 기토를 통해 뜨거운 열기를 발산하는 모습이라 비밀이 없어 속마음을 말로 다 쏟아내 버리는 사람입니다. 거침없는 말과 행동으로 직언을 하고 남들이 모두 "예스"를 해도 혼자서 "노우"를 하는 배짱과 직설적인 성격의 소유자입니다. 그러나 이것이 지나쳐서 자기도 모르게 남의 가슴에 상처 주는 말을 하게 되고 화가 나면 폭언과 무례한 행동으로 나타나 다툼이 자주 일어나게 됩니다.

병오 일주 여자는 건강한 자녀를 두게 되고 자녀에게 헌신하게 됩니다. 왕한 비겁과 상관의 힘은 자연스럽게 남편을 극하게 되어 결혼 생활이 힘든데, 자녀를 낳고 나면 남편 대신 자녀만 바라보고 살게 됩니다.

병오 일주 여자는 자녀에게 애정을 쏟지만 자녀는 마음처럼 따라 주지를 않는데, 상관 기토 입장에서는 어머니의 뜨거운 화기로 인해 논바닥이 갈라지는 모습이라 모친과의 갈등을 겪게 됩니다.

병오 일주의 재성은 경금을 인종하여 왕궁욕종합니다.

병오 일주는 왕한 비겁이 상관을 생하고 왕한 상관은 다시 재성을 생하는 흐름이 가장 좋은 모습입니다. 즉, 넘치는 에너지를 열심히 일하는 데 쓴다면 어디서 무엇을 하든지 성공할 수 있는 사람입니다.

욕은 도화의 기운이라 돈 욕심도 많고 한 번에 큰돈을 벌려는 마음이 강해 투기나 도박에 마음이 가지만 결국 실패하게 됩니다. 재를 극하는 비겁이 록 왕을 얻은 데다 욕의 기운은 한 번에 큰돈을 벌 만큼 강한 기운은 아니기 때문입니다.

오히려 욕은 오랜 시간 땀 흘리며 노력하는 모습이라 병오 일주는 일확천금의 욕심을 버리고 열심히 노력하며 묵묵히 살다 보면 마침내 큰 성공을 거두게 될 것입니다. 하지만 비겁과 상관이 강한 데다 재성까지 도화에 놓여 욕심을 내려놓고 땀 흘리며 묵묵히 일하기가 쉽지 않을 것입니다.

남자에게 재성은 아내가 되니 미인 아내를 얻게 되고 연애결혼이 대부분이지만 결혼 생활은 순탄치 않게 됩니다. 이는 병오의 화기가 너무 강해 재성 金이 형체를 알아볼 수 없게 녹아내리기 때문입니다. 병오의 화기가 금을 형체도 없이 녹이는 것은 여러 모습으로 나타나게 되는데, 대표적으로 분노를 참지 못해 아내에게 폭언을 하거나 술을 마시고 소란을 피우게 됩니다.

그리고 넘치는 성욕으로 인해 아내와 갈등이 있게 되는데, 만약 부부의 속 궁합이 잘 맞다면 다른 일로 아무리 싸운다 해도 안 헤어지게 됩니다. 그러나 반대로 속궁합까지 잘 맞지 않는다면 부부 사이가 더 멀어지게 되고 나아가 외도를 하거나 아내가 병에 걸려 아프게 되는데 심하면 단명할 수도 있으니 차라니 헤어지는 것이 낫습니다.

이런 경우에 만약 재산을 날리거나 본인이 병에 걸리게 된다면 오히려 아내는 건강하게 됩니다. 결국 병오 일주는 맹렬한 화기를 다스리는 것이 우선 과제입니다.

상관생재로 흘러넘치는 기운이라 돈 버는 능력이 강하기에 욕심내지 않고 열심히 일한다면 꾸준히 돈을 모아 부자가 되고 가정도 화목할 것입니다. 하지만 비겁의 뜨거운 화기로 재성을 욕심내어 일확천금을 노리거나 편법으로 취하려 들면, 돈은 녹아 사라지고 가정도 지키기 힘들어집니다.

丙　　　　인종　　　　壬
午　　　　——→　　　　午
왕(旺)　　　　　　　　　태(胎)

병오 일주의 편관은 임수를 인종하여 왕궁태종합니다. 상관이 강한 데다 관살이 태로 드니 직장 생활하기가 힘들어, 아무리 좋은 직장이라 해도 정년까지 다니기는 힘들다 하겠습니다.

하지만 오화 양인은 칠살을 반기니 양인합살하게 되면 칠살 임수가 빛나는 귀(貴)명이 되어 명예가 빛나고 고위직에 오르는 묘한 기운이 있습니다. 따라서 공무원이나 형살을 쥐는 군·검경에서 출세를 하게 되고 살을 쓰는 사람이니 의료계나 종교, 활인업에서도 재능을 펼치게 됩니다.

여자의 경우 이렇게 살을 쓰는 경우 간호사나 보험설계사, 미용업에 종사하는 사람도 많습니다. 이렇게 살(殺)을 쓰는 직업을 가지면 재능을 발휘하며 성공과 출세를 하게 됩니다.

병오 일주는 어떤 직업에 종사하느냐가 관건인데, 일반적인 직장보다는 살을 쓰는 직업에서 능력을 발휘하게 되고 아니라면 차라리 독립적으로 일하는 전문직이나 자영업이 낫습니다.

여자에게는 남편이 절태로 든 데다가 상관이 강해 부부가 해로하기가 힘든 데, 양인합살하여 남편이 위에 말한 직업에 종사한다면 남편 덕에 귀를 누리게 됩니다. 하지만 양인은 겁재이기 때문에 겁재와 남편이 합을 하는 모습이라 자칫 남편의 외도로 나타날 수 있는 딜레마가 있습니다.

병오의 맹렬한 화기를 관살의 수기가 식혀 주는 역할을 해 주어 병오 일주 여자는 자기도 모르게 남자를 찾게 되고, 결혼하면 남편에게 집착하거나 이것저것을 요구하게 됩니다. 만약 남편이 아내의 화기를 감당할 수 있으면 화목한 가정이 되지만, 관살의 수기가 뜨거운 화기를 감당하지 못하면 남편이 시름시름 앓거나 헤어질 수 있습니다.

그래서 병오 일주 여자는 사주에서 관살의 힘이 미약하다면 결혼을 늦게 하거나 결혼 생활에서 남편을 존중하고 먼저 양보하는 자세가 필요할 텐데 병오 일주의 성격상 그러기가 쉽지 않을 것입니다.

병오 일주의 인성 갑목은 사(死)에 들어 왕궁사종합니다.

인성이 사종하여 머리가 비상한데 인성으로 인해 화기가 더 맹렬해지니, 조후가 해결되지 않는다면 공부로서 성공하기는 힘듭니다. 인성이 사지로 인종하고 인성이 공망이라 모친과의 인연이 박하여 헤어지거나 갈등의 소지가 있는데, 인성 목은 사지로 들고 뜨거운 불길에 재가 되기 때문입니다.

모친도 힘들지만 병오 일주 본인도 힘들긴 마찬가지입니다. 모친의 목기가 나의 화기를 더 키우기 때문에 불난 집에 부채질하는 형국이 됩니다. 그래서 병오 일주는 모친과 떨어져 사는 것이 서로에게 좋고 정이 깊어집니다. 만약 관살이 왕하고 신약한 경우에는 도리어 모친과 가까이 지내고 공부로도 성공할 수 있습니다.

병오는 염상이라 불같은 성격의 소유자입니다. 뜨거운 화기를 다스리지 못하면 맹렬한 불길에 金, 水, 木, 土 어떤 것도 무사하지 못해 돈, 가족, 건강, 명예까지 모두 다 잃게 됩니다. 즉 자기 성질을 다스리지 못하면 모든 것을 다 잃게 된다는 말입니다.

맹렬한 불길은 분노가 되어 정신적인 문제로 나타날 수 있습니다. 또한 뜨겁다 보니 목이 말라 술을 찾게 되거나 아니면 욕정에 빠져 들 수 있습니다.

병오 일주가 적절한 수기로 조후가 해결되면 화기로 금을 제련하고 나무를 키우는 태양이 되고 호수 위에 빛나는 태양이 되어 인물 좋고 능력이 좋아 부자가 되고 정이 많아 사람들에게 존경도 받게 됩니다.

오화는 복(福)성이라 오화를 둔 사람은 타고난 복이 하나는 있으며, 午는 卯나 子가 오면 말 엉덩이를 때리는 형국이라 이동 수가 생기거나 부부 생활에 변화가 일어나게 됩니다.

午는 탕화살이라 午丑辰운에 탕화가 발동하는데, 특히 병오는 염상이라 탕화가 더 강하게 나타나게 되니 병오 일주는 첫째도 둘째도 뜨거운 열기를 식히는 것이 최우선 과제입니다.

정 미

丁未

    정미 일주는 양인의 기질이 있습니다. 양인을 알아보는 방법 중에 일간의 록에 해당하는 지지의 다음 글자를 양인으로 보는데, 정화의 록이 되는 午의 다음에 오는 未가 정화의 양인에 해당합니다.

    양인의 기질이 있는 정미 일주는 괴강살이나 백호살 못지않게 고집이 세고 강한 성정을 드러냅니다. 정화 일간이라 부드럽고 약할 줄 알고 쉽게 봤다간 큰 코 다칩니다. 성정이 강한 만큼 자신의 주관이 뚜렷하고 뚝심이 있어 난관이 닥쳐도 포기하지 않고 이겨 내는 끈기와 뚝심이 있습니다.

    미토는 한여름의 뜨거운 흙으로 정화의 열기가 더해 정미 일주는 맹렬한 화염과 열기를 나타냅니다. 뜨거운 열기를 식히지 못하면 항상 사건·사고가 따르고 주변 사람과 마찰을 빚게 됩니다.

    정미의 열기는 무엇이든 태우는 힘이 있어 金을 녹이거나 木을 태워 난방을 하는 데 쓰인다면 큰 부자가 되거나 사회에서 성공을 하고 존경을 받는 사람

434   _____ 피클 일주론 사주명리학의 꽃

이 됩니다. 반면에 열기를 조절하지 못한다면 가까운 가족의 가슴속을 후비 듯이 힘들게 하는 정화의 단점이 나타나게 됩니다.

일지 미토는 木의 고(庫)지로 정미 일주는 인성의 고지를 가지고 태어난 사 람으로, 모친과 일찍 헤어지거나 모친과의 아픈 사연이 있을 수 있습니다. 모 친을 배우자궁 속에 품고 있다는 것은 아프신 어머니를 봉양하거나 노모를 모 시게 된다는 의미도 됩니다. 그래서 정미 일주는 효자·효녀가 많습니다.

미토는 당사주에서 역성(驛星)으로 일지에 미토를 깐 사주는 타고난 역마를 가지게 됩니다. 정미 일주 역시 역마를 타고나 동서남북 종횡무진 다니게 됩 니다.

미토는 정화의 홍염살로 정미 일주는 시크한 매력이 넘쳐 이성의 인기가 많 은데, 역마성에 홍염이 있어 자연스럽게 바람기로 연결됩니다.

丁

未 　　　 식신

관대(冠帶)

정미 일주는 일지에 식신을 관대로 놓았습니다. 일지 배우자궁에 식신을 두 어 정미 일주 여자는 자식 사랑이 대단한데, 배우자궁에 관을 극하는 식신을 둔 데다 양인의 기질까지 있어 남편과의 관계에서는 불리함이 있습니다.

미토를 놓으면 맛이나 음식과 연관이 있는데, 식신으로 들었으니 정미 일주 는 미식가이며 요리를 잘하는 사람입니다. 맛집을 찾아 여행을 다니며 인생 에서 먹는 일이 중요한 부분을 차지합니다. 정미 일주 여성은 음식을 잘해 남 편과 아이들에게 높은 점수를 받지만 욱하는 성격 때문에 다 까먹게 됩니다.

미토는 조토이므로 정미 일주는 아주 조열한데, 거기다가 양인에 식신 현침까지 되어 있으니 화가 나면 언행이 거칠어져 상대방에게 상처가 되는 말을 잘하고 구설시비를 겪게 됩니다. 평소에 쌓은 공덕을 한순간의 말로 날려 버리니 이 모두가 화를 참지 못하는 본인의 성격 탓입니다.

丁
未 ⟶ 己식신, 乙인성, 丁비견
대(帶)

지장간에 인성, 비견, 식신을 품은 정미 일주는 식신궁을 두었음에도 인성과 비견의 힘으로 매우 신강합니다.

인비식으로 상생하여 인비의 강한 기세를 식신으로 쏟아 내어 활동력이 왕성하고 부지런하며 고집 세고 성격이 강하지만, 속정이 깊고 나눌 줄 아는 착한 사람들입니다. 열기를 식신으로 쏟아 내어 말을 잘하는데 화가 나면 목소리가 커지고 속사포처럼 말이 빨라 마치 입에서 불이 나는 듯합니다.

비견이 중요한 역할을 하는데, 만약 비견이 없다면 인성과 식신이 극을 해 식신이 망가지게 되기 때문입니다. 그래서 비견의 덕이 있으니 형제 동료 덕이 있고 살아가며 귀인의 도움을 받게 됩니다.

인성에서 식신까지 상생하여 배운 것은 활용을 잘해 전공 분야에서 성공하게 되며, 무엇이든 하나를 배우면 둘 셋을 깨우치고 활용하는 재치와 능력을 보여 남들보다 빨리 일을 성취하게 됩니다.

인비가 식신을 생해 근면 성실함은 타고났으며 체력도 좋아 야근을 하고 힘든 운동을 해도 다음 날이면 정상적으로 근무를 합니다. 타고난 체력과 부지런함으로 정미 일주는 무슨 일을 하든 성공할 수 있습니다.

어렵고 힘든 고난도 쉽게 잘 참아 넘기지만, 강한 자기 성격을 쉽게 고치기는 힘들 것입니다. 하지만 겉으로는 강해 보여도 인성과 식신의 영향으로 정이 있으니 베풀기도 잘하며 강자 앞에 강하고 약자 앞에서는 약한 사람이라 할 수 있습니다.

정미 일주는 식신 기토가 대궁대좌하였습니다.

식신이 관대를 겹쳤으니 정미 일주는 전문가입니다. 열심히 공부해서 전문 자격증을 따 전문직으로 나가는 게 상책인데, 관대가 겹쳐 자존심이 아주 세니 자칫 고집불통과 오만함으로 보일 수 있어 주의해야 합니다. 일반 직장 생활을 하는 데는 어려움이 있으나 자율적이고 전문 분야의 직장이라면 잘할 수 있습니다. 인비가 식신을 생해 부지런한 사람이며 자연히 식신생재로 이어져 근면 성실함으로 부자가 되는 사람입니다.

식신이 관대를 겹치면 요리를 잘하고 미식가이며 요식업으로 성공하는 분들이 많습니다. 또 현침 식신이 관대를 겹쳐 의료계 종사자가 많은데, 만약 의사나 간호사가 정미 일주라면 수술을 잘하고 주사를 잘 놓습니다.

정미 일주 여자의 자녀는 예의 바르고 똑똑한데 미토가 역마를 의미해 일찍이 집과 먼 학교로 진학해 부모와 떨어져 지낼 수 있습니다.

자녀들은 우수한 성적으로 학교를 다니고 남들이 부러워하는 직장이나 전문직을 가지게 됩니다. 다만 대궁대좌라서 부모의 간섭이 심할 수 있는데, 이럴 때는 오히려 자녀를 가두고 묶어 자녀의 앞길을 막는 역효과가 날 수 있습니다.

일지에 식신을 두어 남편궁에 자녀가 앉은 모습이라 남편보다는 자녀를 우선시하게 되는데, 신혼 시절부터 원만하던 부부 관계도 아이를 낳고부터 남편을 향한 잔소리가 심해지고 남편과의 잠자리도 점점 줄어들게 됩니다. 배우자궁에 건조한 미토 식신이 들어앉고 현침이라 남편을 밀어내는 힘이 강해 밤에 부부 관계에도 문제가 생기게 되는데, 정미는 너무 건조해서 서로가 재미를 못 느끼게 됩니다.

인성과 비견이 함께 있어 식신 기토의 힘은 아주 강하게 표출되어 정미 일주는 말을 잘하고 분주하며 남의 일에 참견도 잘해 오지랖이 넓다는 소리를 듣게 됩니다.

이렇게 식상이 강하면 직장 생활에 어려움이 있게 되는데, 동료와 시비가 잦게 되고 인비까지 강해 자기 주관과 고집이 강해서 충돌이 많게 됩니다. 결국 정미 일주는 열심히 공부해서 전문직으로 나가는 것이 제일 상책이며 미토 식신으로 기술직도 많습니다.

정미 일주의 인성 을목은 대궁양좌합니다.

미토는 목의 고지인 데다가 을목이 양에 놓였으니 정미 일주는 모친과 특별한 관계임을 알 수 있는데, 오랜 전생부터 이어져 온 떼려야 뗄 수 없는 각별하고 질긴 인연으로 얽인 숙명의 관계입니다. 인성 어머니가 묘에 들고 양에 앉아 어머니가 편찮으시거나 생리사별할 수도 있습니다. 결혼 후 어머니를 봉양하게 되는데, 길고 질긴 전생업으로 얽힌 관계임을 알고 정성을 다해 어머니를 간호하고 봉양하여 현생의 맡은 책임을 다하여야 합니다.

대궁 양은 물상으로 의료 계통이나 교육, 종교 계통의 직업물상이 되어 만약 모친이 이런 분야에 종사를 하거나 관련된 생활을 한다면 앞에 말한 모친과의 생리사별이나 아픈 인연은 사라지게 됩니다. 또한 이럴 때는 모친으로부터 경제적인 도움도 받는데, 거액의 유산을 물려받는 경우도 많습니다.

인성이 대궁양이라 똑똑한 사람이 많아 공부로 성공하는 일주입니다. 그런데 만약 인성이 식신 기토를 극하는 관계가 된다면 똑똑한 머리를 사리사욕을 위해 쓰게 되어 본인은 돈을 벌고 이익을 취한 그만큼 누군가는 손해를 보고 눈물을 흘리게 되니 주변의 인심을 잃게 됩니다.

인성의 도식 작용은 자식에 대한 지나친 간섭으로 잘 나타나는데, 이때는 오히려 어머니의 지나친 관심과 애정이 집착이 되어 자식의 앞날을 망치게 되니 각별히 유의해야 합니다.

제5부

잡진순 — 寅卯 공망

정미 일주의 비견 정화는 대궁대좌합니다.

비견은 未 속에 인성과 함께 있어 형제가 나보다 더 모친의 관심을 받게 되거나 부모님의 유산을 받을 때 나보단 형제가 더 많이 받게 됩니다. 그렇다 하더라도 노모를 모시고 봉양하는 것은 나의 몫입니다. 비견은 인성을 식신 으로 연결하는 역할을 하므로 결국 괜찮은 형제이며, 나아가 형제의 도움도 받을 수 있습니다.

비견은 나의 식신 근를 생해 주므로 정미 일주는 지치지 않는 끈기와 인내 가 있으며 체력 또한 타고났습니다. 未 속에 비견을 두어 정미 일주는 꺼지지 않는 불꽃이 있어 어떤 고난에도 포기하지 않고 이겨 내는 힘이 있습니다. 자 존심, 주관이 아주 강하며 불길이 너무나 거세니 부작용으로 주변 사람을 힘 들게 하고 융화를 잘 못할 수도 있습니다. 반면에 뜨거운 불로 金을 녹이기에 는 유용하니 부자도 많습니다.

비견이 대궁대좌해서 고집이 아주 세고 자존감이 높지만, 자칫하면 오만함 으로 나타날 수 있으니 사람들 앞에서 겸손을 배워야 합니다.

배우자 궁속에 정화를 품고 있어 일간의 정화와 합쳐져 염상을 만들어 활활 타오르는 불길이 됩니다. 이로 인해 본인의 불같은 성미와 언행 때문에 배우 자가 힘들어 떠날 수 있으니, 평소에 배우자에게 잘해야 합니다.

정미 일주의 재성 신금은 대궁쇠종합니다.

재성이 쇠지로 인종되어 돈버는 능력이 있고 왕한 식신과 인비식으로 순행 하는 기운이 있어 타고난 노력과 재주로 부자가 됩니다. 머리가 좋아 열심히

_____ 피클 일주론 사주명리학의 꽃

공부해 전문직으로 큰돈을 벌지만, 식신을 쓰지 않고 인성만으로 쉽게 돈을 벌려 하거나 일확천금을 노린다면 오히려 돈도 잃고 건강도 잃게 됩니다.

그 이유는 未토가 조열하여 생금(生金)이 잘 안 되고 식신을 쓰지 않으면 생재가 안 되는 데다 지장간 속에 비견이 숨어 있어 돈이 새어 나가는 구멍도 크기 때문입니다. 즉, 노력하지 않고 요령을 피우거나 편법을 써서 돈을 벌려고 한다면 식신이 망가져 식신생재가 안 되고 인성이 비견을 키워 탈재만 일어나기 때문입니다.

만약 사주 원국에 庚금이 투간되어 있다면 제련하는 물상으로 큰 부자가 되고 자기 분야에서 성취를 이룰 가능성이 높습니다.

대궁을 놓아 옷을 잘 입는데, 쇠종하여 정미 일주 남자는 아내 덕이 있어 현모양처인 아내를 만나게 되고 나아가 처갓집 덕을 볼 수도 있습니다. 아내는 남편의 불같은 성격 때문에 살아가며 마음에 상처를 많이 입게 됩니다.

정미 일주 여자는 시어머니의 덕을 보게 되지만, 시모와 가깝게 지내는 것은 힘듭니다. 재성 辛금이 아무리 쇠로 인종된다 하여도 정미의 불꽃이 너무 뜨거우니 신금은 부담스럽기만 합니다. 그래서 시모가 오히려 정미 일주 며느리를 피하려는 모습이 보입니다.

정미 일주의 부친은 점잖으신 분인데 정화의 뜨거운 열기가 부담스러워 자녀와 갈등이 생기기 쉽습니다.

정미 일주의 편관 계수는 대궁묘종합니다.

옷을 입고 무덤 속에 누워 있는 모습이라 특정한 옷을 입고 생명을 살리며 삶과 죽음에 관련된 직업이 어울려 의약업이나 종교, 활인 계통이 잘 맞습니다. 군·검경도 잘 맞고 교육직에서도 능력을 발휘하며 보험업 계통 종사자도 많습니다. 묘는 한곳에 꿈쩍도 않고 있는 것이고 대궁은 담장을 두른 것을 의미하니, 병원이나 교도소 군부대의 모습도 됩니다.

정미가 하도 뜨거워 어지간한 계수의 빗물은 내리자마자 말라 버리게 되니 전문직이 아니면 웬만한 직장에서는 정년까지 있기가 힘들며 직업의 변동이 잦습니다.

정미 일주 여자는 남편에 대한 불만이 생길 수밖에 없는데, 이는 남편이 무덤 속에 누워 있기 때문입니다. 그렇기 때문에 남편과 잠자리의 뜨거운 사랑을 나누기가 힘들어 불만이 쌓이니 결국에는 이것이 원인이 되어 이별하기도 합니다. 하지만 조열한 정미 일주에게는 관의 水기는 꼭 필요한 것이므로 불만이 있어도 웬만해서는 참고 사는 게 낫습니다. 남편 입장에서는 조열한 정미 일주 아내가 부담스러우니 자연히 밖으로 눈이 돌아가게 됩니다.

정화는 불이 꺼질 수 있는 계수보다는 합이 되는 임수를 반기는데, 정미 일주는 임수를 보면 직장 운이 있고 여자는 남편 덕이 있고 남자는 자녀 복이 있으며 직장에서 승진합니다.

무덤 속에 옷을 입은 것은 병원에 입원한 환자의 모습이라 남편이 아플 수 있는데, 본인이나 남편이 의약업이나 활인 등 앞에 말한 직업들에 종사한다면 부부가 무탈하게 해로할 수 있습니다. 그리고 정미 일주 자녀는 아플 수 있지만 똑똑하여 공부로 성공하게 됩니다.

정미는 홍염살로 사람을 끄는 매력이 있으며 미남·미녀가 많은데, 양인의 기질이 있어 예쁜 외모에 비해 장미의 가시처럼 성격은 까칠합니다.

정미의 뜨거운 열기는 조후를 우선으로 하게 되는데 水는 관에 해당하므로 적성에 안 맞더라도 직업을 가져야 정신적으로도 건강합니다. 그리고 여자의 경우, 남편에 대해 불만이 있어도 없는 것보다는 낫다고 생각해야 합니다.

정미는 조열해 축미충을 오히려 반기게 되어 습토인 축토의 충으로 미토가 옥토로 바뀌게 되어 부자가 될 수 있습니다.

정미 일주가 사주에 水기가 없어 火기를 제어 못하면 건강이 안 좋거나 정신적인 질환이 생길 수 있으니, 물을 자주 마시고 물을 가까이하는 것이 좋습니다. 이때 물 대신 술을 찾게 되면 문제가 되는데, 조열한 일주 중에 알코올 중독자가 많으니 술은 되도록 조심해야 합니다.

정미의 왕한 식신은 타고난 식성과 함께 성욕도 왕성하게 됩니다. 홍염살과 역마가 있으며 성욕까지 왕성해 자연히 바람으로 연결되기 쉬우니 스스로 처신을 잘해야겠습니다.

정미 일주 남성은 나쁜 남자 스타일의 매력남이 많고, 여성은 글래머 스타일의 미녀가 많습니다.

戊申

무신 일주는 문창성을 두어 머리가 똑똑하고 성격도 시원시원합니다. 문창을 품어 지성이 있고 책을 가까이하는 사람으로, 문창 식신이라 배운 것으로 그치지 않고 배운 지식을 토대로 사회에서 활약하게 됩니다. 그래서 무신 일주는 학원업을 하거나 교사가 많으며 전공 분야에서 활약하는 사람입니다.

무신은 대표적인 고란살 일주라 혼자 살거나 고독을 즐기는 사람이 많은데, 고란살은 남자보다 여자가 상대적으로 강하게 작용합니다. 여자에게 갑목이 관성인데 절에 놓이는 데다 신금 식신을 배우자궁에 두어 도끼로 나무를 찍어내게 됩니다. 그리고 申은 고성(孤星)으로 일지에 신금을 둔 사람은 고독을 즐기게 됩니다.

무신은 큰 산에 어마어마한 지하자원을 묻은 모습으로, 겉보기와 다르게 뛰어난 재능을 가졌거나 평범해 보여도 실은 대단히 큰 부자인 경우가 많습니다. 무토라는 땅속에 신금이라는 자원이 있어 무한한 가능성을 가진 사람이며 능력을 개발만 하면 성공이 보장되는 일주입니다.

그러나 땅속에 아무리 많은 금이 있더라도 캐내지 않으면 쓸모가 없듯이, 무신은 노력하고 도전하지 않으면 저절로 주어지는 것은 없으며 반드시 본인의 땀과 시간을 들여야 합니다. 그래서 무신 일주는 각고의 노력 끝에 성공하는 자수성가하는 대표적인 일주입니다.

무신 일주는 일지에 申금이라는 큰 칼을 품고 있어 남녀 모두 무장의 기질을 보이게 됩니다. 이때 신금은 관우의 청룡언월도가 되어 무신이라는 말 그대로 武臣이 됩니다. 이렇게 무신 일주는 스케일이 크고 무한한 가능성을 가졌기 때문에 사회 각 분야에서 재능을 펼치며 활약하는 사람들이 많습니다.

戊

申   **식신**

병(病)

무신 일주는 식신을 병으로 두어 성격이 쾌활하고 낙천적이며 항시 바쁘고 오지랖이 넓은 사람입니다.

12운성의 병(病)은 12신살의 역마와 같습니다. 그래서 무신은 무토라는 큰 산이 역마를 일지에 두어 산을 넘어 다니는 모습이 되어 이사를 자주 하거나 업무상 이동을 많이 하게 됩니다.

申이 역마가 되면 자동차 · 기차의 물상이 되어 운수 · 관광 · 무역 관련 분야의 업이 많으며, 申은 칼 · 탱크 · 장갑차로 특히 군 · 검경에서 활약하는 사람이 많습니다.

여자의 경우는 배우자궁에 식신을 두어 자녀에 대한 사랑이 대단한데, 자녀에게 쏟는 사랑이 많을수록 남편을 향한 마음은 줄어들게 됩니다. 자녀를 챙기는 정성의 반만큼이라도 남편에게 쏟는다면 무신 일주 여성들은 부부 관계에 아무 문제가 없을 것입니다.

병원 종사자도 많은데, 어떤 분야든지 무신 일주는 대개 스케일이 커서 큰 대학병원이나 대기업, 국가기관 등에 소속된 사람이 많습니다. 사회활동을 해도 많은 사람들을 상대하거나 국가 기관이나 기업을 상대하거나 사회에서 어느 정도 직위를 가진 사람들과 친분을 쌓거나 거래를 하게 됩니다.

무신 일주는 남녀 모두 연애결혼이 많은데 혼전 임신하는 경우도 많습니다. 여행을 가거나 먼 타향에서 짝을 만나거나 직장, 동호회에서 만나 결혼까지 이어지게 되고 내가 타향살이를 하는 것이 아니라면 나의 짝이 먼 타향살이에서 나를 만난 것이 됩니다. 그러니 외로운 무신 일주들은 짝을 찾거든 멀리 떠나거나 주위를 돌아봐서 먼 곳에서 온 사람을 찾아보길 권합니다.

남자의 경우 식신이 역마를 놓아 직장에서나 다른 일을 할 때 부지런하지만, 반면에 한량의 기질도 타고난 사람입니다. 그래서 일을 손 놓고 안 할 땐 아예 먹고 놀기만 하며 바람둥이 기질이 있습니다.

戊

申 ⟶ 庚식신, 壬재성, 戊비견

병(病)

무신 일주는 일지 배우자궁에 식신 병궁이 놓여 있어 그 속에 비견, 식신, 재성을 놓으니 열심히 노력해서 자수성가해야 하는 사람임을 알 수 있습니다.

자기만 노력한다면 얼마든지 성공할 수 있는 사람인데, 다만 비견이 재성을

_____ 피클 일주론 사주명리학의 꽃

본다면 과도한 욕심으로 인해 힘들게 이뤄 놓은 것들이 결국 남 좋은 일만 해 준 꼴이 될 수 있음을 잊어서는 안 될 것입니다. 따라서 욕심을 내려놓으며 타고난 체력으로 열심히 노력하다 보면 결국 원하는 목표를 이룬 자신을 발견하게 될 것입니다.

비식재의 흐름으로 개인 장사나 사업을 해야 적성에 맞고, 아니라면 독립적이거나 간섭을 덜 받는 직업을 가져야 합니다. 평범한 직장이나 실내에서 꼼짝 않고 일하거나 상사가 간섭을 심하게 하는 일이라면 얼마 안 가서 사직서를 쓰고 나오게 됩니다. 돈을 적게 벌더라도 내가 하고 싶은 대로 자유롭게 일해야 하는 사람으로, 가만히 내버려 두면 스스로가 알아서 잘합니다.

역마궁을 놓고 식신이 생재를 하면 사업이나 장사로 큰 부자가 되고 기업을 일구는 사람이 많습니다. 여기에 비견까지 식신을 도우면 큰 기업이며 종업원이 많은 사업장이라는 의미가 됩니다. 그래서 사회의 각 분야에서 유명인이거나 자수성가한 무신 일주를 찾는 것은 흔한 일입니다.

다만 남녀 모두 결혼 운은 불리함이 많은데, 여성의 경우는 고란살에 식신을 두고 관성이 절로 들어오니 두말할 것이 없습니다. 남성의 경우는 본인의 넘치는 바람기가 이유가 되는데, 역마 식신이 재성을 생해 많은 여자를 사귀거나 주변에 늘 여자가 따르게 되어 자연히 연분이 날 가능성이 높습니다.

그래서 무신 일주는 성공한 사람도 많고 이혼한 사람도 많으며 바람둥이도 많습니다.

무신 일주의 식신 경금은 병궁록에 좌해 그 기세가 아주 강합니다. 역마에다 식신이 강하니 구속받기를 싫어하는 자유로운 영혼인데, 문창 식신이 록을 얻어 머리가 비상하여 공부는 늘 상위권입니다.

식신이 역마궁에 록을 받아 손재주도 좋고 식복도 타고난 미식가입니다. 착한 성품으로 나눠 주길 좋아하는데, 이것이 지나치면 오지랖이 되기도 합니다.

역마가 록을 얻어 건강한 말이 되어 동서남북 뛰어다니게 되는데, 거기다 비견이 함께 있어 비견의 생을 받으니 무신의 스태미나는 굉장하다고 할 수 있습니다. 타고난 체력과 활동성을 가져서 아무리 일하고 운동을 해도 다음 날이면 언제 그랬느냐는 듯 생생한 모습을 보입니다.

이러한 힘이 넘치는 식신 역마의 모습은 야생마의 모습으로 나타나는데, 만약 이렇게 넘치는 에너지가 잘못 쓰이면 색마가 되어 남자는 주색잡기와 유흥에 빠지고, 여자는 이성 문제로 고난한 삶을 살게 될 수도 있습니다.

무신 일주가 집에만 틀어박히고 바깥에 나가길 싫어한다면 말 그대로 식신이 병이 든 것이라 아픈 환자이거나 정신적으로 고통을 받고 있는 사람임이 틀림없으니 병원에 가 치료를 받아야 합니다. 대개의 경우 무신 일주는 웬만한 병은 여행을 가거나 산책이나 가벼운 운동만 해도 치유되는데, 이것은 병을 역마로 치료하는 원리입니다.

식신의 칼날이 강해 무신 일주는 화가 나면 말로 남에게 상처를 주기 쉬우니 언행에 주의를 해야 합니다. 특히 여성은 배우자궁에 식신의 큰 칼을 두어 남편인 나무가 뿌리를 내리기 힘든 모습이라 결혼 운은 불리한데, 남편보다는 아이가 우선이고 남편을 무시해 바가지를 긁게 됩니다.

연애할 때는 좋아서 결혼했지만 아이를 낳고 나면 서서히 남편과 멀어지게 되는데, 남편에게 불만이 있어도 무신에게는 갑목이 필요하니 웬만하면 참고 살기 바랍니다. 무신은 관살이 절에 놓이고 고란살이라 다른 남자를 만나도 거기서 거기이고 그러다가 말년에 외롭게 홀로 보낼 수도 있습니다.

무신 일주 여자는 건강하고 똑똑한 자녀를 두는데 역마라 자녀와는 일찍 떨어져 살게 될 수 있습니다. 그런 상황이 오면 억지로 붙잡으려 하지 말고 떨어져 사는 것이 서로에게 도움이 되는 것이니, 순리대로 물 흐르듯이 인연 따라 흘러가게 내버려 두면 됩니다.

戊　　　　　　　　　壬
　　　　　좌법
申　━━━━━→　　申
병(病)　　　　　　생(生)

무신 일주의 재성 임수는 병궁생좌하여 무신 일주는 식복과 재복이 타고난 사람입니다.

암반에서 물이 솟아나듯 재물이 생기니 돈 버는 재주는 탁월한 사람이며, 역마궁이라 동분서주하며 바쁘게 돈을 버는데 정신없이 돌아다니는 만큼 사라지는 돈도 많게 되니 버는 만큼 쓰고 놀면서 돈도 잘 날려 버립니다. 왕한 식신이 생재하여 타고난 사업가인데 비견이 함께 있어 욕심도 많고 탈재도 잘 당해 사기를 맞거나 돈을 빌려주고 못 받는 일도 허다합니다.

재성이 생좌하여 부모님으로부터 유산이나 증여를 받게 되는데, 그때 형제와 나누게 될 때에는 나보다는 형제가 더 많이 가져갈 가능성이 큽니다.

무신 일주 남자는 샘솟는 재성의 물로 에너지가 넘치기에 자칫하면 바람으로 가정이 흔들릴 수 있으니 스스로 자기 관리를 잘해야 합니다. 무신 일주 남자는 처덕이 있어 능력 있고 예쁜 아내를 만나게 되며 맞벌이를 하게 됩니다.

비견이 함께 있어 늘 부부 관계에서 다툼의 씨앗이 되기 쉬우니 무신 일주

는 남녀 모두 배우자를 믿고 웬만한 것은 눈을 감고 넘겨 버려야 가정이 평화
롭습니다.

무신 일주의 비견 무토는 나와 같은 병에 놓여 병궁병좌합니다.

비견이 식신을 생한다면 형제나 동료와 원만한 관계가 될 것이고, 만약 비견
이 재성을 차지하려 든다면 형제와 갈등이 일어나고 동료는 경쟁자가 됩니다.

식신과 재성이 강해 일간이 많이 설기가 되어 신약해지기 쉬운데, 비견이
있어 일간의 뿌리가 되어 주고 식신을 생해 주는 흐름이 된다면 반드시 사회
에서 원하는 바를 이루고 큰 부자가 될 것입니다.

또한 비견은 재성, 즉 나의 아내를 취하는 모습이 되니 결국 갈등으로 아내
가 떠나는 모습도 됩니다. 그래서 무신 일주의 성공 여부를 보려거든 형제와
의 우애를 보고 결혼 생활이 어떠한지를 보면 대부분은 알 수 있습니다.

戊   **甲**

申   인종 → **申**

병(病)   절(絶)

무신 일주의 관살은 갑목을 인종하여 병궁절종합니다. 관살이 절(絶)에 인

종되고 木이 공망이라 무신을 고란살이라 부릅니다.

식신과 재성에 비해 관살의 힘이 미약하다 보니 무신 일주가 직장을 정년까지 채우는 건 보기 힘들며, 늘 자기 사업을 꿈꾸며 사직서를 가슴에 품고 다니는 사람입니다.

식상이 강하고 관살이 약해 무신 일주는 간섭받는 것을 아주 싫어합니다. 때로는 이것이 지나치면 일탈을 하게 되고, 편법이나 양심에 어긋난 행동을 하여 문제가 될 때도 있습니다.

여자는 독신으로 혼자 사는 사람이 많고 결혼을 하더라도 일찍 헤어지거나 기러기 부부로 떨어져 살게 됩니다. 관살이 병궁절이면 교통사고의 물상이 되어 남편이 사고를 당할 수 있는데, 완치된다면 오히려 부부가 해로하며 행복하게 잘 살게 됩니다. 따라서 말 그대로 병에 걸리고 단절되는 모습이 나오니, 남편에게 보험은 필수입니다.

무신 일주 여자는 배우자궁에 식신이 앉아 자녀에게는 온갖 정성을 쏟지만, 관은 절에 놓여 남편에게는 자녀에게 쏟는 정성의 반도 쏟지 않습니다. 그러니 남편으로서는 자연히 불만이 생기게 되고 그런 남편이 못 마땅해 불만을 가져 폭언을 하면 결국 남편은 병, 절의 작용으로 명이 짧아지게 됩니다.

무신 일주 남자는 자식이 현달하고 잘생겼지만 일찍 떨어져 지낼 수 있고, 부자(부녀) 사이에 갈등이 있을 수 있으니 아이에게 아빠의 사랑을 많이 보여주어야 합니다.

무신 일주의 인성 병화는 병으로 인종하여 병궁병종합니다.

무신 일주는 문창을 깔고 식신이 강해 똑똑한 사람이 많은데, 일지도 역마에 놓이고 인성도 역마에 놓여 집과 먼 곳의 학교로 진학하게 되고 멀리 해외로 유학을 가는 경우도 많습니다.

이렇게 똑똑한 일주인 데 반해 의외로 공부로 성공한 사람이 적은데, 그것은 일주가 식신생재하며 재성이 솟구쳐 일찍 이성에 눈을 떠 공부를 등한시하거나 돈을 벌고자 공부를 중단하는 경우가 많기 때문입니다. 또한 인성이 역마에 역마라서 어릴 적 부모님과 헤어지게 되는 경우가 많은데, 이렇게 한창 공부해야 할 시기에 가정환경으로 인해 때를 놓치는 경우가 많기 때문입니다.

따라서 무신 일주는 부모 탓, 환경 탓, 나이 탓을 하지 말고 학업과 공부를 충분히 성취할 머리와 능력이 되니 지금부터라도 열심히 공부하고 노력하면 자격증이든 무엇이든 성공적인 인성적 결과를 볼 수 있습니다.

인성인 어머니는 역마가 겹쳐 바깥 활동을 열심히 하는 분인데, 역마는 멀리 떠나는 것이 되어 어머니와 멀리 떨어져 살게 됩니다. 그런 것이 아니라면 역마가 아닌 병이 들게 되니 어머니가 지병으로 아플 수 있어 평소에 어머니께 효도하고 건강을 잘 챙겨 주어야 합니다.

무신 일주는 큰 산에 금이 묻혀 있는 모습이라 본인이 열심히 노력해서 땅속의 금을 캐내면 큰 부자가 되지만, 그렇지 않게 되면 금이 묻혀 있는 줄도 모르고 살게 되니 타고난 재능을 썩히고 어렵게 살게 됩니다.

申은 고(孤)성이고 무신은 고란살이라 무신 일주는 혼자 있는 것을 좋아하고 시끄러운 것을 싫어하며 산을 좋아합니다.

무신 일주는 겉은 무토처럼 후덕하고 정이 많지만 속에 申금 바위가 들어있어 자존심이 세고 의지가 강해 외유내강한 사람입니다.

^기 ^유
己酉

기유 일주는 60갑자 중 복이 많은 대표적인 일주입니다.

사회 각 분야에서 성공한 사람이 많고 부자도 많은데, 기토라는 땅 속에 유금이라는 보석이 숨겨져 있기 때문입니다. 횡재수도 있어 갑자기 생각지도 않던 돈이 생기거나 유산을 물려받거나 복권에 당첨되기도 합니다. 기토라는 밭을 갈다 유금 보석을 발견하기 때문입니다. 땅속의 보석은 겉으론 보이지 않아 기유 일주가 겉으로 보기엔 평범해 보이지만, 알고 보면 대단한 능력자이거나 부자인 경우가 많습니다.

기유는 기토라는 밭에 닭이 모이를 찾는 모습으로 부지런하고 식복을 타고 났습니다. 일지에 유금을 놓으면 아무리 돈이 없어도 외모가 부티가 나고 귀공자 · 귀부인 같은 사람이 많은데 일지에 닭을 두었기 때문입니다.

닭은 봉황과 같아 고귀함의 상징이며 닭 울음소리처럼 목소리가 좋습니다. 특히 기유와 정유는 유금이 장생으로 들어 목소리가 좋아 성우나 아나운서 같다는 말을 자주 듣게 됩니다.

다른 한편으로 기토라는 밭에 유금은 자갈이 되어 자갈밭이 되기도 합니다. 이것은 기유의 타고난 성격 때문인데, 기유가 화가 나면 유금은 비수가 되어 상대방 가슴을 찌르고 헤집어 놓는 성향이 있습니다. 특히 부부 싸움을 할 때 잘 일어나는데 유금의 칼에 식물은 열매도 못 맺고 잘려 나가게 됩니다. 그래서 기유는 자갈밭처럼 농사를 지을 수 없는 땅이 되는 것인데, 이것은 본인 성질 때문입니다.

기유 일주는 밖에서는 세상에 둘도 없이 착하고 좋은 사람인데 집에서는 남편에게 나쁜 아내, 아내에게는 나쁜 남편이 되기 쉽습니다. 그런 칼 같은 성질 때문에 자기 발등을 찍게 됩니다.

己
酉   식신
장생(生)

식신 장생을 깐 기유 일주는 똑똑하고 잘생긴 미남·미녀가 많은 대표적인 일주입니다. 마음씨도 착하고 부지런해서 퍼 주길 좋아하고 무슨 일이든지 앞장서서 솔선수범합니다. 천사 같다는 말을 들을 정도로 잘 나눠 주고, 어려운 이웃을 보면 마치 내 일처럼 도와주는 사람입니다.

다만 이렇게 남을 위해 희생·봉사하는 것은 좋은데, 때로는 내 실속은 차리지 못해 정작 본인은 경제적으로 힘들어하거나 제일 가까운 가족은 등한시하여 문제가 생깁니다. 특히 여성의 경우 밖에서는 천사 같지만 남편에게는 바가지를 심하게 긁고 잔소리가 심한 악처가 되기 쉽습니다.

기유 일주는 다 좋아도 부부 관계에서는 문제가 생기기 쉽습니다. 여성은 남편을 극하는 기운으로 바가지를 긁어서 문제가 되고, 남성은 식신이 장생에 놓여 한량이 되기 쉽고 카사노바처럼 여기저기 염문을 뿌리게 됩니다. 기유 일주는 밖에서 쏟는 정성의 반만이라도 내 남편, 내 아내에게 쏟는다면 행복한 가정을 이루게 될 것입니다.

기유 일주는 일지에 장생을 놓은 복이 많은 사람으로 살아가면서 어려운 난관이 있을 때마다 귀인의 도움으로 무사히 넘기게 됩니다. 이렇듯 부모님과 배우자의 덕이 많은 사람이지만, 정작 본인은 그 고마움을 잊고 사는 경우가 많습니다.

산소처럼 흔하면 고마움을 모르고 살 듯이 기유 일주에게 부모님과 배우자는 산소 같은 그런 존재입니다. 기유일주는 인상이 좋고 밝은 성격으로 늘 주위의 관심과 인기를 얻게 됩니다. 부모님으로부터 경제적인 도움도 받으며 유산도 받게 됩니다.

장생은 학당으로 배우기를 즐겨 하며 가르치는 데도 소질이 있어 교수, 교사나 강사가 많으며, 학당(學堂)은 지금으로 말하면 학교나 학원이 되므로 학원업이나 유치원을 운영하는 사람도 많습니다.

더구나 기유 일주는 식신이 록으로 앉아 식복도 타고난 사람이며, 말이 청산유수로 달변가이며 심하면 수다쟁이 소리도 듣습니다. 60갑자 중 언변이 뛰어난 대표적인 일주이기 때문에 기유 일주에게 말로 이길 생각은 하지 말아야 합니다.

이렇게 말을 잘하고 유금의 비수를 꽂는 말을 하기 때문에 기유 일주 여성의 남편을 향한 바가지는 상상을 초월하는 바가지입니다. 그래서 기유 일주 여성과 환갑이 넘도록 부부로 사는 남자는 해탈하여 몸에 사리가 생깁니다.

일지 식신은 문창귀인이 되어 해박한 지식과 책을 늘 가까이하여 지성미가 있고 외모에서 기품이 흐릅니다. 잘생기고 인상이 좋은 데다 지적이며 말까지 잘하니, 기유 일주가 어디를 가나 대화의 중심이 되고 인기를 한 몸에 받는 것은 당연하다고 하겠습니다.

식신이 장생에 놓여 기유 일주는 미식가이며 대식가입니다. 기유 일주는 다른 것은 다 참아도 못 참는 것이 두 가지가 있으니 첫째로 배고픔입니다. 본인이 요리도 잘하며 어려운 요리도 척척 쉽게 해내며 어딜 가든 먹는 것을 아주 중요하게 여겨 식사를 거르는 경우가 많지 않습니다.

두 번째로 못 참는 것은 말 안 하고 집 안에 가만히 있는 것인데, 이럴 경우 답답해 죽게 됩니다. 기유 일주에게 비밀이란 없으며 가만히 듣기만 해 주면 기유 일주가 알아서 속 이야기를 다 털어놓게 됩니다. 그렇기 때문에 소문내고 싶은 비밀이 있으면 기유 일주에게 말하면 됩니다.

가만히 있으면 백점짜리 남편, 아내인데 말 때문에 구설시비가 일어나 스스로 자기 발등을 찍게 됩니다. 말을 잘해도 너무 잘하고 한 번 말문이 열리면 쉴 새 없이 터져 나오는 온갖 얘기들로 상대방을 두 손 두 발 들게 만듭니다. 결혼 생활에서도 이 말 때문에 문제가 되는 것은 당연합니다.

그런데 아무 말도 하지 말고 집 안에서 푹 쉬라고 한다면 몸에 병이 나는 사람으로, 무슨 일이든지 찾아서 해야 하고 부지런히 움직이고 수다를 떨어야 스트레스가 풀리고 건강해집니다. 이렇게 기유 일주는 일지에 놓인 식신의 영향이 아주 큰데, 장생을 받아 식복이 타고났지만 식신과 상관이 혼잡해 있고 세력이 너무 강해 아무리 좋아도 넘치면 모자란 것만 못한 것처럼 왕한 식상의 부작용이 따르게 됩니다.

식신이 왕해 근면 성실하고 일도 잘하지만 성격이 급하고 꼼꼼하지 못해 덜렁대고 실수도 잘하며 무엇보다 마무리를 잘 못합니다. 만약 사주에 재성이 건실하게 투간되어 있다면 기유 일주는 자기 분야에서 성공하고 부자가 되는 것은 따 놓은 당상입니다.

己	좌법	辛	庚
酉	——→	酉	酉
장생(生)		록(祿)	왕(旺)

　기유 일주는 일지 배우자궁에 식신을 생궁으로 두고 그 속에 식신과 상관이 록왕을 얻어 식상의 기세가 아주 강합니다. 이렇게 식상이 강한 기유 일주는 한시도 가만히 못 있고 무슨 일이든지 부지런히 찾아서 하는 등 건강이 타고난 사람입니다.

　식상은 주는 것이니 남에게 퍼 주기도 잘하는 마음씨 착한 사람인데, 실제로는 그렇게 퍼 주고도 좋은 얘기는 못 듣게 되는 경우도 많습니다. 그것은 상대방의 의사와 상관없이 주기 때문이며, 달라는 부탁도 없었는데 주기 때문입니다. 이런 오지랖 때문에 때로는 주고도 욕먹는 상황이 발생하기도 합니다.

　특히 기유 일주 여자는 밖에서는 봉사 활동도 열심히 하고 모임이 있으면 시키지도 않았는데 여러 사람 먹을 도시락에 온갖 음식이랑 준비물도 다 싸가고, 궂은일도 마다 않고 내 일처럼 척척 도맡아서 하는 등 없어서는 안 될 어머니와 같은 모습을 보입니다.

　하지만 아쉬운 점은 집에 들어와서는 바깥 활동으로 피로가 누적되다 보니 피곤하다고 남편 밥도 안 차려 주는 모습도 보이는 것입니다.

　기유 일주 남자도 밖에서는 좋은 친구이고 신뢰받는 동료로 인기가 많아 칭찬을 받지만, 집에 오면 이기적인 남편이고 손도 까딱 안 하는 게으른 남편으로 돌변합니다. 그래서 남녀 모두 밖에서는 백점짜리 친구, 동료인데 집에서는 그 반대로 낮은 점수를 받게 됩니다. 기유 일주 남자는 자기 관리를 잘못하면 바람둥이가 되기 쉽습니다. 넘치는 식신의 기운과 장생궁을 놓아 왕성한 성욕을 보이고 여자들에게 인기도 많아 자연히 외도로 이어질 수 있기 때문입니다.

일지 배우자궁에 식신이 생궁으로 앉아 기유 일주 여자는 자식 사랑이 대단한데, 남편 밥은 안 차려 줘도 자식을 위해서는 물불을 안 가리는 지극한 모성애를 보이게 됩니다. 이렇게 식상으로 관을 극하게 되어 기유 일주 여자는 자녀를 낳고부터 남편과의 사이가 멀어지게 되어 나중에는 각방을 쓰거나 헤어지는 경우도 생겨납니다.

또한 강한 식상이 남편에게는 극하는 에너지가 되어 기유 일주 여자의 바가지는 보통이 아닙니다. 웬만한 남자는 결국 두 손 두 발 다 들고 도망치듯 가버릴 수 있습니다. 그러므로 기유 일주 여자는 자녀에게 쏟는 사랑과 관심의 반에 반만이라도 남편에게 쏟는다면 잉꼬부부로 행복하게 잘 살 것입니다.

한마디로 기유 일주 여자는 장미처럼 예쁜 외모와 화려한 말씨와 지적인 매력이 넘치는 팔방미인의 인기녀이지만, 그 속에는 가시가 숨겨져 있어 결혼생활 중 자녀가 커 나갈수록 남편과의 사이가 점점 멀어지게 됩니다.

기유 일주는 강한 식상이 있기에 어디를 가든지 부지런함과 성실함으로 성공할 수 있으며, 직장 생활보다는 개인 사업이나 전문직으로 나가게 됩니다. 다만 식상이 강한데 혼잡하기까지 하여 말로 인한 구설시비가 항상 따라다녀 그동안 해 온 노력과 봉사에도 불구하고 인정받지 못하고 오히려 비난으로 되돌아올 수 있다는 것을 알고 항상 말조심을 해야 합니다.

일지에 식신과 상관이 함께 있는 것은 여자에게는 아버지가 다른 자녀도 있음을 의미합니다.

기유 일주 여자의 자녀들은 록왕을 얻고 생궁에 문창, 학당이라 하나같이 잘생기고 건강하고 똑똑한 자녀를 얻게 되며 자식 복이 있어 늘그막에는 자녀들이 효도하게 됩니다.

己　　　　　　　　　　　　癸
酉　　　인종　→　　　　　酉
장생(生)　　　　　　　　병(病)

기유 일주의 재성 계수는 병으로 인종하여 생궁병종합니다. 병은 역마와 같은 의미가 되어 기유 일주는 돈 번다고 동분서주하는 사람입니다. 강한 식상으로 식상생재하여 내가 열심히 노력한 만큼 재산을 벌 수 있습니다.

사주 원국에 식상이 강하게 앉아 근면 성실함만큼은 알아주지만 그에 비해 재성이 상대적으로 힘이 약한 데다 일지 유금이 식상만으로 이루어진 글자라서 노력에 비해 결실이 적게 나타납니다. 하지만 타고난 근면 성실로 이겨 내게 되며, 위기 때마다 식신 장생의 힘으로 귀인이 나타나 도움을 주니 기유 일주는 아무리 어려워도 밥 굶는 일은 없습니다.

기유 일주 남자는 처덕이 있어 능력이 출중한 미모의 아내를 얻게 되며 맞벌이를 하게 되는데, 아내가 수입이 더 많을 수도 있습니다. 재성이 역마에 놓이면 남자들은 대개 바람기로 잘 발동되는데, 왕한 식상의 기운으로 기유 일주 남자는 성욕도 왕성해 동서남북으로 다니며 본인의 씨를 뿌릴 수 있습니다.

부친은 이사를 많이 다니셨거나 활동이 왕성해 바쁘게 사시는 분이며, 기유 일주는 부친보다는 모친과의 인연이 상대적으로 깊어 모친의 영향력이 강합니다.

己　　　　　　　　　　乙

酉　──── 인종 ────→　酉

생(生)　　　　　　　　절(絶)

　기유 일주의 관성인 을목은 절로 인종되어 생궁절종합니다.

　기유 일주는 식상이 태왕한 데다 관살까지 절에 놓여 한 직장에서 정년퇴직을 한다는 것은 불가능에 가깝습니다. 이직을 자주 하게 되지만 그렇다고 직장 없이 집에서 가만히 앉아 놀지는 않고 금방 다른 직장을 찾아 일을 하게 됩니다.

　만약 직장 내에 자율성이 보장되거나 발령을 받아 자주 옮겨 다니거나 내근보다는 외근을 자주 하는 일이라면 적성에 맞으므로 오래 일하게 됩니다. 그래도 근본적으로 직장 생활보다는 사직하여 독립하는 것을 꿈꾸는데, 그때 부모님으로부터 경제적인 도움을 받게 됩니다.

　근면 성실하여 직장에서 능력을 인정받지만 관이 절지에다 공망을 맞아 승진이 잘 되지 않고, 일은 내가 다 해 놓고 칭찬은 다른 동료나 상사가 받게 되는 일이 자주 발생합니다. 강한 식신과 상관의 혼잡은 태왕한 상관의 역할을 해서 기유 일주는 직장에서 일은 잘하나 상사에게 맞서고 대드는 모습을 보이며, 남이 잘난 체하거나 부정한 행동을 하는 꼴은 잘 못 보게 됩니다.

　아래 직원에게는 온정을 베풀고 다정하지만 상사에게는 대드는 모습을 보여 기유 일주는 일은 잘하지만 승진은 못하는 만년대리, 만년과장이 되는 경우도 많습니다. 그러니 기유 일주는 직장 생활을 할 때 상사가 마음이 내키지 않더라도 적당한 아부도 하며 넘길 건 못 본 척 넘기고, 특히 말조심을 한다면 타고난 근면함과 능력이 있기 때문에 직장에서도 승진하고 정년까지 잘 지낼 수 있습니다.

기유 일주 여자가 남편 덕이 부족한 건 어쩔 수 없는데, 공망에다가 식상이 워낙 세서 웬만한 남자는 잔소리를 못 참고 떠나게 됩니다. 그러니 남편 탓이 아니라 내 탓이라 생각하고 자녀에게 쏟는 정성의 반의반만큼이라도 남편에게 하면 금방 부부 관계가 좋아질 것입니다.

배우자궁이 金으로만 되어 있어 남편 木은 뿌리를 내릴 수 없으니 본인이 먼저 남편에게 양보하고 마음의 문을 열어야 합니다. 그렇지 않으면 식상이 혼잡해 결혼을 두 번 한다는 의미가 있는데, 본인의 성격이 바뀌지 않으면 두 번째 결혼 생활에서도 똑같이 되풀이하게 됩니다.

기유 일주의 인성 정화는 생궁에 생으로 인종합니다.

기유 일주는 모친의 덕을 타고났으니 힘든 일이 생길 적마다 어머니에게 달려가면 건강도 찾고 어머니의 도움을 받게 됩니다. 기유 일주의 귀인은 다름 아닌 어머니입니다.

문창, 학당에다 인성이 생궁 생으로 놓여 공부를 잘하고 어머니의 후원이 있어 명문대를 졸업하고 석사 · 박사 학위까지 마치는 사람이 많습니다. 기유 일주는 수재가 많아 공부로 충분히 성공 할 수 있는 사람으로 연구직이나 교육업 종사자가 많고 일지 유금은 그 자체로 칼이 되어 의약업 종사자도 많습니다.

인성이 좋은 것은 왕한 식상을 제어할 수 있기 때문입니다. 그러니 기유 일주는 어머니의 말을 들으면 자다가도 떡이 나오며, 책과 공부를 늘 가까이하여야 합니다.

기유 일주가 직장을 다닌다면 틈틈이 공부하여 전문 자격증을 따면 좋습니다. 머리가 좋아 충분히 자격증을 딸 수 있으며, 나중에 그 자격증으로 직업적 재물적인 환경이 좋아질 수 있습니다.

기유 일주에게 인성은 귀인이기 때문에 부동산과도 깊은 관련이 있으니 부동산업을 하거나 부동산에 투자한다면 반드시 성공하게 됩니다.

기유 일주는 기토라는 밭에 유금이라는 보석이 묻혀 있어 가능성이 무한한 사람입니다. 머리가 똑똑한 데다 워낙 화술이 좋아 본인의 재능과 노력에 부모님의 도움까지 더해져서 얼마든지 성공할 수 있으므로 무엇보다 열심히 공부하면 길이 열립니다.

기토는 게(꽃게), 유금은 차돌이 되어 기유 일주의 고집은 알아주는데 유금 속 식상이 칼날처럼 날카로워 기유 일주는 화가 나면 말이 아주 거칠고 상대방의 가슴에 비수를 꽂는 말을 하기 쉽습니다. 그런데 대부분 내 남편, 내 아내에게 하게 됩니다.

유금은 인(刃)성이라 겉으로 보기에는 기토같이 정이 많고 온순해 보이지만 속에는 유금이라는 칼을 품고 있어 무섭고 냉정한 사람입니다. 그래서 한번 마음에 어긋난 사람은 두 번 다시 돌아보지 않으며, 아니다 싶으면 칼로 무 자르듯이 끝내거나 중단해 버리는 성격으로 외유내강한 대표적인 일주입니다.

경　술

庚戌

　경술 일주는 괴강으로 고집이 세고 자존심도 아주 센 일주입니다. 인성 쇠궁을 놓아 평소에는 점잖고 선비 같지만 화가 나면 무섭게 돌변합니다.

　고난을 헤쳐 나가는 인내와 뚝심이 있고 리더십이 있어 조직의 장이 많으며, 재물과 명예욕도 커서 사회에서 성공한 사람이 많습니다. 괴강살이나 백호살 일주는 살(殺)을 쓰는 센 직업에서 출세하는 사람이 많으며 자기 사업으로 성공가도를 달리는 사람이 많습니다. 자본주의 시대에서 경쟁에서 살아남고 남보다 앞서 나가는 데는 괴강, 백호 같은 센 일주들이 유리합니다.

　괴강일주는 똑똑하여 공부를 잘하는 사람도 많고 건강하여 운동을 잘하는 사람도 많습니다. 괴강일주는 미남·미녀가 많은데 더구나 경술 일주는 홍염살을 두어 묘한 매력을 풍기기 때문에 사람을 끌어 들이는 힘이 있어 인기가 높습니다. 얼굴만 잘생긴 것이 아니라 인성이 홍염으로 들어 있어 지성미가 있는 사람으로, 노년까지 책을 가까이하게 됩니다.

예쁘고 똑똑하다 해도 괴강은 괴강이라 성격은 보통이 아닙니다. 평소에 잘하다가도 한순간 성질을 못 참아 사고를 치기 일쑤이며 좋은 이미지도 망치게됩니다. 경술 일주는 화가 나면 목소리가 커져 고함을 질러 주변을 깜짝 놀라게 합니다. 경금의 달을 보고 개가 짖는 모습이기 때문입니다.

경술은 물상으로 산 위로 둥근 보름달이 떠오른 모습으로 풍류를 즐기고 예술적 감각이 뛰어나며 감성적인 성격의 소유자입니다. 또한 북한산 인수봉처럼 큰 산 위에 불쑥 솟아오른 바위 봉우리의 모습으로 기상이 높고 변하지 않는 성품의 소유자입니다. 그러나 반면에 융통성이 부족해 독불장군이 되기쉽고 만년에 외롭기 쉽습니다.

이렇게 경술 일주는 고고한 선비의 품성을 지님과 동시에 출세욕도 강하여사회에서 출세하는 사람이 많지만, 고집과 불통으로 스스로 고난을 자초해주변 사람과 시비가 붙어 적을 만드는 등 고난에 빠지기도 합니다.

庚

戌   인성

쇠(衰)

경술 일주의 술토는 火와 土의 고(庫)지에서 관성과 인성이 입묘하게 되어남다른 가족사가 암시되어 있습니다. 대체적으로 일지에 진술축미 사고(四庫)를 둔 사람은 경제적으로 여유 있는 삶을 살지만 가족 관계는 남모르는 아픈사연이 많은 것이 일반적입니다.

인성 쇠궁을 둔 경술 일주는 성품이 점잖고 체면과 명예를 소중히 하는 사람으로, 어려서부터 모친의 지극한 사랑을 받고 자라며 결혼한 후에도 모친과 가깝게 지내게 됩니다.

쇠(衰)는 12신살의 반안살에 해당하는 것으로 일지에 쇠궁을 놓은 사람은 대개 성격이 점잖고 사회에서 성공을 거두는 경우가 많습니다. 반안은 말안장으로 현대시대에는 좋은 차에 해당해 출세한다는 의미가 있습니다. 그래서 반안을 둔 경술 일주가 출세하는 사람이 많은 것은 당연하며, 인성이 반안살이라 공부로 성공한다는 의미가 됩니다.

또 쇠는 왕 다음으로 아직은 기운이 강한 단계입니다. 정년을 넘긴 원로의 모습으로 어린 나이에도 일찍 철이 들어 애늙은이가 많으며, 속마음을 잘 드러내지 않고 처신을 잘합니다.

경술 일주는 모친과의 관계가 특이합니다. 술토라는 인성을 두었는데, 정작 인성이 입묘하기 때문에 모친과 가깝다는 말은 아픈 모친을 봉양한다는 의미도 됩니다. 모친이 돌아가실 때까지 함께하는 모습이라 효자·효녀가 많습니다.

이렇게 배우자 궁에 모친이 누워 있으면 결혼 생활에 문제가 생기게 되는데, 특히 남자는 아내와 모친의 고부 갈등을 피하기 힘듭니다. 고부 갈등이 있을 적엔 무조건 아내 편을 들어야 가정이 평화로운데, 경술은 괴강살에다 술 중 신금이 있어 재성 목이 뿌리내리기가 힘들어 결혼 생활을 유지하기 어려워 보입니다.

그러니 경술 일주 남자들은 평소에 아내에게 잘해 주어야 합니다. 부부 싸움이 나면 무조건 잘못했다고 먼저 사과하고 고생이 많다고 잘 도닥여 주십시오.

庚
戌   ⟶   戊인성, 丁관성, 辛겁재
쇠(衰)

경술 일주의 쇠궁 속에는 인성, 관성, 겁재를 놓아 관인상생하니 선비 같은 사람으로 열심히 공부하여 공직이나 직장에서 출세하게 됩니다. 또한 관성으로 겁재를 제압하여 많은 사람들의 스승이 되거나 권력기관에서 형권을 쓰는 사람이니 군·검경이나 교육자로서 능력을 보이게 됩니다.

이렇게 겁재를 제압하는 사주는 부자가 되면 큰 부자가 되고 교육자가 되면 큰 스승이 되며 공직에 근무하면 높은 직위에 오르는 특징이 있으며, 오랜 기간 지지부진하다가도 운이 들어올 때 갑자기 성공하고 명예가 높아지는 특징이 있습니다.

그러니 경술 일주는 지금 힘들더라도 묵묵히 참고 때를 기다리면서 갈고닦으면 언젠가는 빛을 보게 되니, 포기하지 말고 꾸준히 노력하면서 때를 기다려야 합니다.

쇠궁 속에 관인이 들어 돈보다는 명예를 좇아야 하는 사람으로, 겁재가 숨어 있어 돈 욕심을 내다가는 오히려 돈을 날릴 수도 있습니다. 관으로 겁재를 제압하고 관성은 인성을 생해 권위와 명예가 높은 사람이 되는데, 만약 관이 파괴된다면 인성이 겁재를 생해 나의 노력이 모두 경쟁자에게 도둑맞는 결과가 됩니다.

그래서 경술 일주는 관을 지키는 것이 중요하므로 법과 상식을 잘 지켜야 합니다. 겁재의 탐욕 때문에 법을 어기거나 도리에 어긋난 행동을 한다면 오히려 겁재의 탈재로 인해 가진 돈도 사라지고 명예가 바닥으로 떨어지게 될 것입니다.

경술 일주는 인성 무토가 쇠궁묘좌합니다. 술토 인성이 쇠궁에 든 데다가 묘로 들어 경술 일주는 땅과 관련이 많은 사람으로, 부동산 부자가 많으며 부동산업에 종사하는 사람도 많습니다.

모친의 덕이 있어 어머니의 지극한 사랑을 받고 자라게 되며 아픈 노모를 봉양하는 효자·효녀의 모습입니다. 인성이 묘에 들면 머리가 똑똑해 수재가 많은데, 인성 쇠궁이라 공부로 성공한다는 의미가 숨어 있습니다. 그러니 만약 자녀가 경술 일주라면 엄하게 키워서라도 공부를 시켜야합니다.

묘는 생사와 관련되었으니 역학 공부를 하는 사람이 유독 많으며, 자기가 좋아하는 분야는 미친 듯이 파고드는 특성이 있어 한 분야에서 전문가가 되고 탑에 오르는 사람이 많습니다.

경술 일주는 배우자궁에 모친이 무덤을 파고 드러누워 계시니 모친과는 각별한 모자·모녀 관계가 되어 결혼 후에도 모친을 봉양하는 효자·효녀가 많으며, 어머니의 마지막 임종을 지키는 자식이 됩니다. 반면에 모친이 배우자 자리를 차지하고 있으니 남자의 경우 고부 갈등을 피하기 힘든데, 요즘 세상에서는 이로 인해 이혼의 사유가 되기도 합니다.

경술 일주 여자 역시 친정어머니의 지나친 간섭으로 시가와 불화가 일어나기 쉽습니다. 그러므로 경술 일주는 어머니에게 효도하는 것은 좋으나 가정에 불화가 생기지 않도록 지혜롭게 처신하여야 합니다.

경술 일주 남자는 괴강살이라 고집도 세고 한 성격하는 듯이 보이지만, 어머니 앞에서는 철없는 어린 아들이 되니 마마보이가 많습니다.

이렇게 모친과 각별한 사이지만 묘좌하여 인연이 길지 못하고 일찍 이별하는 경우가 많으며, 모친이 오랫동안 병석에 계신 경우가 많습니다. 만일 모친이 종교 활동을 열심히 하시고 농사를 짓거나 땅과 가까이 접하고 산다면, 미리 예방하는 기운이 있습니다.

庚　　　　　丁
　　　좌법
戌　　━━━▶　　戌

　쇠(衰)　　　　양(養)

경술 일주의 정화 관성은 양(養)으로 들어 쇠궁양좌합니다.

양은 종교, 활인의 기운이 있어 의약, 교육, 종교 관련 분야에서 출세하는 사람이 많으며 역술업과도 관련이 깊습니다. 인성의 도움을 받아 관인상생하여 공직으로 나가 출세하고 직장에서도 능력을 인정받아 승진이 빠르고 높은 직위까지 오르게 됩니다.

양은 12신살의 천살(天殺)에 해당되니 전생 업보와 관련이 있어 숙명적인 인연이 됩니다. 그래서 경술 일주의 직업은 천직에 해당하여 여러 직업을 전전한다 해도 결국은 천직을 찾아가게 됩니다. 직업을 통해 전생의 인연을 만나고 나의 묵은 업을 풀어 나가게 됩니다.

경술 일주 여자는 남편과 천살이라 숙명의 관계가 되니 전생의 깊은 업연으로 만난 사이입니다. 이번 생에 업을 풀기 위해 부부로 만난 사이가 되니 유별난 부부 관계를 보이게 됩니다.

경술 일주 남자에게는 자녀가 전생의 업연으로 만난 사이가 됩니다. 선업이든 악업이든 전생에 원수 사이였다 할지라도 현생에서는 한 가족이 되었으니 아낌없이 사랑을 나누고 보살펴 좋은 인연으로 풀어 나가야 합니다.

술토는 화고(火庫)여서 경술 일주 여자는 남편이 입묘되고 양지로 좌해 남편이 무덤 속에 누워 있는 송장과도 같아 남편과 잠자리에서 운우지정을 나누기는 어렵습니다. 그렇다고 남편 건강에 문제가 있는 것은 아니며, 남편 입장에선 정화가 멀리 있는 일간 경금보다는 가까이 있는 겁재 신금에게 마음이 가니 아내보다는 직장의 다른 여자에게 더 마음이 가게 됩니다.

입묘되고 양에 놓인 남편이라 아프거나 일찍 헤어질 수 있는데, 본인이나 남편이 형살과 관련된 일이거나 종교 · 활인 · 의약업에 종사한다면 업상대체가 되어 해로하게 됩니다.

관성의 입묘와 천살의 조합은 나라의 법과 형살을 의미해 경술은 관재수가 있습니다. 특히나 원국에 관이 없는 무관사주라면 더욱 가능성이 높으며, 만약 위에 말한 직업에 종사한다면 업상대체되어 오히려 관련 업으로 성공하게 됩니다.

경술 일주는 관인상생하는 좋은 사주 구조를 가지고 있지만 관인이 모두 술토에 입묘하는 묘(妙)한 모습이어서 종교 · 활인 · 교육 · 의약 · 형살과 관련이 깊으며 대부분 역학과 무속에도 관심을 보이게 되어 굿을 하거나 점을 보러 다니는 사람이 많습니다.

경술 일주의 겁재 신금은 쇠궁대좌합니다. 일지에 겁재를 품고 있다는 것은 늘 탈재의 기운이 숨어 있다는 의미라서 동업을 해선 안 되며 돈을 빌려주면 못 받고 지인에게 속아 사기당하는 일도 흔합니다. 하지만 관성 정화가 있어 겁재 신금을 제압하므로 돈을 떼여도 절반은 돌려받으며, 사기를 당하면 법으로라도 처벌을 받게 만듭니다.

겁재를 제압해 집안의 장남 · 장녀가 많으며 아니더라도 장남 · 장녀 역할을 하게 되는데, 부모님 유산을 두고서 한번은 형제들과 다툼이 있게 됩니다.

사회생활에서도 경쟁자들을 제압해 최고의 자리에 오르고 모임이나 조직의 리더가 됩니다. 경금에게 겁재는 양인에 해당해서 관으로 양인을 다스리는 모습으로 카리스마 있는 지도자가 되고 군·검경에서도 활약하게 됩니다.

경술 일주의 식신 임수는 쇠궁대종합니다. 좋은 옷을 입고 좋은 차를 타고 놀러 다니는 모습이니 경술 일주는 식복이 타고났으며, 폼생폼사가 많아 외모에 무척 신경을 쓰는 사람으로서 지갑에 돈이 떨어져도 옷은 메이커 아니면 안 입는 사람이 됩니다.

먼지 마시면서 땀 흘리는 육체적인 노동은 싫어하며 폼나고 권위적인 일에 관심을 보입니다. 인성과 겁재의 도움으로 신강하게 되는데, 식신의 기운이 상대적으로 약해 인색하기 쉽고 말할 때 권위적이고 오만하게 비춰질 수 있으니 스스로를 늘 성찰해야 합니다.

경술 일주 여자는 똑똑한 자녀를 두어 좋은 대학에 진학하고 남들이 부러워하는 직장에 취직하게 됩니다. 다만 예의가 부족할 수 있으니 어려서부터 가정교육을 잘 시킬 필요가 있겠습니다.

　　　　　　　　　　　　　　 피클 일주론 사주명리학의 꽃

경술 일주 재성 갑목은 양지로 인종되니 쇠궁양종합니다.

재성이 공망이라 돈 욕심도 많은데 술중 신금이 있어 나무가 자라기가 쉽지는 않지만 경금 일간은 나무를 잘라서 재목으로 쓰는 사주라서 큰 문제가 되지 않습니다. 나무를 잘라 정화의 불로 태워 벽갑인정하는 모습이 되어 부와 명예를 한꺼번에 취하게 됩니다.

이렇게 재물적인 측면은 유리하지만 육친의 관계에서는 반대의 상황에 놓이게 되는데, 양은 천살이라 전생과 관련이 있다고 했습니다. 부친이 양에 들어 경술 일주는 부친과 깊은 업연으로 맺어진 사이임을 알 수 있습니다.

경술 일주 남자에게는 아내와의 인연도 전생의 숙명으로 만난 사이입니다. 아내 갑목이 술중 신금 겁재로 인해 뿌리내리기가 어렵고 시모의 영향이 강력해 고부 갈등까지 있어 해로하기 힘듭니다. 길고 긴 전생 인연으로 만난 사이이니, 갚을 것은 갚고 받을 것은 받아서 얽힌 실타래를 풀어 좋은 인연으로 이어 가야 할 것입니다.

경술 일주는 대표적인 괴강일주로서 스스로 감정을 잘 다스려야 하는데, 개가 칼을 물고 있어 사납기가 둘째가라면 서러울 정도입니다.

진토가 와서 충이 되면 산사태가 나서 관인이 사라지게 되어 직위와 명예 모두 사라질 수 있으니 잘나갈 때 저축하고 베풀며 겸손하게 산다면 별 탈 없이 무사히 위기를 넘기게 됩니다.

물상으로 보는 경술은 흰 개로, 똑똑하고 잘생겼으며 의리가 있습니다.

辛亥
신 해

　신해 일주는 60갑자 중 미남·미녀가 많은 대표적인 일주입니다. 주로 정화 일간이 한국적인 미남·미녀가 많다면 신금 일간은 서구적인 미남·미녀가 많은데, 신해는 신금 보석을 물로 깨끗이 씻는 모습이라 보석이 반짝거리듯 미남·미녀가 많고 깔끔하고 깨끗한 것을 좋아하는 사람입니다.

　물에 씻는다는 것은 도화의 물상으로 남녀 모두 인물값을 한다는 의미입니다. 신해 일주는 똑똑하고 말을 잘하며 마음씨도 착한 데 반해 도화의 기운이 있어 이성으로 인해 부침을 심하게 겪기도 합니다.

　신해 일주는 경제적으로 안정된 생활을 살아가는 사람이 많지만 자기 관리를 잘못하게 되면 말년을 외롭게 보내기 쉬운 일주이기도 합니다. 신해 일주는 대표적인 고란살 일주인데, 고란살은 여자에게 해당하는 살로서 남편 운이 부족하다는 의미가 있습니다. 왜냐하면 辛亥는 배우자궁에 상관을 두어 남편인 관을 밀어내게 되고 정관인 丙은 일지 亥와 절(絶)의 관계라 남편과의 불리함이 겹쳐져 있기 때문입니다.

신해는 경자와 더불어 금수상관으로 계곡의 맑은 물이 세차게 흘러내리는 모습으로 맑고 깨끗한 계곡물입니다. 남녀 모두 똑똑하고 빼어난 외모와 재능으로 남들이 부러워할 만한 직장을 다녀 부러움을 사고 또한 이성의 인기도 높습니다.

다만 차가운 물이기에 火의 도움이 필요합니다. 사주에 火가 제대로 들어 있다면 직업 운이 있고 여자는 오히려 남편 덕이 있습니다.

辛
亥 　　　　상관
욕(浴)

신해는 금수상관 일주로서 비상한 머리와 공부로 성공하는 사람입니다. 상관 중에 목화상관과 금수상관을 귀(貴)격으로 보는데, 둘 다 상관의 기운이 강하면서도 맑기 때문입니다. 그래서 고전에서 이르길 상관을 수기(秀氣)라 하여 인물이 많이 난다 했습니다.

금수상관희견관(金水傷官喜見官)하여 금수상관은 상관이 맑고 깨끗한 것은 좋으나, 다만 기운이 너무 차 火의 조력이 반드시 필요합니다. 火는 관(官)이라 상관의 기운이 강함에도 불구하고 관으로 출세하게 되는데 제가 봐 온 바로는 유독 교수나 교사가 많았고 의사나 약사, 연구원도 많습니다.

자녀가 금수상관격이나 목화상관격이라면 공부로 출세하는 사주이므로 엄하게 키우더라도 공부에 매진하게 해야 합니다. 배우자궁에 강한 상관을 두어 말을 잘하고 손재주도 좋으며 가진 것을 잘 내어 주는 마음씨 착한 사람인

辛亥 ____　　　　　　　　　　　　473

반면, 정작 나의 남편에게는 바가지를 긁는 아내가 될 수 있습니다.

　신해 일주 여자의 자식 사랑은 대단하며 자식을 위해서라면 목숨까지 내놓는 모성애를 보여 줍니다. 하지만 남편에게는 소홀해져 대개 자녀를 낳고 난 후면 부부 관계가 멀어지거나 남편의 건강에 문제가 생기게 됩니다.

　신해는 일지에 욕(浴)을 둔 나체도화로 甲子, 乙巳, 庚午, 辛亥 이렇게 네 일주가 해당됩니다. 나체도화에는 미인들이 많고 더구나 똑똑하고 공부까지 잘하니 이성의 인기가 높은 것은 당연하다 하겠습니다.

　도화는 한 가지에 집요하게 파고들고 몰입하는 성향이 있어 현대 사회에서는 프로로서 성공하는 데 유리한 작용을 하며, 실제로 성공한 유명인사가 되고 거부가 되는 사람이 많습니다. 도화는 땀 흘리며 열심히 노력하는 모습으로 의사가 꿈인 학생이 공부를 열심히 하고, 가수가 꿈인 청소년이 노래 연습을 열심히 하는 등 자신이 좋아하는 취미 생활을 열심히 하는 모습 또한 도화의 기질로서 몰입과 집중하는 힘이 대단합니다.

　그래서 도화를 쓰는 사람은 단기간에 일약 스타덤에 오르고 성공을 하게 됩니다. 반면에 잘못하면 도화의 구설과 망신이 뒤따라 한순간에 나락으로 떨어지는 등 인생의 희비가 극단을 오가는 특성이 있습니다.

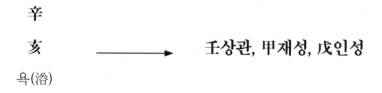

　신해 일주는 상관 욕궁 속에 상관, 재성, 그리고 인성을 놓아 상관생재, 상관패인의 구조를 가져 사회에 성공하는 데 유리한 사주입니다.

상관생재하여 자신의 부단한 노력과 재주로 부자가 되는 사람이며, 여기에 더해 상관과 인성이 만나 상관패인이 되어 아주 똑똑한 사람으로 돈과 권위를 함께 가지는 사람입니다. 따라서 신해 일주는 개인 사업이나 장사로도 얼마든지 성공할 역량이 있고 공부로도 출세하여 전문직이나 교육직으로도 나갈 수 있는 복 많은 일주임을 알 수 있습니다.

다만 재성과 인성이 함께 있어 자칫하면 재극인이 될 수 있는데, 만약 재극인이 된다면 인성이 파괴되어 상관패인은 될 수 없습니다. 그렇다면 공부와 인연이 없으며 비상한 두뇌의 소유자가 아닙니다.

그래도 상관생재하여 열심히 노력해 재산을 쌓게 되는데, 다만 인성이 파괴되어 너무 돈만 아는 사람이 될 수 있습니다. 이로 인해 자신의 이익을 위해서는 남의 아픔에 눈도 깜짝 않는 비정한 성정으로, 사람들로부터 원성과 비난을 사게 될 수 있습니다.

신해 일주의 상관 임수는 욕궁록좌합니다. 금수상관에다 상관의 기운이 강해 아주 똑똑하며 말을 청산유수로 잘합니다.

상관 중에 목화상관과 금수상관은 상관의 기운이 빼어나 재주도 많고 똑똑하여 출세하는 사람이 많습니다. 다만 목화상관은 뜨거워 水의 조력이 필요하고, 금수상관은 기운이 차가워 火의 조력이 반드시 필요합니다.

그래서 신해 일주는 사주에 火가 있는지를 우선으로 보아야 하는데, 만약

火가 없다면 火에 해당하는 그림을 걸어 놓는 것이 좋습니다. 火는 관이 되니 법을 잘 지키고 직장 생활에 충실하고 여자는 남편과 다정하게 잘 지내는 것이 도움이 됩니다.

신해 일주는 상관으로 설기가 심해 신약해지기 쉬워 허약 체질이 많으니 평소 건강에 신경을 써야 합니다. 또한 여자는 배우자궁에 상관 자녀를 두어 남편보다 자식이 우선인 사람이며, 상관이 록이라 남편인 관을 밀어내는 힘이 더욱 강해지니 남편과 불화하거나 헤어지기 쉽습니다. 따라서 앞에 말한 것처럼 신해 일주는 관이 꼭 필요한 사람이니 평소에 자식에게 쏟는 애정의 반의반만큼이라도 남편에게 쏟는다면 부부 생활에 지장이 없을 것입니다.

신해 일주는 상관이 강해 직장 생활의 어려움이 예상됩니다. 상관은 생재하려는 성질이 강하니 기회가 되면 자기 사업, 장사를 하려 해서 가슴에 늘 사직서를 품고 다닙니다.

辛   좌법   甲

亥   ⟶   亥

욕(浴)   생(生)

신해 일주의 재성 갑목은 욕궁생좌합니다.

강한 상관으로 생을 받고 장생에 좌한 재성을 둔 신해 일주는 재복이 많은 사람으로, 자신만 노력하면 얼마든지 사회에서 성공할 수 있는 역량을 갖춘 사람입니다. 상관과 재성이 좋아 자수성가하는 사람이 많으면서 부모 복도 있어 부모님으로부터 유산을 물려받게 됩니다.

이렇게 상관생재를 잘하려면 일간의 기운이 강해야 하는데, 그렇지 못하다면 허약하여 병치레를 자주 하거나 돈은 많이 벌었음에도 큰 병에 걸려 정작 본인은 돈 한 푼 못 쓰게 될 수 있으니 너무 돈 욕심을 부리지 말고 자족할 줄 알아야 합니다.

신해 일주 남자의 경우 처복이 있어 똑똑하고 미인인 아내를 두게 되는데 처성이 욕궁생이라 돈 욕심, 여자 욕심을 내게 되면 또 본의 아니게 주위에 여자가 생기게 됩니다. 그래서 자기 관리를 못하면 이성 문제로 구설을 타고 망신을 당할 수 있고 나아가 가정이 불화하고 깨질 수 있습니다. 다시 말해 아내와 불화하면 재성이 깨지는 것이니, 재산이 줄어들거나 건강에 문제가 생기게 됩니다.

또한 재성이 함께 있는 인성을 극하지 않게 늘 주의해야 할 것입니다. 재성이 인성을 극하면 주위에 있던 사람이 떠나 말년이 외롭게 되며, 돈에 대한 욕심과 집착이 지나쳐 돈을 버는 데 수단과 방법을 가리지 않습니다. 즉, 대부업이나 경매나 사채와 같은 타인의 아픔을 이용하거나 편법적인 일도 손대게 되어 사람들에게 손가락질과 원망을 받으며 살다가 비참한 말로를 맞이하게 됩니다.

신해 일주의 무토 인성은 욕궁절좌합니다. 재성은 생인 데 반해 인성은 절을 놓아 부친에 비해 모친의 덕은 부족하여 모친이 아프거나 일찍 헤어지게 됩니다.

신해 일주는 상관의 기운이 강해 인성의 도움이 필요합니다. 그래서 인성이 상관을 극해 상관패인이 되면 상관의 설기를 막고 일간을 생하여 인성과 유정한 관계가 되어 모친의 덕이 있는 사람이 됩니다. 재극인이 되면 인성 절에 따라 모친과의 이별을 겪게 되고 공부도 마치기 힘들어집니다.

그러나 상관패인이 되면 건강하며 모친과도 가깝게 지내거나, 공부를 잘해서 모친의 도움을 받으며 명문대에 진학하게 됩니다. 상관패인이라 해도 인성이 절이라 유학을 가는 등 어떤 식으로든 절을 겪는 것은 어쩔 수 없습니다. 그리고 절에 놓이면 떨어져 사는 것이 서로에게 더 좋습니다. 특히 결혼하고 난 이후에는 더 그렇습니다.

그래서 신해 일주의 성패 여부는 인성을 보면 알 수 있습니다. 그 사람의 어머니를 보거나 인성은 人性이니 얼마나 도덕적이고 착한 사람인지를 보면 어느 정도 짐작할 수 있습니다.

신해 일주의 관살 정화는 욕궁태종합니다.

관살이 절태로 들어 직업을 자주 바꾸고 이사도 자주 하게 됩니다. 상관과 재성은 기운이 강하고 인성과 관성은 약해 자유롭고 형식에 얽매이지 않는 변화를 추구하며, 사무실 책상보다는 현장에서 직접 발로 뛰는 것을 좋아합니다.

관살이 약하지만 신해 일주는 반드시 火관살의 조력이 있어야 성공도 하고 건강도 좋아지는 명이라 오히려 관의 기운이 좋은 사람이라면 관운이 있게 됩니다. 그래서 금수상관인 경자, 신해 일주는 특이하게도 관과 인성이 절태에 놓였음에도 불구하고 관인이 유정한 사주라서 공부로 성공해 좋은 직업이나 직위를 가지는 일주입니다.

신해 일주 여자는 남편과 헤어지거나 아플 수 있고, 만약 이혼을 한다면 다시 재혼을 하게 되는데 그 이유는 관이 태에 든 데다 신해 일주는 관이 필요하기 때문입니다.

상관이 배우자궁에 강하게 앉아 있고 관이 절태에 있어 남편 입장에서는 찬바람이 쌩쌩 부는 아내의 표정과 말투로 인해 집에 들어가기 싫어지니, 평소에 늘 남편을 존중해 주는 태도를 지녀야 하겠습니다.

신해 일주의 남자는 똑똑한 자식을 두고 자식을 아끼고 사랑하는 데 반해 자녀는 아빠를 멀리하거나 떨어져서 살게 됩니다. 남자는 결혼 후 아이를 낳고부터 하는 일이 잘되거나 생활이 안정을 찾게 됩니다. 이는 자녀가 관성 火가 되기 때문입니다.

신해 일주는 비견이 욕궁욕종하여 나만큼 똑똑하고 잘생긴 형제를 둡니다. 상관을 두어 설기가 심한 신해 일주에겐 비견에 의지하는 마음이 자연히 생기지만 같은 자갈돌이라 큰 도움은 안 됩니다. 신금은 같은 신금을 만나면 스트레스 받는 일이 생기는데, 그래서 형제와는 가깝고도 먼 사이가 됩니다.

신해 일주는 항상 머리를 단정히 하고 유난히 머리에 신경을 많이 쓰는 경향이 있습니다. 윤이 나고 찰랑이는 머릿결을 자랑하는 이유는 亥가 머릿결이고 辛은 가위가 되기 때문이며, 실제로 신해 일주 중에 미용사도 많습니다.

신해 일주는 火기가 온전하게 사주에 있으면 부귀를 누리지만 강한 상관도화로 인해 일탈을 꿈꾸고 남과는 다른 길을 가려는 사람입니다. 그러나 이성으로 인한 문제가 생기기 쉬워 이로 인해 그동안 쌓은 명성과 직위가 다 날아가 버릴 수 있으니 항상 처신에 신경 써야 할 것입니다.

壬子

임자 일주는 특성이 아주 강한 일주로서 60갑자 중 가장 기세가 강한 일주입니다. 명리에서는 괴강살, 백호살 일주가 고집이 세고 강한 대표적인 일주가 되는데 이것보다 더 강한 것이 양인(羊刃)으로 60갑자 중 진짜 양인 일주는 丙午와 壬子 이렇게 둘 뿐입니다.

일상생활에서 쓰는 용어 중에 '임자 만났다'는 말이 바로 임자 일주의 壬子를 일컫는 말입니다. 제아무리 강하다고 설쳐 봐야 壬子 앞에서는 꼼짝 못한다는 말로서 그 정도로 壬子의 기세가 강하다는 뜻이 됩니다.

임자 일주는 水로만 이루어진 윤하(潤下)의 물상으로 사람이 부드럽고 정이 많고 베풀기도 잘해 그리 기가 센 사람처럼 보이지 않지만, 화가 나면 많은 물이 해일이 되어 폭력적으로 바뀌기 쉽고 관재구설에도 시달리기 쉽습니다. 오래 사귀다 보면 얼마나 고집이 센지 알게 되는데, 한번 고집을 부리면 누구도 꺾을 수 없습니다.

갑진순 ― 寅卯 공망 ―

삼대 고집으로 을묘, 신유, 임자가 있습니다. 이 세 명의 고집을 꺾으려 하는 것은 시간 낭비입니다. 무엇보다 자존심이 매우 강해 자존심에 살고 자존심에 죽는다 해도 과언이 아닙니다. 돈 떼이는 건 참아도 내 자존심 상하고 창피한 건 못 참는 사람이므로, 절대로 임자 일주의 자존심을 건드려서는 안 됩니다.

반대로 자존심을 살려 주면 간·쓸개조차 다 내어 줄 사람이기 때문에 임자 일주는 채찍보단 당근으로 달래야 합니다. 임자 일주 앞에서 깐죽거리며 성질을 돋우면 그날은 정말 임자 만난 날이 됩니다.

임자는 홍염살로 매력이 넘쳐 이성의 인기를 끄는데, 남녀 모두 정열적이고 순수함이 있고 기운이 넘쳐 정력도 셉니다.

임자는 간여지동으로 水로만 이루어져 있습니다. 간여지동 일주는 주관이 확실하고 고집이 세며 생활력이 강한데, 임자는 水의 특성상 부드럽고 포용하고 베푸는 성정이 있어 다른 간여지동에 비해 덜한 것 같지만 오래 겪어 보면 더하면 더하지 덜하지는 않다는 것을 알게 됩니다.

임자는 깊고 넓은 물로서 바다, 큰 호수의 모습입니다. 그래서 도량과 담력이 커서 배포가 크고 사주의 그릇이 넓으니 남녀 모두 호탕하고 씀씀이가 큽니다. 일주가 물밖에는 없다 보니 단순하고 거짓말을 잘 못하지만 깊은 물속을 알 수 없는 것처럼 비밀을 간직하니 남모르는 사연이 있는 사람입니다.

왕한 水는 그 자체로 재물이 되는데, 임자는 글 자체로 水가 많아 돈을 만드는 능력이 있는 사람으로 물이 맑으면 큰 부자가 됩니다.

또 왕한 수기는 그 자체로 도화의 기운이 있어 이성 문제로 시끄럽고 결혼생활도 힘들게 되며, 특히 남자는 주색에 빠져 인생을 허비하는 경우도 많으니 스스로 주의를 다해야 할 것입니다.

임자 일주는 그 자체로 역마가 되는데 큰물을 건넌다는 의미가 있어 유학을 가고 먼 타향으로 이사를 가게 되며, 해외로 이민을 가는 사람도 많습니다.

임자 일주는 사주의 월주와 시주를 갈라놓는데 월과 시가 임자라는 바다를 사이에 두고 떨어져 있는 모습이 되기 때문입니다.

壬

子　　양인(겁재)

왕(旺)

임자 일주는 일지에 양인을 놓은 사람으로 그 기세가 매우 강해 웬만한 고통이나 위협에는 눈도 꿈쩍 않으며, 차라리 부러지더라도 굽히지 않는 기개와 절개가 있는 사람입니다. 고집과 자존심이 센 만큼 살아가며 고난을 많이 겪게 되지만, 타고난 강인함으로 어떠한 난관도 이겨 내는 사람으로서 역경에 분투하는 기개가 있습니다.

양인을 깔고 있으므로 사건·사고를 많이 겪게 되는데, 만약 내가 양인의 칼(刃)을 쓰는 일을 한다면 오히려 대발하게 됩니다.

일지 배우자궁에 양인 왕궁을 놓아 배우자 역시 기세가 대단한 사람이지만, 만약 약한 사람이라면 임자의 기에 눌려 오래 살지 못하고 떠나가거나 아프게 됩니다.

양인 겁재가 배우자궁을 차지하고 있다는 것은 대인관계를 중요시하고 친구와의 의리를 소중히 한다는 것을 의미합니다. 그래서 집 밖에서는 좋은 친구, 좋은 동료이지만 집 안에서는 나쁜 남편이 되어 가족의 원망을 듣게 되니 가정에도 충실하도록 많은 노력을 해야 할 것입니다.

여자가 간여지동이면 결혼 생활이 힘들다고 합니다. 고집이 세고 남편 알기를 우습게 하는 경우가 많기 때문이며, 또 기가 워낙 세서 남편의 기를 죽이기 때문입니다.

임자 일주 여성은 워낙 강해 남편과 갈등이 있게 되지만 그렇다 해도 남편과 해로하고 잘 사는 경우가 더 많습니다. 그것은 임자가 바다여서 웬만한 것은 엄마의 마음으로 포용하려 하기 때문입니다. 임자 일주 여성에겐 남편도 아들 중 하나일 뿐입니다.

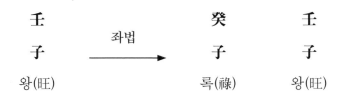

임자 일주는 양인 중에 비견, 겁재가 록, 왕으로 좌해 아무리 돈을 잘 벌어도 돈 새는 구멍이 크니 늘 돈이 모자라게 됩니다. 지갑이 두둑할 때는 바다에서 물을 퍼 올리듯 잘 퍼 주고 씀씀이가 헤퍼집니다. 비겁과 어울리는 것을 좋아하고 자존심, 체면을 목숨보다 더 소중히 여기는 사람이라 친구들과의 모임에서 밥값, 술값 계산하느라 지갑에 돈이 남아나질 않습니다.

임자 일주 여자는 모임에 나갈 때 자존심이 상하지 않게 옷, 화장품, 핸드백 등을 사느라 거금도 쉽게 지출하지만 형편이 여의치 않아 못 사게 된다면 아예 모임에 안 나가 버리는 성격으로 남녀 모두 가오 잡고 자존심 세우는 것이 최우선이 됩니다.

비겁을 품고 있어 욕심도 많은데, 돈 벌 때만큼은 체면이고 자존심 없이 수완이 좋은 사업가가 되어 큰돈을 벌게 되지만 욕심이 워낙 크게 되면 이기적인 행동으로 주위의 원성을 듣기도 합니다.

　　　　　　　　　　　　　　　피클 일주론 사주명리학의 꽃

비겁이 혼잡하여 형제와 가까이 지내다가 나중에 부모님 유산을 두고 갈등이 생기게 되는데, 심하면 이 일로 의절할 수도 있습니다.

임자 일주는 비겁이 왕하고 혼잡해 쟁재하는 기운이 강합니다. 그래서 부친과의 인연이 짧게 되고 남성은 결혼 생활에 문제가 생기게 됩니다.

여성은 시집가면 시모가 힘을 못 쓰게 되며, 고부 갈등이 일어나게 되면 오히려 시모 건강이 나빠지거나 더 스트레스를 받게 됩니다.

壬　　　　　　　甲

子　　인종　　　子
　　──────→
왕(旺)　　　　　욕(浴)

임자 일주의 식신 갑목은 왕궁욕종합니다. 임자의 강한 水기를 식상으로 설기시켜야 하는데 식신 갑목이 물에 빠진 나무로서 욕 도화에 놓여 있어 능수능란하고 말도 잘하고 유머가 있어 사람들에게 인기가 있습니다.

하지만 강한 수기를 설기시키는 데는 한계가 있다 보니 한 가지 일을 죽어라 끝까지 밀어붙이는 힘이 약합니다. 자칫 왕한 水에 의해 부목(浮木)이 되기 쉬워 나의 밥그릇이 떠내려가 버리니 하던 일이 중단되고, 그동안 이루어 놓았던 일들이 사라져 버리거나 건강에 문제가 생길 수 있습니다.

열심히 노력하고 꾸준히 매달리면 신왕한 일주라 반드시 성공할 수 있음에도 불구하고 친구들과 어울리고 유흥을 즐기는 한량이 될 수 있으니 스스로 자기 관리를 잘해야 될 것입니다.

임자 일주 여자는 잘생기고 예쁜 자녀를 두는데, 왕한 수기를 설기시키고 물을 정화하는 역할이 있어 자녀에 대한 애착이 강하고 효자·효녀를 보게 됩니다. 그리고 만약 부목(浮木)이 되면 자녀와 떨어지거나 자녀가 일찍 독립하게 됩니다.

壬
子
왕(旺)

인종 →

丙
子
태(胎)

임자 일주의 재성병화는 태(胎)로 인종하여 왕궁태종합니다.

임자 일주는 비겁을 품은 데다 재성이 태로 인종해 겉으로는 아닌 척해도 실제로는 돈 욕심이 아주 많은 사람이며 시기 · 질투와 경쟁심도 아주 강합니다. 돈을 버는 능력도 있어 돈을 잘 벌지만, 문제는 관리하는 힘이 약해 밑 빠진 독에 물 붓기와 같습니다.

식신이 젖은 나무라서 목생화를 잘 못하는데 돈 욕심은 크니, 땀 흘리며 열심히 일해서 차곡차곡 돈을 모으기보다는 한 방에 큰돈을 벌려는 마음이 강합니다.

또한 재성이 태에 종하니 재물의 기복이 아주 심하게 됩니다. 재성을 태에 놓으면 부자가 많은데, 임자 일주는 비겁이 호시탐탐 나의 재물을 노리고 있는 것과 식신이 생재를 잘 못하는 것에 어려움이 있습니다.

결국 임자 일주는 식신에 답이 있으니 식신만 열심히 잘 쓰면 왕한 비겁들이 탈재를 못하고 오히려 나의 식신을 생하는 협력자가 되어 식신생재가 잘되게 되니 돈이 차곡차곡 들어오게 됩니다.

또 하나의 문제는 태의 특성상 돈 관리를 못해 돈을 벌지만 모으지는 못하는 것이니, 돈이 생기는 대로 반드시 저축을 해야 할 것입니다. 비겁이 호시

_____ 피클 일주론 사주명리학의 꽃

탐탐 내 돈을 노릴 수 있음을 유념해 절대로 동업을 해서는 안 되며, 보증을 서거나 남의 권유로 투자나 돈을 빌려주면 말 그대로 남의 돈이 된다는 것을 명심해야 합니다. 근면 성실하고 돈관리만 주의한다면 임자 일주는 반드시 성공하게 될 것입니다.

임자 일주 남자는 아내가 물 위에 뜬 태양으로 예쁘고 지혜로운 아내를 두는데, 재성이 태에 인종하고 비겁의 기운이 강해서 결혼 생활에 위기가 찾아오게 되면 대부분의 원인 제공을 내가 했다는 걸 명심하여 먼저 사과하고 손 내밀어야 합니다.

임자 일주는 부친과 일찍 헤어지거나 부친이 아프거나 경제적으로 무력한 경우가 많은데, 비겁이 왕해 재성 부친이나 아내가 극을 당하기 때문입니다.

임자 일주 여자는 결혼하면 시모가 일찍 돌아가시거나 고부 갈등이 생기게 되는데, 나의 강한 비겁이 시모 재성을 극하기 때문입니다.

임자 일주의 관살 무토 역시 왕궁태종합니다. 왕한 水를 관살의 土가 제방으로 막아 주면 좋은데 태로 인종하여 완전히 막는 데는 한계가 있어 임자 일주는 한 직장에서 정년까지 오래 있지 못하고 이직을 하게 됩니다. 더구나 절, 태에 놓여 있어 여러 번 이직을 하며 다른 업종으로 전환하게 됩니다.

신왕하고 간여지동, 양인이라 직장 생활에 어려움이 있으며 적게 벌더라도 내가 사장을 하는 것이 마음 편한 사람이기 때문에 자영업자가 많은 일주입

壬子 ____

니다.

왕궁을 놓아 매사에 자신감이 넘치지만 재관이 모두 태로 들고 비겁이 왕해 투기성이 강하고 수완도 뛰어나니 잘되면 대박, 못되면 쪽박으로 중간이 없는 극단의 모습을 보입니다.

임자 일주는 비겁으로 똘똘 뭉쳐 남녀 모두 결혼 안 하고 혼자 사는 사람이 많습니다. 결혼해도 재관이 태로 인종해 부부 사이가 해로하기 힘들며, 만약 이혼을 한다면 다시 재혼을 하게 됩니다.

임자 일주 여자는 기운이 워낙 강해서 웬만한 남자는 못 버티고 떨어져 나갈 수 있으니, 내 주장만 내세우지 않도록 조심해야 합니다. 하지만 바다 같은 마음을 내어 상대를 이해하고 존중한다면 결혼 생활을 행복하게 이어 나갈 수 있습니다.

임자 일주의 인성 경금은 사(死)로 인종해 왕궁사종합니다. 임자 일주는 아주 강한 일주임에도 불구하고 비겁을 뺀 나머지는 욕, 태, 사로 들어 강함 속에 부드럽고 약함이 들어 있어 과묵하고 조용하며 겉의 화려함과는 달리 속은 상처와 눈물로 가득한 사람입니다. 인성이 사에 놓여 있어 임자 일주는 똑똑하며 성적이 상위권이 많습니다.

임자의 물을 맑게 하는 것은 크게 두 가지인데, 하나는 木으로 정화를 시키는 것이고 또 다른 하나는 金으로 정화를 시키는 것으로 대개 모친의 사랑을

_____ 피클 일주론 사주명리학의 꽃

받고 자랐으며 효자 · 효녀가 많습니다.

임자 일주는 바다와 같아 대장부 기질이 있는데, 기운이 너무 강하다 보니 너무 강하면 부러진다는 말처럼 자신의 성질을 못 이겨 스스로 자기 발등을 찍는 일을 잘해 쉬운 길도 어렵게 가게 됩니다.

평화로운 바다가 쓰나미가 일면 모든 것이 다 떠내려가 버리듯이 재물도 가족도 다 쓸려 가게 됩니다. 결국 임자 일주는 스스로의 내면 감정을 잘 다스려야 할 것입니다.

비겁의 기운이 강하므로 식신으로 땀 흘리고 노력하면 반드시 성공할 수 있음을 알고 돈 관리를 잘하면 남부럽지 않게 잘살게 될 것입니다.

임자 일주는 배우자 인연이 박한 일주임을 알고 부부 사이에 먼저 양보하고 이해해야 할 것입니다. 정력이 강하고 성욕이 왕하니 부부 사이의 잠자리 문제도 부부 인연이 오래갈지에 크게 작용하게 됩니다.

계 축

癸丑

　계축은 백호살로 아주 강한 일주입니다. 계수의 水가 부드럽고 자상한 모성애를 나타내지만 계축 일주는 백호살이라 만만하게 봤다가는 큰 코 다칩니다.

　거기다 계축은 양인(羊刃)의 기질도 가졌는데, 양인살은 록(祿) 다음에 오는 글자로 癸의 록은 子가 되어 다음에 오는 丑이 양인에 해당합니다.

　그래서 계축 일주는 백호살뿐만 아니라 양인살에도 해당되어 성정이 아주 강합니다. 웬만한 괴강이나 간여지동은 저리 가라 할 정도로 강하므로 그만큼 살아가며 역경을 헤쳐 나가는 힘이 되며 그만큼 풍파도 많이 겪게 됩니다.

　평소에는 계수일간이라 조용하고 얌전하지만, 화가 나면 헐크로 돌변해 너죽고 나 죽자는 식으로 나와 주위를 놀라게 합니다. 그런 강한 성격이 자본주의 세상을 살아가는 데는 크게 유리할 수 있어 악착같이 노력해서 큰 부자가되는 사람이 많습니다.

하나같이 폼 잡으며 쉽게 돈을 벌기보다는 치열한 경쟁 속에 산전수전 겪어가며 본인의 피땀으로 번 돈이라서 그만큼 더 돈을 아끼고 집착하여 잘 안 쓰게 됩니다.

계축 일주는 역경에 분투하는 기개가 있어 어려운 환경 속에 고군분투하며 성공을 하여 부자가 되고 재산이 많은 이면에 가족 관계에서 남모르는 상처와 아픔이 있습니다.

丑은 한겨울의 얼어붙은 땅인데, 여기에 癸水비가 내려 계축은 한겨울 눈보라와 같은 물상이 되어 표정이 차갑고 냉정한 성격이 있습니다. 그리고 양인, 백호살이라 웬만한 강한 일주도 계축 일주 앞에서는 꼬리를 내리게 됩니다. 계축은 눈보라이기 때문에 그 자체로 숙살의 기운을 가져 형살과도 관련이 있습니다.

계축은 차고 습한 기운이라 火의 조력이 필요하며, 사주에 火가 조후의 균형을 맞춰 준다면 계축은 한겨울 눈보라가 아닌 봄비가 내려 논밭을 적시는 모습이 됩니다. 그런 모습일 때 건강하고, 농부처럼 땀 흘리고 노력해 큰 부자가 되며 마음에 여유가 있어 정이 많고 인심 좋은 사람으로 행복한 삶을 사는 사람이 많습니다.

丑은 金의 고(庫)지여서 계축은 인성의 창고를 가지고 태어나 거부가 많으며 부동산과 인연이 깊습니다. 그러니 계축 일주는 목돈이 생기면 무조건 부동산에 투자하면 좋습니다.

계축 일주는 똑똑하여 공부를 잘하지만 인성 모친이 묘에 들어 힘든 어린 시절을 보내게 됩니다.

계축은 흑우(黑牛)로 종교와 관련이 깊고 전생의 업과도 관련이 깊습니다. 불교에선 수행하는 과정을 비유해 검은 소가 흰 소로 바뀐다고 말합니다. 임계수 일간이 진술축미를 깔면 이번 생에는 전생의 업을 닦는 삶을 살 것이라

보면 됩니다. 대부분 전생의 업연은 현생에서 가족으로 만나 내가 지은 악업의 수레를 풀고 갚게 됩니다.

癸

丑   **편관**

관대(帶)

계축 일주는 일지에 편관을 두고 양인, 백호살에 그야말로 살기(殺氣)로 똘똘 뭉친 일주로서 이런 강한 살기를 쓰지 않으면 오히려 내가 살을 맞게 되어 몸이 허약하며 사건·사고로 삶이 한시도 편할 날이 없게 됩니다.

편관 칠살이 관대에 놓여 있어 공직이나 형살과 관련된 직업이 잘 맞아 군·검경에서 출세를 하게 되며 전문직으로 나가게 됩니다. 이렇게 칠살 관대를 놓게 되면 장사보다는 직장이나 전문직이 잘 맞으며, 돈보다 명예를 취해야 돈과 명예를 다 얻게 됩니다. 그러나 만약 돈을 탐하면 오히려 돈과 명예뿐만 아니라 건강까지도 잃을 수 있음을 명심해야 합니다.

일지에 칠살을 놓고 관대 옷을 입어 종교와도 관련이 깊고 신경이 예민하고 꿈을 잘 꾸는데, 사주가 너무 한습하면 정신적인 문제로 어려움이 생기거나 심하면 무속인이 될 수도 있습니다.

관대를 깔기 때문에 아무리 돈이 없어도 옷을 세련되게 잘 입는 멋쟁이로, 자존심도 무척 강해 자존심 하나로 산다고 해도 과언이 아닙니다.

편관이 관대이면 높은 고위직에 오르는 사람이 많은데, 관대의 특성상 오만하고 약자에 대한 배려가 부족할 수 있으니 겸손해지도록 스스로 성찰해야 합니다.

癸

丑 ⟶ 己편관, 辛편인, 癸비견

관대(帶)

계축 일주가 살기가 그렇게 강한데도 불구하고 결코 신약하지 않는 것은 일지 속에 인성과 비견을 숨기고 있기 때문입니다. 따라서 편관을 보면서도 약하지 않고 인성, 비견을 보면서도 넘치게 강하지 않는 절묘한 균형을 이루고 있습니다. 사주가 이렇게 살과 인으로 상생하고 강약의 균형을 이루면 귀격(貴格)으로 고위직에 올라 권위와 명예가 높거나 경제적인 성공을 이루는 사람이 많습니다.

살인상생하여 문무를 겸비한 덕장으로 직위와 명예가 높아서 많은 사람들로부터 존경을 받을 수 있는 인품과 그릇을 갖춘 사람입니다. 한 가지 옥의 티라면 살생인, 인생비로 흘러 살인상생하는 좋은 기운이 비견으로 흘러가게 되어 있으니, 자칫하면 마지막 결정적인 순간에 경쟁자가 나의 공을 가로챌 수 있다는 것입니다.

그래서 계축 일주는 동업을 하면 필패하고 가까운 친구나 형제라 해도 금전 거래나 계약서에 도장 찍는 일은 안 하는 것이 좋으며, 반드시 공과 사를 분명히 해야 합니다. 일지에 비견을 품고 있어 친구, 형제와 우애 있게 지내지만 서로 돈 관계가 엮이게 되면 원수 사이로 돌변하게 되거나 형제와는 부모님 유산을 두고 한바탕 다투게 될 수 있습니다.

$$癸 \qquad 己$$

$$丑 \xrightarrow{\text{좌법}} 丑$$

대(帶)   묘(墓)

계축 일주의 관살 기토는 대궁묘좌합니다.

칠살이 묘(墓)에 좌해 계축 일주는 영감이 아주 뛰어나고 꿈을 잘 꾸며 생사와 관련된 직업이 잘 맞아 의약업이나 종교, 활인, 보험이나 농사일도 잘 맞습니다. 묘는 땅에 고정된 것이라 한곳에 머문다는 의미가 있고 여기에 관대는 암장이 되어 군대, 관공서, 교도소, 병원, 종교 시설과도 연관이 있습니다.

계축 일주 여자는 배우자궁에 관살이 들어 남편이 역할을 충실히 하는 사람이며, 칠살이라 다소 언행이 거칠거나 힘든 마찰이 있지만 축토 안에 인성과 비견이 있어 오히려 남편이 의지처가 됩니다. 다만 남편이 무덤 속에 들어간 모습이라 남편과 이별하거나 아플 수 있는데, 만약 위에 말한 직업을 남편이나 본인이 종사한다면 업상대체되어 무사할 수 있습니다.

계축 일주 여자는 남편이 무덤 속에 들어간 모습이라 남편이 잠자리에서 시체처럼 누워만 있거나 잠자리를 피하려고 해서 스트레스를 받게 됩니다. 하지만 남편은 자기를 존중해 주지 않는 아내보다는 축중 계수에게 마음이 가게 되니 밖에서는 슈퍼맨인데 집에만 들어오면 시체가 되는 격입니다.

계축 일주 남자는 똑똑한 자식을 두지만 자녀가 아프거나 일찍 유산·낙태한 자녀가 있게 됩니다.

癸   좌법   辛

丑   ⟶   丑

대(帶)   양(養)

계축 일주의 인성 신금은 대궁양좌합니다.

丑은 金의 고지라서 인성 어머니가 묘에 들어가게 되고 양(養)으로 좌해 모친이 병약하여 병원에 입원하거나 요양을 하게 되며 일찍 헤어질 수도 있는 등 아픈 가족사가 있는 사람입니다. 그러나 만약 모친이 병원에 근무하거나 가르치는 일을 한다면 건강하고 자상한 어머니로서 품위 있고 귀티가 흐르는 분으로, 유산을 물려주시게 됩니다.

계축 일주는 인성이 양좌해서 어머니를 봉양하고 모친이 아플 때 가까이서 간호하고 돌보는 효자·효녀들입니다. 하지만 부모님 유산은 다른 형제가 더 많이 가져가게 되어 있어 나중에 형제와 유산 문제로 큰 갈등이 생길 수 있습니다. 이는 일지 축토 속에 인성과 비견이 함께 있기 때문입니다.

그렇다 해도 어머니와는 전생의 깊은 인연으로 만난 사이라서 떼려야 뗄 수 없는 관계이며, 칠살의 살기를 살인상생으로 화살시키는 중요한 역할을 하기 때문에 어머니가 계시고 안 계시고는 큰 차이가 날 수밖에 없습니다.

계축은 칠살을 깔고 인성이 양좌한 데다 살인상생하여 머리가 비상하고 똑똑하여 공부를 잘합니다. 이렇게 공부를 잘함에도 불구하고 공부를 계속 이어 나가기는 힘든데, 대개 백호살에 놓인 일주는 고난과 역경을 이겨 내는 강인함이 있지만 그만큼 우여곡절도 많게 되며 인성의 힘이 약하고 축 습토가 계수물을 흐려 공부하는 데 집중하기가 힘든 모습을 보이기 때문입니다.

그러나 공부하는 데 어려움이 있더라도 포기하지 말고 공부를 이어 나가야 하며, 반드시 공부를 해야 살인상생하여 몸도 건강해지고 출세하게 됩니다. 계축 일주는 산전수전을 다 겪으며 성공하는 모습이라 공부 역시 마찬가지로 순탄하지는 않습니다. 하지만 계축의 집념으로 공부를 끝마쳐 출세의 발판을 마련하게 됩니다.

癸　　　　　　　　　　癸

丑　　　좌법 →　　　　丑

대(帶)　　　　　　　　대(帶)

비견을 대궁대좌하여 축토 속 지장간에 비견 계수를 품고 있어 계축 일주는 칠살을 깔고 있음에도 결코 신약하지 않습니다. 주관이 뚜렷하고 고집이 세고 자존심이 강한 사람이며 일지에 배우자가 나의 의지처가 됩니다. 이런 긍정적인 역할도 있지만 반대로 부정적인 역할도 있어 비견이 있으면 그만큼 욕심도 커지게 되고 경쟁심, 질투심도 강하게 되어 동료와 구설 시비가 일어나고 성격이 급하며 화를 잘 내게 됩니다.

인성과 비견이 함께 있어 인성이 일간보다 비견을 우선 생하게 되어 있으니 부모님 유산을 나보다 형제가 더 많이 가져가게 됩니다. 그리하여 형제와 우애가 깨지게 되는데, 대궁대좌라 서로 멀리 떨어져 살거나 우애는 그리 깊지 못한 모습을 보입니다.

癸　　　　　　　　　　乙

丑　　　인종 →　　　　丑

대(帶)　　　　　　　　쇠(衰)

계축 일주의 식신 을목은 쇠로 인종하여 식복은 있지만 식신이 공망인 데다 丑는 한겨울 꽁꽁 언 땅이고 辛금이 숨어 있어 乙목이 뿌리내리기가 여간 힘든 모습이 아닙니다. 그래서 계축 일주에게는 쉽게 공짜로 주어지는 것이 아닌 본인의 노력과 고생 끝에 이루어지게 됩니다.

계축 일주 여자는 자식이 공망이라 자녀에 대한 애정이 남다릅니다. 하지만 자녀 을목은 축중 신금이 밀어내어 일찍 유학을 가거나 기숙사 생활을 하는 등 떨어져 살 수 있습니다. 자녀와 떨어지면 보고 싶고 걱정이 되지만, 가까이 있으면 늘 갈등이 생기는 상황이 됩니다. 계축 일주 여자의 자녀는 대궁쇠종하여 어른스럽고 똑똑하니 알아서 스스로 앞가림을 잘하므로 아무런 걱정 안 해도 될 것입니다.

계축 일주의 재성 정화는 묘로 인종되어 대궁묘종합니다.

사업보다는 전문직이나 활인업으로 성공할 수 있으며 재관이 묘에 놓여 종교·활인 방면으로 타고난 사람이므로 종교 생활을 하는 것이 살아가는 데 큰 도움이 됩니다.

계축 일주는 재관이 묘에 들어 재물을 좇기보다는 명예를 취해야 건강하게 잘 살 수 있으며, 부동산과 깊은 관련이 있어 부동산으로 부자가 되는 사람입니다. 재산을 조금씩 불려 가며 돈을 창고에 쌓아 두는 사람이라 근검절약하여 갖은 고생 끝에 부자가 되는데, 돈을 허투루 잘 쓰지 않다 보니 인색하다는 소리를 들을 수도 있습니다.

계축 일주 남자는 아내가 아프거나 헤어질 수 있는데, 이 역시 부부 중 한 명이라도 앞서 말한 직업군에 종사한다면 업상대체되어 별 탈 없이 해로할 수 있습니다. 아내가 무덤 속에 있어 밤에 잠자리를 피하거나 성적 취향이 달라 불만이 있을 수 있습니다. 그러나 계축 일주는 한습하여 火의 조력이 필요하니 아내와 다소 맞지 않는 부분이 있어도 아내가 있어야 내가 건강하게 행복을 누릴 수 있음을 알고 아내에게 잘해 주어야 합니다.

계축 일주는 종교 생활을 하거나 집 앞에 텃밭을 가꾸는 것이 여러모로 도움이 되며, 가급적이면 몸을 따뜻하게 하여야 좋습니다.

丑은 午戌未가 오면 탕화살이 작용해 감정의 기복이 심해지고 사건·사고가 날 수 있으니 각별히 조심해야 합니다.

丑의 辛은 십자가, 불상의 모습이며 癸는 정안수로서 토굴 속에서 열심히 기도하는 모습으로 종교·무속과도 깊은 관련이 있습니다.

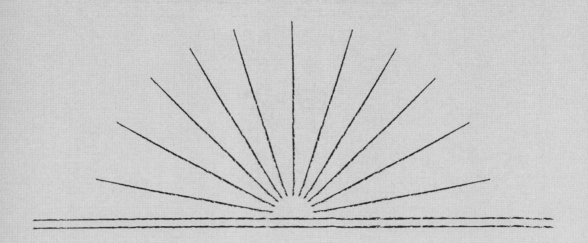

6부
갑인순 - 子丑 공망

갑   인
甲寅

갑인을 한마디로 말하면 곡직(曲直) 중에서도 직(直)이라 할 수 있습니다. 갑목이 위아래로 겹쳐 있는 모습이니 직진하는 성격이 얼마나 강하겠습니까?

이렇게 사주에 같은 글자가 겹쳐져 있는 것을 간여지동이라 하는데, 간여지동 일주는 한 가지 성질로 뭉쳐 있어 개성이 뚜렷하고 고집과 자존심이 아주 세다는 특징이 있습니다. 특히 갑인의 자존심은 60갑자 중 최고라 할 정도로 센데, 큰 나무 위에 나무가 있으니 콧대가 얼마나 높겠습니까!

갑인은 다른 것은 다 참아도 자존심 상하는 건 못 참습니다. 그래서 남 밑에서 직장 생활을 하기가 힘들고, 배우자와의 잦은 충돌로 부부 사이에 작은 다툼도 큰 싸움으로 번지기 쉽습니다. 자존심 때문에 먼저 사과나 양보를 하지 않아 갑인 일주는 평화로운 부부 생활을 하기가 힘듭니다. 더구나 갑인 일주 여자는 고란살에 해당합니다.

갑목은 직진하는 성질이 강한데 갑목이 위아래로 겹쳐져 있는 갑인 일주는 일을 할 때면 파죽지세로 밀어붙여 많은 양의 업무도 짧은 시간에 해내고 어려운 일도 단숨에 해결하는 능력자의 모습을 보입니다. 추진력과 결단력이 뛰어나고 경쟁심도 강하여 남에게 지고는 못 삽니다.

갑인 일주는 장남·장녀가 많고 장남이 아니더라도 집안에서 장남·장녀 역할을 하는 것은 갑목의 특성이 강하기 때문입니다.

일지에 비견을 둔 것은 경쟁심도 강하지만 한편으로는 사교성이 좋다는 의미이며 갑목이니 모임에서 모임의 장을 맡거나 모임의 주인공이 되는 사람입니다.

甲
寅　　　비견
록(祿)

갑인은 일지 비견 록(祿)을 놓아 자수성가하여 큰 부를 이루는 사람이 많습니다. 갑목은 직진성이 강한데 일지에 록을 놓아 갑인은 못 먹어도 고를 외칩니다. 싸움이 나면 사생결단을 내야 하고 부러질지라도 굽히지 않는 사람들로, 좋게 쓰이면 주관이 뚜렷하고 기개가 넘쳐 모두가 "예스"를 해도 혼자 "노우"를 할 수 있는 패기가 넘치는 사람입니다. 추진력과 리더십으로 능히 한 조직을 이끌 수 있는 재량이 있습니다.

하지만 이것이 나쁘게 쓰이면 고집불통의 독불장군이 되고 융통성이 없어 조직에 융화를 못해서 직장을 번번이 옮기게 되고 직장에서나 사회에서 구설과 다툼이 잦게 됩니다. 그래서 갑인 일주는 첫째도, 둘째도 욱하는 성격을 다스려야 합니다. 공격적인 성격만 차분하게 바꾼다면 직장 생활을 하든지 사업을 하든지 성공할 능력이 충분한 일주라고 할 수 있습니다.

갑인은 비견 록을 두어 갑목이 뿌리를 깊게 내린 나무가 됩니다. 그래서 갑인이란 거목은 뿌리가 깊어 모진 비바람에도 쓰러지지 않으며 아무리 가물어도 마르지 않는 끈질긴 생명력을 가져 칠전팔기의 성공 신화를 쓰는 사람이 많습니다. 그리고 거목으로 큰 부자가 되거나 큰 성공을 거두는 사람이 많습니다.

甲

寅 ⟶ **甲 비견, 丙 식신, 戊 편재**

록(祿)

갑인은 지장간에 비견, 식신, 재성을 두어서 근면 성실함으로는 따라올 자가 없을 정도이며 본인의 노력으로 큰 부를 이루는 사람입니다. 강한 비견으로 식신을 생하고 식신은 다시 재성을 생해 타고난 성실함과 노력으로 거부가 되는 일주입니다.

그뿐만 아니라 식신과 재성이 장생을 얻고 있어 인물도 좋고 머리가 비상해 공부로 성공하는 사람도 많아 교수나 전문직에서 명성을 떨치는 사람도 많습니다. 이렇게 갑인 일주는 가난하게 사는 사람을 찾기가 오히려 힘든 일주로, 타고난 체력과 근면함으로 본인만 노력하면 얼마든지 사회에서 성공할 수 있는 일주입니다.

갑인 일주에겐 식신의 역할이 아주 중요한데, 만약 식신이 사라지면 비견이 재성을 취해 일간의 돈은 비견이 뺏어 가는 꼴이 되어 가난을 면키 힘듭니다. 그래서 갑인 일주는 식신이라는 땀을 흘리지 않고 욕심을 부려 일확천금을 바

_____ 피클 일주론 사주명리학의 꽃

라거나 편법적으로 돈을 벌려고 하면 오히려 돈과 명예를 다 잃게 됩니다.

갑인 일주의 비견 갑목은 록궁록좌합니다. 일지에 비견을 두고 록을 두었다는 것은 갑인 일주의 형제 역시 능력이 있고 잘 났다는 것인데 형제와는 애증이 교차하지만 가깝게 지내게 됩니다. 이렇게 비견이나 겁재가 일지에 있으면서 재성이 함께 있으면 필히 부모님 유산을 두고서 나누어야 하는데, 이 과정에서 서로 섭섭한 감정이 생겨 결국 형제와 의절하고 인연을 끊을 수도 있습니다.

하지만 비견을 깔고 있어 내가 먼저 양보하고 베풀면 형제들도 욕심을 내려놓고 사이좋게 나누게 될 것입니다. 무엇보다 비견은 식신을 생해 나의 협력자이고 귀인이 되어 형제와는 좋은 관계를 유지하게 됩니다.

일지 록은 책임감이 커서 가족들을 부양하기 위해 열심히 일하며 능력도 출중해서 직장에서도 능력을 인정받지만 정년까지 다니는 사람은 드뭅니다. 고집이 세고 성격이 다혈질이라 상사와 충돌이 자주 생기게 되고, 자존심 때문에 아부를 하거나 상사의 비위를 맞추는 것을 잘 못하며 관이 절에 인종되기 때문에 오래 다니기 힘듭니다. 또한 식신과 재성이 장생을 놓아 장사나 사업에 항상 관심이 있어 늘 가슴에 사직서를 품고 다니다 기회가 오면 사표를 내고 장사나 사업을 하게 됩니다.

일지에 록왕을 놓은 간여지동은 비겁들을 깔고 있어 남의 이목을 신경 쓰고 어떤 모임을 가든 모임의 주인공이 되고 장이 되는 사람입니다.

갑인 일주 남자는 맞벌이가 많은데 배우자궁이 록에 놓여 있어 아내가 직장을 다니거나 능력 있는 아내를 만나는데, 처가가 재력이 있거나 뼈대 있는 가문인 경우가 많습니다.

남녀 모두 배우자궁에 비견이 있어 나이 차가 많이 나더라도 배우자는 친구처럼 동등한 위치에 있게 되고 성격이 비슷한 배우자를 만나게 됩니다. 그래서 갑인 일주의 부부 싸움은 요란합니다.

일지에 비견이나 겁재를 두게 되면 남과의 경쟁심이 강하고 욕심이 많게 되는데 비견과 겁재는 비슷한 듯하지만 다르게 나타납니다. 갑인, 경신처럼 일지 비견은 공평·평등이라는 의미가 강하고 임자, 병오, 계해, 정사처럼 일지에 겁재를 둔 것은 불공평·불평등이라는 의미가 강합니다.

그래서 비견을 둔 갑인 일주는 형제나 동업자와 반반씩 나누게 되고, 겁재를 둔 일주는 내가 많이 가지거나 아니면 상대에게 뺏겨 나는 조금만 가지게 됩니다. 만약 갑인 일주가 본인 생각에 불공평하다고 느끼게 된다면 상대가 누구든지 물불을 안 가리고 싸우게 됩니다.

갑인 일주의 식신 丙화는 장생을 놓아 록궁생좌합니다. 식신의 모습이 아름다워 갑인 일주 치고 게으른 사람이 없고 모두 화술이 뛰어납니다. 식신이 장생을 놓으면 대개 인물도 훤칠해 미남·미녀가 많고 똑똑하고 야무집니다.

식복을 타고나 갑인 일주는 미식가들이고 뭐든 잘 먹고 잘 놀고 열심히 일하는 사람들인데 체력도 좋아서 웬만해서는 지치는 법이 없습니다. 건록에 놓인 비견이 식신을 생해 주는 데다가 식신이 록궁 속에 장생을 놓아 주말도 쉬지 않고 야근을 밥 먹듯이 해도 지치지 않고 열심히 일하는 사람들입니다.

식신 장생이면 귀인의 도움이 있는데, 어려운 일을 당하게 되면 친구나 부모님께 도움을 받게 되는 복이 많은 일주입니다. 갑목일간이 병화를 보면 목화통명(木火通明)이라 하여 머리 회전이 빠르고 비상하며 공부도 잘하고 인물도 잘생겼습니다.

여자에게 식신은 자식에 해당되니 갑인 일주 여자의 자식은 똑똑하고 인물도 훤칠하며 효녀 효자입니다. 갑인 일주 여자는 자식에 대한 애정이 지나칠 정도로 유별난데, 甲木 나무는 丙火 태양을 봐야 살아갈 수 있기 때문에 자식을 끔찍이도 아끼고 사랑해 지나치면 집착이 될 수도 있습니다.

이렇게 갑인 일주 여자는 자녀에게 집착에 가까운 사랑을 쏟고 헌신하지만, 상대적으로 남편에게는 그만큼 관심을 덜 가지게 됩니다. 이것이 바로 부부 사이에 불화가 있게 되는 큰 이유 중 하나입니다.

갑인 일주 남자들은 처가의 도움을 받을 수 있는데, 식신 장모가 장생을 놓아 귀인이 되기 때문입니다. 그래서 경제적인 어려움이 있을 때는 처가 친정에서 돈을 가져오거나 처갓집의 유산을 받게 될 수도 있습니다. 이렇듯 갑인 일주 남자는 처갓집에 잘하면 나중에 몇 배로 돌려받게 되니 평소에 장인·장모님께 잘하면 좋습니다.

갑인 일주는 남녀 모두 말을 잘하고 말이 많은 것 또한 식신이 록궁 생에 놓여 있기 때문입니다.

甲　　　　　　　　　戊

寅　　　좌법　　　　寅

록(祿)　　　　　　장생(生)

갑인 일주는 재성 또한 장생을 놓아 록궁생좌합니다. 인물 좋고 똑똑하고 부지런하면서도 재물 복까지 타고났으니 모든 사람들이 부러워할 만한 일주임엔 틀림없습니다. 寅의 지장간에 甲비견, 丙식신, 戊재성이 록과 생을 놓은 데다가 목생화, 화생토하여 모든 기운이 재성으로 몰려 재복이 넘치는 일주입니다.

비식재가 서로 상생하여 막힘없이 일을 해결해 나가고 능수능란하고 어려운 고비에도 좌절하지 않습니다. 그리고 고비 때마다 귀인의 도움까지 있어 본인의 능력과 근면성실함이 더해져 자수성가하는 사람이므로, 갑인 일주가 궁핍하게 사는 경우를 찾기가 힘들 정도입니다.

이렇게 재물 복이 많다 보니 당연히 직장보다는 장사나 사업을 하는 사람들이 많은데, 직장 생활을 하고 있다면 늘 가슴속에 사직서를 품고서 기회가 오면 미련 없이 사직서를 내고 자기 사업을 시작하곤 합니다.

병화 식신의 장생과 목화통명으로 공부와 가르치는 일을 잘하여 교수나 교사가 많고, 시험에 합격하여 전문 자격증을 따서 공무원이나 전문직에 종사하는 사람도 많습니다. 어쨌든 이렇게 신왕재왕한 갑인 일주는 본인의 노력으로 고난과 역경을 이겨 내고 마침내 부를 성취하는 일주입니다.

일지에 비겁이 있으면 대개는 경쟁자가 되어 탈재가 되니 경제적으로 힘들게 되는데, 갑인의 비견은 식신을 생해 주는 조력자의 역할이 커서 나의 재물을 불려 주는 귀인 · 배우자 · 협력자가 됩니다. 그래서 갑인 일주는 식복 · 재복뿐만 아니라 인복도 있습니다.

갑인 일주 남자는 처복이 있어 결혼을 하고 나서 재물이 점점 모이게 되고 능력 있는 아내를 두어 아내의 수입이 더 많은 경우도 흔합니다. 맞벌이 부부가 많고, 아내가 살림만 한다고 해도 남편의 월급을 불려 노후에 돈 걱정 없이 살 정도로 재산을 모으게 됩니다.

남녀 모두 부모 복이 있어 상속·증여를 받게 되는데 일지에 비견이 자리하고 있어 형제와 공평하게 나누게 됩니다. 만약 사주 원국에 비겁이 또 있다면 비겁다자로 쟁재하게 되어 조실부모하거나 어린 시절을 힘들게 보내게 되는데, 그렇다 해도 본인의 능력과 타고난 근면 성실함으로 결국 성공을 거두게 됩니다.

甲
寅
록(祿)

인종 ——→

庚
寅
절(絶)

갑인 일주의 관은 경금 편관을 인종하게 되어 록궁절종합니다. 이렇게 관살이 절에 놓이고 간여지동으로 고집과 성정이 강하다 보니 갑인 일주 여자는 남편에게 절대로 지지 않으려 하고 대등하거나 군림하게 됩니다.

이것이 심해지면 남편을 무시하고 존경하지 않게 되니 싸움이 잦아져 결국은 이별을 하게 되는 경우가 많습니다. 이렇게 여자가 간여지동과 록을 놓아 강한데 남편은 절에 놓여 아주 약하게 되면 부부 싸움으로 남편의 기를 꺾게 됩니다. 아내가 남편에 대한 미운 원망의 감정을 오랫동안 쌓게 되면 오히려 남편이 정신적 내상을 입어 아프게 되거나 심할 경우 사별하게 될 수도 있습니다.

그러니 갑인 일주 여자는 남편과 될 수 있으면 자기주장을 과도히 내세우지 말고 원만하게 지내야 하며, 만약 남편이 내 곁을 떠난다면 자기 살려고 떠난다고 생각하고 그냥 보내 주는 것도 좋은 방법입니다.

관이 절에 인종되어 안 그래도 식재가 왕한 갑인 일주는 직장에서 정년퇴직하는 것은 거의 불가능에 가깝습니다. 보통은 직장을 여러 번 옮기게 되며 자기 사업을 찾아 떠나게 됩니다.

갑인 일주 남자의 경우도 역시 자식과 인연이 박하여 사이가 소원하거나 물리적으로 떨어져 살게 됩니다. 자식이 집과 멀리 떨어진 학교에 진학해 기숙사나 하숙을 하게 되거나 아니면 본인이 직장 문제로 주말부부 생활을 하여 자식과도 떨어지게 된다면 자식과는 좋은 관계를 유지할 수 있습니다.

이렇게 관이 절에 놓였다는 것은 남자에게 있어 아내가 낙태나 유산을 하게 된다는 의미도 됩니다.

갑인 일주 인수는 계수가 아닌 편인 임수가 인종이 됩니다. 그래서 록궁에 병종하게 되어 머리 회전이 빠르고 일머리가 뛰어납니다.

병(丙)은 12신살에서 역마에 해당하니 인수가 역마로 놓여 멀리 공부하러 갈 수 있다는 의미가 되어 유학을 가거나 먼 곳의 학교로 진학하게 됩니다.

갑인 일주의 어머니는 아주 활동적이고 바쁘신 분으로, 모친이 집안의 가장

_____ 피클 일주론 사주명리학의 꽃

역할을 하는 경우도 많습니다. 만약 어머니가 활동적이지 않다면 어머니가 아프시다는 말도 됩니다. 병은 말 그대로 병(病)이기 때문에 역마를 쓰지 않는다면 병환에 놓이게 됩니다. 그래서 어머니가 아플 수 있는데, 갑인 일주는 특히 인성이 공망이라 모친과 일찍 헤어지거나 인연이 짧을 수 있습니다.

갑인은 뿌리가 깊은 거목이라 집안의 장남·장녀나 기둥 역할을 합니다. 큰 나무라서 배포가 크고 내가 제일 크고 높다는 생각에 자존심, 욕심, 자만심도 강합니다. 다른 한편으로는 식신이 생에 놓여 있어 정(情)도 많고 베풀기도 잘하는 사람입니다.

갑목 위에 갑목이 놓여 있어 자존심은 갑(甲)이고 무슨 일이든지 한 번 결정하면 뒤돌아보지 않고 불도저처럼 밀어붙이는 사람입니다. 寅은 탕화살이라 寅巳申운이 오면 탕화살이 발동해 감정의 기복이 심해져 사건·사고가 발생하기 쉬우니 스스로의 감정을 잘 다스려야 합니다.

甲은 우뢰이고 寅은 광곡(廣谷)이라 하여 큰 계곡이 됩니다. 그래서 큰 산골짜기에 천둥이 내려치는 모습이라 갑인 일주는 목소리가 크고 좋으며 노래를 잘 부릅니다. 그리고 화가 나거나 싸울 때 고함 소리가 쩌렁쩌렁 울리고 난폭하게 변해 주위 사람들을 놀라게 합니다.

^을 ^묘
乙卯

　을묘는 일지에 비견을 둔 간여지동으로 고집이 아주 센 대표적인 일주입니다. 을목이 화초라 여리고 부드러워 보이지만 밑에 묘목을 뿌리로 두어 잡초처럼 태풍이 와도 뽑히지 않는 강인함과 인내력을 소유한 사람입니다. 이렇게 간여지동인 일주는 고집이 세고 생활력이 강해 어려운 난관이 닥쳐도 이겨내는 강인함이 있지만, 너무 강한 성정과 고집으로 결혼 생활에 잦은 다툼이 생겨 순탄한 결혼 생활이 어렵게 됩니다.

　을목은 바람, 새의 물상이라 을목 일간들은 타고난 역마성을 보이는데 을묘는 초원을 뛰어다니는 토끼의 물상이라 한시도 가만히 있지 못하는 사람으로 살면서 자주 이사를 다니게 됩니다.

　을묘 일주는 풀밭의 토끼여서 먹을 것이 풍요로워 식복이 타고났으며 신경이 예민하다는 특성이 있습니다. 또 바람에 하늘거리는 봄꽃처럼 을묘 일주는 날씬한 몸매의 소유자들이며 찰랑이는 머릿결을 자랑하는 미인·미남들입니다.

卯는 파성(破星)으로 일지에 묘를 두면 배우자와의 갈등이 암시되는데, 결혼 전 연애 경험을 많이 쌓거나 주말부부를 하는 것도 도움이 됩니다.

乙
卯　　　비견
록(祿)

을묘 일주는 일지에 비견 록을 놓아서 생활력이 강하고 책임감과 독립심이 강해 대개가 일찍 부모로부터 자립하고 자수성가하게 됩니다. 모임이나 사람들과 어울리는 것을 좋아하고 친한 친구가 많으며 친구들 사이에 인기도 좋습니다.

형제와는 나중에 부모님 유산을 두고 갈등을 겪게 되는데, 서로 미움과 원망이 깊어지고 진흙탕 싸움이 되어 갈등만 커지게 됩니다. 이럴 땐 법대로 하는 게 최선입니다.

갑인, 을묘, 경신, 신유 이렇게 네 일주가 록을 두었는데 하나같이 고집이 아주 세고 성정이 강한데 겉으로 보기에는 양간인 갑인과 경신이 더 강할 것 같지만 실제로는 음간인 을묘와 신유가 더 강합니다. 그 이유는 갑인 경신은 일지 인(寅)과 신(申) 속에 다른 오행이 섞여 융통성이 있지만 을묘와 신유는 오직 한 가지 기운밖에 없기 때문에 외골수의 성향이 심하니 고집불통의 모습을 잘 보이는 것입니다.

을묘는 묘 속에 갑을목밖에 없어 을묘 자체가 목기(木氣)로만 이루어져 기운이 맑고 순수하지만, 그만큼 외고집으로 자기 생각이 강하여 독불장군이 많고 심한 고집 때문에 자기 발등을 찍는 일이 허다합니다.

제
6
부

갑인순 - 子丑 공망 —

乙卯 ___

묘 속에 갑을목이 새끼줄처럼 얽혀져 질기고 단단하게 감겨 있는 모습이라 질긴 동아줄처럼 악바리 근성이 있어 어떤 역경이 닥쳐도 포기하지 않아 참고 인내하여 결국 목표를 이루게 됩니다.

반면에 서로가 서로를 휘감아 서로 물어뜯고 서로를 방해하며 물고 놓아주지 않는 모습이니, 을묘 일주가 싸우면 진흙탕 싸움이 되어 승자가 없이 모두 패자가 되는 이전투구를 벌이게도 됩니다.

을묘는 지장간에 비겁만 있고 록왕(祿旺)으로 놓여 있어 고집만 센 것이 아니라 욕심도 많은데, 비겁과 경쟁을 해야 하므로 사는 게 치열한 전쟁입니다. 비겁 경쟁자들과 뺏고 뺏기는 중에 재산을 하나둘 늘려 가지만 경쟁자에게 뺏기기도 잘해 잘못된 투자를 하거나 빌려준 돈을 못 받고 잘 떼입니다.

그래서 을묘 일주는 형제나 친구, 동료 사이가 복잡한 모습을 보이는데 친구들과 어울리는 것을 좋아하면서 마음 한편에는 늘 비교하고 경쟁하여 시기 · 질투하는 마음도 큽니다.

을목일간에게 지장간 속 을목은 갈등을 일으키는 경쟁자의 모습이 되고, 갑목은 등라계갑하여 출세할 수 있는 조력자이며 귀인의 모습이 됩니다. 그래서 을묘는 대인관계가 복잡하고 이해관계로 얽혀 있게 됩니다.

지장간 속 갑목은 지장간 을목이 먼저 등라계갑으로 타고 올라 일간 을목은 늘 선수를 빼앗기게 되어 을묘 일주는 가까운 사람에게 배신을 잘 당하고 실컷 힘들게 한 일을 동료나 경쟁자가 가로채는 일을 당하게 됩니다.

을묘 일주는 비겁밖에 없어 식재관인을 모두 인종합니다. 먼저 식상을 인종하면 정화 식신이 인종되어 록궁병종하게 됩니다. 병은 곧 역마를 의미하여 을묘는 한시도 가만히 못 있고 바쁘게 움직이는 사람입니다.

사주에 병정화를 보면 을목 화초에 꽃이 핀 모습이 되어 미남·미녀가 많습니다. 인물도 좋고 식신이 역마라 말도 유창하여 이성에게 인기가 많은 것이 당연한데, 을묘 화초는 꺾이기 쉬운 만큼 잘못하면 이성으로 인한 구설로 어려워질 수 있으니 조심하여야 합니다.

갑을목이 병정화를 보면 목화통명되어 똑똑한 사람이 많습니다. 똑똑한 머리로 열심히 공부하는 게 상책으로, 교육업이나 전문직으로 출세하는 사람이 많습니다. 식신이 역마여서 역마와 관련된 일을 하거나 직장이 멀어 타향으로 떠날 수 있으며 주말부부도 많습니다. 식신이 록병의 조합이라 을묘의 성실함은 알아줘야 합니다.

식신이 병에 놓였다는 것은 말 그대로 병이 들었다는 의미도 되는데, 식신은 먹고 움직이는 것이니 식신이 병에 들면 큰 병에 걸린다는 의미가 됩니다. 그래서 을묘 일주가 바쁘고 활기차게 살지 않는다면 몸이나 마음에 병이 있다는 것입니다. 병은 역마이니 병이 나면 바깥바람을 자주 쐬고 여행을 가면 한결 낫습니다.

을묘 일주 여자는 똑똑하고 잘생긴 자녀를 두는데, 역마에 놓여 있어 자녀가 먼 곳의 학교에 진학하여 유학을 가거나 하숙 혹은 기숙사 생활을 할 수 있습니다. 을묘 화초는 꽃을 피워야 제 역할을 하는 것이라 을묘 일주 여자는 자녀에게 헌신을 다하게 되고 자녀는 효자 · 효녀로 자라게 됩니다.

을묘 일주는 왕한 비겁으로 식상을 생해 주기에 식상을 잘 쓰므로 무리해서 밤샘하며 일해도 지치지 않고 다음 날 가뿐히 다시 일을 합니다. 사주 원국에 식상이 투간해 있으면 비겁의 도움으로 식상이 왕해져 남녀 모두 스태미나가 좋은 정력가들입니다.

을묘 일주의 재성 기토 역시 병으로 인종하여 록궁병종합니다. 식신, 재성이 모두 병으로 인종하여 을묘 일주는 동분서주하며 열심히 노력해서 돈을 버는 사람이며, 역마의 기운이 강한 사람입니다.

일지 록이라 기본적인 식복은 타고났으며 근면 성실하게 노력하여 자수성가하지만, 한편으로는 강한 비겁의 기운으로 인하여 쟁재, 탈재하는 기운 역시 강합니다. 그래서 동업하면 필패하게 되고 돈을 빌려주면 못 받거나 보증 등으로 재물 손실을 입게 되며 친구나 지인 소개로 투자하다가 손해 보게 되는 것은 당연합니다.

을묘 일주는 탈재의 기운이 강하니 평상시 나눔, 기부를 하거나 형제나 가까운 지인들에게 밥 한 끼 대접하며 자주 베풀면 탈재를 미리 액땜도 하고 주변 사람들에게 인덕도 쌓는 일이 되어 일석이조의 효과를 보게 됩니다. 그렇기 때문에 노후가 평안하고 자녀들도 그 복을 물려받게 될 것입니다.

일지 묘목 속에 갑목은 기토와 합을 하여 나의 재물을 뺏어 가는 형국이 되는데, 이렇게 을목에서 겁재 갑목은 등라계갑하는 귀인이 되지만 재물 앞에서는 나의 재물을 훔쳐 가는 도둑으로 변하게 되어 을묘 일주는 인간관계에서 배신을 잘 당합니다.

남자에게 재성은 아내가 되어 을묘 일주 남자의 아내도 부지런하고 마당발로 여기저기 돌아다니기를 좋아하며 맞벌이를 합니다. 그런데 기토 재성을 두고 일간 을목과 지장간 속 갑목, 을목이 경쟁을 하게 되어 경쟁 끝에 결혼까지 성공은 했지만 쟁재의 기운이 늘 있어 해로하기에는 많은 노력이 필요합니다. 사주 원국에 갑목이 있는데 운에서 다시 재성이 오면 돈 문제, 여자 문제로 곤혹을 치르게 됩니다.

여자는 결혼하고 나서 시어머니가 아플 수 있으니, 가급적 시어머니와 떨어져 사는 것이 시어머니의 건강에도 좋습니다. 그 이유는 시모 재성이 병에 놓였고 을묘는 비겁이 강하기 때문에 재성이 다칠 수 있기 때문입니다.

을묘 일주는 부친과 인연이 박해 부친과 일찍 헤어지거나 떨어져 지내는 경우가 많고, 모친에 비해 상대적으로 부친의 영향력은 약하게 됩니다.

을묘 일주는 왕한 비겁 때문에 돈으로 인한 부침을 많이 겪게 되는 것을 피하기 힘들지만, 일지 록궁의 힘으로 결국 재산을 증식하여 안정된 생활을 누리게 됩니다.

을묘 일주는 관살을 인종하는데 음양을 맞추니 신(辛)금 편관이 인종되어 록 궁절종하게 됩니다. 이렇게 관이 절로 놓이게 되면 직장 생활이 힘들어지는데, 그렇다고 해서 록궁에 놓여 있기 때문에 직장 생활을 못하는 것도 아닙니다. 록과 절의 양극단의 모습을 보이니, 을묘 일주는 근면 성실하지만 아집과 욱하는 성격 때문에 한 직장에서 정년까지 버티지 못하고 중간에 나오는 것이 일반적입니다.

하지만 록을 두어 백수로 놀지는 않고 금방 다른 직장을 구해 일을 하게 됩니다. 요즘 같은 시대에 직장을 한 번 그만두게 되면 그만한 직장을 다시 구해 들어가기가 쉽지 않은 점이 현실입니다. 그러하니 을묘 일주는 직장에서 동료나 상사와 마찰이 있더라도 참고 인내하는 것이 상책입니다. 참고 다니면 타고난 근면함으로 결국 직장에서 인정받아 승진도 하게 됩니다.

여자의 경우, 남편과 주말부부로 떨어져 살거나 헤어질 수 있습니다. 사주 원국에 경(庚)금이 투간해 있다면 일간 을목과 합하고 동시에 지장간 을목과도 합을 해서 묘한 삼각관계가 연출됩니다. 을묘 일주는 남녀 모두 이성과 비겁이 암합하는 모습이라 본인이 이성 문제를 겪든지 배우자가 겪든 아무튼 시끄럽게 됩니다. 그러나 큰 문제가 아니라면 웬만하면 참고 넘어가는 것이 좋습니다. 결국은 시간이 해결해 주니 배우자궁이 록궁에 있어서 다시 부부가 잘 살게 됩니다.

을묘 일주는 직장, 가정에서 참고 양보하고 인내하는 모습이 필요합니다. 록과 절이라는 양극단을 오고 가기 때문에 직장과 가정생활에 기복이 아주 심한 것이 어찌 보면 당연합니다. 참을 인(忍)자를 항상 가슴에 새기고 살면 직장도 가정도 평화와 행복을 찾을 것입니다.

乙　　　　　　　　　癸
　　　　　인종
卯　━━━━━━━→　卯
록(祿)　　　　　　　생(生)

　을묘 일주의 인성 계수는 생지로 인종되어 록궁생종하게 됩니다. 을묘 일주
는 머리가 좋아 공부를 잘하므로 을묘 일주가 성공하는 가장 쉽고 빠른 길은
공부를 열심히 해 공부로 성공하는 길입니다.

　을묘 일주는 모친의 덕이 있어 모친의 사랑을 받고 자라는데, 간혹 모친의
지나친 사랑이 간섭과 구속이 되어 을묘 일주에게는 갈등을 빚게 되는 경우가
많습니다. 왜냐하면 을묘는 화초인데 계수 비가 내려 화초의 꽃이 떨어져 버
리기 때문입니다.

　사주에서 수(水)의 기운이 너무 강하거나 화(火)기를 꺼 버리면 머리는 좋으
나 공부로서 성공하기는 힘듭니다. 이는 화초의 꽃이 비에 젖어 버리는 형상
이니, 대부분 일찍 이성에 눈을 떠 공부를 소홀히 하거나 힘든 가정환경 때문
에 공부 쪽으로 성공하기가 어렵습니다.

　그렇다고 해도 을묘의 의지와 생활력이 강하기 때문에 결국은 자수성가하
게 됩니다. 그러니 을묘 일주는 학창 시절에 이성이나 친구와 어울려 놀지 말
고 혹 가정 형편이 어렵더라도 마음 독하게 먹고 좋은 머리로 열심히 공부한
다면, 금방 우수한 성적으로 원하는 대학에 들어가고 좋은 직장을 구해 안정
된 삶을 살 수 있습니다.

　을묘 일주에서 을은 화초, 묘는 화초의 뿌리가 되어 땅속으로 길게 뿌리를
내린 화초의 모습이니 태풍이 오거나 추운 겨울에도 뽑히지 않고 얼어 죽지
않는 강인한 생명력을 가졌습니다. 그래서 갖은 고난과 역경을 이겨 내고 마

제6부

갑인순 - 子丑 공망

乙卯 ＿＿

침내는 성공하는 사람들이 을묘 일주입니다.

묘(卯)는 파(破)의 의미로 일지에 묘를 두면 가정이나 재물이 한 번은 깨지게 되는데, 부부가 자주 여행을 다니고 주위에 베풀며 사는 것은 좋은 액땜이 될 수 있고 그렇다면 별 탈 없이 넘길 수 있습니다.

을묘는 풀밭의 토끼라서 깡충깡충 잘 뛰어다니고 신경이 예민합니다. 을묘는 갑목과 병화를 좋아해 둘의 조력을 받는다면 능히 출세하고 복록을 누리게 될 것입니다.

<ruby>丙<rt>병</rt></ruby> <ruby>辰<rt>진</rt></ruby>

丙辰

진토는 봄철 모내기한 논의 형상입니다. 봄철 논 위에 초원 위로 태양이 떠오르니 병진 일주는 그 자체로 풍요의 물상입니다. 그래서 병진 일주는 풍요와 부지런함을 상징하는 일주입니다.

병화 태양은 빛으로 생명을 살리고 키우는 것이 제 역할인데, 병진은 진토라는 식물이 자라는 대지를 만나 아낌없이 자신의 역량을 펼칠 수 있습니다. 그래서 병진 일주는 부지런하고 성격이 좋으며 희생·봉사 정신이 있어 잘 베풀고, 어려운 일에 발 벗고 나서는 사람이 많습니다. 이런 성격 때문에 오지랖이 넓어 남의 일에 너무 참견해서 문제가 되기도 하지만, 사회에서 인정받고 성공하는 사람도 많습니다.

진토는 용이라 밤에 승천을 하게 되는데, 병진은 태양이 떠 있는 대낮이라 용은 조용히 밤이 오기를 기다려야 합니다. 이렇게 용이 숨어 있는 곳을 초택(草澤)이라 합니다. 병진 일주는 초택에 숨어 때를 기다리는 용으로 참고 인내해야 마침내 승천을 할 수 있습니다. 때를 못 참고 승천하려다 실패하면 이무기가 되는 것처럼 병진은 급한 성격이 화근입니다.

반면에 연못 속 작은 물고기가 어느 날 밤, 용이 되어 승천하듯이 병진 일주는 묵묵히 참고 기다리다 하루아침에 출세가도를 달리고 유명인이 되는 경우가 많습니다.

대개 일지에 진술축미 토를 가진 일주들은 근면 성실하게 알뜰히 재산을 모아 부자가 많지만, 한편으로는 육친 관계에서 이별과 상처가 많거나 건강에 문제가 있게 됩니다.

병진 일주 역시 일지 진토는 수고(水庫)에 해당하여 관성을 입묘(入墓)시키는 작용이 있어 여자는 배우자 인연이 약하고 남자는 자식 인연이 약하게 됩니다.

병진은 태양과 용의 조합이라 자존심이 하늘을 찌를 듯합니다. 천상천하 유아독존처럼 나 잘난 사람으로 병진 일주에게 자존심을 버리라고 하는 것은 죽으라는 말과 같습니다.

丙

辰　　　**식신**

관대(冠帶)

병진 일주는 배우자궁에 식신을 두어 여자는 자식을 위해 헌신하는 사람이 됩니다. 하지만 여자에게 식신은 관을 밀어내는 힘이 있는 데다 진토는 水의 고지여서 배우자를 입묘시키는 관고(官庫)에 해당합니다. 이로 인해 자식을 낳고 남편과 소원해지거나 이별할 수도 있으니, 자녀에게 쏟는 관심의 반의 반만큼이라도 남편에게 쏟으면 행복한 가정을 만들어 갈 수 있습니다.

남성은 식신을 배우자궁에 두어 처가와 가깝게 지내게 되는데, 장모를 가까이 모시고 살 수도 있습니다.

병진 일주는 식신을 두어 식복이 있고 부지런하며 똑똑하고 재주가 많으나 한편으로는 관대에 놓인 식신이라 고지식하고 자만심이 가득해 나 잘난 사람이라 주변 사람을 힘들게 할 수 있습니다. 그리고 남의 눈을 의식해 아무리 돈이 없어도 옷은 메이커 아니면 안 입는 사람입니다.

관대는 옷과 관련되는데 식신이 관대에 놓였으니 식신을 쓸 때, 즉 바깥 활동을 할 때 옷을 잘 차려입고 나가고 일할 때 관대 옷을 입는 의미도 되니, 특정한 제복을 입거나 정장을 입고 일하는 직업에 종사하는 사람이 많습니다. 관대는 사모관대의 줄임말로 옛날에 결혼이나 과거 급제했을 때 입는 예복을 말하는데, 이렇게 일지에 관대를 놓으면 공부를 잘해 시험에 합격하고 좋은 직업을 가지는 경우가 많으며, 여자의 경우 본인이 아니라면 남편이나 자식이 그러합니다.

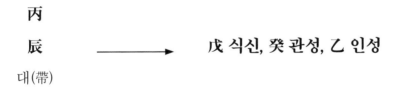

丙
辰 ⟶ 戊 식신, 癸 관성, 乙 인성
대(帶)

병진 일주는 일지 대궁 속에 식신, 관성, 인성을 품고 있습니다. 특이한 것은 식신 무토와 관성 계수가 암합을 하는 것인데, 이렇게 지장간끼리 합을 하는 것은 오직 진토밖에 없습니다. 그래서 일지에 진토를 깐 일주는 지장간의 무계합으로 인해 육친 관계에서 특이한 모습으로 잘 나타납니다.

병진 일주는 식신과 관성의 암합으로 여성의 경우 식신과 관성이 암합을 해 직장에서 만난 남자와 결혼하는 경우가 많으며 혼전 임신을 하게 됩니다.

남성은 식신과 관성의 합으로 직장과 일에 빠져 사는 사람이 많은데, 열심히 일하는 것은 좋지만 자칫 일중독에 빠져 가정을 소홀히 할 수 있습니다.

남녀 모두 직장 생활을 잘하고 두각을 나타내게 됩니다. 식신이 관성을 극하지 않고 오히려 합을 하고 인성이 같이 있어 관인상생하게 되므로 병진 일주는 돈보다는 명예를 좇아야 인정받고 성공할 수 있음을 알 수 있습니다. 식신의 너그러움과 인간미가 넘치는 사람이라서 권위와 명예를 모두 가지게 됩니다.

병진 일주의 식신 무토는 관대에 들어 대궁대좌합니다. 관대를 두르고 일하는 모습이라 전문직으로 출세하는 사람이 많습니다. 그러나 관대가 겹쳐 관대의 단점이 나타나기 쉬워 출세를 하고 고위직에 오르면 성격이 오만해지고 권위적으로 변해 직위는 높아도 사람들의 존경을 받지 못하는 경우가 많습니다. 벼는 익을수록 고개를 숙인다는 말은 병진 일주에게 딱 필요한 말이 되겠습니다.

관대는 옷이니 외모에 신경 쓰는 모습이 되어 옷을 잘 차려입고 예의를 중시하는 사람인데, 그만큼 남의 이목을 신경 쓰게 되어 자존심과 체면 상하는 것을 못 참고 몹시 괴로워합니다.

여자의 경우, 자녀가 공부를 잘해 좋은 학교에 진학하고 좋은 직장에 들어 갑니다. 그런데 아들의 경우 결혼하고 나면 엄마보다는 아내를 우선으로 생각하다 보니 병진 일주 엄마는 섭섭해합니다. 자식만 바라보고 살아온 병진 일주 엄마는 며느리에게 아들을 뺏긴 것 같아 마음에 병이 날 수 있는데, 이것은 식신 무토와 계수의 합 때문으로 무토 자식은 엄마보단 계수 아내에게 마음이 가는 건 어쩔 수 없습니다.

식신 무토는 관성을 극하지 않고 오히려 합을 하여 직장에서 열심히 일하는 모습인데, 지나치게 되면 일중독에 빠지는 사람이 많습니다. 그리고 여자의 경우 육아와 일을 병행하는 사람이 되고 자녀와 남편이 가깝게 지내는 모습이 됩니다.

남성은 식신 장모와 관성 자녀가 합을 하고 있어 장모님이 자녀들을 돌봐 주는 경우가 많습니다.

병진 일주의 계수 관성은 양에 들어 대궁양좌합니다. 관이 양에 좌해서 종교·활인·교육에 종사하는 사람이 많고, 대궁에 들고 식신까지 대에 놓여 특별한 제복을 입고 특정한 공간에서 근무하는 군·검경이나 의료 관련 분야에서 출세하는 사람이 많습니다. 양은 천살에 해당하여 관을 양에 놓은 병진 일주는 직업이 천직이며 직업을 통해 전생의 업을 풀고 인연을 만나게 됩니다.

여자는 남편이 천살이니 하늘이 맺어 준 인연이라 할 수 있으며, 다시 말해 전생의 인연으로 만난 숙명적인 관계입니다. 결혼 생활을 통해 남편과 얽힌 업을 풀어야 하는데, 거기다 병진은 부성입묘된 일주여서 결국 남편과 관련해 사연이 많아 눈물 많은 삶을 살게 됩니다. 식신과 관이 합을 하고 있어 혼전 임신이 결혼까지 이어지는 경우가 많습니다.

병진 일주는 관이 공망인 데다가 관고를 깔고 있어 여자는 남편과 관련해 아픈 사연이 있는데, 관이 천살이라 숙명으로 만난 사이가 됩니다. 전생의 인연으로 만난 사이이기 때문에 묵은 빚을 갚는다는 마음으로 남편을 이해하고 존중하고 웬만한 잘못은 용서하여 묵은 업을 풀어 가길 바랍니다.

남편은 입묘되고 양에 들어 있어 결혼하고 아이가 생기고 난 후부터 잠자리를 멀리하게 되어 부부간의 속정이 없어 스트레스를 받게 됩니다. 남편 계수는 무토와 합을 해 일중독에 빠질 정도로 근면 성실한 사람인데, 문제는 일하느라 피곤해 나와의 잠자리에는 무관심하다는 것입니다.

양은 요양의 의미가 있어 대궁에 든 양이니, 남편이 환자복을 입고 치료받는 모습이 되거나 아니면 의사 가운을 입고 치료하는 모습도 됩니다. 또 양은 기른다, 보호한다는 의미도 있어 유니폼이나 정장을 입고 기르는 모습이라 가르치는 일에 재능을 보여 교육업에 종사하고 의료, 활인업에 종사하는 사람이 많습니다.

병진 일주 남자는 자녀가 아프거나 자녀와 헤어질 수 있는데, 본인이 직업으로 업상대체한다면 오히려 현달한 자녀를 두게 됩니다.

계수 정관이 식신과 합을 하고 진토에 입묘가 되며 양에 놓여 만약 사주 원국에 다른 관살이 없다면 관재수가 있어 형(刑)을 살게 될 수도 있으니 각별히 조심해야 합니다.

丙　　　　　　　　　　乙
辰　　━━좌법━━→　　辰
대(帶)　　　　　　　　대(帶)

　병진 일주의 인성 을목은 대궁대좌합니다.

　인성을 관대에 놓아 공부를 잘하고 시험 운, 합격 운이 있습니다. 관대는 과거급제를 의미하니 열심히 공부해서 좋은 학교에 들어가고 좋은 직장에 들어가게 됨을 의미합니다.

　계수 관성의 생을 받아 관인상생하게 되어 직장에서 승진하여 결정권을 지니는 중요한 자리에 오르거나, 공직·전문직에 종사하게 됩니다. 단점으로는 관대가 겹쳐 옷을 겹겹이 입는 모습이 되어 너무 형식에 얽매이거나 고지식하고 거만한 모습으로 비춰질 수 있다는 점입니다.

　또한 식신이 같이 있어 인극식하는 모습이 나오게 되면, 너무 형식이나 이론에 집착하다 기회를 놓쳐 손해를 보거나 체면 때문에 해야 할 일을 하지 않거나 힘든 일을 하지 않으려고 할 수 있습니다.

　인성이 대에 놓이면 자격증과도 연관이 깊어 결혼 이후에도 전문자격증을 따서 새로운 직업을 가지는 경우도 많습니다. 병진 일주의 모친은 권위가 있고 기품이 있으며 체면과 예의를 중시하는 분입니다. 또한 재력이 있고 열심히 직장 생활을 하시는 분으로 공직이나 전문직에 계신 분이 많습니다.

　병진 일주는 식신이 관성과 합을 하고 관인상생하는 흐름으로 가니, 개인 장사나 사업보다는 열심히 공부해서 전문직이나 직장 생활에서 재능을 더 잘 발휘하게 됩니다. 만약 장사나 사업을 한다면 전문 자격증을 필요로 하는 분야에서 성공할 것입니다.

丙　　　　　　　　　庚
　　　　　　인종
辰　　　　━━━▶　　辰
대(帶)　　　　　　　양(養)

　병진 일주의 재성 경금은 양지로 인종되어 대궁양종합니다. 식신과 인성이 대궁대좌하고 재관은 대궁양으로 놓이니 병진 일주는 현장에서 땀 흘리며 노동으로 돈을 벌기보다는 전문 분야에서 전문 기술이나 지식을 활용하는 일로 돈을 버는 모습입니다.

　재성이 양이라 부모님 유산을 물려받게 되고 보통은 경제적인 어려움 없이 여유 있게 살게 됩니다.

　남자의 경우, 아내가 교육 관련업에 종사하거나 의료 관련 분야에 종사하는 경우가 많습니다. 만일 그렇지 않다면 옷을 입고 치료받는 모습이라 한번은 크게 아플 수 있습니다.

　남녀 모두 연애결혼이 대부분이며 학교 동창이거나 같은 직장에서 만난 경우가 많은 것은 재관이 대궁양에 놓였기 때문입니다. 대는 옷이니 같은 옷을 입었다는 의미도 되고 띠를 두른다는 의미라서 같은 장소에 있다는 의미도 되며, 양은 배운다는 의미가 있기 때문입니다.

　병진 일주는 남녀 모두 배우자가 어린애처럼 어리광을 피우거나 귀엽고 철없는 행동을 잘하며 마치 남편, 아내를 아기 키우듯 보살펴야 하는데, 이것 역시 대궁양에 놓였기 때문입니다. 양은 '천살'이기에 병진 일주는 배우자와 전생의 깊은 인연으로 만난 사이입니다. 선업이든 악업이든 부부 인연으로 만난 이상 사랑과 믿음으로 화목한 가정을 이룬다면 좋은 인연으로 행복한 삶을 살 것입니다.

　병진 일주는 부친을 부양하거나 부친이 아플 때 수발을 들고 병간호를 하게 되며, 거액의 유산을 물려받는 경우도 흔합니다. 부친 역시 전생의 업연으로 부자·부녀의 인연을 맺게 되었으니 유산을 떠나 진심으로 효도한다면 복을 받을 것입니다.

병진 일주 비견 역시 대궁대종하기 때문에 형제와는 어느 정도 거리가 있게 되는데, 형제와 멀리 떨어져 얼굴 보기도 힘들거나 사이가 나빠 서로 왕래를 하지 않을 수도 있습니다. 대는 영역이 되는데 관대가 겹쳐, 즉 담을 겹쳐 쌓은 모습이기 때문입니다. 그래서 병진 일주는 형제와 떨어져 살며 가끔 만나거나 연락하는 게 서로 우애를 좋게 유지하는 길이며, 형제의 일에 간섭하거나 왕래가 잦으면 싸우게 됩니다.

진은 초목이 자라는 땅이고 그 위에 태양이 비추니 병진 일주는 식복이 있고 재능이 많은 사람이며 정이 있어 베풀기도 잘합니다. 만물을 살리는 태양으로 남을 위해 봉사하고 나눌 때 자신도 건강해지고 하는 일도 더 잘됩니다.

병진 일주는 피부가 좋은데 이는 진이 진흙토이기 때문이며, 꾀가 많고 영리한 것은 진이 간(姦)성이기 때문입니다.

용은 모두가 잠든 밤에 승천하는데, 병진은 한낮에 용이 나온 모습이라 승천을 못하고 밤이 오기를 기다려야 합니다. 그만큼 성격이 급하여 손해를 보고 실수도 많이 하는데, 참고 기다리는 인내를 발휘한다면 반드시 용이 승천하게 될 것입니다.

제6부

갑인순 – 子丑 공망 –

정 사

丁巳

정사 일주는 병오 일주와 더불어 염상(炎上)의 물상입니다. 병오가 이글거리는 뜨거운 태양의 모습이라면 정사는 무엇이든 다 태워 버리는 불꽃의 모습입니다. 이렇게 맹렬한 불길을 어떻게 다스릴 것인가가 정사 일주의 최대 난제입니다.

정사 일주는 대표적인 고란살 일주로, 고란살은 남자보다는 주로 여자에게 해당되는 살로서 결혼 생활의 불리함을 나타냅니다. 고란살은 대부분 간여지동으로 일주가 강하면서 관을 절(絶)에 놓은 일주들인데 그중에서 정사 일주가 대표적이라 할 수 있을 정도로 그 기세가 강합니다.

정사의 불길은 주변의 모든 것을 태워 버려 대인관계의 어려움이 있게 되고, 자기 자신까지 태워 버리니 건강이나 정신적인 문제로 나타날 수 있어 각종 정신질환에 시달리기도 합니다.

반면에 불길을 제어할 수만 있다면 아주 유익하고 쓸모 있는 불이 되어 겨울철에 따뜻한 난방을 할 수 있고 제철소 용광로가 되어 쇠를 제련할 수도 있어 전문 분야에서 큰 성공을 거두고 큰 부자가 될 수 있습니다.

정사는 불독사의 물상으로 그만큼 매섭고, 한번 화가 나면 너 죽고 나 죽기 식으로 달려들어 주위를 놀래 킵니다. 이런 불같은 성격을 못 고치면 결국 주위 사람들이 다 떠나 버려 홀로 남겨지고 말 것입니다.

丁

巳   겁재

왕(旺)

정사 일주는 배우자궁에 겁재가 왕(旺)으로 놓여 양인의 기질이 다분합니다. 간여지동 양인의 불꽃인 정사 일주는 제아무리 강한 숲기운이라 해도 다 녹여 버릴 힘이 있습니다. 그래서 정사 일주 중에 거부가 많은 반면 겁재가 왕에 놓여 있어 탈재의 기운도 강해 경제적으로 힘들게 사는 사람도 많습니다. 이렇게 정사 일주는 양극단의 삶을 살게 되어 희로애락의 편차가 매우 심합니다.

불같은 성미와 고집으로 사람들과의 융화가 힘듭니다. 일간이 정화라서 평소에는 촛불처럼 온화하고 밝아 보이지만, 화가 나면 화산이 폭발하듯 불같은 성미로 언행이 거칠어지고 감정 조절을 못해 구설시비와 사건·사고를 달고 다니게 됩니다. 그러므로 정사 일주가 화를 낸다면 자리를 피하는 게 상책입니다.

일지에 겁재가 있어 돈을 벌 때는 갑자기 벌고 나갈 때는 왕창 나가게 됩니다. 결국 돈을 벌어도 관리를 못하고 씀씀이가 헤퍼 남아나질 못하게 되니,

정사 일주는 저축하는 습관을 들이고 특히 남자는 돈 관리를 아내에게 맡겨야 하며 투기성 투자나 도박은 하지 말아야 합니다.

이렇게 일지에 겁재를 놓고 있는 일주는 병오, 정사, 임자, 계해 딱 네 일주 뿐입니다. 이들 중에서 병오와 정사 일주는 火氣가 폭발해 겉으로 강한 성정이 드러나고 성격 조절을 못해 사람들에게 상처를 잘 주지만, 돌아서면 언제 그랬냐는 듯이 잊어버리는 특성이 있습니다.

반면에 임자, 계해 일주는 水로만 이루어져 있어 겉으로는 조용하고 순해 보이지만 누구보다 자존심 강하고 인내심도 강한 사람으로, 화를 잘 내진 않지만 한번 화가 나면 누구도 못 말릴 정도로 무섭게 변하며 한번 받은 상처는 절대 잊지 않고 기억하는 뒤끝이 강한 사람입니다.

네 일주 모두 겁재를 깔고 있어 살아가며 늘 경쟁자를 만나게 되며, 또 배우자궁에 비겁을 둔 만큼 친구·동료와 잘 어울리고 의리를 지키며 상대를 소중히 여깁니다. 그래서 가정보단 친구 일을 더 잘 챙기는 의리의 사람들입니다.

정사 일주는 일지 겁재를 두고 있어 늘 탈재의 기운을 안고 살며 형제·동료·친구의 덕이 부족합니다. 겁재와 재성이 함께 있어 돈을 두고 형제·동료와 경쟁하게 되어 부모님 유산을 두고 형제와 다투게 될 수 있고, 직장 생활을 하든 개인 장사를 하든 늘 경쟁자가 있어 치열한 경쟁 속에 살아가게 됩니다.

그래도 겁재가 배우자궁에 있어 친구나 대인관계를 소중히 여기는 사람이기에, 경쟁하는 사이가 아니고 돈거래만 하지 않으면 취미 생활을 같이하거나 어릴 적 죽마고우처럼 둘도 없는 좋은 친구가 됩니다.

$$丁$$

$$巳 \longrightarrow 丙겁재, 庚재성, 戊상관$$

왕(旺)

　정사 일주가 동업을 하면 반드시 망하게 되는 것도 강력한 겁재의 영향인데, 이렇게 겁재와 재성이 함께하면 욕심이 많아 일확천금을 노리게 되고 사행성 복권, 투자, 투기에 관심을 보입니다. 겁재가 재성을 보아 욕심이 앞서고 성격이 급해 신중한 판단 없이 앞뒤 안 가리고 남의 말만 믿고 투자를 하거나 돈을 빌려줘 사기도 잘 당합니다. 더구나 상관까지 함께 있어 편법이나 불법적인 일도 돈이 된다면 손을 대게 되어 도박이나 다단계에 빠질 수 있고 돈 문제로 송사에 얽히고 관재수가 생기게 됩니다.

　반면에 겁재가 상관을 도와 재성을 취하는 흐름이 되면 자기만의 기술과 노력으로 돈을 많이 벌게 되니, 겁재를 이용해 부자가 되면 큰 부자가 됩니다. 이럴 때는 겁재가 귀인이 되어 어려운 일을 당할 때 귀인의 도움이 있으며 형제나 친구의 덕이 있게 됩니다.

　정화는 겁재 병화의 도움으로 큰 불이 되고 무토는 화로(火爐)가 되어 경금 쇠를 녹이는 물상입니다. 이 때문에 정사 일주는 성공하는 사업가가 되어 큰 부를 이루게 됩니다.

　결국 상관 생재가 되면 부자가 되지만, 겁재의 욕심만 앞세우면 오히려 탈재가 되어 힘든 삶을 살게 됩니다. 겁재가 상관을 생하고 상관이 재성을 생한다는 것은 넘치는 뜨거운 열기를 근면 성실하게 노력하고 땀 흘리며 일하는 곳에 쓴다는 말이 됩니다. 그렇다면 정사 일주는 누구나 경제적인 성공을 거두게 될 것입니다.

따라서 일확천금의 욕심을 버리고 불같은 성미를 잘 조절하면서 성실하게 노력하면 반드시 자수성가할 수 있는 일주입니다.

丁　　　좌법　　　丙
巳　　　──────→　　　巳
왕(旺)　　　　　　　록(祿)

정사 일주의 겁재 병화는 왕궁록좌합니다.

정사 일주의 강한 열기는 겁재의 힘이라 해도 과언이 아닙니다. 이렇게 강한 겁재를 가까이 두고 살아가니 정사 일주는 겉으로는 강한 척해도 실제로는 겁재 병화의 기세에 눌려 자존감이 떨어지고 늘 치열한 경쟁 속에 살아가야 하는 연약한 정화의 모습이 숨어 있습니다.

강한 겁재는 욕심을 불러오고 남자의 경우 주색에 빠지게 하여 인생을 망치게 할 수 있습니다. 겁재는 반드시 상관에게로 흘러야 삶이 순탄하게 흘러갈 수 있습니다. 그러니 욕심을 버리고 열심히 노력해서 한 계단 한 계단씩 올라가는 것이 가장 빠른 길이며 가장 높이 올라가는 길입니다.

이렇게 겁재의 기운이 강하면 부친과의 인연이 짧을 수 있고, 남자는 여자 문제와 결혼 생활의 어려움을 가져옵니다. 이는 겁재가 재성을 탈재하기 때문입니다. 겁재가 상관을 생한다면 자연히 상관생재로 이어져 결혼 생활도 문제없고, 부친과의 인연도 오래가게 됩니다.

겁재로 상관을 생한다는 것은 성격이 착하고 잘 베푼다는 의미이며, 겁재로 탈재 쟁재한다는 것은 베풀기는커녕 욕심이 많고 남의 성공을 보면 시기하고 배 아파하며 돈을 벌기 위해서 물불을 안 가린다는 것입니다.

_____ 피클 일주론 사주명리학의 꽃

$$丁\qquad\qquad 庚$$

$$巳\quad\xrightarrow{\text{좌법}}\quad 巳$$

왕(旺) 　　　　　　　　　　 생(生)

　정사 일주의 재성 경금은 왕궁생좌합니다. 巳화는 경금의 생지에 놓이면서 경금을 극하는 칠살의 모습도 나타나서 상반되는 모습이 연출됩니다. 그만큼 정사 일주는 경제적인 상황이 극과 극을 오가는 모습을 보인다고 할 수 있겠습니다.

　재성 경금이 생지에 놓여 있어 정사 일주는 결코 돈을 못 버는 사람이 아닙니다. 다만 겁재가 함께 있어 탈재를 하므로 돈 관리가 안 되는데, 버는 돈보다 나가는 돈이 많아 벌어도 남아나지를 못합니다.

　가을생이면 재성 경금이 힘을 얻고 사화는 재성을 생하는 역할이 되어 재복이 있는 사람으로 큰 부자가 많습니다. 신약하거나 한습하여 겁재 사화가 희신이 된다면 오히려 겁재의 힘으로 재물을 벌어들이는 모습이라 장사나 사업을 크게 하는데, 이때 겁재는 내 가게에 일하는 직원이자 손님이 됩니다.

　만약 사화가 화국을 이루거나 사주가 조열하면 겁재로 인해 탈재하는 모습이 연출됩니다. 그리하여 경제적으로 힘들어지거나 사건·사고와 질병이 자주 생기고 부친과의 인연도 박하게 되며, 남자는 결혼운도 박하게 됩니다.

　재성이 쟁재를 당하면 나의 명(命)에도 문제가 생기게 됩니다. 이럴 때는 지장간에 함께 있는 무토 식상을 무조건 써야 하니, 강한 겁재를 식상으로 설기시키고 다시 식상으로 재성을 생하면 전화위복되어 위기가 오히려 기회로 바뀌는 행운이 생깁니다.

　남자는 처덕이 있어 현모양처를 만나는데, 역시 겁재의 영향으로 결혼 생활

제6부

갑인순 – 子丑 공망 ___

에 고비가 많게 되니 늘 내 탓이라고 생각하고 먼저 아내에게 양보하고 사과하여야 합니다.

여자는 시어머니로부터 상속이나 경제적인 지원을 받을 수 있는데, 그때 다른 시댁 형제들과의 마찰은 피하기 힘듭니다.

정사 일주의 상관 무토는 왕궁록좌합니다. 강한 상관의 힘으로 정사 일주는 식욕이 왕성하고 말이 많고 청산유수로 말을 잘하는데, 때로는 말실수와 가시 돋친 말을 쏟아 내 구설시비가 일고 여자의 경우 남편을 향한 바가지로 변하여 부부 관계가 힘들어집니다.

왕한 겁재가 상관을 생해 주고 상관 역시 왕한 힘을 가져 정사 일주가 제대로 일을 한다면 똑 부러지게 일처리를 하고 아주 부지런하며 지치지 않는 기운을 가졌습니다.

겁재와 상관이 록을 놓고 재성이 생에 놓여 상관으로 생재하는 흐름은 정사 일주가 열심히 땀 흘리며 노력해 자수성가하는 모습이 됩니다. 이런 흐름은 정사 일주가 직장보다는 장사나 사업으로 관심을 가지게 하는데, 왕한 상관은 관을 극해 직장 생활은 어차피 힘든 모습입니다.

여자의 경우, 자식은 건강하고 성실해 나중에 자식 덕을 보게 됩니다. 다만 강한 상관의 기운으로 남편과의 불화가 예상되기에 대개 결혼하고 자녀를 낳고 난 후부터 부부간의 다툼이 생기게 됩니다.

$$丁 \qquad 癸$$
$$巳 \xrightarrow{\text{인종}} 巳$$

왕(旺)   태(胎)

정사 일주의 관성은 임수가 아닌 계수를 인종하는데, 그것은 일지 사화와 짝을 맞춰서 인종해야 하기 때문입니다. 이렇게 인종된 계수는 편관이지만 정관의 의미를 함께 가진다는 것을 명심해야 합니다.

계수 관성은 왕궁태종하게 됩니다. 상관이 강한 데다가 관이 태에 놓여 정사 일주는 직장 생활에 어려움이 있는데, 직장에서 일을 못하는 게 아니라 일은 잘하지만 동료와의 불화와 직장에 불만이 있어 늘 가슴속에 사직서를 품고 다니게 됩니다.

남자는 자녀와의 관계에 어려움이 예상되고 일찍이 떨어져 지내게 될 수 있습니다.

여자는 결혼 생활에 어려움이 있는데, 관이 태에 놓이는 데다가 강한 상관의 힘으로 남편을 밀어내는 힘이 강하기 때문입니다. 반면에 태에 인종하고 계수는 사중 무토와 암합하여 초혼에 실패하더라도 다시 마음에 맞는 남자를 만나 재혼을 하게 됩니다.

만약 정사 일주 여자가 맞벌이를 한다면 상관이 생재하여 다시 재생관으로 흐르게 되므로 부부 사이가 좋아집니다. 또 관성도 생을 받아 힘이 생기므로 조후 용신 역할도 하게 되어 건강도 좋아집니다.

$$丁 \qquad 乙$$
$$巳 \xrightarrow{\text{인종}} 巳$$

왕(旺)   욕(浴)

정사 일주의 인성 을목은 왕궁욕종으로 인종합니다. 인성이 욕 도화에 놓이면 똑똑하여 공부를 잘하는 사람이 많은데, 관성의 도움으로 조후가 해결되지 않으면 약한 인성은 강한 불길에 흔적도 없이 사라지게 되니 공부로 성공하기는 힘들어집니다.

어머니는 욕으로 인종하여 미인이신데, 정사의 강한 불길에 연약한 을목은 흔적도 없이 재로 사라지니 자식 키우느라 아주 고생하신 분이며 가슴이 숯덩이가 되신 분이십니다. 정사 일주는 이런 어머니의 고마움을 알고 효도하기 바랍니다. 강한 불길에 나무가 타 버려 을목은 욕에 들고 갑목은 병에 들어 어머니가 병환에 시달릴 수 있으며 일찍 헤어질 수도 있습니다.

정사 일주는 맹렬한 火기를 가져 성미가 불같은데 화기가 너무 세니 심장 질환이나 정신적인 질환으로 고통받을 수 있기 때문에 평소에 감정 조절을 잘해야 합니다.

정사 일주는 왕한 겁재로 손해를 잘 보지만 상관과 재성도 강해 본인만 열심히 노력하면 경제적으로 여유 있는 삶을 살 수 있습니다. 돈도 잘 벌지만 날리기도 잘하는데, 가을·겨울생이거나 사화 겁재가 희신이 되면 큰 부자가 될 수 있는 일주입니다.

정사는 염상이며 불독사의 물상입니다. 그만큼 성미가 불같아 화를 잘 내고 언행이 거칠지만, 뒤돌아서면 언제 그랬냐는 듯 금방 잊어버립니다.

정사 일주는 너무 조열해 물을 자주 마셔 주면 좋습니다. 단, 물이 아닌 술을 마시면 문제가 됩니다. 그러므로 정사 일주는 반드시 술을 조심해야 하며, 정사는 말 그대로 정사(情事)가 되어 넘치는 열기를 정사에 쏟게 됩니다.

戊午
<small>무</small> <small>오</small>

    무오 일주는 황야를 달리는 야생마로서 정열적이고 자유를 갈망하는 영혼입니다. 진취적이고 정력이 넘치는 사람으로 스포츠 선수가 많고 몸이나 힘을 쓰는 일에서 두각을 나타내며, 어디에도 구속되길 싫어하는 습성 때문에 직장 생활보다는 개인 사업이나 장사를 하게 됩니다.

    무오는 60갑자 중 개성이 넘치는 일주로서 특히 스태미나의 화신이라 할 만큼 정력이 넘쳐 변강쇠 일주 중의 하나입니다. 그러나 넘치면 모자라는 것만 못하니 배우자가 감당하기 힘들어 잠자리를 피하게 된다면 부부간의 잠자리 갈등으로 외도를 하거나 이혼으로 이어질 수 있습니다.

    이렇게 무오 일주는 넘치는 힘과 정열을 어떻게 쓰고 풀 것이냐가 관건으로 공부나 운동, 업무에 쏟는다면 반드시 성공할 것이고 그렇지 않고 일탈로 이어진다면 야생마가 색마로 변해 카사노바의 삶으로 이어지게 됩니다.

    하루에 천 리를 달리는 명마라 하더라도 마구간에 갇히면 독 안에 든 쥐와 같은 꼴이라 무오는 火가 넘쳐 조후가 문제가 되기 쉬운데 火를 제어 못하면 마구간에 갇힌 야생마로서 재능을 썩히게 됩니다.

무오 일주는 양인의 기질을 강하게 나타내는데, 병오가 양인인 것처럼 화토 동법으로 보면 무오도 양인에 해당합니다.

戊

午   인성

왕(旺)

무오는 인성 오화가 왕지로 놓여 있어 불길이 아주 거센데 일간 무토가 화기를 가두는 모습을 하고 있습니다. 이것은 숯가마와 비슷해 무토는 가마가 되고 오화는 이글거리는 불길이 됩니다.

병오와 비교해 보면, 병오 역시 오화가 왕지에 든 불길의 모습인데 병오가 거대한 불 그 자체라면 무오는 불을 가두어 그 열로 무엇인가를 만드는 숯가마, 도자기 가마, 화로, 아궁이의 모습이 됩니다. 그래서 무오 일주는 무엇인가를 만들고 창작하는 기운이 있으며 예술성도 타고났습니다. 아궁이의 불로 음식을 하고 가마에서 도자기를 만들고 숯을 만들듯이 자신의 노력과 정열로 성공하는 사람입니다.

병오 일주가 불이라면 무오 일주는 열이 됩니다. 이렇게 60갑자 중 가장 열기가 강한 무오 일주는 힘이 세고 운동을 잘하고 열정이 넘쳐 프로 스포츠 선수가 많으며, 남들이 불가능하다는 일들을 잘 해내고 신기록을 세우는 사람들입니다. 그러나 그만큼 성격이 단순하고 저돌적이며 직설적인 만큼 자칫하면 고집쟁이에 폭력적인 모습으로도 나타나 가족과 주변 사람들을 힘들게 하기도 합니다.

일지 배우자궁에 인성이 왕으로 놓여 욕심이 많고 자기 위주의 이기적인 모습을 나타내며, 집념과 인내력도 대단해 본인의 노력으로 자수성가하는 사람도 많습니다.

이렇게 강한 무오 일주도 알고 보면 마마보이가 많은데 인성이 태왕하여 일지에 자리 잡고 있어서 모친의 영향력이 강하기 때문입니다. 따라서 결혼 후에도 모친과 가깝게 지내게 되어 남자의 경우 아내와 모친 사이에서 고부 갈등을 피하기 힘드니, 나중에 이것이 이혼의 사유가 되기도 합니다.

무오 일주 여자 역시 결혼 후에도 친정과 가깝게 지내고 친정어머니가 사위를 못마땅해하거나 시댁과 친정의 갈등이 생겨 힘들어질 수 있습니다. 결국 무오 일주는 지나친 어머니의 모성애가 결혼 후에는 오히려 부부 관계의 문제가 될 수 있습니다.

무오는 열정의 화신으로 매우 조열한 대표적인 일주 중 하나이기에 물을 찾는 것은 당연합니다. 이렇게 조열한 일주는 목이 말라 술을 찾게 되어 알코올중독에 걸리는 사람이 많은데, 술은 열기를 식히는 게 아니라 더 뜨겁게 만들어 병과 사고를 일으키게 됩니다.

만약 무오 일주가 술을 자주 마신다면 그 사람은 머지않아 알코올중독이 되거나 건강이나 재물을 잃게 됩니다. 급하고 거친 성격을 조절 못해 주변 사람들과 자주 다투게 되므로 무오 일주가 성공하기 위해선 술을 멀리해야 합니다.

戊
午　　　⟶　　　丁인성, 己겁재, 丙인성
왕(旺)

무오 일주처럼 일지에 子, 午, 卯, 酉 사왕지(四旺支)를 두면 정편이 혼잡해지고 오행의 기운이 한쪽으로 심하게 치우치게 됩니다. 그렇게 태왕한 기운이 득이 될 수도 있고 실이 될 수도 있는데, 그 사람이 살아가는 데 있어 해결해야 할 큰 숙제가 됩니다.

무오 일주는 화의 기운이 태왕하고 혼잡해 인성이 문제가 될 수밖에 없고 태왕한 화기로 인해 수기가 말라 버리니 재성이 문제가 생기게 된다는 것을 사주 전체를 보지 않아도 알 수 있습니다. 무오는 정편인이 혼잡하여 인성의 기운이 대단한데, 이렇게 인성이 혼잡하다는 것은 어머니가 둘일 수 있다는 말입니다. 이는 아버지께서 한때 여자 문제가 있으셨다는 의미도 되고, 이복형제가 있을 수 있다는 의미도 되며, 부모님이 재혼하셨다는 의미도 됩니다.

왕한 인성의 기운이 겁재로 흘러 뜨거운 화기가 어느 정도는 해열이 되지만, 기토 혼자 화기를 막기엔 역부족입니다. 그래도 기토라도 있어 다행이라 이처럼 겁재 기토가 화기를 설기시키는 좋은 역할을 하게 됩니다.

그렇다면 기토가 희신으로 좋은 관계가 되어야 하는데 꼭 그렇지만은 않습니다. 인성의 모든 기운이 겁재로 흘러 나의 모든 노력을 경쟁자에게 다 뺏긴다는 의미도 있습니다. 그래서 무오의 겁재는 길흉의 이중성을 지니게 되는데, 무오 일주가 성공할지 못할지는 형제와의 관계를 보면 알 수 있단 말이 과언이 아닙니다.

무오 일주의 정인, 편인은 왕궁에 록왕으로 좌해서 인성의 열기가 실로 대단합니다. 이렇게 뜨거운 열기를 무토라는 흙더미로 막고 있어 무오 일주는 특히 화병이나 심장 질환이 생기기 쉽습니다. 또한 뜨거운 불이 가뜩이나 부족한 물을 없애 버려 신장 질환이나 여성의 경우, 생식기 관련 질환도 생기기 쉽습니다.

강하고 혼잡한 인성으로 채워도 채워도 채워지지 않는 욕구 불만이 생기게 되고, 이는 다시 욕심과 이기심으로 변하기 쉽습니다. 발산하지 않으면 폭발하게 되어 사주에 식상이 없거나 힘이 미약하다면 이런 성향이 더 강해지고 울화병에 정신적으로도 문제가 생기기 쉽습니다.

열기를 발산하는 것은 성욕과도 같아 무오 일주는 남녀를 불문하고 강한 성욕을 보이는데, 절제를 못하면 한 마리 발정 난 말이 될 수 있습니다. 그래서 부부 사이에 잠자리의 관계가 잘 맞지 않으면 무오 일주는 해로하기가 힘든데, 결혼하기 전 서로 시간을 두고 잘 맞춰 보기를 권합니다.

이렇듯 인성이 강하면 공부를 잘하고 공부로 성공해야 되지만, 혼잡한 인성은 오히려 공부하는 데 집중을 방해하는 데다 수기로 화기를 제어 못하면 정신이 산만해져 공부와는 별 인연이 없게 됩니다.

무오 일주의 어머니는 강한 분이며 남편과 일찍 헤어지고 홀로 자녀를 키운 분이 많으십니다. 인성이 혼잡해 부모님이 재가를 하셨다는 의미도 됩니다. 무오 일주 모친은 대장부 스타일이며 자식에 대한 모성애가 대단한 분입니다.

무오 일주의 겁재 기토는 왕궁록으로 좌합니다. 오화의 기토는 그 힘이 아주 강한데, 정병화로부터 생을 받은 데다가 겁재 기토도 록을 얻었기 때문입니다.

이렇듯 지장간에 있는 겁재가 강하면 욕심이 많다는 의미인데, 무오 일주는 겁재가 아주 강해 욕심이 탐욕으로 되기 쉽습니다. 강한 겁재가 지장간에 놓여 있어 무오 일주는 어딜 가든 강한 경쟁자가 있게 되니 항상 치열한 경쟁을 벌여야 합니다. 그리고 인성과 함께 있어 나중에 유산 분배에 형제와의 갈등을 피하기 힘듭니다.

강한 겁재로 인해 동업은 필패하며, 돈을 빌려주면 못 받고 투자하면 실패하거나 사기를 당하게 됩니다. 겁재와 인성이 태왕해 상대적으로 재성은 약해지게 되어 돈 문제, 여자 문제가 있을 수 있음을 알 수 있습니다.

그래도 기토는 습토라서 뜨거운 화기를 설기시켜 주는 역할을 하게 되는데, 문제는 화기가 너무도 강렬해 기토가 혼자 감당하기에는 벅찬 모습이라는 점입니다. 기토는 원래 습토이고 무토의 기토는 열기로 갈라진 땅이 되어 식물이 자랄 수 없는 땅이 되니, 무오 일주는 형제에게 불만이 있고 형제는 형제대로 불만을 품어 서로를 원망하게 됩니다. 그래도 무오에겐 기토가 있어 열기를 조금이라도 식히게 되는 도움이 있으니 형제에게 잘해야 합니다.

戊 　　　　　　　　 庚

午 　　인종　　　 午
　　 ——————→

왕(旺) 　　　　　　 욕(浴)

무오 일주의 식신 경금은 왕궁욕종합니다. 무오는 강한 화기로 금을 녹여 재물을 만드는 능력이 탁월합니다.

인성이 태왕한 만큼 균형을 맞추기 위해서라도 식상의 도움이 필요하며, 식상이 욕이라 아주 매력적인 사람으로 미남·미녀가 많고 특히 남녀 모두 성적 매력이 넘치게 됩니다. 태왕한 일간을 설기시켜 미식가에 대식가가 많고, 건강과 운동신경이 타고났으며, 왕성한 성욕으로 한 여자와 한 남자로서 만족하지 못할 수도 있습니다.

화기가 강해 재성 수기가 힘이 없는데 식상은 약한 재성을 도와줘 화생토, 토생금, 금생수로 상생 흐름을 이어 주는 중요한 역할을 하게 됩니다. 그래서 무오 일주가 부자가 되려면 무조건 식상을 써야 합니다.

열심히 노력하고 땀 흘려야 하며 주위에 많이 베풀어야 합니다. 강한 인성이 식신을 거쳐 재성까지 연결되는데, 강한 인성의 단점으로 그저 받기만 하려 하고 잔머리만 굴리면 오히려 가진 재물도 날리게 됩니다.

무오 일주의 여자는 건강하고 잘생긴 자녀를 두게 되며, 자녀가 생기면서 더욱 건강해지고 남편보다는 자녀를 더 가까이하게 됩니다. 효자·자녀를 두어 만년에 자녀 덕을 보게 됩니다.

무오 일주의 재성 임수는 왕궁태종하여 인성과 비견에 비해 기운이 약한데, 왕궁에 들어 기본적인 힘은 충분합니다. 재성 임수는 오중 정화와 암합하고 계수는 무토와 합하여 정편재 모두가 합이 일어납니다.

그렇게 무오 일주는 어떤 돈이든지 안 가리고 다 가지려 하는 욕심을 보이고, 왕궁태에 들어 있어 돈을 만드는 능력도 강해 무오 일주가 부자가 많으며 거부도 많습니다. 그런데 인성과 비겁의 힘이 강해 재성이 탈재가 될 가능성이 있고, 강한 화기에 수기가 말라 버리게 되어 오히려 어설프게 돈을 벌려다가 쫄딱 망해 버릴 가능성도 대단히 높습니다.

재성 수기를 안정적으로 취하기 위해서는 식상 금의 도움이 필요해 금생수의 흐름으로 가야 재성 수기가 마르지 않고, 태지에 놓인 재성이라 돈이 계속 생겨 재산이 늘어 가게 됩니다. 즉, 무오 일주는 그냥 재성만을 보기보다는 식상을 통해서 재성을 취해야 그 돈이 진짜 내 돈이 됩니다.

그러니 무오 일주는 땀 흘리고 열심히 노력해서 돈을 벌어야지, 투자나 투기로 일확천금을 노리면 처음에는 버는 듯해도 결국에는 한 방에 다 날리고 길거리에 나앉게 됩니다.

무오 일주 남자는 잘못하면 복잡한 여자관계로 변질되기 쉬운데, 왕성한 기운에 재성이 왕궁태로 들어 성욕이 강하고 다양한 성행위를 즐기는 사람이 많기 때문입니다. 정편재를 모두 합하고 조열하여 수기에 대한 목마름으로 카사노바처럼 문란한 이성 관계가 되기 쉽습니다. 이러한 문제들로 결혼 생활에 위기가 찾아오는데 대부분 문제의 원인은 무오 일주 남자의 성격, 이성 문제, 음주 문제 때문입니다.

무오 일주는 모친인 인성의 기운이 강한 만큼 부친과는 인연이 박하게 되니 부친과 일찍 헤어질 수 있거나, 부친이 경제적으로 무력할 수 있습니다.

무오 일주의 관살은 갑목을 인종하여 왕궁사종합니다. 관이 사에 들어 일반적인 직장 생활을 하기 힘든데, 관성인 목은 화기를 더 키우게 되므로 직장 생활을 하는 내내 스트레스와 동료와의 불화로 고통받게 되며 평범한 직장을 다니는 무오 일주들은 화병, 고혈압, 심장질환, 당뇨 등 각종 성인병과 스트레스에 시달리게 됩니다.

무오 일주 여자의 경우, 남편이 나의 화를 더욱 키우는 모습이라 부부 싸움이 잦고 불만이 있을 수밖에 없는데, 만약 내가 남편을 미워하고 저주하며 자주 싸우게 된다면 남편이 병이나 사고를 당하게 되고 심하면 사별할 수도 있습니다. 이렇게 불화가 심한데 남편이 헤어지자고 한다면 남편으로서는 살기 위해 떠나는 것이니, 잘 합의해서 보내 주는 것이 현명한 방법입니다. 결국 무오 일주는 남녀 모두 부부 관계에 불리한 모습입니다.

오중 기토 겁재와 암합하는 모습이라 남편이 다른 여자와 떠나는 모습이 연출되는데, 그런 일을 예방하려면 평소에 끓어오르는 감정을 가라앉히고 남편을 존중해 주어야 합니다.

만일 남편이 병약하다면 해로하게 되며 또 사(死)에 있는 만큼 부부 중 어느 하나가 생명, 죽음에 관련된 직업을 가지거나 그런 분야에서 열심히 활동한다면 부부가 행복하게 해로하게 됩니다. 대표적인 일이 의약이나 종교, 활인, 형살에 관련된 일입니다.

午는 탕화살로 午, 丑, 辰운이 오면 탕화살이 발동되는데, 무오는 그 정도가 심합니다. 戊는 화로, 가마가 되고 午는 장작불이 되어 戊午는 무엇인가를 굽고 만드는 모습이 됩니다. 숯을 만들고, 도자기를 굽고, 밥을 짓고 음식을 할 수도 있습니다. 이렇게 타고난 재주와 노력으로 성공할 수 있는 능력이 타고난 사람입니다.

다만 화기가 지나쳐 부부 불화하고 갈증으로 술을 찾고 여자에 빠져 허우적

거리며 돈과 시간을 허비할 수 있습니다. 건강상으로는 심장이나 신장 질환에 걸리기 쉽고, 정신적인 병에 걸리기도 쉽습니다.

午는 복(福)성으로 일지에 午를 놓은 사람은 일생에 한 가지 이상의 복은 타고났습니다.

기　미

己未

　　미토는 木의 고(庫)지여서 기미 일주는 관이 입묘되는 부성입묘(夫星入墓) 일
주입니다. 부성입묘 일주는 기미를 비롯해 을축, 병진, 경술 이렇게 네 일주
가 부성입묘 일주입니다.

　　옛날에는 남존여비 사상이 강해 이렇게 부성입묘가 된 여성의 사주를 안 좋
게 봤습니다. 부성입묘는 말 그대로 남편이 무덤으로 들어간다는 뜻으로, 남
편과의 인연이 짧거나 아픈 사연이 있다는 의미입니다.

　　남편을 내 밑에 둔다는 의미가 되어 남편을 휘어잡고 남편의 권위에 도전한
다는 말로, 요즘 말로 하면 여장부가 되고 직업을 가지고 사회활동을 하는 커
리어우먼입니다. 그래서 기미 일주 여성은 가장 역할을 하는 경우도 흔합니
다. 현대사회에서는 여성들도 대부분 사회활동을 하고 가정에서도 아내의 역
할과 위상이 높아져 부부가 해로하고 잘 사는 경우도 많습니다.

　　기미 일주 여성의 남편은 공처가가 많은데, 미토라는 아내의 치마 속으로

들어가기 때문입니다. 반면에 기미 일주 여성의 경우, 부부 사이가 안 좋아 남편이 폭력을 행사하거나 주색으로 속을 썩여 남편을 미워하고 악담을 쏟아 내는 등 부부 관계가 악화되게 되면 그땐 입묘 현상이 일어나 남편이 요절하거나 결국은 떠나가게 됩니다.

기미 일주는 역마의 기질이 아주 강해 한시도 집 안에서 가만히 쉬지를 못하는 사람입니다. 기토는 구름이고 길이요, 미토는 역(驛)을 의미하여 간지가 모두 강한 역마의 성질을 가지기 때문입니다. 기미 일주에게 집에 가만히 있으라고 하면 숨 막혀 죽습니다.

기미는 씨앗을 심은 밭으로 부자가 많습니다. 기토는 밭이고 미토는 목의 고지로 씨앗에 해당합니다. 혹은 기토는 밭이고 미토는 쟁기여서 쟁기로 밭을 가는 모습도 됩니다. 이렇게 농사와 관련된 물상으로 농부가 땀 흘려 작물을 키워 가을에 수확을 하듯이 기미 일주 역시 인내하고 노력하면 반드시 큰 부자가 될 수 있습니다.

己
未   비견
관대(冠帶)

기미 일주는 음간이지만 고집이 세고 성격도 아주 강합니다. 일지에 비견을 두고 비견을 관대로 둘러서 나 잘난 우월감에 가득 찬 사람이고 옷을 잘 입어 수중에 아무리 돈이 없어도 유명메이커 아니면 안 입을 정도로 복장에 관한 자존심이 강합니다.

관대는 사모관대의 줄임말인데 옛날에 과거에 급제했을 때 쓰는 모자와 띠로서 시험에 합격한다는 의미가 있습니다. 그래서 관대를 놓은 기미 일주는 시험 운이 있으며 똑똑하여 공직이나 전문직으로 성공하게 됩니다.

일지 미토는 기토에게 양인과 같은 역할을 하는데, 정화의 양인인 미토가 화토동법으로 기토에게도 역시 양인이 되기 때문입니다. 그래서 기미 일주는 양인의 성질을 분명히 드러냅니다.

일지 비견을 두어 간여지동에다 양인, 그리고 관대까지 놓고 역마살이 매우 강해 성격이 급한 데다 자존심이 세고 융통성도 부족합니다. 따라서 남녀 모두 결혼하면 부부 싸움이 잦을 수밖에 없는데, 더구나 부성입묘에 재성 또한 묘에 들어 원만한 결혼 생활은 힘듭니다. 기미 일주가 부부 싸움을 하면 십중팔구는 나의 성질 때문이니, 내가 먼저 양보하고 사과해야 합니다.

여자 사주가 이렇게 강한 데다가 관이 입묘되면 부부 싸움을 자주하고 남편에 대해 불만을 가지고 미워하면 대개 남편이 일찍 세상을 떠나거나 폭력적인 성향을 보이는데, 그것은 오히려 남편의 기가 약하기 때문입니다. 마찬가지로 기미 일주 남자 역시 아내를 미워하고 자주 싸우게 되면 아내가 시름시름 앓게 되거나 정신적인 문제가 생기게 됩니다.

결국 기미 일주 남녀 모두가 본인이 너무 강해 상대적으로 약한 배우자에게 그 영향이 미치는 것입니다. 내가 미워하면 배우자에게 살기(殺氣)가 되고 사랑하는 마음을 내면 배우자를 살리는 생기(生氣)가 될 것이니 부부 관계의 좋고 나쁨은 모두 내가 하기에 달렸습니다.

己
未 ⟶ 己비견, 乙편관, 丁편인
관대(帶)

기미 일주는 기축 일주와 비슷하면서도 알고 보면 많이 다릅니다. 기축은 식신생재의 흐름이니 돈 버는 쪽으로 주된 관심이 가고 기미는 살인상생의 흐름이니 돈보다는 명예를 더욱 중요하게 여긴다는 것을 알 수 있습니다.

이렇게 살인상생하는 구조라서 돈에 관심을 가져 명예보다 돈을 더 추구하게 된다면 재성은 인성을 파괴시키고 편관 칠살을 키우니, 돈은 벌지 몰라도 내 건강이 나빠지거나 명예가 실추되는 망신을 당해 돈도 명예도 다 사라지는 일이 발생하게 됩니다. 그래서 기미 일주는 돈 조심, 그리고 남자의 경우 돈과 여자 모두를 조심해야 합니다.

기미 일주는 일지 배우자궁에 관대를 놓고 지장간이 살인상생하여 선비 같은 사람이며 문무를 겸비한 사람으로서 칼을 찬 선비인 이순신 장군 같은 덕장의 모습을 보입니다.

열심히 공부해서 소위 士자가 들어가는 직업을 가지거나 군·검경으로 나가야 적성에 맞으며, 일반 직장에서도 능력이 뛰어나 일을 잘하지만 고집이 세고 우월감이 가득 찬 사람이라 전문직이 아니면 중간에 사직할 가능성이 높습니다.

기미 일주에게 을목은 아주 중요한데, 기토 밭에 심어진 씨앗이기 때문입니다. 을목이 무럭무럭 자라면 출세하게 되고 을목이 죽으면 고난한 삶을 살게 됩니다. 그만큼 관이 중요하고 관으로서 성공하게 됩니다.

기미 일주 여성은 연애결혼이 대부분인데, 하룻밤의 실수로 남자와 관계를 맺어 결혼까지 이어지는 경우가 많습니다. 원치 않는 인연을 만나 실수로 임신을 하게 될 수 있으니 술 조심하고 몸가짐을 주의해야 합니다. 을목 관살이 未를 타고 올라 기토에 뿌리를 내리려는 형상이기 때문입니다.

관인상생하는 것은 좋은데 인성이 다시 비견을 생해 자칫하면 나의 노력과 결과를 경쟁자에게 뺏길 수 있습니다. 그래서 동업은 절대 안 되며 가까운 사람에게 배신을 당할 수 있습니다.

부모님 유산을 두고 형제와 갈등이 생기게 되는데, 비견이 인성의 생을 가로채 나보단 형제가 좀 더 가져가더라도 내 팔자려니 하고 받아들이고 형제와 의절하진 말기 바랍니다.

己
未
관대(帶)

己
未
관대(帶)

좌법

기미 일주는 일지 배우자궁에 비견을 둔 간여지동인데 대궁대좌하여 자존심이 무척 강하고 남의 이목에 신경을 많이 씁니다.

관인상생하고 인성이 다시 비견을 생해 모든 기운이 비견으로 와서 맺혀지니 기미 일주는 자존심과 고집의 끝판왕입니다. 형제 · 동료 · 친구를 좋아하지만 인성의 생을 비견이 먼저 받게 되므로 결국 형제 · 동료와 갈등과 시비를 겪게 됩니다.

비견은 '나'이기도 하므로 내가 대궁대좌하여 형형색색의 옷을 입은 모습이라 무속이나 종교와 관련이 있으며, 또 갇혀 지내는 모습도 되니 병원이나 군부대, 교도소 등과도 관련이 있습니다.

己
未
관대(帶)

乙
未
양(養)

좌법

기미 일주의 관살인 을목은 대궁양좌합니다. 미토는 목의 고지가 되어 관살이 입묘되고 대궁양으로 놓여 기미 일주 여자는 남편과 이별하거나 남편으로 인하여 남모르는 아픈 사연을 간직하게 됩니다.

양은 천살(天殺)이라 배우자가 양에 놓이면 하늘이 맺어 준 인연이라 하여 숙명의 인연으로 만난 사이라서 전생의 인연이 깊어 그 '업'을 갚고 풀기 위해 만난 사이입니다. 그러니 전생의 빚을 갚는다는 마음으로 남편을 대한다면 이번 생에 좋은 인연이 되어 행복한 인생을 살 것입니다.

기미 일주는 교육업이나 종교, 활인, 군·검경과 관련이 깊은데 만약 본인이나 배우자가 이런 직업에 종사한다면 업상대체되어 부부의 이별이나 관재수, 질병과 사건·사고를 피해 갈 수 있습니다.

편관 을목이 대궁 속에 갇혀 있는데 만약 사주 원국에 다른 관살이 없다면 이것은 교도소, 병원에 갇힌 모습이 되니 교도소나 병원을 자주 들락거리거나 그쪽과 관련된 일을 하게 됩니다.

기미 일주 여자는 일지에 관고를 놓아 남편이나 남자들을 내 밑으로 두려는 마음이 강해 기미 일주 여자의 남편은 공처가나 허약체질이 많으며, 미중 을목은 넝쿨이라 타고 올라가 기토를 덮치는 모습이 되어 남자로 인한 사건·사고가 암시되어 있으니 특히 술을 조심해야 합니다.

기미는 조열하여 목이 말라 술을 찾게 되는데, 술에 취해 남자와 원치 않는 사고가 날 수 있으며 남편에 대한 욕구 불만으로 다른 남자를 찾을 수도 있습니다.

己
未
관대(帶)

좌법 ⟶

丁
未
관대(帶)

기미 일주의 인수 정화는 대궁대좌합니다.

공부에 소질이 있어 열심히 공부하여 좋은 대학에 진학하고 좋은 직장에 근무하는 게 상책인데, 시험 운이 좋아 전문자격증을 소지해서 士가 붙은 직업을 가지거나 공직으로 나가야 합니다. 편관의 살기를 인성이 화살(化殺)하여 명예가 더 높아지니, 살을 쓰는 직업을 가진다면 적성에도 아주 잘 맞으며 승진도 잘해 관련 분야에서 존경받는 사람이 될 것입니다. 인성은 자격증, 문서도 되니 기미 일주는 부동산으로 재산을 모으고 관련 일을 해도 아주 잘할 사람입니다.

살인상생하는 것은 좋은데 목생화가 되어 아주 조열하게 됩니다. 그래서 목이 타니 술을 찾게 되고, 나아가 욕정에 목이 마르게 될 수 있으니 본인 스스로 자기 관리를 잘해야 합니다.

모친은 예의 바르고 멋쟁이 귀부인에 자존심이 아주 세신 분이며 부친에 비해 모친의 영향력이 크며 모친이 직업 활동을 하시고 경제적 능력이 높으신 분입니다. 비견이 함께 있어 모친의 사랑을 두고 형제와 본의 아닌 갈등이 일어나게 됩니다.

己
未
관대(帶)

인종

辛
未
쇠(衰)

기미 일주의 식신 신금은 쇠로 인종하여 대궁쇠종합니다. 쇠는 12신살의 반안살과 같아 식신을 쇠로 인종해서 기미 일주는 식복이 있고 점잖으며 예의와 체면을 중시하는 사람입니다. 간여지동이라 식신을 잘 쓰는 사람으로, 부지런하고 성격도 좋습니다.

부지런하지만 땀 흘리는 육체적인 노동을 하는 것보다는 쇠에 종하고 관대를 둘러 정신적인 일을 하는 것을 좋아합니다. 또 재성의 힘이 약해 자격증이나 직업, 명예를 추구하는 것이 더 적성에 잘 맞습니다.

기미 일주 자녀는 일찍 철이 들어 부모에게 순종하는 효자 · 효녀이며 자녀가 사회에서 성공하여 부모의 명예까지 높아집니다.

기미 일주는 조열하여 인성의 힘이 강할 수 있으니 상대적으로 식신의 힘이 약하게 되면 생각이 많고 이론은 그럴싸한데 실천을 미치지 못하는 경우가 많아 체면과 남의 이목을 중시하게 됩니다.

기미 일주의 계수 편재는 대궁에 묘로 인종합니다. 기미 일주는 기본적으로 장사나 개인 사업과는 잘 맞지 않는 반면에 재성이 창고에 들고 담장까지 둘러 있어 거부가 많습니다.

관성과 재성이 입묘하여 기미 일주는 남녀 모두 배우자와의 인연은 불리할뿐만 아니라 재성이 공망에다 묘에 들어 기미 일주 남자는 아내와 서류상으로만 부부이지, 정작 부부의 정을 깊게 나누기는 힘들 수 있습니다.

또한 조열한 사주라서 목마른 사람이 물을 찾듯이 여자를 찾아 헤매어 여자문제로 구설에 오르는 등 여성 편력이 많이 생길 수 있습니다. 막상 결혼을 하면 아내와 갈등을 빚게 되는데, 아내를 내 마음대로 구속하려 하고 잠자리

취향이 서로 맞지 않아 갈등이 일어날 수 있습니다. 기미 일주 남자는 아내에게 연애할 때처럼만 대해 주면 결혼 생활에 아무런 문제가 없을 것입니다.

그리고 기미 일주 남자의 아내는 환자복을 입고 병원에 입원한 물상으로 수술을 받거나 병약한 사람인데, 이때 정성을 다해 아내를 간호하고 곁에서 함께 있어 준다면 다시금 사랑이 넘치는 부부 사이가 될 것입니다.

기미는 조열하여 재성 계수가 반가운 비가 되기 때문에 아내가 있어야 내가 건강하고 하는 일도 잘되는 것임을 알고 아내에게 잘해야 합니다. 만약 아내와 헤어지게 되면 재성이 사라지게 되고 조후, 희신이 사라지게 되어 내 건강이 나빠지거나 각종 사건과 사고를 겪게 됩니다.

기미 일주는 재성이 묘에 인종하고 공망을 깔아서 돈이 한 번 들어오면 안 나가고 열심히 저축하는 사람이며, 재산을 불리는 재능도 있습니다. 게다가 겉으로는 안 그런 척해도 돈에 대한 욕심이 커서 부자가 많습니다.

모친의 영향력은 강한 데 반해 부친의 덕은 부족하여 부친과는 일찍 헤어지거나 아플 수 있습니다.

기미 일주는 미식가이며 요리를 잘하는 사람이 많습니다. 未는 木이 겹쳐져 있는 모습이라 배우자궁에 未가 있으면 결혼을 두 번한다는 의미가 있습니다.

己未는 未가 건조한 땅이라 마른 논도 되지만 未는 한여름의 다 자란 벼의 모습이기도 합니다. 그래서 己未는 벼가 꽉 찬 논의 모습으로 풍성한 수확을 의미하여 화초를 키우거나 원예·농사일에 취미나 재능을 갖는 사람이 많으며 부동산 부자가 많습니다.

경　　　신

庚申

　경신 일주는 단단한 金으로만 이루어진 간여지동 일주입니다. 경신은 우뚝 솟은 거대한 암봉(岩峯)으로 설악산 울산 바위와 같고 칼날이 번뜩이는 관우의 청룡언월도와도 같습니다.

　경신은 金의 숙살기운이 극에 달해 양인(陽刃)은 아니지만 양인과 같은 기운을 가져 칼(刃)을 쓰는 군·검경이나 의약업에서 두각을 나타내며, 경신 일주 여자 역시 여장부로서 웬만한 남자보다 배포가 큽니다.

　경신의 칼은 끊고 맺는 것이 분명하며 어딜 가나 모임의 주인공이 되고 리더가 되며 집안에서 장남·장녀 역할을 하게 됩니다. 또 경신 일주는 미남·미녀가 많은데 특히 사주에 丙, 丁이 투간되었다면 빼어난 미녀가 많습니다.

　또한 경신 일주는 경제적으로 윤택한 삶을 사는 사람이 많은데 경신의 金이 돈이 되기 때문입니다. 하지만 경신이 돈이 되기 위해선 火로 제련을 해야 합니다. 경신의 숙살 기운으로 권력 계통에서 출세하는 사람이 많으며, 자신의

　　　　　　　　　　　피클 일주론 사주명리학의 꽃

직위가 높아짐에 따라 자동적으로 경제적인 부도 쌓이게 됩니다.

경신의 단단한 바위는 멋있지만 그만큼 고집과 자존심이 셉니다. 쉽게 남과 섞이지 못해 독불장군이 많으며 외롭습니다. 너무 강하면 부러진다는 말처럼 경신은 고집과 성질 때문에 자기 발등을 찍는 일이 많고, 쉽게 갈 수 있는 길을 자존심 때문에 어렵게 가게 됩니다.

경신과 갑인은 부러질지언정 굽히지 않은 절개와 기개가 있으며 뚝심과 근면 성실함으로 결국에는 성공하는 사람들입니다. 하지만 그만큼 좌충우돌하고 상처가 남게 됩니다.

庚

申   비견

록(祿)

경신은 비견을 일지에 둔 간여지동으로 金의 기운이 아주 강합니다. 이렇게 경신처럼 간여지동 일주는 한 가지 오행으로만 되어 있어 성격이 단순하고 직설적이며 속마음을 숨기지 못해 거짓말을 잘 못합니다.

하지만 할 말 못할 말을 가려야 하는데, 평소에는 잘하다가도 화가 나면 경신의 칼을 휘둘러 상대방에게 상처를 주는 말을 쏟아 내며 심하면 자기 성질을 못 이겨 욕설에 폭력을 휘두를 수도 있습니다. 이렇게 경신 일주가 화를 내면 말릴 생각하지 말고 피하는 것이 상책이며, 가만히 내버려 두면 언제 그랬냐는 듯이 내일이면 정상으로 돌아옵니다.

경금의 간여지동으로 좋으면 좋고 싫으면 싫은 것처럼 분명한 걸 좋아하며 모호한 것을 싫어합니다. 그래서 한번 싫어진 사람과는 두 번 다시는 안 만나고 연락도 끊어 버립니다. 이런 성격 때문에 호불호가 분명한데, 가까운 가족이나 배우자가 성격 맞추느라 힘듭니다.

경신 일주는 일지에 비견을 두어 사회에서 친구나 동료와의 우정을 중시하는 좋은 친구, 좋은 동료입니다. 술 마실 때마다 술값 당번이며, 친구 일이라면 자다가도 뛰쳐나갑니다. 하지만 위에서 말한 것처럼 한번 틀어진 사람과는 다시는 안 만납니다. 그리고 남의 이목을 중시하고 자존심 상하는 걸 죽기보다 싫어해 모임에 나갈 때 옷차림이나 외모에 무척이나 신경을 씁니다.

특히 남자의 경우, 집 밖에서는 나무랄 데 없는 좋은 사람이지만 반면에 집안에서는 그렇지 못합니다. 그 이유는 일지 배우자궁에 비견이 앉아 있어 배우자보다 친구나 조직을 더 소중히 여기기 때문입니다. 이렇듯 여러 이유가 겹쳐 부부 사이가 불화하기 쉬운데, 만약 부부가 서로의 사생활에 크게 간섭하지 않으며 어느 정도 자율성을 인정해 준다면 부부 생활에 큰 문제없이 해로할 수 있습니다.

경신처럼 간여지동 일주는 형제·동료와 특별한 관계를 보이는데, 처음에는 형제와 우애가 깊고 가깝게 지내지만 비견의 탈재로 인해 대개는 결혼하고부터 형제와 멀어지는 경우가 많으며 부모님의 유산 문제로 서로 의절하는 경우도 많습니다.

庚
申 ⟶ 庚비견, 壬식신, 戊인성
록(祿)

경신 일주는 인성, 비견, 식신이 서로 조화를 이루며 상생할 때 가장 좋은 모습을 보입니다. 이럴 때 경신 일주는 식신의 긍정적인 면이 두드러지게 나타나 근면 성실하며 밝고 긍정적인 사고와 인상으로 사람들이 좋아하게 되니, 사회에서도 성공하게 됩니다.

만약 인성이 식신을 극하는 도식이 나타나면 경신 일주는 괴팍한 모습을 보이게 됩니다. 이럴 때는 욕심에 눈이 멀어 남의 고통에는 아랑곳하지 않고 내 이익만 취하는 이기적인 모습이 나타납니다.

또한 인성과 비견이 함께 있어 인성의 도움이 일간보단 비견에게로 가게 되는데, 이것이 현실에서는 어머니의 관심과 사랑이 나보다는 내 형제가 독차지하는 듯이 느껴져 서운한 감정이 들 수 있습니다. 더구나 부모님의 유산을 놓고서는 나보다는 형제가 우선권을 가져 형제가 더 많이 가져가거나 형제가 독차지할 수 있지만, 비견은 나의 식신을 생해 주는 협력자이고 귀인이라 형제와는 좋은 관계를 유지하려 노력하게 됩니다.

하지만 인성이 식신과 가까이 있어 식신이 파괴될 가능성이 있어 그렇게 된다면 비견 형제와는 멀어지게 됩니다. 이로 인해 결국엔 형제와 의절하는 경우까지 갈 수 있으니, 경신 일주 자녀를 둔 부모님은 무엇을 주든지 공평하게 자녀들에게 나누어 주어야 합니다.

결국 경신 일주는 식신을 써서 성공해야 하는 사람으로 열심히 노력해서 자수성가해야 하는 사람이며, 또 그런 능력이 충분한 사람입니다.

경신 일주의 비견 경금은 록궁록좌합니다.

이렇게 비견이 강하게 든 경신 일주는 金의 강함이 극에 달하여 일도양단(一刀兩斷)의 모습을 보이니 좋고 싫음이 분명합니다. 또한 한번 결정하면 행동으로 옮기는 데 주저하지 않으며 신속하게 밀어붙이고 한번 시작하면 끝장을 보는 사람입니다. 불굴의 의지로 어떤 고난에도 좌절하지 않고 마침내 뜻한 바를 이루는 사람으로, 역경에 분투하는 기개가 있습니다.

반면에 이런 성정이 때로는 무자비한 숙살의 기운이 되어 냉혹하고 비정한 모습으로 나타나게 됩니다. 너무 강하면 부러진다고 했으니, 경신 일주는 강한 만큼 부러지기도 잘해 남모르는 아픔과 상처가 많지만 겉으로는 절대 내색하지 않습니다.

일지 배우자궁에 비견을 두고 록에 앉아 경신 일주는 의리가 있어 형제나 친구를 배려하고 공평하게 나누려는 미덕이 있는데 만약 불공평하거나 도리에 맞지 않다고 생각되면 그때는 화를 참지 못하고 판을 뒤엎어 버립니다.

경신은 경금이 간여지동인 일주로서 무척이나 강한 사람임은 분명하지만 속에는 임수를 품고 있어 알고 보면 정이 많고 마음이 여린 사람입니다. 이런 특성으로 인해 강자에겐 강하고 약자 앞에선 한없이 약해 친구가 울면서 찾아와 돈을 빌린다면 반드시 들어주게 되며, 만약 형편이 안되어 못 빌려주게 되면 미안해서 밤에 잠도 못 잡니다. 반면에 정작 본인은 쌀독에 쌀이 떨어져도 자존심 때문에 가까운 형제나 친지에게도 도와 달란 말을 하지 못합니다.

庚　　　좌법　　　壬
申　　──────→　申
록(祿)　　　　　　　생(生)

경신 일주의 식신 임수는 록궁생좌합니다. 식신이 장생에 놓이면 똑똑하고 성격이 밝고 활달하고 착한 사람이 많으며, 얼굴이 잘생기고 식복이 있어 아무리 힘들어도 밥 굶는 법이 없습니다.

경신은 식신이 록을 얻는 비견으로부터 생을 받기 때문에 식신이 아주 빼어나 타고난 식복으로 자수성가하며 마르지 않는 식신이 있어 타고난 체력과 건강으로 근면 성실하게 노력하여 결국은 성공하게 됩니다. 경발수원하여 식신의 샘물이 끝없이 솟아 나와 경신 일주는 항상 바쁘고 분주해 활동성이 타고났으며 언변이 좋고 말이 많습니다.

식성이 좋고 미식가이며 수완이 뛰어나니 사업이나 장사로 큰 성공을 거두게 됩니다. 직장에서도 근면 성실하고 동료들로부터 인기가 많고 리더가 되어 승진도 잘합니다. 식신이 공망이라 정신적인 활동을 잘하고 철학이나 종교, 역학 같은 분야에 관심을 보이게 됩니다.

경신 일주 여자는 똑똑하고 잘생긴 자녀를 두게 되며, 자식이 복덩이라 자녀를 낳고부터 건강이 좋아지고 생활에 활력이 생겨납니다. 사랑으로 자녀를 키운 만큼 나중에 효자 · 효녀로 자라 자식 덕을 보게 됩니다. 그러나 식신이 공망이라 자녀가 일찍 유학을 가 떨어져 지내거나 유산 · 낙태 등으로 가슴에 묻은 자식이 있을 수 있습니다.

庚　　　　　　　戊
申　　좌법 →　　申
록(祿)　　　　　병(病)

경신 일주의 인성 무토는 록궁병좌합니다. 식신이 장생을 놓은 경신 일주는 똑똑하여 공부를 잘하지만, 인성이 병좌하여 집과 먼 곳으로 진학하여 부모님과 떨어지게 되는데 요즘에는 먼 타지에서의 자취나 유학을 가는 경우가 많습니다.

간여지동의 신강한 경신 일주는 인성까지 얻어 더욱 신강해지는데, 식신이 장생을 두어 식신으로 설기를 잘해 강인함과 더불어 인내력과 참을성까지 겸비했습니다. 그러니 힘든 고비에도 묵묵히 참고 이겨 내어 마침내 결실을 이루게 되는 고진감래형입니다. 인성이 비견을 통해 식신으로 이어져 경신 일주는 배우고 익힌 것을 현실에 잘 활용하고 써먹는 사람으로, 이론에 그치지 않고 실생활에 잘 응용하며 임기응변에도 뛰어납니다.

경신 일주의 모친은 한시도 가만히 있지 못하고 활동을 열심히 하는데, 대개 직장을 다니거나 장사를 하는 등 바쁘게 살아가는 분입니다. 지지 신금 속에 인성을 품고 있어 인성이 비견을 생하는 것은 나중에 부모님 유산을 두고 형제와 갈등하게 됨을 알 수 있습니다.

인성이 병이라 건강하신 어머니께서 결국 병환을 앓게 되는데, 그때 내가 어머니의 병 수발을 들거나 병간호를 책임지게 되는 것은 나의 궁에 인성을 품었기 때문입니다. 그래서 경신 일주에게 효자·효녀가 많습니다.

만약 인성 무토가 식신 임수를 극하는 도식이 발생한다면 지금까지 말한 경신 일주의 장점은 사라지고 이기적이고 괴팍한 성질을 보이게 됩니다. 탐욕으로 돈만 밝히는 사람이 되어 남의 밥그릇을 엎는 행동을 하게 돼 주변의 사람들이 떠나고, 눈앞의 이익에만 급급해 편법과 비양심적인 일도 서슴지 않아 원망을 사게 됩니다. 결국은 식신이 망가져 경제적으로도 궁핍하게 되며 말년을 비참하게 보내게 됩니다.

_____ 피클 일주론 사주명리학의 꽃

庚		甲
申	인종 →	申
록(祿)		절(絶)

경신 일주의 재성 갑목은 절로 인종하여 록궁절종합니다.

인비식의 흐름으로 식신이 아름다운 경신 일주는 안타깝게도 화룡점정하는 재성이 절에 놓여 용두사미가 되기 쉽습니다. 열심히 노력하여 결실을 보아야 하는데 마무리를 잘 못해 다 잡은 고기를 놓쳐 버리기 일쑤입니다.

이렇게 재성이 절에 놓이면 돈 관리에서 문제를 보이는데, 돈 관리를 잘 못하거나 돈을 아껴 쓴다고는 하지만 새는 구멍이 커서 돈을 버는 것은 같은데 늘 돈이 부족하게 됩니다. 따라서 재성이 절태에 놓이면 저축하는 습관을 들여 돈이 생기는 즉시 무조건 은행에 집어넣어야 하며, 주식 같은 현금성 투자는 해서는 안 됩니다. 만약 투자를 한다면 부동산같이 장기간 돈을 묻어 두는 곳에 투자해야 합니다.

재성이 절태에 놓인 사람들은 돈 감각이 없어 지갑에 돈이 있으면 금방 다 써 버리고 없으면 안 쓰기 때문에 현금을 조금씩 가지고 다니며 쓰고, 신용카드는 잘라 버리고 현금이나 체크카드를 쓰는 것이 상책입니다. 특히 남자는 아내에게 돈 관리를 전부 맡기고 용돈을 받아서 쓰는 것이 돈을 모으는 지름길입니다. 이렇게 돈 관리만 잘한다면 경신 일주는 반드시 부를 이루고 성공을 하게 됩니다.

경신 일주 남자는 부부 사이가 소원하여 헤어지기 쉬운데, 본인은 경신으로 단단한 바위가 되어 갑목인 아내가 내게 뿌리내리기 어렵기 때문입니다. 재성 아내인 나무를 밀어내고 때로는 서슬 퍼런 도끼로 나무의 뿌리를 잘라 버리니 어느 여자가 버틸 수 있겠습니까! 불화의 근원은 나의 성격 때문이니 아내를 탓하기 전에 먼저 내 성격부터 고쳐야 할 것입니다.

경신은 커다란 도끼여서 木만 보면 자르려고 덤비기 때문에 의외로 경신 일주 남자는 바람둥이가 많은데, 木을 자르는 기운이 워낙 강해 여자를 사귀더라도 웬만한 여자는 오래 버티지 못하고 떠나게 됩니다.

아내 木의 입장에서 보면 남편의 금기(金氣)가 워낙 강해 살기(殺氣)가 되어 아내가 아프거나 신경이 예민해져 심하면 정신질환에 걸리거나 단명할 수도 있어 아내는 살기 위해 도망치듯 떠나게 됩니다. 그러니 떠난 아내를 원망하기보다는 먼저 내 모난 성격부터 고쳐야 합니다. 그러면 다시 나와 연분이 되는 인연을 찾게 될 것입니다.

경신 일주의 부친은 일찍 돌아가시거나 헤어지는 경우가 많으며, 내가 유학을 떠나거나 부모님이 주말부부를 한다면 절(絶)의 기운이 완화되어 무탈합니다.

경신 일주의 편관 병화는 록궁병종합니다. 따라서 직장에서 근면 성실하게 열심히 노력하는 사람으로서 능력을 인정받습니다. 출장을 자주 가거나 자율적으로 할 수 있는 일이 적성에 잘 맞으며, 매사 능동적이기에 앞장서서 일을 해결해 나갑니다.

경신 일주 여자는 능력 있는 남편을 만나게 되고 남편을 따라 고향을 떠나 멀리 이사를 가게 됩니다. 대개 여자가 비겁과 식상이 강하면 부부 사이가 불화하기 쉽기 때문에 경신 일주 여자는 金을 제련해 줄 火가 절실히 필요하며, 火가 적절히 있다면 화목한 가정을 이루고 해로하게 됩니다.

하지만 관살이 병으로 들었기에 내 자신인 금이 너무 강한 나머지 金을 제련할 충분한 화력이 없을 때에는 남편이 병약하거나 떠나게 됩니다.

경신 일주는 강한 의지와 리더십과 참고 인내하는 인내심과 귀인의 조력까지 있어 한 무리를 능히 이끄는 장수이며 혁명가의 기상이 있습니다. 숙살의 기운이 강하여 기존의 것을 뒤집어엎고 개혁하려는 성질이 강해 스스로 고난의 길을 자처하여 걷는 사람으로서 모 아니면 도인 극단적인 삶을 살기 쉽습니다.

경신 일주는 사주에 火가 있어서 金을 적절히 제련한다면 사회적으로 큰 인물이 되거나 큰 부자가 됩니다. 金의 숙살지기로 군·검경 같은 권력기관이나 공직에서 출세하는 사람도 많습니다.

辛酉
신 유

　신유 일주는 비견 록을 놓은 간여지동 일주입니다. 子午卯酉 사왕지의 간여지동은 다른 기운이 전혀 섞이지 않고 한 가지 기운만으로 되어 있는 특성을 지녀서 다른 간여지동보다 더 고집이 세고 자존심이 강하며 욱하는 성질 또한 더욱 강합니다.

　반면에 그만큼 순수하고 단순해 속마음을 숨기지 못하고 좋고 싫음이 분명하며 삶의 어려움이 닥치더라도 불굴의 의지로 헤쳐 나가 끝내 자신의 목적을 이루게 됩니다. 그러나 너무 강하면 부러진다 했으니, 자존심과 고집으로 쉬운 길을 두고 어려운 길을 가게 되고 대인관계에 어려움이 있게 되는데 특히 부부 관계에서 더 심합니다.

　대개의 간여지동 일주는 화를 내고 싸워도 돌아서면 언제 그랬느냐는 듯 잊어버리지만, 신유와 을묘는 절대 잊지 않으며 가슴에 품고 있다가 언젠가는 다시 꺼내 시시비비를 가려야만 하는 성미로 뒤끝이 강한 사람이기에 이런 성격 때문에 울화병이 걸리기 쉽습니다. 신유, 을묘, 임자 세 일주가 60갑자 중 고집이 가장 세기로 유명합니다. 그러니 신유의 고집을 꺾으려 하는 것은 시간 낭비입니다.

신유는 칼날이 번뜩이는 예리한 칼과 같습니다. 경신이 장수가 쓰는 큰 칼로 관우의 청룡언월도나 이순신 장군의 칼이라면 신유는 작지만 날카로운 칼로 요리하는 식칼, 은장도 등이 되겠습니다.

사람을 다치게 하는 것은 신유 작은 칼보단 경신의 큰 칼이라고 생각하겠지만, 경신은 국가적인 큰 사건이나 대의명분이 있을 때 쓰는 칼인 데 반해 신유의 칼은 일상에서 자주 쓰는 칼이기 때문에 실제로 사람이 다치는 것은 신유가 훨씬 더 많습니다. 그래서 경신은 군·검경에서 활약하는 사람이 많다면 신유는 요리사, 의사, 간호사, 미용사가 많으며 범죄자도 많습니다.

신유는 金의 기운이 너무 강해 양인살의 성향을 가집니다. 유금은 인성(刃星)으로 칼을 뜻하고 신금 역시 작은 칼을 의미해 신유는 칼과 같은 사람으로 살기(殺氣)가 강해 양인살보다 더한 양인살 같은 일주입니다. 이런 신유는 감정이 격해지면 이성을 잃고 살기를 보이므로 스스로 감정 조절을 잘해야 합니다. 신유 일주는 60갑자 중 가장 싸움을 피해야 할 일주로 신유가 화내면 자리를 피하는 게 상책입니다.

신은 보석이고 유도 보석을 뜻해 잘사는 사람이 많습니다. 금은 그 자체로 돈을 의미해 신유의 많은 금은 돈이 많다는 의미가 됩니다. 돈은 숨겨 두어야 안전한데, 신유는 밖으로 드러난 돈이라 은근히 돈 자랑을 잘해서 돈을 노리는 사람들이 많아 사기를 맞고 친구 소개로 잘못 투자했다가 몽땅 다 날리게 됩니다.

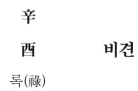

辛

酉　　　비견

록(祿)

　신금의 비견 유금 록을 두어 단단한 차돌과 같아 신유 일주는 고집과 자존심을 빼면 시체입니다. 이런 고집과 성격이 자수성가하는 원동력이 되기도 하지만, 주변 사람과 마찰도 잘 일으키게 됩니다.

　신유는 酉酉자형과 같아 본인은 인정 안하지만 남들이 보기엔 까다롭고 괴팍한 성격을 지닌 사람들이 많습니다. 이런 성격을 다스리지 못하면 자기 발등을 찍게 되며 주위에 사람들이 떠나 나중엔 외롭게 됩니다. 이런 성격이 주로 배우자와의 갈등으로 잘 나타나는데, 신유 일주는 워낙 자기주장과 생각이 강해 부부 생활에 위기가 자주 찾아오게 됩니다.

辛　　　　　　　　　辛　　　庚

酉　　좌법　　　　　　酉　　　酉

록(祿)　　──────▶　　록(祿)　　왕(旺)

　록궁 속에 비견, 겁재가 록왕으로 좌해 있어 신유 일주는 형제, 친구나 모임을 중시합니다. 한편으로 이들은 경쟁자로 돌변해 어제까지 친하던 사이가 오늘은 경쟁자가 되어 나의 공을 가로채거나 나를 배신하는 것을 자주 겪게 됩니다. 그래서 신유 일주는 동업을 하면 필패하고 형제나 친구와 절대 돈거래를 해서는 안 되며 공과 사를 분명히 구분해 사람을 사귀어야 합니다.

신유 일주는 자수성가해야 하며 또 본인의 노력과 능력으로 얼마든지 성공할 수 있습니다. 따라서 절대 일확천금을 바라거나 요행을 바라서는 안 되며, 땀 흘려 조금씩 재물을 늘려 가야만 온전히 나의 것이 됩니다.

일지에 비견 겁재가 숨어 있어 평소에는 좋은 형제, 친구지만 돈 앞에서는 경쟁자, 도둑으로 돌변하게 되고 비견, 겁재는 욕심을 불러일으키고 돈이 새는 구멍이 되어 밑 빠진 독에 물 붓기가 되기 쉽습니다. 신유에게 내 돈을 지키고 부자가 되는 가장 빠른 길은 근면 성실함과 저축임을 잊어서는 안 됩니다.

이렇게 간여지동으로 한 가지 기운으로 똘똘 뭉치게 되면 건강한 사람이 많은데, 너무 강하면 부러지는 것처럼 이런 사람이 아프면 큰 병에 걸리고 사고가 나면 크게 납니다.

辛　　　　　　　　　癸
酉　　　인종 ——→　　酉
록(祿)　　　　　　　병(病)

신유 일주의 식신 계수는 록궁병종합니다.

비겁으로 똘똘 뭉친 일주라 식상의 설기를 아주 반가워하는데, 식신이 역마로 들어 먹고살기 위해 동분서주하며 근면 성실하게 열심히 사는 사람입니다. 일중독에 빠진 것처럼 주말도 없이 일하는 사람이 많으며, 쉬지 않고 일해도 지치지 않는 강인한 체력의 소유자들입니다. 만약 신유 일주가 아프다고 하면 큰 병이 난 것으로 병원에 입원, 수술을 받는 경우가 많습니다.

신유 일주가 식상을 쓰면 금수상함, 금수식신의 기운으로 아주 똑똑한 사람이며 재주가 많은 미남·미녀로 공부도 잘합니다. 다만 기운이 차서 火의 조력이 필요하며 사주에 건실한 火가 있거나 火운이 올 때 크게 성공하게 됩니다.

청산유수로 말을 잘하는데, 신유의 특성상 강한 숙살기운이 있어 자기도 모르게 상대방에게 상처 주는 말을 잘합니다. 이럴 때는 신유의 찬 기운까지 더해 상대방의 가슴을 후벼 파게 됩니다. 신유는 특유의 살기로 구업(口業)을 잘 짓게 되는데, 지은 업은 결국에는 내가 다시 받게 되어 나중에 큰 사건·사고로 닥치는 경우가 많습니다. 그러니 신유는 무엇보다 성격을 다듬고 말조심해야 합니다.

신유 일주 여자는 똑똑하고 잘생긴 자녀를 두는데, 자녀가 어려서 병치레를 하여 엄마의 근심을 살 수 있습니다. 나중에 자녀가 멀리 유학을 가거나 직장에 취직하거나 결혼을 하면 먼 타향으로 이사를 하여 부모님과 떨어져 살게 됩니다.

신유 일주의 재성 을목은 록궁절종합니다. 록과 절이라는 돈에 관련된 상반된 기운이 만나 그만큼 돈의 기복이 심하다는 것을 알 수 있습니다.

재성이 절에 들어 돈 관리는 못하는데, 더구나 신유는 비겁의 기운까지 강하니 돈 욕심은 많지만 새는 구멍 또한 큰 사람이라 돈 욕심에 반비례하여 돈이 사라지게 됩니다. 금극목으로 바로 재성을 취하면 절의 기운을 반드시 겪게 되어, 돈을 번다 해도 금방 나가 버리고 오히려 빚만 지게 됩니다.

_____ 피클 일주론 사주명리학의 꽃

그래서 신유 일주가 재성을 취하는 가장 쉽고 빠른 방법은 식신을 사용해 식신생재하는 것입니다. 왕한 비겁을 식상으로 설기시키고 식상으로 재성을 생한다면 신유 일주는 반드시 자수성가하게 되므로 타고난 체력과 근면함으로 열심히 노력한다면 반드시 성공하게 됩니다. 재성이 절인 만큼 돈 관리에 신경을 써야 하는데, 저축하는 습관을 들이고 특히 남자의 경우 돈 관리를 아내에게 맡기는 게 상책입니다.

　식상을 쓰지 않고 바로 취하는 것은 욕심과 투기로 잘 나타나며, 비겁으로 인해 탈재를 겪으므로 돈 빌려주고 못 받거나 다단계나 친구 소개로 잘못 투자하여 돈을 날리는 경우가 많습니다. 또 형제와는 불화하게 되며 재성은 건강과 수명을 담당하기 때문에 병이나 사고로 갑자기 건강이 나빠지는 경우도 겪게 됩니다.

　신유 일주는 내가 땀 흘려 버는 돈만이 나의 것이 된다는 것을 알고, 열심히 식신을 쓴다면 결국 성공할 것이고 능력도 충분한 사람입니다. 동업은 필패하고 남의 말만 듣고 투자하면 사기당하기 쉬우니 적금이나 저축이 최고입니다.

　신유 일주 남자는 재성 절궁이라 아내와 해로하기가 쉽지 않습니다. 신유의 자갈밭에 木재성이 뿌리내리기가 힘들고 여차하면 木의 뿌리를 잘라 버리기 때문에 아내는 점점 나를 멀리하게 됩니다. 이때도 식신의 도움을 받아 식신생재하는 것이 방편이 됩니다.

　식신은 장모님이므로 장모님의 도움을 받아야 하는데, 그러기 위해서는 평소에 장모님께 잘해야 합니다. 또 식신생재는 나의 식신을 아내에게 쓰는 것이므로 아내의 비위를 잘 맞추는 것을 말합니다. 나의 성질, 고집은 내려놓고 아내에게 먼저 손 내밀고 평소에 말 한마디라도 따뜻하게 건넨다면 부부가 해로할 수 있습니다. 그렇지 못한다면 재성 을목은 절지속 겁재 경금과 합을 하여 결국 떠나게 됩니다.

辛　　　　　　　　　　丁

酉　　　인종　　　　　　酉
　　　　───────▶

록(祿)　　　　　　　　생(生)

　신유 일주의 관성 정화는 록궁에 생으로 인종합니다.

　관살이 장생의 도움을 얻어 신유 일주는 직장에서 상사나 동료의 도움을 받게 되고 승진도 잘하게 됩니다. 재성이 절에 들었는데 관성이 생을 받았으므로 내 사업보다는 직장 생활이 더 유리해 보입니다. 신유는 기운이 차가워서 식상을 쓴다면 금수식상으로 火의 조력이 빛나게 되므로 관으로 성공하는 사람이 됩니다. 인성까지 생으로 인종하여 신유 일주는 열심히 공부하여 좋은 직장에 들어가거나 공부로 성공하는 것이 상책입니다.

　신유는 은촛대로 여기에 火로 불을 밝히는 것이 되니 종교나 무속에 관심이 많습니다. 따라서 신유 일주는 어둠을 밝히는 사람으로, 사람들을 위해 헌신하고 사람들을 끄는 매력이 넘치고 명예가 높은 사람이 됩니다. 신유의 보석은 빛을 받으면 반짝이므로 아주 잘생긴 미남 · 미녀들로써 홍염살까지 더해 많은 사람의 사랑을 받게 됩니다.

　신유 일주 여자는 똑똑하고 잘생긴 남편을 만납니다. 그러나 본인의 고집과 까칠한 성격으로 남편에 대한 불만이 많습니다. 나는 록에 놓이고 남편은 장생이라 둘이 맞벌이를 하는데, 내가 남편보다 소득이 더 높을 수도 있습니다. 신유 일주 여자는 결혼하고부터 여러모로 이전보다 나아지게 됩니다.

　신유 일주 남자는 잘생기고 똑똑한 자녀를 두게 되며, 자녀가 생긴 후부터 생활이 나아지게 됩니다.

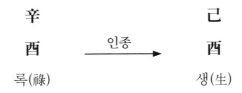

辛   인종 ──▶   己

酉   酉

록(祿)   생(生)

신유 일주의 인성 기토 역시 생을 얻어 록궁생종합니다. 장생받은 인성으로 인해 똑똑하여 학교 성적도 상위권이고 장생받은 관과 더불어 공부로 성공하여 좋은 직장에 들어가고 권위와 명예를 다 가지는 사람이 됩니다.

인성 장생으로 부동산과도 연관이 있어 관련업을 하거나 부동산 부자가 많습니다. 하지만 재성은 절에 들고 인성은 생을 얻었으니 주식이나 펀드보다는 부동산 투자가 잘 맞습니다.

모친의 덕이 있어 어머니의 사랑을 받고 자라며, 부모님으로부터 경제적 도움이나 유산도 물려받게 됩니다. 하지만 일지의 비겁으로 인해 형제들과 부모님 유산을 두고 잡음이 생기는 것은 어쩔 수 없습니다.

인성과 관성이 생을 얻은 신유는 고집이 세고 성격이 까칠해도 법 없이 사는 사람이고 따뜻한 속정이 있으며 거짓말을 잘 못하고 고지식해 융통성이 부족한 면을 보이게 됩니다.

신유 일주는 하얀 피부의 미남·미녀로 홍염살이 있어 이성의 인기가 많습니다. 그런데 실제로 같이 살아 보면 차가운 금속의 성질로 냉정한 성격에 칼 같은 말로 상처를 잘 주며 특히 배우자에게 상처 주는 말을 잘합니다.

하지만 사주에 火가 건실하게 들어 있으면 다정다감해 친화력도 있고 융통성도 발휘하여 사회에서 큰 성공을 하게 되는데, 신유는 일주 자체가 돈·보석·재물의 물상이므로 큰 부자가 많습니다.

제6부

갑인순 ─ 子丑 공망 ─

임　술
壬戌

임술은 백호살이면서 괴강살에 해당하는 아주 강하고 무시무시한 일주입니다. 水일간이라 사람이 상냥하고 순해 보이지만 결코 호락호락하지 않는 성격과 고집으로 주변 사람을 놀라게 하며, 그런 것이 장점이 되어 사회에서 성공하여 잘 먹고 잘사는 사람이 많습니다.

편관 칠살을 깔고 백호살, 괴강살이 합쳐진 임술 일주는 잠자는 호랑이와 같아 건들지만 않으면 조용한데 잘못 건들면 무사하기 힘듭니다. 그러므로 임술 일주가 화내면 말릴 생각하지 말고 일단 피하는 게 상책입니다.

임술은 60갑자 중 양간의 마지막 글자에 해당하는 글자로 갑자로 시작해 임술, 계해로 끝나게 됩니다. 갑자가 시작은 잘하지만 마무리를 잘 못한다면, 임술은 시작은 굼뜨지만 마무리는 잘해 실속을 잘 챙기고 무슨 일이든 끝장을 보고야 마는 성미라 그만큼 집요하고 끈질긴 면이 있어 사회에서 칠전팔기의 성공 신화를 쓰는 사람이 많습니다.

반면에 원한을 품으면 반드시 갚고야 마는 성미를 가진 복수의 화신입니다. 따라서 임술 일주와는 척을 지지 않는 것이 좋으며, 만약 임술 일주에게 돈을 빌렸다면 반드시 갚아야 한다는 것을 명심해야 합니다.

임술은 재고(財庫)를 깐 재복이 많은 일주로서 부자가 많지만 안타깝게도 육친으로 인한 말 못할 아픔이 있습니다. 그리고 너무 돈에 집착하다가 다른 사람들에게 상처 주는 일을 하여 구설에 오르거나 관재(官災)를 겪기도 하니, 돈을 벌면 베풀고 양심에 비추어 떳떳하지 않은 일은 돈을 적게 벌더라도 하지 말아야 합니다.

임술은 제방으로 만든 큰 호수의 모습이라 풍광이 아름다워 미인미남이 많고 예술적 감각과 멋을 아는 사람들이며 제방의 물은 돈을 의미하기도 하니 잘사는 사람이 많습니다.

임술은 검은 개로서 개는 영리하지만 탐욕스러우며 조상이나 업(業)과 관련이 있습니다. 검은색이기 때문에 닦아야 할 업이 있다는 의미가 되니, 살아가면서 전생업과 관련된 많은 사람들을 만나서 풀어야 하므로 그만큼 사람으로 인한 부침을 많이 겪게 됩니다.

임술은 물에 젖은 개로 이전투구하는 모습이 되어 싸우고 다투며 한번 물면 죽을 때까지 놓지 않는 투견의 모습이 됩니다. 화가 나면 물불을 안 가리며 너 죽고 나 죽자는 식의 극단적인 성향을 보이므로 사람들이 두 손 두 발 다 들게 만듭니다.

壬

戌　　　편관

관대(冠帶)

임술 일주는 편관을 두어 편관의 기질이 잘 드러나는데, 관대에 놓이니 마냥 편관의 살(殺)을 휘두르는 것이 아니라 제도권 안에서 살을 쓰는 사람이 되어 군·검경이나 의약, 종교와 관련이 깊으며 적성에도 맞습니다.

편관을 두면 자존심이 센데 관대에 놓여 자존심 빼면 시체일 정도로 자존심이 하늘을 찌르며 카리스마와 리더십이 있어 조직의 리더가 되고도 남음이 있습니다.

예리한 감각을 타고나 무엇이든 한눈에 보고 알아차리고 판단을 하며, 더구나 水공망으로 일간이 공망되어 신기에 가까운 촉을 자랑해 상황 판단과 예측이 빠르고 정확하며 꿈을 잘 꾸고 꿈이 잘 맞습니다.

관대에 놓이면 옷을 잘 입는데, 편관의 관대라서 직업과 관련된 옷을 입는다는 의미도 있어 특별한 옷이나 제복을 입는 직업을 가집니다. 그리고 평소에 외출할 때라도 옷을 아무렇게나 대충 입지 않으며 액세서리에도 관심이 많은데, 살을 놓아 품위가 있고 단정하고 권위 있어 보이는 스타일을 좋아합니다.

임술 일주 여자는 배우자궁에 남편이 들어 괜찮은 남편을 만나는데, 이것은 어디까지나 남들의 눈에 그렇게 보인다는 것일 뿐 본인은 남편에 대한 불만이 많습니다.

일지에 진술축미를 깔면 대개 재물의 이득은 있지만 육친의 아픔은 생기게 되는데 임술 역시 마찬가지입니다. 하지만 만약 직업적인 살(殺)을 쓰는 관대옷, 즉 제복을 입는 직업을 가지면 그런 아픔들을 피하게 됩니다.

壬
戌 ————➤ 戌편관, 丁재성, 辛인성
대(帶)

임술 일주는 재생살하고 살생인으로 가는 것이 가장 좋은 모습이며 열심히 공부하면 전문직이나 공직으로 나가 권위와 명예가 높은 부자가 될 수 있습니다. 재고를 둔 일주이지만 아이러니하게도 돈보다는 명예를 좇아야 하는 모습입니다.

명예를 좇으면 자연적으로 돈도 함께 따라오는 구조라 돈을 취할 땐 언제나 도리에 합당한 돈인지 살펴야 합니다. 이렇게 재성이 재극인을 하지 않고 관을 통해 인성을 살리는 사주가 큰 부자가 많습니다. 인성으로 돈을 버는 사람이 되어서 부동산 거부가 많고, 고위직이나 전문직으로 돈을 버는 사람이 됩니다.

만약 재성에 집착해서 너무 돈만 밝히면 재극인이 되어 주변으로부터 원망과 손가락질을 받게 되고 인성이 파괴됩니다. 따라서 살생인이 안 되어 권위와 명예도 바닥으로 추락하게 되고 재생살만 되어 결국에 본인이 다치게 되는 등 사건·사고로 병원에 입원하거나 관재로 형을 겪게 되어 말로가 비참해질 수 있습니다.

재고를 깔고 재성 정화가 암명합을 하고 있어 돈 욕심을 떨치기가 힘들며, 임술 일주가 겪는 대부분의 사단은 결국 돈 때문이 됩니다. 따라서 임술 일주는 재극인이 안 되도록 언제나 인성(人性)을 우선해야 하며, 그렇게 하면 돈과 명예를 다 가지는 사람이 될 것입니다. 그렇지 않으면 고위공직자가 된다 하더라도 비리 공무원이 될 것이고 돈이나 여자 문제로 끝이 안 좋게 될 것임을 명심해야 합니다.

임술 일주의 편관 무토는 대궁묘좌합니다. 편관 칠살을 깔고 살을 묘에 두어 생사와 관련되고 형(刑)과 관련이 깊은 사람으로 권력·형살과 관련된 직업을 가져야 합니다. 군·검경, 의약업에 종사하면 그 방면에서 출세하게 되며, 현대사회에서는 보험업도 관련이 되며 종교나 활인업과도 관련이 깊습니다.

관이 묘라는 무덤 속에 들어가고 관대 울타리까지 두르니 갇히고 가두는 모습이 되어 교도소와 병원과도 관련이 깊으며, 종교시설이나 땅을 파고 심고 가꾸는 것이 되는 농사와도 관련이 깊습니다. 즉, 본인이나 배우자가 위에 말한 직업이 아니라면 종교생활을 열심히 하거나 텃밭을 가꾸는 것이 도움이 됩니다.

그렇지 않으면 사건·사고나 병으로 관재를 겪거나 병원이나 요양원에 들어갈 수 있다는 말도 됩니다. 관살이 진술축미 속에 있으면 형살을 쓰거나 당하는 일을 겪는데 더구나 묘(墓)에 들면 그 일이 생사와 직접적으로 연관되는 일이 많습니다.

임술 일주 여자의 경우, 관살이 배우자궁에 있어 남들이 보기에는 괜찮은 남편이지만 말 못할 속사정으로 스트레스를 받게 됩니다. 남편이 수의를 입고 무덤 속에 들어간 모습이라 밤에 잠자리를 안 가지거나 가져도 재미를 못 느끼며, 보수적이고 권위적인 남편 때문에 힘들어합니다.

하지만 남편 입장에서는 나를 존중해 주지 않는 아내보다 나를 존중해 주고 반겨 주는 직장의 여직원에게 당연히 마음이 갈 수 있습니다. 임술 일주 여자는 남편을 입묘시키기 때문에 남편을 존중하기보다는 남편을 통제하고 간섭하려는 성향이 강해 남편 입장에서는 그런 아내가 당연히 부담스러울 수밖에 없습니다.

그래서 부부 싸움이 자주 일어나게 되는데 만약 남편을 미워하고 저주하거나 부부 싸움에 혹여 폭력까지 발생하면, 입묘 현상으로 남편이 갑자기 아프거나 사건 · 사고를 당하여 병원 치료를 받거나 심하면 사별을 하기도 합니다. 하지만 현대 사회에서는 그러기 전에 대부분 이혼하는 경우가 많습니다.

그래서 임술 일주 여자는 남편과 주말부부를 하거나 남편 일이나 사생활에 너무 관여를 안 하는 것이 좋고, 알고도 모른 척하는 지혜가 필요합니다. 그리고 무엇보다 남편을 존중하고 사랑하는 마음이 우선되어야 합니다.

임술 일주 남자는 유산 · 낙태한 자녀가 있거나 자녀가 아플 수 있으며 무자(無子)인 경우도 많습니다. 임술 일주는 살인상생이 최선이며, 그렇게 해야 가족과 행복하게 살 수 있습니다.

임술 일주 재성 정화는 대궁양좌 하였으며 술토는 병화의 묘지라서 재고를 둔 재물 복이 많은 일주입니다.

양(養)은 전생 업(業)과 관련이 있어 양에 놓인 육친은 전생의 깊은 인연으로 만난 사이가 되므로 임술 일주는 부친과 깊은 전생 인연으로 만난 사이이며 남자에게는 아내가, 여자에게는 시모가 이에 해당됩니다.

재고를 두면 부자가 많으며 돈을 아껴 쓰고 잘 모으지만, 베푸는 것이 약해 인색하다는 소리를 들을 수 있습니다. 재성이 양에 놓여 부모님으로부터 유산을 물려받게 되며 재고까지 두어 물려받은 유산으로 평생 잘 먹고 잘사는 사람이 많습니다.

그리고 재성과 암명합하여 한번 수중에 들어온 돈은 잘 안 빠져나가며, 칠

제6부

갑인순 ─ 子丑 공망 ─

살 대궁이라 체면과 남의 이목에 신경 쓰는 사람이지만 돈 욕심은 많은 사람입니다.

부친이 아프거나 일찍 헤어지는데, 아니라면 부친이 부동산 부자이거나 공직자가 됩니다.

임술 일주 남자는 아내와 전생의 업을 풀기 위해 만난 사이라서 아내가 아플 때면 정성껏 간호하고 돌보며 사랑을 베푸는 것이 묵은 업을 푸는 길입니다. 원래 묵은 업으로 만난 인연은 업이 풀리면 인연이 다하여 헤어지게 되는데, 임술 일주는 재성 아내와 암명합을 하고 있어 쉽게 놓아 주지 않습니다.

임술 일주 여자는 시모가 아파서 요양을 하거나 내가 시모를 봉양하고 살게 되는데, 이것도 업을 푸는 과정이라 생각하고 정성껏 모시며 돌보아야 합니다.

임술 일주는 돈이 술토 속에 있어 부동산 부자가 많으며 남들은 잘 모르는 알부자가 많습니다.

임술 일주 남자는 암명합해서 아내에 대한 집착이 있으니 이로 인해 아내와의 갈등이 있습니다.

무엇보다 임술 일주는 재성이 인성을 극해서는 안 되며 재생살, 살생인으로 흘러야 합니다. 돈을 벌더라도 법에 어긋나거나 남을 속이거나 남의 아픔을 이용해 돈을 버는 일은 하지 말아야 하며, 주변에 아낌없이 베풀면 베푸는 만큼 내 건강도 좋아지고 가정도 행복하고 재산도 더욱 늘어갈 것입니다.

임술 일주 남자는 연애결혼을 하게 되며 재관이 함께 있어 혼전 임신이 많습니다.

임술 일주의 인성 신금은 대궁대좌하여 고지식하고 자존심이 강하며 보수적이고 체면을 중시하는 사람임을 알 수 있습니다. 그래서 다른 것은 다 참아도 체면이 깎이는 것은 결코 못 참습니다.

공부를 잘하여 좋은 대학에 진학하고 좋은 직장에 취직하는 경우가 많고, 시험 운이 있어 여러 자격증을 가지거나 전문 자격증을 따 전문직에 종사하는 사람도 많습니다.

관대를 겹쳐 입어 융통성이 없고 똑똑하지만 나 잘난 마음에 오만하고, 나보다 약하거나 가난하다 생각되면 무시하고 무례하게 굴 수 있습니다. 한마디로 내가 옳다, 내가 잘났다는 생각이 강해 돈이 많고 직위가 높다 해도 인격적인 수양이 따르지 못하면 오만방자하고 나이가 들어서는 꼰대가 되기 쉬우니 스스로를 돌아보고 깊이 성찰해야 합니다.

특히 임술은 재성이 인성을 극해 돈 때문에 인성을 버리게 되니, 돈 앞에서 체면과 양심을 버리는 행동을 하게 됩니다. 결국 내가 그렇게 이익을 챙길 때 누군가는 피눈물을 흘릴 수 있으니 늘 자신을 겸손하게 돌아보는 자세를 가져야 합니다.

임술 일주 남자의 경우, 아내가 인성 모친을 극하므로 고부 갈등을 피하기 힘들기 때문에 내가 결혼한 후에 모친이 아프거나 신경이 예민해지니 결혼하면 모친과 떨어져 사는 것이 상책입니다.

임술 일주 여자의 경우, 재성 시모와 인성 모친 사이에 갈등이 있게 되고 이 일로 남편과도 갈등을 겪게 됩니다.

임술은 재생살, 살생인으로 인성에서 기가 맺히므로 인성은 생명과도 같습니다. 그러니 어머니께 효도하고 늘 인성(人性)을 지키고 공부하고 기도하며 책을 가까이하여야 합니다.

임술 일주의 갑목 식신은 대궁양종하여 임술 일주 여자는 자녀와는 전생의 업으로 얽힌 관계입니다. 따라서 자녀가 아플 수 있고 유산이나 낙태를 겪을 수 있는데, 이렇게 되면 오히려 현재 자녀는 무탈하게 됩니다.

임술 일주는 육친들이 묘대양에 놓여 있어 내가 건강하게 잘 먹고 잘 살면 가족이 아프거나 힘들게 살며, 경우에 따라서는 일찍 사별하기도 하는 묘한 사주로서 돈은 많지만 남모르는 사연과 아픔을 가슴에 묻고 사는 사람입니다.

임술 일주 비견 역시 대궁대종하여 나와 같은 관대를 놓아 둘 다 나 잘난 사람이라 형제와 우애 있기는 힘들며, 형제 역시 재성과 암명합하여 부모님 유산에 욕심이 있어 갈등이 일어나게 됩니다. 형제와는 떨어져 살며 서로 간섭하지 않고 존중해 주는 것이 상책이며, 만약 싸움이 나면 온 집안이 시끄러워집니다.

임술 일주는 탐재괴인이 되는 것을 늘 경계하여 주위에 베풀고 덕을 쌓아야 합니다. 그렇지 않으면 말년이 외롭고 비참해지게 됨을 명심해야 합니다.

임술은 검은 개로 이번 생에 닦아야 할 업이 있습니다.

계　해

癸亥

　　계해 일주는 60갑자 중 가장 마지막 일주입니다. 갑자로 시작하여 계해에서 끝나 다시 갑자로 순환하니 계해는 끝이라는 의미도 있지만 다시 시작한다는 의미도 있습니다. 그래서 계해 일주는 일의 마무리를 잘하고 수습을 잘하면서 동시에 일을 준비하고 계획하는 등 시작도 잘해 다재다능하고 시작과 끝이 한결같은 사람입니다.

　　계해는 간여지동으로 水로만 이루어져 있어 자존심과 고집이 세지만 水의 부드러움을 함께 지니고 있어 성품이 온화하고 다정다감합니다. 하지만 한번 폭발하면 쓰나미가 되어 다 엎어 버리는 수가 있어 그동안 쌓아 놓은 좋은 이미지를 한순간에 다 날려 버립니다.

　　壬子가 바다, 호수처럼 물이 고여 있다면 계해는 큰 강으로 흘러가는 물이 되어 역동적이고 진취적인 성격을 지니고 또한 그런 삶을 살게 됩니다. 계해는 일주 자체로 역마살이 강하고 간여지동으로 일찍 자립을 해 고향을 떠나

갑인순 - 子丑 공망

살게 되고, 이사나 이직을 자주 하게 됩니다.

水는 그 자체로 돈이 되는데 계해는 큰물이라 큰 부자가 많습니다. 물이 탁하지 않고 깨끗해야 재물이 많고 똑똑하여 공부도 잘하는데, 물이 맑다는 것은 木이 있어 수생목으로 물을 흐르게 하는 방법이 있고 金으로 금생수하여 재물을 공급하는 두 가지 방법이 있습니다. 계해는 해중 갑목이 들어 있어 늘 물이 흘러 맑은 물이 되는데, 다만 물이 너무 많으면 홍수가 나서 오히려 피해만 커지니 그때는 土의 도움이 있어야 합니다.

계해는 강물이 굽이쳐 흘러가는 모습으로 풍광이 아름답고 스케일이 커서 계해 일주 역시 미남 · 미녀가 많고 그릇이 크니 성격이 시원시원하고 검고 찰랑거리는 머릿결을 가진 미인이 많습니다.

계해 일주는 꿈을 잘 꾸고 꿈이 잘 맞으며 영감이 아주 발달해 뭐든지 한번 보면 감으로 알아맞히는 일이 많습니다. 이는 일간 계수가 공망을 맞았기 때문이며, 간여지동으로 겉으로는 강한 사람임에도 본인이 공망을 맞으니 늘 마음 한구석이 허전하고 채워지지 않는 빈자리가 있게 됩니다.

엉뚱한 생각과 행동을 잘하고 종교, 무속이나 영성에 관심을 가지게 되며 수기(水氣)가 많아 한습하고 자신이 공망이라 자칫하면 공황이나 우울증 같은 정신적인 문제에 시달릴 수 있으며 무속인이 되는 경우도 많습니다.

계해는 큰 강이라 계해를 건너기 위해선 배를 타고 건너거나 다리를 놓아야 합니다. 그래서 일주를 사이에 두고 월과 시가 떨어지게 된다는 의미가 있으며 임자, 무술도 비슷한 의미를 가지고 있습니다. 계해의 다리 역할을 하는 것이 무토입니다. 무계합이 된다면 월과 시가 잘 만나게 되어 오히려 가깝게 지내게 됩니다.

癸
亥　　　겁재
왕(旺)

　계해 일주는 겁재 왕을 놓은 아주 강한 일주로 水의 부드러움 때문에 온순하고 착해 보여도 자존심 빼면 시체일 정도로 자존심이 강한 사람으로, 다른 건 다 참아도 자존심 상하는 것은 못 참습니다. 그래서 계해 일주는 채찍보다는 당근이 효과가 있어 잘한다 칭찬하면 본인의 간이며 쓸개도 다 내어 주게 됩니다.

　일지에 겁재가 있어 친구와의 우정을 소중히 하고 사람들의 이목을 중시하며 밖에서는 좋은 친구, 좋은 동료입니다. 하지만 가정에는 소홀한 남편이 되기 쉽고 늘 경쟁자가 있어 치열한 경쟁 속에서 직장 생활을 하게 됩니다. 이렇게 겁재를 두면 욕심도 많고 경쟁심도 강하며 질투하는 마음도 강한데, 이런 것이 장점이 되면 성공할 가능성이 높아지게 됩니다.

　배우자궁에 겁재가 있다는 것은 경쟁자가 나의 안방을 차지하는 것이 되어 본인이든 배우자든 외도의 위험이 있으니 주의가 필요합니다. 계해가 큰 강으로 자유로운 영혼이라 어디에든 구속되는 것을 싫어하고 새로운 것을 추구하는 경향이 있습니다.

　여성이 록왕을 둔 간여지동 일주는 고란살과 비슷한 작용이 있어 부부가 해로하기가 어렵다고 하지만, 임자와 계해는 다른 간여지동 과는 달라 갈등은 있을 수 있지만 여간해선 이혼까지는 가지 않으며 오히려 부부 금슬이 좋은 사람이 더 많습니다. 이것은 水의 특성 때문인데, 水는 두 개가 하나로 잘 합쳐지고 어진 성품을 지니고 있습니다.

癸
亥　　　───────▶　　壬겁재, 甲상관, 戊관성
왕(旺)

　　대개 겁재가 일지에 있으면 경제적으로 불리해지는데, 계해 일주는 겁재가 상관을 생하는 구조라서 겁재가 돈을 뺏어 가는 존재가 아닌 함께 일하는 협력자의 모습이 되어 오히려 나에게 도움이 되는 고마운 존재가 됩니다. 이렇게 겁재가 있으면서 겁재가 길신 역할을 하면 큰 부자가 많고 짧은 시간에 큰돈을 버는 경우가 많으며 또 한순간에 큰돈을 날리기도 잘합니다.

　　겁재가 있으면 욕심이 많다고 하지만 겁재가 상관을 생해 오히려 잘 퍼 주고 남의 일을 내 일처럼 잘 나서고 도와줍니다. 겁재와 상관의 만남으로 오지랖이 넓고 부지런하고 말 잘하며 성격이 급하고 재주가 많은 사람입니다.

　　아주 머리가 비상한데, 상관이 다시 관을 보고 있어 열심히 노력하는 것은 좋지만 관을 깨 버리게 되어 초길종란의 모습이 보입니다. 직장 생활보다는 사업이나 장사가 잘 맞으며, 잔머리 굴리다 오히려 자기 발등을 찍는 경우가 허다합니다.

　　계해 일주는 상관견관한다 해도 관이 깨지지는 않습니다. 왜냐하면 관성 무토가 일간과 암명합하기 때문으로, 여간해서는 쉽게 직장을 그만두지 않으며 여자는 쉽게 가정이 깨지지 않는 모습입니다.

　　계해 일주 여자의 경우 대부분 연애결혼을 하며 혼전 임신하는 경우가 흔한데, 이는 상관과 관을 함께 품고 있기 때문입니다. 아이를 낳고부터 조금씩 남편과 티격태격하게 되지만 암명합하고 있어 어지간해서는 헤어지지 않습니다.

　　　　　　　　　　_____ 피클 일주론 사주명리학의 꽃

癸　　　　　　壬
亥　　좌법　　亥
왕(旺)　　　　록(祿)

겹재 임수가 왕궁에 록(祿)을 얻어 나만큼 잘난 형제가 있는데, 서로 강대강으로 부딪혀 형제와 싸움이 나면 온 세상이 시끄럽습니다. 형제는 나보다 물이 더 많아 사실 싸우면 형제가 조금 더 셉니다.

건강이 타고난 사람으로 겁재의 힘을 빌려 상관을 쓰면 타고난 성실함으로 무엇을 하든지 인정받고 성공하게 됩니다. 그러나 겁재가 강한 만큼 욕심도 많아 상관을 쓰지 않고 일확천금을 바라거나 요행만을 바란다면, 겁재가 탈재를 하게 되어 돈을 벌기는커녕 오히려 가진 돈도 다 날리게 됩니다. 겁재가 상관을 생하듯 땀 흘리고 노력하여 버는 돈이 나의 재산으로 남게 되며 이때 겁재는 나를 도와주는 귀인이 됩니다.

자존심이 강하고 욕심도 많지만 겹재가 상관을 생하는 만큼 인심도 좋아 퍼주는 것을 좋아하고 모임이 있으면 앞장서서 음식을 싸 가는 마음씨 좋은 형, 누나입니다.

제6부

癸　　　　　　甲
亥　　좌법　　亥
왕(旺)　　　　생(生)

계해 일주의 상관 갑목은 왕궁생좌하여 계해 일주에게 상관 갑목은 아주

갑인순 ─ 子丑 공망 ─

중요한 역할을 하게 됩니다. 계해의 왕한 수기(水氣)를 설기시키는 역할을 하고 물을 맑게 하는 역할을 해 계해의 상관은 좋은 역할을 하는 수기(水氣)가 됩니다.

상관이 빼어나면 머리가 비상하고 남다른 재능이 있으며 언변이 좋고 용모가 수려합니다. 지칠 줄 모르는 체력으로 부지런하여 한시도 가만히 있지 못하고 일을 하든 여행을 가든 아니면 수다를 떨든 무엇인가를 합니다. 또한 오지랖이 넓어 달라고 안 해도 아낌없이 퍼주고 타인의 삶에 참견을 잘하다 보니 오해를 받는 경우도 많아 마음의 상처를 입고 혼자 속상해하기도 합니다.

겁재가 상관을 생해 인덕도 있는데, 문제는 재성이 약해 상관생재가 잘 안 되면 열심히 노력한 것이 물거품이 되기 쉽고 내가 노력한 것에 비해 결과가 적을 수 있다는 것입니다. 하지만 상관의 반짝이는 아이디어와 재주, 그리고 근면함으로 자연히 생재가 되니 부자가 되기도 합니다.

강한 상관은 강자 앞에서는 강하고 약자 앞에서는 약한 사람이다 보니 어려운 형제나 친구의 부탁을 거절 못해 돈 빌려주고 못 받는 경우는 흔한 일입니다. 또 잘난 척하거나 약자를 괴롭히는 사람에게는 저항하고 맞서는 기개가 있습니다.

계해 일주 여성의 자녀는 엄마를 닮아 잘생기고 똑똑하며, 자녀에게 나의 모든 것을 다 내어 주는 모성애를 보입니다. 자녀 역시 효자·효녀라서 크면 어머니를 봉양하는 착한 자녀입니다.

癸　　　　　　　　戊
　　　좌법
亥　　———→　　亥
왕(旺)　　　　　절(絶)

_____ 피클 일주론 사주명리학의 꽃

계해 일주의 관성 무토는 왕궁절좌합니다. 관성이 절(絶)에 놓인 데다 상관까지 강해 직장 생활하는 데 어려움이 있게 되며, 자존심이 워낙 강한 데다 역마의 기운까지 있어 이직을 하게 됩니다.

관성과 암명합하여 직장 생활에 어려움이 있어도 쉽게 그만두지는 않으며, 만약 직장을 그만두면 금방 다른 일을 찾게 됩니다. 상관이 강해 직장 생활을 하는 중에도 늘 자기 사업을 꿈꾸는데 기회가 되면 작은 가게라도 자기 사업을 하는 것은 괜찮지만, 다만 동업은 절대 안 됩니다.

아무리 무토관성이 절에 놓였다 해도 계해는 수기(水氣)가 왕해 사주에 무토가 투간되었다면 넘치는 물을 막는 제방이 되어 직장에서 능력을 인정받고 승진도 하게 됩니다.

계해 일주 여자의 경우, 남편과 주말부부를 하거나 티격태격 싸우게 되지만 암명합하고 있어 쉽게 헤어지지는 않습니다.

마찬가지로 무토가 투간되었다면 제방 역할을 하는 남편이라 능력이 많아 일 잘하고 돈도 잘 법니다. 다만 남편 입장에서는 많은 물이 돈도 되지만 여자가 될 수도 있고, 나 역시 일지의 무토와 암합하면서 동시에 투간한 무토와도 합을 해 삼각관계가 연출될 수 있습니다.

계해 일주 여자는 관성과 암명합한다 해도 상관견관되면 부부 관계가 좋아지기는 힘든데, 이럴 때는 상관생재 재생관으로 순행시켜서 맞벌이를 하거나 시모를 잘 모시는 것이 도움이 됩니다.

배우자궁에 관성과 상관이 함께 있어 계해 일주 여자는 대부분 연애결혼하며 혼전에 임신하는 경우가 많으니, 만약 임신을 했다가 결혼으로 이어지지 않으면 낙태를 할 수 있으므로 연애할 때는 꼭 피임을 하여야 합니다.

癸　　　　　　丁

亥　　　　　　亥
인종 →

왕(旺)　　　　　　태(胎)

　계해 일주 재성 정화는 태(胎)로 인종되어 왕궁태종합니다. 재성이 태에 놓이면 부자가 많은데, 겁재가 상관을 생하고 상관이 다시 재성을 생하면 장사나 사업으로 큰 부자가 되는 사람이 많고 귀인의 도움도 있습니다. 사주에 상관 갑목이 투간되어 있다면 언제든 부자가 될 수 있습니다.

　반면에 재성이 절태에 있어 돈이 새기도 잘하는데, 돈 관리를 잘 못하고 성격이 급하니 앞으로는 남고 뒤로는 밑지는 경우가 많습니다. 만일 상관을 쓰지 않고 요행을 바란다면 강한 겁재로 인해 탈재가 일어나 한 방에 큰돈을 잃을 수도 있습니다. 丁화 재성은 겁재 壬와 암합을 하고 있어 돈 관리를 못하면 언제든 돈이 빠져나가게 되어 있습니다.

　계해 일주 여자는 시모와 복잡한 관계가 예상되는데, 재성이 겁재와 암합을 해 시모가 나보다는 동서를 편애할 수 있고 상속을 두고서 동서와 한바탕 혈전이 벌어지게 됩니다. 게다가 나의 왕한 水가 시모의 火를 끄려 하니, 계해 일주 며느리는 결코 호락호락한 며느리는 아닙니다.

　계해 일주 남자는 예쁘고 똑똑한 아내를 얻지만 나의 왕한 水기가 아내 火를 끄려 해 해로하기 힘든데, 결국 나의 성격 때문에 부부 사이가 불화하게 됩니다. 만약 아내와 헤어지거나 불화하면 재성이 파괴되어서 재생관을 못해 상관견관이 일어나 결국 돈도 가정도 직장도 다 잃게 되니, 옆에 있는 아내에게 최우선으로 잘해야 할 것입니다.

癸
亥
왕(旺)

인종 ⟶

辛
亥
욕(浴)

계해 일주의 인성 신금은 욕에 인종하여 왕궁욕종합니다.

똑똑하고 공부를 잘하지만 공부보다는 취미나 멋 내는 것에 관심이 있어 학교 공부를 등한시할 수 있습니다. 따라서 어릴 적부터 조금 엄하게 키우거나 진로를 확실히 정하게 하는 것이 나으며, 그렇게 된다면 자기 전공 분야에서 성공하게 됩니다.

모친이 미인이고 똑똑하신 분이며 모친과 가깝게 지내게 됩니다.

계해 일주는 세찬 급류의 물상이라 말과 행동이 빠르고 역마가 강해 여행을 좋아하고 동분서주 바쁘게 다니며, 일찍 고향을 떠나거나 가족과 떨어져 살게 됩니다.

木과 土의 조력이 있다면 큰 부자가 되고 베풀기도 잘해 주위에 인심을 얻어 부와 명예를 다 가지는 사람이 될 것입니다.

제6부

갑인순 － 子丑 공망 －

마치며

명리 공부에 조금이나마
도움이 되길 바라며

사주명리학에는 다양한 관법과 이론들이 존재합니다. 그중에서 자평진전을 중심으로 한 격국론, 적천수의 자연론과 기세론, 그리고 난강망 계열의 계절론이 3대 고전의 맥을 이룹니다. 어느 이론이 더 낫고 못한지는 술사 개인의 역량 차이에 따른 결과이지, 결코 고전 이론만의 문제는 아닙니다.

수십 년간 사주를 공부한다고 해도 수많은 이론과 관법을 전부 다 배우기도 어렵고, 더구나 바른 스승을 만나기란 더더욱 어렵습니다. 복잡한 명리 이론을 배웠다 하더라도 실제 통변에 어떻게 활용하는지는 또 다른 문제이기 때문에 각자의 개인적 역량에 따라서 큰 차이가 나게 되는 것입니다.

명리는 형이상학의 학문이라 이렇다 하게 딱 정해진 답은 없습니다. 그러므로 한 스승에게 배운 열 명의 제자라 할지라도 같은 사주를 감명할 때 열 가지의 저마다 다른 통변을 하는 것은 당연한 이치입니다. 각자의 눈으로 세상을 보듯이 사주를 보는 것 역시 각자의 마음에 따라 달라지기 때문입니다.

제아무리 훌륭한 스승을 만나고 수준 높은 명리 서적을 읽었다고 해도 다양한 이론의 체계를 나의 것으로 소화해 내지 않는다면 아무런 소용이 없습니다. 자신만의 철학과 사유 없이 스승과 똑같이 통변하려고만 한다거나 명리 고전의 이론만 암기하고 나열한다면 결국 명리의 바다에 빠져 헤매게 될 것입니다. 그렇다면 수십 년을 공부했다 해도 결코 고수의 길은 요원할 것입니다.

아마도 이 책을 보시는 분이라면 명리 공부에 뜻이 있는 분이라 생각합니다. 그래서 명리 공부에 조금이나마 도움이 되도록 될 수 있으면 알기 쉽고 자세히 쓰려고 노력했습니다.

각 일주마다 많은 내용이 있는 것 같지만, 알고 보면 60개의 일주들이 같은 원리에 의해 내용이 반복된다는 걸 눈치채셨을 겁니다. 책을 쓰면서 가장 신경을 썼던 부분이 해석만 적어 놓는 것이 아니라 왜 이렇게 해석되는지를 원리와 함께 적으려고 노력했습니다.

이 책이 학인들에게 조금이나마 도움이 되기를 바랍니다. 혹여 책 내용 중에 잘못된 부분이 있다면 그것은 모두 저의 잘못이며 책임입니다. 마지막으로 이 책이 나오기까지 기다려 주고 응원해 주신 '유튜브 – 피클의 행복한 명리' 구독자님들께 감사의 인사를 드립니다. 여러분께 받은 사랑이 흘러넘쳐 저의 뱃살까지 불어나고 있습니다. 구독자님들, 모두 사랑합니다!

경자년 여름 남녘에서
피클 조재렬